本成果由教育部人文社会科学研究规划基金项目《网络环境下中国著作权刑事保护研究》（项目批准号：12YJA820087）资助

网络环境下中国著作权刑事保护研究

杨彩霞 著

中国社会科学出版社

图书在版编目(CIP)数据

网络环境下中国著作权刑事保护研究 / 杨彩霞著. —北京：中国社会科学出版社，2016.5
ISBN 978 - 7 - 5161 - 8405 - 9

Ⅰ.①网… Ⅱ.①杨… Ⅲ.①著作权法 - 研究 - 中国 Ⅳ.①D923.414

中国版本图书馆 CIP 数据核字(2016)第 138284 号

出 版 人	赵剑英
责任编辑	宫京蕾
责任校对	秦　婵
责任印制	何　艳

出　　版	中国社会科学出版社
社　　址	北京鼓楼西大街甲 158 号
邮　　编	100720
网　　址	http：//www.csspw.cn
发 行 部	010 - 84083685
门 市 部	010 - 84029450
经　　销	新华书店及其他书店

印刷装订	北京市兴怀印刷厂
版　　次	2016 年 5 月第 1 版
印　　次	2016 年 5 月第 1 次印刷

开　　本	710×1000　1/16
印　　张	19.5
插　　页	2
字　　数	310 千字
定　　价	72.00 元

凡购买中国社会科学出版社图书，如有质量问题请与本社营销中心联系调换
电话：010 - 84083683
版权所有　侵权必究

目 录

引言 …………………………………………………………………… (1)
第一章 网络环境下著作权刑事保护面临的冲击与挑战 ………… (3)
 第一节 著作权及其刑事保护的缘起与发展 ………………………… (3)
  一 著作权的产生与发展 ……………………………………… (3)
  二 著作权刑事保护的缘起与发展 …………………………… (4)
 第二节 网络数字技术的演进与著作权的扩张 …………………… (8)
  一 网络数字技术的演进 ……………………………………… (8)
  二 网络环境下著作权的扩张 ………………………………… (11)
 第三节 网络环境下我国著作权刑事保护的现状 ………………… (18)
  一 我国著作权刑事保护的历史回顾 ………………………… (18)
  二 网络环境下侵犯著作权犯罪的新特点 …………………… (19)
  三 网络环境下我国著作权刑事保护的立法现状 …………… (24)
  四 网络环境下我国著作权刑事保护的司法现状 …………… (26)
 第四节 网络环境下著作权刑事保护面临的挑战 ………………… (30)
  一 理论根基的动摇 …………………………………………… (31)
  二 知识霸权的压制 …………………………………………… (32)
  三 刑法改革的迷茫 …………………………………………… (34)
  四 司法运行的障碍 …………………………………………… (39)
第二章 网络环境下著作权刑事保护的理论基础 ………………… (45)
 第一节 著作权刑事保护的理论基础 ………………………………… (45)
  一 著作权的正当性 …………………………………………… (45)
  二 著作权刑事保护的必要性 ………………………………… (49)
 第二节 网络环境下著作权刑事保护的正当性质疑 ……………… (56)
  一 网络环境下著作权扩张的正当性危机 …………………… (56)
  二 网络著作权正当性危机对其刑事保护正当性的影响 …… (73)
 第三节 利益考量视野下网络著作权刑事保护的正当性分析 …… (82)

一　利益考量视野下网络著作权正当性的养成 …………… (83)
　　二　网络著作权刑事保护必要性的法理考察 …………… (90)
　　三　网络著作权刑事保护妥当性的经济分析 …………… (94)

第三章　网络环境下域外著作权刑事保护的比较法考察 …… (97)
　第一节　国际社会对网络著作权刑事保护的应对 …………… (97)
　　一　"因特网条约"的诞生 ………………………………… (97)
　　二　"因特网条约"的主要内容 …………………………… (98)
　　三　"因特网条约"与网络著作权的刑事保护 ………… (99)
　第二节　域外主要国家或地区网络著作权刑事保护的立法
　　　　　调整 ……………………………………………………… (100)
　　一　美国网络著作权刑事保护的立法演进 ……………… (100)
　　二　欧盟国家网络著作权刑事保护的立法回应 ………… (109)
　　三　日本网络著作权刑事保护的立法发展 ……………… (118)
　第三节　域外网络著作权刑事保护立法的比较与启示 …… (121)
　　一　域外网络著作权刑事保护立法的比较 ……………… (121)
　　二　域外网络著作权刑事保护立法的启示 ……………… (129)

第四章　网络环境下著作权犯罪争议问题探讨 ……………… (135)
　第一节　P2P软件和服务提供商的著作权侵害刑事责任 … (135)
　　一　网络服务商的类型及其责任风险 …………………… (135)
　　二　P2P软件和服务提供商的著作权侵害责任之争 …… (138)
　　三　P2P软件和服务提供商著作权侵权的典型案例 …… (141)
　　四　P2P技术下网络服务商著作权侵害之刑事责任 …… (149)
　第二节　搜索引擎引发的网络著作权刑事保护问题 ……… (158)
　　一　搜索引擎的技术解说 ………………………………… (159)
　　二　搜索引擎运作中所涉行为的初步审视 ……………… (161)
　　三　网页快照行为著作权侵权问题的思考 ……………… (164)
　　四　深度链接行为的刑法评价 …………………………… (169)
　第三节　规避著作权技术措施行为的刑法规制 …………… (181)
　　一　我国著作权技术措施刑法保护的困境 ……………… (181)
　　二　域外规避著作权技术措施行为的刑法规制比较 …… (184)
　　三　规避技术措施行为刑法规制的理论根据 …………… (189)
　　四　我国规避技术措施行为的刑法规制建言 …………… (192)

第四节 私人复制分享行为的刑法考量 (194)
    一 私人复制分享行为与合理使用的关系 (194)
    二 私人用户复制分享行为的刑事司法实践 (201)
    三 网络环境下私人复制分享行为刑事责任的再思考 (203)

第五章 网络环境下我国侵犯著作权犯罪刑法防控的对策 (211)
第一节 我国当前网络著作权刑事保护观念的实证调研 (211)
    一 实证调研的基本情况 (211)
    二 被调查对象的网络著作权意识现状 (213)
    三 被调查对象对于网络著作权法律保护的态度 (216)
    四 网络环境下侵犯著作权行为的社会危害性评估 (219)
    五 对于网络著作权刑事保护效果的预期 (222)

第二节 网络环境下著作权刑事保护的原则 (223)
    一 适时性原则 (223)
    二 必要性原则 (225)
    三 可行性原则 (226)
    四 利益平衡原则 (227)
    五 适度性原则 (228)

第三节 网络环境下我国著作权刑法保护合理化的途径 (230)
    一 网络著作权刑法立法模式的完善 (230)
    二 网络著作权犯罪罪名体系的构建 (235)
    三 网络著作权刑法保护范围的确定 (236)
    四 网络著作权犯罪刑罚配置的优化 (245)

第六章 网络环境下我国著作权保护刑事司法配套机制的完善 (251)
第一节 网络著作权犯罪诉讼程序的完善 (251)
    一 网络著作权犯罪追诉方式的重构 (251)
    二 网络著作权案件三审合一模式的探索 (256)
    三 网络著作权犯罪管辖制度的完善 (262)

第二节 网络著作权行政执法与刑事司法衔接机制的完善 (273)
    一 "两法"实体规范的衔接 (274)
    二 "两法"程序机制的衔接 (276)

主要参考文献 (287)

后记 (305)

引　言

　　知识经济时代著作权的价值可谓日益彰显，然而伴随着网络技术的迅猛发展和公众日益萌生的网络共享理念，作品在被广泛传播的同时也面临着无所不在、无时不在的网络盗版厄运。视频、音乐作品盗链盗播的蔚然成风，文字作品非法转载的肆无忌惮，计算机软件违法下载安装的普遍泛滥，让投入了巨大创作热情并付出相当创作成本的著作权人痛彻心扉，也让正版作品传播产业链上每一个正当者的合法权益都受到巨大影响。由此网络环境下如何对著作权进行有效保护已成为人们日益关注的话题。对此我国著作权法已做出了相应回应，初步形成了著作权行政保护与司法保护并行的双轨制格局。行政执法与民事救济双管齐下，一定程度上让权益受损的著作权人得到了补偿，也让那些明目张胆的盗版产业者每当运动式执法来临时不得不有所收敛。但网络环境下全民式的网络盗版行为却仍旧屡禁不止。"如果其他措施无效，刑法可在最后阶段对法秩序中要求和禁止的可强制性提供保障"[①]，由此刑事司法作为社会保护的最后一道防线，逐渐被越来越多的人寄予厚望。很多学者因急于摆脱目前网络著作权保护不力的困境于是提出了应严格向发达国家的高标准看齐，扩大网络著作权刑事保护的范围并加大保护力度的主张；司法机关也曾数次采取下调著作权犯罪入罪门槛的做法，从而顺应所谓的理论潮流。然而从我国目前司法实践情况看，真正受到刑事追究的网络侵犯著作权犯罪案件却寥寥无几，网络侵犯著作权的行为仍然层出不穷，因此一味强化网络著作权保护的这一思路似乎正遭受严重质疑。

　　惩治犯罪需要理论先行。事实上，网络空间本就被一部分人视为"无法空间"，作为公法的刑事法律究竟应否介入其中调整，其必要性不

---

① ［德］汉斯·海因里希、托马斯·魏根特：《德国刑法教科书》，中国法制出版社2001年版，第2页。

乏疑问；而传统著作权法上的重要原则与精神在网络环境下是否仍应被遵从、贯彻，以及刑事法律如何顺应迅猛发展的网络对著作权保护所提出的严峻挑战等问题也都悬而未决。因此立足我国国情正视网络著作权刑事保护的现实问题，理性提出完善著作权刑事保护的建言，以形成著作权刑事、行政、民事保护的合力，是时代赋予我们的重要使命。故本书期望通过研究，能为我国当前网络环境下著作权违法犯罪行为日益泛滥的社会"顽疾"对症下药，以寻求一剂既能够立竿见影遏制此类犯罪的高发态势，同时又不至于因药力过猛而妨害互联网发展或者损害著作权人或相关权利人利益的良方。

第一章

网络环境下著作权刑事保护面临的冲击与挑战

第一节 著作权及其刑事保护的缘起与发展

一 著作权的产生与发展

郑成思教授曾指出，著作权是一个历史的概念。尽管在知识经济时代著作权的经济价值才日益得到凸显，但著作权的概念事实上却由来已久。由于早期有关法律的主要目的在于保护书籍，而书籍早期为印刷品，必须借助于印刷术，因此印刷术的发展和著作权的形成息息相关，甚至有人称著作权制度是"印刷出版之子"[①]。

（一）特许权时期

从著作权的产生上看，最初著作权只是一种印刷的特许权或翻印权。如在北宋神宗继位（公元1068年）之前，为保护《九经》蓝本，朝廷曾下令禁止一般人随便翻印这本书，只有得到国子监批准才可印之。[②] 15世纪末，威尼斯共和国也授予出版商为期5年的印刷出版专有权，这被认为是西方第一个由政府颁发的保护翻印权的特许令。后来，罗马教皇、法国、英国亦都先后为出版商颁发过禁止他人随便翻印其书籍的特许令。由是观之，此时的著作权是刻印出版者的权利而非撰写书籍的作者的权利，作者的权利完全处于被漠视的境地，这也正是著作权被称为"版权"的由来，因为"版权"的本义可谓就是"翻印权"。而这一权利并不是一种与生俱来的私权，它是一种国家授予出版印刷商的特权，目的在于通过对著作物刻印权的管制以达到控制人民思想的目的。

（二）出版商权利向作者权利的演变

第一个对印刷商无偿地占有并使用作者的精神创作成果谋利提出抗议

[①] 吴汉东:《著作权合理使用制度研究》，中国政法大学出版社1996年版，第223页。
[②] 郑成思:《版权法》，中国人民大学出版社2009年版，第7页。

的是德国的宗教改革领袖马丁·路德，他揭露印刷商盗用他的手稿，指责出版商的行为与拦路抢劫的强盗一样，受其影响，要求保护作者权的呼声于是日渐兴起，由此到了18世纪，著作权制度及其观念发生了重要变化，著作权不再是出版商的权利，而演变为作者的权利。[①] 世界上公认的第一部成文版权法——1709年英国的《安娜法》就将受保护的主体从印刷出版商扩大到了包括作者、印刷出版商在内的著作权所有人。该法不仅明确了已印刷图书原稿的作者对该图书享有的有期限的印刷权利，而且规定未印刷、出版图书的作者及其受让人自该图书首次出版之日起的有限期限内也享有印刷、重印的权利，从而确立了作者在著作权中的主体核心地位；同时，由于这一权利是依法产生的，无须特别授权，还可予以转让，因而权利的性质由公权力变为私权利，保护的事实上是一种财产权。但从内容上看，印刷权仍然主要是一种"复制权"。由于《安娜法》的重要影响，复制权在日后一直是著作权的首要权利，这一观念日渐根深蒂固。

（三）作者权利的进一步丰富

之后，作者开始谋求更多的权利，著作权的内容得到进一步扩展。1791年法国的《表演者法》首次赋予戏剧作者"公开表演权"，迈出了著作权权利扩张的第一步。1793年法国又颁布了《作者权法》，这"使版权法从内容到标题都离开了印刷、出版等专有权的基点，成为保护作者的法律"。[②] 该法认为作品不仅能给作者带来经济利益，而且反映了作者的人格，是作者精神的外延的观点，导致了作者精神权利的产生和发展，把著作权保护制度推向了一个新的阶段。随后，强调作者的精神权利就成了大陆法系著作权制度中的一个基本特点，与强调版权的作者财产权利且兼顾出版者利益的英美法系形成了鲜明的对比。此后，随着著作权保护的国际化进程和科学技术的发展，著作权逐渐形成了一个"权利群"，翻译权、改编权、出租权、发行权、播放权、邻接权等均被纳入其中，而且随着技术更新换代，著作权的范围仍处于动态发展之中。

二 著作权刑事保护的缘起与发展

（一）著作权刑事保护的缘起

著作权的刑事保护制度并不是与著作权相伴而生的。在特许出版权时

---

① Patterson, *Copyright in Historical Perspective*, Vanderbilt University Press, 1968, p. 179.
② 郑成思：《版权法》，中国人民大学出版社2009年版，第15页。

期，这种特许实际上类似于行政许可，所以对违反禁令的行为也大都采用行政手段惩处以达到保护出版商权利的目的。例如，在英国皇室特许令的保护伞下，出版商公司就具有取缔违法的复制品以及阻止未经登记的书籍出版的权利，1662年的《许可证法》还规定对于非法的复制品可以予以没收并加以销毁。[1]

现代意义上著作权的诞生与发展，意味着人们对智力劳动成果的尊重。在这一背景下，近代各国陆续推出了著作权立法。然而早期的著作权法律制度中对著作权的保护主要采取的是民事或行政保护的方式，而并不动用刑事保护手段。以美国为例，在1789年美国宪法授权国会得制定法律保护作者在一定期限内对自己的著作拥有专有权利后，美国国会即在1790年通过第一部联邦著作权法，其中并无刑罚之规定。[2] 而且从1790年至1897年的著作权法中美国一直也都未规定对于侵害著作权者应采取刑事处罚方式以保障著作权人的权益。[3] 美国这种以民事损害赔偿为主的著作权保护政策，维持了一百多年，直到1897年才有所改变。这一改变有着深刻的社会历史背景，因为在当时的科技和时空背景下，戏剧或音乐作品的公开表演收入是著作权人重要的经济收益，但盗版者或非法演出者或无力承担损害赔偿责任，或因时常巡回演出而无固定的营业场所，导致著作权人提起民事诉讼困难重重，即便判处了民事损害赔偿也无法发挥预期效果，故美国国会不得已改变了著作权法无刑事罚则的传统，为著作权增设了刑事保护途径。根据1897年立法，行为人主观上若具有"意图营利"（for profit）或"蓄意"（willful），未经著作权人同意而非法公开表演他人受著作权法所保护之戏剧或音乐著作，可处一年以下之有期徒刑，属于轻罪之立法。

这一时期为了充分保护著作权人的权利，促进跨国文化交流的发展，各国之间也开始相互签订协议，如1886年在瑞士首都伯尔尼缔结了《保护文学艺术作品伯尔尼公约》（以下简称《伯尔尼公约》），从而初步奠定了国际版权保护体系的框架。然而《伯尔尼公约》中，著作人权利的保

---

[1] L. Ray Patterson & Stanley W. Lindberg, *The nature of copyright*, University of Georgia Press, 1991, p. 21.

[2] Act of May 31, 1790, ch. 15, 1 Stat. 124.

[3] Tim F. Williams and Neil Batavia, When copying becomes criminal-The stiff criminal penalties for copyright infringement, *South Carolina Lawyer*, May 2003, p. 34.

障范围和救济途径,绝对地受缔约各国自己的法律约束。公约第 5 条明确规定:"除本公约条款外,只有向之提出保护要求的国家的法律方得规定保护范围及向作者提供的保护其权利的补救方法。"即国际上最初对于著作权的刑事保护并没有直接而具体的规定,而基本由各国自行决定是否采取以及如何进行著作权的刑事保护。公约仅在第 16 条第一点规定"对于侵犯版权的一切作品,给予原著法律保护的本联盟任何成员国都可以予以没收"。由于《伯尔尼公约》对刑事保护手段持消极态度,事实上使得订约时所欲达成的保护著作权的目的难以真正落到实处。

(二)著作权刑事保护的发展

由于科技的发展不断产生新的著作类型,所以各国著作权法不断修正,在这一过程中,著作权的刑事保护也不断发展。仍以美国为例,1909 年,美国将刑事处罚的对象扩大到所有著作类型及所有形态的侵害行为,从而奠定了著作权侵害普遍刑罚化的构架,但仍维持原来的主观要件要求和轻罪的立法模式。之后,每当科技的发展促成新形态的作品表现方式出现,而该作品又成为日益猖獗的营利性盗版活动的对象时,美国就会适时明确将著作权刑事保护的范围进一步扩大。如 1971 年美国国会通过了暂时性《录音著作修正法》,于音乐作品之上另外赋予录音者录音作品的著作权,承认录音作品为独立的著作种类。与此同时也适当加大刑事处罚的力度。如 1974 年国会对未经授权的录音盗版活动提高了罚金的处罚幅度,对于初犯者将罚金提高到 2.5 万美元。但国会拒绝提高有期徒刑的刑期,理由是版权的侵权基本上是经济犯罪。[①] 1976 年美国完成了对版权法的全面修订,决定继续对版权侵权行为给予轻罪处罚,但对构成犯罪的主观要件做了修改,规定被告必须是"故意并以获取商业利益或私人财产利益"为目的。至于被告是否实际获利对刑事处罚没有直接影响,这为以后侵犯著作权刑事处罚规定的修改与完善奠定了坚实基础。该修订案将录音和电影作品的侵权的有期徒刑仍维持在一年以下,但可科处或并科 2.5 万美元罚金,同时将一般作品的版权侵害最高罚金提高到 1 万美元。如若属累犯则面临更严厉的处罚,可科处最高 2 年以下有期徒刑,科或并科高达 5 万美元的罚金。不过整体看来,美国著作权法在 20 世纪 70 年代以前,将侵害著作权的犯罪作为轻罪对待,虽然逐渐提高了罚金的数额,但自由刑基

---

① 巫玉芳:《美国版权侵权刑事责任的评析》,《现代法学》2000 年第 3 期。

本维持在较轻的刑度，所以刑事处罚的总体程度是较缓和的。

随后鉴于电影行业大量盗版造成著作权人重大损失的现实，著作权人深感已有的刑事处罚规定过于宽松，已不足以制止盗版的进一步扩大趋势，特别是盗版活动作为一种轻罪在诉讼中往往不被检察官和法官重视，检察官不愿意及时提起公诉，法官也容易做出宽松、迟延的判决，所以为了加强对该类犯罪的追究，必须将其列入重罪范畴并加重处罚，由此美国国会迫于压力于1982年又通过了《反盗版和假冒修正法案》（The Piracy and Counterfeiting Amendments Act），视侵害的数量将部分不法重制或销售电影或录音作品的情形规定为重罪，并将自由刑及罚金刑的上限分别提高到5年及25万美元。而若为累犯则无数量上的限制一律处以重刑。《反盗版和假冒修正法案》实施后的几年里，电脑业和软件业高速发展，由于软件的无形性，复制盗版更加容易，软件业者认为十年前困扰录音和电影行业的盗版问题已经转移到软件制造业上了，因此强烈要求给予盗版者更严格的刑事处罚。故美国国会于1992年10月制定了《著作权重罪法》，进一步将著作权法的重罪规定扩大到电脑软件，决定不区分著作物的类型，对于故意基于营利意图的著作权侵害，在符合法定门槛的前提下，均以重罪论处。该法降低了对于构成重罪的行为在数量和金额上的要求，规定在180天内复制10件或者更多的复制品，同时零售价值超过2500美元就构成重罪，而在此以前则要求被告至少复制100件。

20世纪末，为了充分有效地保护知识产权，促进国际贸易的发展与技术革新，关贸总协定乌拉圭回合谈判通过了《与贸易有关的知识产权协议》（以下简称TRIPs协议）。在这一堪称对知识产权的保护具有里程碑意义的重要国际公约中，明确提及了刑事处罚的内容，其第61条要求"成员方应规定刑事程序和惩罚，至少适用于具有商业规模的故意的商标仿冒和盗版案件。可资利用的补救措施应包括足以构成一种威慑的与对相应程度的刑事犯罪适用的处罚水平相同的监禁和/或罚款措施。在适当的案件中，可资利用的补救措施还包括对侵犯货物及在从事此种违法行为时主要使用的材料和工具予以扣押、没收和销毁。成员方可规定适用于其他侵犯知识产权案件的刑事程序和惩罚，特别是对于故意和具有商业规模的侵权案件"。不难看出，为了解决国际上盗版猖獗的问题，此协定改变了过去《伯尔尼公约》对于著作权刑事保护的开放、弹性做法，而以明确且具有限制性的内容，规定各国对著作权的保护必须采取刑事保护的模式。由于协议规定的内容必须得到强制性遵守,所以它直接影响和主导了各国国内著作权刑事立法的现今走向。时至今日,绝大多数国家对著作权均动用了刑事保护的方式。

英国学者梅因曾指出,愈在古代,法律中发达的内容愈是刑法,而愈往近代,民事法则愈发达。① 而从以上著作权刑事保护的发展轨迹可以看到,著作权的法律保护趋势似有所不同。著作权的民事保护远远早于刑事保护,尔后是随着著作权侵害给权利人带来的经济损失愈益严重,应著作权利人的要求,国家才逐渐开始对著作权采用刑事保护模式。而刑事保护虽然起步较晚,却呈现出强劲的发展势头,保护的范围不断扩大,轻罪转化为重罪,刑罚的程度持续提高,无不显示出著作权的刑事保护在国家和国际层面都在走向强化。而著作权人在引导、推动著作权法修正的过程中可谓不遗余力,其保护自己经济利益不被新型科技架空或侵吞的意图一览无余。

第二节 网络数字技术的演进与著作权的扩张

一 网络数字技术的演进

从著作权制度的产生和保护来看,著作权保护制度的发展与技术的进步联系十分密切。如前所述,每一次技术的重大飞跃,都会给著作权制度带来划时代的影响。如著作权观念之产生,即源自于当时的新科技——印刷术的出现。随着印刷技术的广泛普及以及被用于商业目的,盗版问题开始滋生蔓延。伴随效仿经营者超低价的印刷版本的出现,对正规出版业者的保护就显得刻不容缓,由此在18世纪初的英国诞生了近代著作权制度,② 彼时的著作权之核心也就是复制权;而当模拟技术兴起之后,伴随着留声机、电影放映机和收音机的诞生,录音录像制作者权、广播电视组织权等邻接权逐步产生。然而无论在印刷时代还是模拟时代,个人复制作品的能力是极其有限的,也不可能对版权人的利益造成较严重的侵害。

---

① [英] 梅因:《古代法》,沈景一译,商务印书馆1959年版,第207页。
② [日] 田村善之:《田村善之论知识产权》,李扬等译,中国人民大学出版社2013年版,第132页。

但是网络数字技术的产生与广泛运用,却给著作权法律制度带来了翻天覆地的变化。

(一) 数字技术的诞生

数字技术(Digital Technology)是一项与电子计算机相伴相生的科学技术,它是指借助一定的设备将各种信息,包括图、文、声、像等转化为电子计算机能识别的二进制数字"0"和"1"后进行运算、加工、存储、传送、传播、还原的技术。由于在运算、存储等环节中要借助计算机对信息进行编码、压缩、解码等,因此也称为数码技术、计算机数字技术等。

数字技术高度改变了我们的生活方式。数字技术的出现首先使得作品的存在不再以物质化的载体为必需,不仅直接涌现出许多数字化的作品,而且传统的纸质作品也大量被数字化。大量电子书、数据库的出现即是数字时代的明证,音乐、视频、图片等也都采用数字化的格式予以保存。而数字作品所承载的信息内容基于计算机的复制粘贴功能可以随时被他人获得并利用,这也使得在数字时代,作品的复制成本几乎为零。

(二) 网络技术的发展

20世纪末期,数字化技术与多媒体通信技术的结合发明了互联网。所谓互联网,也称因特网,是指处于不同地理位置的若干具有独立功能的计算机通过某种通信介质连接起来,并以某种网络硬件和软件进行管理,以实现网络资源通信和共享的系统。[①] 只要每一个终端用户均遵照TCP/IP协议时,他就可以成为互联网的一部分,进而在网上进行多媒体通信,实现几乎是实时的信息交流。由于互联网的这种独特开放性、交互性和巨大的信息传递性,其自诞生之日起就以令人惊叹的速度发展并迅速风靡全球。截至2007年1月,全球互联网已经覆盖五大洲的233个国家和地区,网民达到10.93亿人,用户普及率为16.6%,众多的服务商参与到国际互联网服务的产业链中。由此带来了互联网服务产业的活跃发展,推动形成了一批ISP,如Google、Yahoo、eBAY等,成为具有全球影响力的互联网企业。而且随着3G业务的广泛开展,移动互联网也开始渗透和融合到社会、生活和产业的各个环节,其用户与业务规模呈现爆炸式的增长。根据2013年7月17日中国互联网络信息中心(CNNIC)在京发布的第32次《中国互联网络发展状况统计报告》,截至2013年6月底,我国网民

[①] 陈建辉:《计算机网络基础》,电子科技大学出版社1995年版,第12页。

规模达到 5.91 亿人，互联网普及率为 44.1%。而在 2013 年上半年的新增网民中 70.0% 使用手机上网，手机成新增网民第一来源。①

网络的普及一方面为数字化作品的发表提供了新的平台，另一方面也让数字化作品的传播变得异常自由、高效。因此网络技术实际上可谓提供了一种新的作品出版方式。而且网络技术无国界性的特征还促成作品的共享遍及全球，从而彻底打破了现实地域疆界中作品发行的障碍。

（三）P2P 技术的运用

P2P 是英文 Peer to Peer，即"点对点"技术的简称。它允许不特定计算机用户通过相同的软件与每一个其他的使用者连接并且直接地从另一个使用者的计算机硬盘中存取档案，而无须首先登录由他人经营和管理的网络服务器，从而实现信息的交流与共享。同传统的网络技术相比，P2P 系统不需要专门的文件存储服务器，直接以各用户的 P2P 系统的共享目录取代存储服务器并对其进行即时搜索，关闭任何一名用户的计算机都不会影响 P2P 软件从其他用户的计算机中搜索所需文件，这使得用户获得和发布信息的独立性大大加强，而且若多个连通用户均拥有同一文件，则可由这些用户同时向下载用户传输，大大加快了下载的速度，因而它被称为"自电子邮件和万维网产生以来互联网上发生的最大革命"。② 德国互联网调研机构 Ipoque 称，P2P 已经彻底统治了当今的互联网，其中 50%—90% 的总流量都来自 P2P 程序。③ 即时讯息系统譬如 ICQ、MSN Messenger 以及国内的 QQ 都是最流行的 P2P，BitTorrent 也是我们熟知的基于 P2P 技术的下载程序。

P2P 技术的核心价值就是分享，不仅能直接分享彼此计算机中的资源，也能聚众力而成大志。特别是在分散式的 P2P 构架之下，每一个终端用户都处于同等地位，所以它可以改变实际上互联网上以主服务器为中心的状态，重新彰显互联网的"非中心化"特征。而在这种非中心化的

---

① 参见《中国互联网络发展状况统计报告》，http://www.cnnic.cn/hlwfzyj/hlwxzbg/hlwtjbg/201301/P020130724346275579709.pdf。

② 这是美国"因特网服务商协会"向审理 RIAA v. Verizon 案的美国哥伦比亚地区法院提出的专家意见，见 Amicus Curiae, U.S Internet Service Provider Association, p.6, 引自 RIAA v. Verizon, 240. F. Supp. 2d 24, at 31。

③ 《P2P 几乎统治互联网，占据 50%—90% 的网络带宽》，参见 http://tech.163.com/07/0904/16/3NIDM3RR000926PT.html。

网络环境之中，个人本位和自由主义极易成为社会价值观念的主旋律，因此网络环境下著作权侵害的泛化无序也就丝毫不足为奇。互联网上信息传输模式的这一根本性变革，无疑给著作权的保护提出了新的挑战。

二　网络环境下著作权的扩张

网络数字技术的飞速发展直接推动了著作权的扩张，这种扩张突出地表现为著作权客体的扩张和著作权权能的扩张。

（一）著作权客体的扩张

著作权的客体是指著作权法律关系的载体，即受著作权法保护的作品。[①] 著作权保护的是作品的表达，表达的无形性要求依赖于特定的载体，而载体的形式取决于历史上每一次技术的变革，所以不同技术环境下的作品种类差异极大。如在印刷技术时代，载体为纸张，作品主要表现为文字作品；随着广播技术的产生，作品的载体增加了磁带、唱片等，作品类型也就相应由文字作品扩展到音乐作品、电影作品等。因此当网络数字技术促成了新的作品载体形式出现，则新的作品类型就会产生。有学者认为数字网络环境下的作品可以独立成为一新的类型，称为"数位著作"或"多媒体总括著作"[②]，笔者认为网络环境下作品表现形式多元，将之总括为一种类型必将面临如何定义、其范围如何的问题，而有些作品形式与传统作品并无本质的不同，完全不必独立成类，我国著作权法也对其客体采取了例示的方式，故以下仅就涌现的新的著作权作品表现形式做简要阐述。

1. 数据库

广义上讲，按照特定的顺序或方法排列，并具有相互联系的信息的集合体即可称为数据库。因此传统的汇编作品如案例汇编、部分词典都可称为数据库。而网络环境下的数据库实际上是依赖于计算机技术的，所以它其实指的是电子数据库。对数据库的最具权威的界定应是欧洲议会与欧盟理事会在《关于数据库法律保护的指令》中做出的界定："在本指令中'数据库'是指经系统或有序的安排，并可通过电子或其他手段单独加以

[①] 曲三强主编：《现代著作权法》，北京大学出版社2011年版，第31页。
[②] 蔡明诚：《数位时代著作权法律问题》，《智慧财产权》2001年4月第28期，第47—71页。

访问的独立作品、数据或其他材料的集合。"从中可以看到,首先,数据库是一个集合,这个集合可以是传统的作品,也可以是数据或其他材料;其次,这些作品或数据、材料是有序或系统安排的;最后,数据库中的每一作品或材料均可被单独访问,这种访问可以是网络电子手段,也可以是传统的复印、印刷、摘抄或阅读手段。

当前信息数量的爆炸式增长使得信息的传送和接收都日益以数据的集合,即数据库的方式进行,由于数据库具有可复制性,也允许他人在一定条件下合理使用,这与受版权法保护的普通作品是一致的。因此《TRIPS协议》对数据库问题做了专门规定,其第10条第2款规定:"数据或者其他材料的汇编,无论采用机器可读形式还是其他形式,只要其内容的选择或安排构成智力创作,即应予以保护。"

2. 网络作品

网络上主要存在两种作品:一种可称为上网作品,即以数字形式表现的传统作品,是指将传统作品通过数字技术转换成数字代码形式固定在磁盘等有形载体上予以存储和传播的作品;另一种可称为网上作品,即直接以数字化形式存在并传播于互联网上的作品。根据内容和表现形式的不同,网上作品可再分为单一的网上数字作品与多媒体作品两类。其中多媒体作品尤值一提,它是在计算程序驱动下结合了数字形式的文字、图形、声音、动画并能被用户以交互模式访问的制品。

网页就是一种比较典型的多媒体网络作品。网页虽然形形色色,但一般均包括以下部分:一是网页内容,即通过浏览器看到的文字、图形、音像和其他材料;二是网页界面,包括屏幕显示、网页组织、使用模式、操作控制等特征;三是网页源程序,不管是内容还是界面,要成为网站的一部分,都要通过编制好的源程序进行控制。可见网页也是一种汇编。由于科技发展的迅猛性和立法的滞后性,各国法律中一般并没有"网页著作权"这一概念。但是毫无疑问,网页的制作也需要付出创造性劳动,所以1998年我国即发生了由网页抄袭引发的著作权侵权诉讼"瑞得(集团)公司诉宜宾市翠屏区东方信息服务有限公司版权侵权案",法院明确认定具有独创性的网页应该受著作权法的保护。之后我国《最高人民法院关于审理涉及计算机网络著作权纠纷案件适用法律若干问题的解释》第二条明确规定:"受著作权法保护的作品,包括著作权法第三条规定的各类作品的数字化形式,在网络环境下无法归于著作权法第三条列举的作品范围，但在文学、艺术和科学技术领域内具有独创性并能以某种形式复制的其他智力创作成果，人民法院应当予以保护。"其实，前述《TRIPs协议》的第 10 条第 2 款中除数据之外的"其他材料"也应该包括网络作品。

值得指出的是，随着科学技术的发展，纳入著作权客体的范围必然会不断增加。这在一定程度上是因为伴随科学技术的发展出现了越来越多的边缘客体。[①] 立法可能将之归属于原有的某类作品，也可能单独吸纳形成新的作品类型。而是否所有的客体都值得动用刑法保护，则是另外需要探讨的话题。

（二）著作权权能的扩张

网络环境下著作权权能的扩张可谓史无前例，有代表性的著作权权利内容扩张包括以下几个方面：

1. 复制权在网络环境中的扩张

复制权是传统著作权中的一项最基本的权能，各国版权权利体系无不以复制权为中心而展开。[②] 尽管复制的定义各国不尽相同，但一般认为复制的直接后果应该是产生复制件以再现作品。这一意义上的复制指的是永久性复制，所以产生的也是永久性的复制件，如图书、录音带、录像带、磁盘、光盘等。然而在数字网络技术迅猛发展的当代，数字化作品的复制几乎处于"失控"状态，作品在网络上的传输过程无不充斥着复制的过程。大体可分为三种类型的复制：一是将作品上载到网络上的复制；二是为了使作品被他人访问而由系列网络服务器做出的自我复制；三是访问者阅读作品时在自己计算机中做出的暂时复制，产生的是一次性复制件。其中第三类复制明显有别于传统复制权之复制，由此引发了复制权应否包括这种暂时复制权在内，从而拓宽复制权保护范围的争议。

所谓临时性复制，是指享有著作权的作品仅进入了计算机的随机存储器（RAM），随后通过显示器表现出来，但作品在 RAM 中的存储内容最终会随着计算机的关机、重启或运行新的指令而从内存中消失的情形。关于网络临时复制问题，一个代表性的案件是 1999 年美国的 Intellectual Re-

---

[①] 冯晓青：《知识产权法利益平衡理论》，中国政法大学出版社 2006 年版，第 229 页。

[②] 张今：《版权法中的私人复制问题研究——从印刷机到互联网》，中国政法大学出版社 2009 年版，第 43 页。

serve, Inc. v. UtahLighthouse Ministry, Inc. 案。[①] 该案中, 被告未经原告许可, 将原告享有著作权的宗教性文章, 刊载在被告网站上。原告提出抗议后, 被告撤除了该文章, 但是在网页上设置了通向继续非法刊载原告文章的其他网站的链接地址, 另外被告还散发电子邮件鼓动他人访问非法刊载原告文章的网站。本案被告的败诉似乎在人们意料之中, 但法院认定被告的行为只是构成了辅助侵权, 而构成直接侵权的则是受被告煽动浏览原告文章的终端用户, 因为终端用户在访问非法刊载原告文章网站, 浏览原告文章的时候, 用户电脑的 RAM 中形成了对原告文章的临时复制, 故对原告的著作权构成了直接侵害。很明显, 临时复制问题触及了著作权法最为敏感的神经。如果认定暂时复制属于传统意义上的复制的话, 则意味着公众的阅读和浏览将有可能成为版权人的专有权的控制范围。[②] 而如将临时复制排除在传统复制之外, 则作品又很容易脱离版权人的控制, 增加被盗版的风险。

虽然迄今为止有关国际公约并没有对临时复制的问题做出最终结论,[③] 但是主张临时复制权者大有人在。1995 年 9 月, 美国政府负责推动全国信息基础设施工程的"信息基础设施任务组织"公布了题为"知识产权和国家信息基础设施"的研究报告, 俗称"美国白皮书"。[④] 该白皮书即主张著作权人有权实质性地控制任何复制, 包括临时的、偶尔在因特网通信中的存储, 认为这种传输构成了著作权人专有权的范围。欧盟则最早在 1991 年的《计算机程序保护指令》中第 4 条 a 款规定, "以任何方式、以任何形式, 对计算机程序的部分或整体进行的永久或临时的复制"都应归入版权人的复制权范围。1996 年的《关于数据库法律保护指令》和《关于信息社会著作权和邻接权的绿皮书》也都以几近相同的措辞肯定了临时复制应受到著作权人的控制。虽然其后 1999 年修改了《协调信

[①] Intellectual Reserve, Inc. v. Utah Lighthouse Ministry, Inc., 75 F. Supp. 2d 1290 (D. Utah 1999).

[②] See Leslie Kurtz, "Copyright and the national information infrastructure in the United States", 1996, 3 *EIPR*, p. 122.

[③] 具体论证可参见朱理《临时复制是否属于著作权法意义上的复制——以国际公约为核心的规范分析》,《电子知识产权》2007 年第 1 期。

[④] Intellectual Property and the National Information Infrastructure: The Report of the Working Group on Intellectual Property Rights, 具体可见 http: //www. uspto. gov/web/offices/com/doc/ipnii/。

息社会著作权与邻接权指令特定方面的建议》，明确"对特定的临时性复制行为应当规定有例外情形，如在使用作品的技术过程中，构成该技术过程的一部分或为该技术过程所必不可少的短暂性和附带性的复制，包括为便利网络传输所需的复制，以及本身没有独立经济价值的复制，这种例外就应包括浏览行为和缓存"，但事实上它也是以承认临时复制权为前提的。

2. 信息网络传播权的确立

信息网络传播权是版权人在信息网络上通过有线或无线方式传播作品的权利，它是在传统著作权基础上派生而又与之有关联的一种著作权利。我国 2001 年《著作权法》第一次公开赋予著作权人的信息网络传播权，而这一概念直接来自于世界知识产权组织版权条约第 8 条的表述。该条内容为："文学和艺术作品的作者应享有专有权，以授权将其作品以有线或无线方式向公众传播，包括将其作品向公众提供，使公众中的成员在其个人选定的地点和时间可获得这些作品。"

之所以要保护这一新的权利，是因为信息网络传播权不完全等同于传统复制权或发行权。网络传播的过程中虽然也可能涉及复制，但是在信息网络社会，从理论上说，仅仅是复制并不会伤害权利人所享有的版权，会引起侵犯版权的必要行为是把复制品向公众发行或传播。① 而"发行"按传统理解指的是向公众提供作品原件或者复制件的行为，而作品经数字化以后在网络上传播，仅为作品的数字化传输，经计算机终端转换再现作品内容，从而为公众欣赏，并未发生作品载体的转移，故有学者认为，要把传输归入发行的概念之中，恐怕很难。② 因此信息网络传播权主要是著作权法为调整作品的网上传播产生的法律关系而设计的，是著作权法与时俱进、迎接数字网络技术挑战的结晶。甚至有学者指出，传播比复制更为重要，控制传播比控制复制具有更大的意义。从而在信息网络领域，版权法需要重新定位，版权法应该以防止向公众传播为中心。③

---

① Emily Anne Proskine, Google's Technicolor Dreamcoat: A Copyright Analysis of the Google Book Search Library Project, *Berkeley Technology Law Journal*, 2006, Vol. 21: 213—234.

② 参见马克·戴维生《计算机网络通讯与美国版权法的新动向》，王源扩译，载《外国法译评》1996 年第 1 期。

③ 吕炳斌：《网络时代版权制度的变革与创新》，中国民主法制出版社 2012 年版，第 35 页。

3. 技术措施权的兴起

数字技术使得作品的复制变得无比廉价、迅捷，极大地刺激了非法盗版业的崛起，而国际互联网络则使侵权结果转眼之间扩散到全球范围内，面对日益猖獗、日益智能化的网络盗版现象，许多著作权人不满足于原有法律提供的保护方式转而以技术对抗犯罪，开始在数字化作品中和网络上使用各种技术手段防止他人非经授权接触或使用其作品来保护自己的权利。而技术的发展也不负权利人所望，给权利人不断提供技术保障措施。如一些控制复制和访问的加密技术、文件存储格式的转换、登录口令、防火墙技术，以及防止和识别非法传播的数字水印技术等。[①] 这些有效的技术措施能够在一定程度上切断非法访问、复制、传播和利用作品的途径，从而为著作权人的权利保护提供了一种新的防患于未然的思路。

本来，技术措施作为著作权人的私力技术救济手段是排除在法律保护体系之外的，但是从技术措施诞生之时起，各种规避技术措施的工具和行为也相伴而生。如网络中充斥着各种用于破解软件"序列号"的程序，使得并不精通技术的外行也能够轻而易举地避开或破坏著作权人设置的技术障碍以运行盗版软件。如果不对版权人的技术措施提供法律保护，则著作权人在技术措施上的投入会成为其新的损失，这些技术措施最终会变得形同虚设。因此此后的法律便赋予了版权人技术措施权。

简单地讲，技术措施权也就是著作权人能够采取某种技术手段来控制他人未经授权的接触或利用作品的权利，也包括著作权人禁止任何人非法直接或间接规避其所采取的有效技术措施的权利。这是一种传统实体著作权人不曾享有的权利，即所谓的反规避权（anti-circumvention right）。世界知识产权组织（简称 WIPO）于 1996 年底通过的《世界知识产权组织版权条约》（简称 WCT）与《世界知识产权组织表演和录音制品条约》（简称 WPPT），这两项条约即要求缔约国"禁止使用者在未经授权或法律允许的情况下规避科技保护措施"。这一权利的问世，虽然在学界引起了轩然大波，但是通过修改著作权法来禁止规避技术措施的行为已成为各国立法大势所趋，我国也在 2001 年 10 月通过的《著作权法》修正案、2001 年 12 月颁布的《计算机软件保护条例》和 2003 年 12 月通过的《最高人

---

① 王立民、黄武双主编：《知识产权法研究》（第 7 卷），北京大学出版社 2009 年版，第 29 页。

民法院关于审理涉及计算机网络著作权纠纷案件适用法律若干问题的解释》中明确了对技术措施权的保护。当然技术措施权在一定意义上讲也可能为著作权人滥用而成为其垄断市场、排挤竞争对手的工具，如何对技术措施权的行使予以规制也是不容忽视的问题。

4. 权利管理信息权的产生

著作权管理信息源于传统著作权制度下的著作权标识制度，基本内容是法律允许著作权人对其作品加注著作权标记，以表明自己的权利主体地位及享有著作权的事实。由于数字技术的广泛应用，著作权管理信息很容易被改变、删除，如果再通过网络向公众提供被删除或者改变权利管理电子信息的作品，则对著作权人及邻接权人经济利益的实现会产生一定影响，故著作权管理信息的保护逐渐被人们所重视。《世界知识产权组织版权条约》第12条规定"未经许可去除或者改变任何权利管理的电子信息"和"未经许可发行、为发行目的进口、广播或向公众传播明知已被未经许可去除或者改变权利管理电子信息的作品或者复制品"的行为属于侵权行为。我国《信息网络传播权保护条例》第5条也规定：未经权利人许可，任何组织或者个人不得故意删除或者改变通过信息网络向公众提供的作品、表演、录音录像制品的权利管理电子信息，不得通过信息网络向公众提供明知或者应知未经权利人许可被删除或者改变权利管理电子信息的作品、表演、录音录像制品。由此权利管理信息权主要指的是著作权人所享有的禁止他人去除或改变由权利人合法标示其作品上的有关作者、版权保留、作品使用条件和要求等权利管理信息的权利。数字化作品的权利管理信息常常是与技术措施联系在一起的，如当前颇为流行的电子签名、数字水印等技术措施也能起到权利管理信息的作用，所以权利管理信息权与技术措施权如同"孪生兄弟"，共同为著作权人撑起保护伞。

综上可见，网络环境中的著作权得到了前所未有的扩张，技术的发展是其直接动因。而技术的不断更新使得著作权扩张的边界有时是模糊不清的，这就给网络环境下某些侵犯著作权行为的定性带来了不确定性。鉴于这种网络环境中的著作权有其特殊性，对其如何进行保护恰是本文的研究重点，所以为了行文的方便，以下将统称为"网络著作权"。①

---

① "网络著作权"实质上并不是一类独立的著作权，在此使用主要是基于学界的约定俗成。

第三节　网络环境下我国著作权刑事保护的现状

一　我国著作权刑事保护的历史回顾

我国近代以来对侵犯著作权的行为采取刑事处罚的规定最早可见于《大清著作权律》。根据规定,"凡假冒他人之著作,科以四十元以上四百元以下罚金,知情代为出售者,法与假冒同",但随即第二年辛亥革命就爆发,故该法并未施行。其后北洋政府和南京国民政府颁布的《著作权法》虽也有罚金的规定,但总体的处罚力度明显较轻。新中国成立以后,我国著作权刑事保护的历程极为短暂,从1994年著作权单行刑法颁行至今也不过20余年。这样一个从无到有且在司法实践中逐渐摸索发展的过程大致可分为三个阶段:

(一) 著作权刑法缺位阶段 (1994年以前)

由于著作权意识薄弱,所以我国直到1990年才颁布第一部著作权法。这部著作权法对侵权行为的法律责任仅限于"停止侵害、消除影响、赔礼道歉、赔偿损失"等民事责任和"没收违法所得"等行政处罚,而没有规定刑事责任。其原因是考虑当时我国公众的接受能力,从一个长期没有有效的著作权保护、无偿使用他人作品习以为常的环境,一跃而对有些侵权行为进行刑事制裁,会令公众难以接受。[①] 由于这部著作权法是在我国1979年刑法颁布后十余年才出台,所以可想而知1979年刑法中缺少侵犯著作权犯罪的规定,但对严重侵犯著作权犯罪行为在司法实践中根据1987年11月27日"两高"联合发布的《关于依法严惩非法出版犯罪活动的通知》和1991年1月3日"两高"、公安部联合发布的《关于严厉打击非法出版活动的通知》可以按投机倒把罪定罪处罚。换言之,著作权刑法在这一阶段还没有真正建立。

(二) 著作权刑法初创阶段 (1994—1997年)

《著作权法》颁布后,我国加快了著作权保护的步伐。1992年我国加入《保护文学艺术作品伯尔尼公约》和《世界版权公约》,1993年加入《保护录音制作者防止未经许可复制其录音制品公约》,1994年又签署了

[①] 刘春田主编:《知识产权法》,中国人民大学出版社1995年版,第122页。

TRIPs协议。由于TRIPs协议明确规定了对侵犯著作权行为的刑事处罚，而其时我国著作权法与刑法均缺乏相应明确的规定，所以美国以我国著作权保护不力为由，将我国列为所谓"特殊301"条款重点国家，一场贸易大战一触即发。形势表明，运用刑法保护著作权已迫在眉睫。故1994年7月5日八届人大常委会第八次会议通过了《关于惩治侵犯著作权的犯罪的决定》（以下简称《决定》），在立法上首次正式确定了侵犯著作权罪。这一决定将"未经著作权人许可，复制发行其文字作品、音乐、电影、电视、录像作品、计算机软件及其他作品""出版他人享有专有出版权的图书""未经录音录像制作者许可，复制发行其制作的录音录像"和"制作、出售假冒他人署名的美术作品"的行为明确以侵犯著作权罪定罪处罚。至此我国著作权的刑法保护迈出了可喜的第一步，侵犯著作权罪在单行刑法中得到确立。

（三）著作权刑法发展阶段（1997年至今）

1997年刑法典修订之时，立法机关将上述《决定》的基本内容纳入刑法典，由此刑法中出现了两个涉及侵犯著作权的犯罪，即刑法第217条规定的侵犯著作权罪和第218条规定的销售侵权复制品罪，这标志着我国对著作权的刑法保护初步实现了规范化。然而因1997年刑法修订时立法者基本上只是照搬了原来的单行刑法，既没有增加新的罪名，也没有对侵犯著作权犯罪的构成进行全面、细致的研究，以致这两个罪名逐渐在打击著作权犯罪方面显得捉襟见肘、力不从心。由此1998年最高人民法院发布了《关于审理非法出版物刑事案件具体应用法律若干问题的解释》，对侵犯著作权犯罪的司法审判做出具体规定。2001年全国人大常委会通过《关于修改著作权法的决定》，新增了有关侵犯著作权犯罪的刑事责任条款。随后2004年"两高"又出台了《关于办理侵犯知识产权刑事案件具体应用法律若干问题的解释》，对侵犯著作权犯罪的相关情节再次做出明确规定，进一步降低侵犯著作权犯罪的入罪门槛。

二 网络环境下侵犯著作权犯罪的新特点

尽管我国看似已经初步建立了著作权刑事保护制度的框架，然而基于网络的数字性、开放性和非中心性以及著作权本身的扩张性，网络环境下发生的侵犯著作权犯罪却呈现出了有别于传统侵犯著作权犯罪的新特点，进而在相当程度上影响到刑法功能的发挥。所以在考察我国网络著作权刑事保护现状之前，有必要明确当前网络环境下著作权犯罪的发展态势。

（一）犯罪对象扩大，发案领域重心转移

由于网络时代著作权法保护的客体范围扩大到了传统各类作品的数字化形式以及各种新产生的网络作品，同时还包括技术措施和权利管理信息，所以构成著作权犯罪对象的范围也由此扩大。可以说，凡是有作品的地方，无论网上网下都有侵犯著作权犯罪活动的身影。

但是网络数字环境下著作权犯罪的发案领域重心明显有所转移。原先著作权犯罪以图书、美术作品等传统载体形式的作品领域为烈，而当前侵犯著作权犯罪中受害最深、危害最大的领域集中到了"核心著作权产业"，即电影、录音制造和计算机软件。以音像制品为例，一份来自广东音像协会的统计数字显示，目前音像市场中，60%—70%被网络非法上传下载占领；全国音像市场总销量大约 400 亿元，正版音像制品销量不足 30 亿元；现在，正版音像制品所占音像市场份额不足 5%。[①] 一份调查显示，浙江省法院 2008 年全年受理网络著作权侵权纠纷案 254 件，其中涉及影视作品的就有 161 件；而在 2009 年的 198 件案件中，侵犯影视作品的案件高达 175 件，占全部案件总数的 88.38%，案件激增的主要原因则在于视频分享网站迅速兴起。[②] 网络软件的盗版也呈现持续上升趋势，大量盗版软件甚至公开在一些网站上出售或免费提供。随手用"破解版软件"在几家搜索引擎上检索发现，宣称可以提供破解版软件下载的网站、论坛令人眼花缭乱。商业软件联盟（BSA）公布了 2011 年全球 PC 软件盗版研究报告，声称全世界半数 PC 用户承认使用盗版软件，亚太区是 63%，中国是 77%。[③]

此外数据库、数字化的传统作品及网络原创作品也是著作权侵权犯罪的"重灾区"。传统作品被数字化后，网络上的非法上传下载变得易如反掌；被纳入数据库也只是举手之劳，由此我们可以看到像诸如百度文库之类的数据库，其侵权作品数量之庞大令人咋舌，在 50 位作家联合发表"中国作家讨百度书"之后，百度文库一下就删除了 280 万份侵权文字作

[①] 《音像防"盗"战》，参见 http://www.nfyk.com/wh/ShowArticle.asp?ArticleID=2121。

[②] 浙江省高级人民法院课题组：《关于网络著作权侵权纠纷案件法律适用的调研》，《法律适用》2009 年第 12 期。

[③] 《商业软件联盟声称半数 PC 用户盗版》，参见 http://www.ipr.gov.cn/dataarticle/data/gjdata/201205/1294920_1.html。

品即可见一斑。至于网络原创作品，被非法转载的情况俯拾皆是。

正因为如此，我们可以看到，当前我国打击盗版专项运动的重心也做了调整，如 2013 年打击网络侵权盗版专项治理"剑网行动"的实施方案就要求围绕网络文学、音乐、影视、游戏、动漫、软件等重点领域以及电子出版物、网络出版物等重点产品展开。①

（二）社会危害后果严重，案件影响范围大

随着互联网的普及、带宽的增加和传输质量的提高，网络盗版表现出了十分惊人的破坏力。如就音像市场而言，受到了以文件共享为主的网络盗版所带来的巨大冲击。猖獗盗版的后果，是正版音像市场的逐渐萎缩，音像制品销售量的逐年下降，销售利润的不断下滑。许多音像店入不敷出，经营难以为继，音像门店大批量从繁华闹市、中心城区撤出，部分音像门店关门歇业，或转而经营其他业务。特别是 MP3 格式音乐下载的免费提供，让唱片界前景一片暗淡。根据国际音乐联合会的统计，全球范围内唱片销售额在 1999—2004 年间下降了 25%，此后仍然呈每年下降趋势：2005 年下降 3%，2006 年 5%，2007 年 9%。网络盗版对于电影产业的收入影响也十分巨大。美国在线媒体测量公司 Big Champagne 估计，仅到 2004 年 3 月，在所有主要的 P2P 文件共享平台上流通的侵权电影文件就达 1700 万份，而美国电影产业的业内人士则普遍认为，每天有大约 300 万—500 万份侵权电影文件通过主要的 P2P 文件共享平台被下载。美国电影产业在 2005 年因盗版而损失了 61 亿美元，其中网络盗版造成的损失为 23 亿美元。②

而且由于互联网的无国界性，这一后果还可能无限蔓延。"在网络中，同一条信息可能在极短时间内无限制复制、无限制传播，并被无限人分享，一个微不足道的举动可能瞬间释放意想不到的能量。例如上传一个商业软件的破解程序，可能使商业公司损害惨重，发布一个某个系统漏洞，则可能使某个系统遭受海量的攻击"③。所以包括侵犯著作权犯罪在

---

① 参见国家版权局、国家互联网信息办公室、工业和信息化部、公安部制定的《2013 年打击网络侵权盗版专项治理"剑网行动"实施方案》。

② 尤杰：《论网络盗版对电影产业收入流的影响》，《当代电影》2012 年第 12 期，第 120 页。

③ 李怀胜：《技术过失行为的法理省思——基于网络背景的刑事法考察》，载《刑法论丛》第 3 卷，法律出版社 2010 年版，第 94 页。

内的侵犯知识产权犯罪已经被联合国规定为 17 类最严重的跨国犯罪活动之一。[①]

而就这类新型案件而言，一旦法院做出刑事判决，往往还会开创同类案件处理的先河，所以网络著作权犯罪案件的社会影响也不容小觑。如我国番茄花园案中，番茄花园美化修改版 Windows XP 的作者、软件下载网站番茄花园站长洪磊由于提供盗版软件下载，获刑三年半并被处罚金 100 万元之后，搜狐网还专门就此案做了调查，结果显示，86% 的网友认为洪磊案判决量刑过重，不到 10% 认为此案恰当，另有不到 4% 网友认为过轻。[②] 很多人还进一步揣测微软背后的动机，质疑微软的正版软件价格政策。

（三）犯罪行为复杂多样，作案手段高明隐蔽

网络侵犯著作权犯罪活动的行为方式日趋复杂多样。除了传统的上传、下载侵权作品以外，也有大量的犯罪行为人通过修改他人具有著作权的作品组成及内容，添加或删除相应内容等来实现自己的目的。如腾讯诉珊瑚虫 QQ 案中，被告人陈寿福就是通过修改、复制 QQ 软件，并通过安装、发行广告插件来完成自己的行为。随着提供链接、搜索和信息存储空间服务等方式成为网络服务提供者的重要经营手段，网络服务商的相应帮助侵权行为也不断出现。此外，权利人出于保护自身权利的目的，为避免自身利益受到伤害，往往采取严密的数字保护措施，而犯罪人开始在绕过或破坏数字保护措施方面大动脑筋。这些活动大部分都需要专门的计算机及网络知识方可实行。因此，犯罪行为的高智能性也成为网络侵犯著作权犯罪的一个重要特征。

另外，由于网络的虚拟性，网络行为人和权利人的身份真假难辨，而部分网络行为人往往利用一定的技术掩盖其犯罪活动的痕迹，加之网络信息纷繁复杂，权利人如果不特别加以关注，往往很难了解到其著作权是否被侵犯以及所受影响、损失的大小，所以网络侵犯著作权的犯罪黑数大量存在，给有效打击网络侵犯著作权犯罪造成了难以克服的困难。

---

① 孙万怀：《侵犯知识产权犯罪刑事责任基础构造比较》，《华东政法学院学报》1999 年第 2 期。

② 《搜狐调查：六成网友仍在使用番茄花园版 XP 系统》，http://it.sohu.com/20090821/n266122171.shtml。

（四）犯罪主体范围广泛，个体性、技术性增强

在传统的侵犯著作权犯罪活动中，其犯罪行为涉及复制、出版、发行等多个环节，单独自然人犯罪或普通共同犯罪往往达不到获取高额利润的目的，在这种情况下，有组织犯罪形式逐渐成为主要犯罪形式。① 单位犯罪和集团犯罪占据了侵犯著作权犯罪的半壁江山。而在网络世界，单位侵权人或共同犯罪的情形虽然也较为常见，如网络服务商可被视为侵犯著作权的帮助犯而被追究刑责，但由于行为人可以通过网络很方便地获得他人作品供自己使用，也可以轻易地通过网络将未经他人授权的作品上传到网络中与他人分享，这些普通的复制传播行为的技术门槛已经降至最低限，只需由行为人轻敲键盘即可完成，因此越来越多的单个自然人也能够参与到网络著作权犯罪之中。犯罪主体的平民化，使得侵犯网络著作权的犯罪主体范围更广泛，个体性逐渐增强。与此同时，部分犯罪人的专业技术性也更强，有丰富的计算机知识和网络技能，这些是传统的著作权犯罪行为人望尘莫及的。

（五）犯罪目的多元化，不限于营利目的

传统侵犯著作权的犯罪因复制成本的高昂，其实施者无不以追逐高额的经济利润为目的。而在网络环境下，著作权犯罪行为人的主观目的却呈现出多样化的特征。许多参与盗版的人从事这项"行业"的主要目的是受竞争意识、声望和销售盗版商品的娱乐价值的驱动，而不是为了赚钱。譬如很多技术措施的解密者之所以热衷于解密，纯粹出于个人兴趣，把它当成挑战自我的游戏。而一旦挑战成功，为了获取更大的满足感，一些解密者会把自己的破解成果公之于众，无意中成为网络盗版的开路先锋，而其主观上并无任何直接或间接获利的想法。正如美国 2003 年破获的一个每年都在互联网上发布成千上万的免费电影、游戏、音乐和软件程序的盗版组织 DrinkorDie 的一名成员所说，他们只是在努力为自己捞名声，除寻求自我满足之外别无他求。②

可以预言，随着著作权价值的日益凸显和网络技术的进一步发展，网络侵犯著作权犯罪将在今后相当长一个时期内保持较高的增长态势。

---

① 赵国玲：《侵犯知识产权犯罪调查与研究》，中国检察出版社 2002 年版，第 24 页。
② 沈仁干主编：《数字技术与著作权：观念、规范与实例》，法律出版社 2004 年版，第 111 页。

三 网络环境下我国著作权刑事保护的立法现状

网络环境下著作权犯罪呈现的新特点促使其成为各国刑事法律关注的焦点。各国纷纷掀起了一场没有硝烟的反网络盗版运动。我国作为 TRIPs 协议的参与国，自然也加入到这场运动中。然而考究我国相关刑事立法，无论从立法模式上还是具体犯罪的规定上都未能适应形势的变化。

（一）立法模式

就著作权犯罪而言，其立法模式经历了由单行刑法模式到独立的刑法典模式再到所谓结合型立法模式的转变。尽管1994年我国出台了《关于惩治侵犯著作权的犯罪的决定》，1997年立法机关又将其内容纳入修订刑法典，但在2001年修订《著作权法》之前，《著作权法》一直缺乏明确的著作权刑事责任条款。而"经济犯罪大多是经济违法行为的延伸，因此任何一个经济违法行为一般都规定了民事责任、行政处罚，而刑事制裁在一定程度上是前面两种法律责任的延伸。在规定了前面两种责任的情形下，再规定它的刑事责任是完全符合事物发展规律的立法方式。如果取消附属刑法的规定，那么只有前面两种处罚规范的体系是不完整的"[1]。这意味着刑法在著作权的保护上可能充当了先锋，违背法定犯的基本原理。《著作权法》修订之后，增加了刑事责任条款，使著作权刑法的补充性特点得到了凸显。但是和我国绝大多数附属经济刑法规范一样，《著作权法》中只是原则性地规定了"构成犯罪的，依法追究刑事责任"。这种附属性的散在型立法方式[2]下的抽象规定，由于缺乏独立的罪刑配置，所以在其适用上必须依赖于刑法典的相应条款，以致引起有学者认为它仅有宣示作用，根本不属于附属刑法规范。[3] 由此也有部分学者认为我国著作权犯罪的立法虽然名义上是结合型模式，但实质上仍然是刑法典模式。[4]

---

[1] 胡启忠等：《经济刑法立法与经济犯罪处罚》，法律出版社2010年版，第118页。

[2] 所谓附属性散在型立法方式，是在刑法典之外的经济法规、民事法规以及行政法规中规定刑法规范的一种立法模式。参见李永生、朱建华《经济刑法学》，法律出版社2011年版，第32页。

[3] 吴允锋：《非刑事法律规范中的刑事责任条款性质研究》，《华东政法大学学报》2009年第2期。

[4] 蒋廷瑶：《数字化环境下中国著作权的刑法保护》，中国政法大学2007年博士学位论文，第25页。

无论是独立刑法典模式的观点还是结合型立法模式的观点，事实上论者均承认著作权的附属刑法规范没有发挥其应有的作用。通常来讲，"社会变化，从典型意义上讲，要比法律变化快"，[①] 由于附属刑法规范属于民事、经济等法律规范的组成部分，所以通常可随民事、经济法规的修改而适时做出一定调整，适应社会生活的变化。而刑法典作为刑法的基本体例，它本身的性质要求具有一定的稳定性，[②] 换言之，刑法典的稳定性最强，因此著作权刑法的规定如果以不变应万变就很可能与实际脱节，难当大任。

如前所述，网络技术的飞速发展，信息传播全球自由化使得著作权犯罪的新情况层出不穷，而从现行刑法典中有关著作权刑法的规定看，仍维持1997年刑法制定之初的样态，其时立法之际网络并不普及，相应地，侵犯网络著作权的行为也并不普遍，所以刑法典中著作权相关犯罪的规定自然缺乏前瞻性。而后颁布或几经修改的《著作权法》以及配套法规中，虽然已经适应网络时代的变化做了部分调整，但刑法典出于对稳定性的追求，并没有及时做出回应。如对于规避著作权技术措施的行为，《著作权法》已经明确了构成犯罪的应追究刑事责任，[③] 但是刑法典中的现有罪名却无一能对其恰如其分地适用。[④] 因此，当前著作权犯罪的立法模式在网络环境下明显表现出不适应，其滞后性和不周延性极为明显。

（二）立法内容

由于我国网络著作权的刑事保护并没有专门的法律，所以网络著作权是作为著作权的应有之义与传统著作权得到同等刑事保护的。刑法典仅有两个条文、两个罪名名义上涉及著作权犯罪。就第218条的销售侵权复制品罪而言，因网络上的销售侵权复制品行为主要只是犯罪地点的空间转移，对犯罪成立的影响不大，所以牵涉问题较多的是第217条的侵犯著作权罪。按照规定，成立该罪必须行为人以营利为目的，有下列侵犯著作权情形之一，违法所得数额较大或者有其他严重情节：（一）未经著作权人

[①] [美]博登海默：《法理学——法哲学及其方法》，邓正来译，中国政法大学出版社1999年版，第402页。

[②] 陈兴良：《刑法哲学》，中国政法大学出版社1992年版，第523页。

[③] 参见《著作权法》第48条第六项。

[④] 参见杨彩霞《规避著作权技术措施行为刑法规制的比较与思考》，《政治与法律》2012年第6期。

许可,复制发行其文字作品、音乐、电影、电视、录像作品、计算机软件及其他作品的;(二)出版他人享有专有出版权的图书的;(三)未经录音录像制作者许可,复制发行其制作的录音录像的;(四)制作、出售假冒他人署名的美术作品的。这一规定与《著作权法》第 48 条列举的可构成犯罪的八种行为方式有较大出入,仅涉及四种。由此《著作权法》中提及的"未经表演者许可,复制、发行录有其表演的录音录像制品,或通过信息网络向公众传播其表演的""未经著作权人或者与著作权有关的权利人许可,故意避开或者破坏权利人为其作品、录音录像制品等采取的保护著作权或者与著作权有关的权利的技术措施的""未经著作权人或者与著作权有关的权利人许可,故意删除或者改变作品、录音录像制品等的权利管理电子信息的"等四种行为因为超过了刑法的涵摄范围,没有相应的罪刑规定,所以不能真正落实。而遗漏的几种行为方式恰是侵犯网络著作权的常见表现,由此表面看刑法缺乏侵犯信息网络权的明确犯罪规定,换言之著作权刑法与《著作权法》衔接不到位,忽略了网络数字环境下的适应性调整。

不过在某些学者看来并不属于真正附属刑法的某些民事、行政相关法律法规中,立法者试图及时跟进时代、扩张著作权刑法的意图却得到了较为鲜明的反映。除了前述的《著作权法》外,实际上早在 2000 年全国人大常委会《关于维护互联网安全的决定》中就明确"利用互联网侵犯他人知识产权"的构成犯罪的应追究刑事责任。2001 年的《计算机软件保护条例》中则规定向公众发行、出租、通过信息网络传播著作权人的软件的,或者故意避开或者破坏著作权人为保护其软件著作权而采取的技术措施等行为依照刑法关于侵犯著作权罪、销售侵权复制品罪的规定,依法追究刑事责任。2006 年的《信息网络传播权保护条例》中也有类似规定。不过因上述规定也都缺乏明确的罪刑规定,所以也只具有宣示性意义。

总体而言,著作权刑法基本保持不变与其他经济刑法规定适应社会生活多变性频繁变动形成了极大的反差,立法的整体滞后成为了侵犯网络著作权现象泛滥的重要原因之一。

四 网络环境下我国著作权刑事保护的司法现状

(一)司法实践的总体状况

如果以 1994 年作为考察我国著作权刑事保护司法状况的起点,那么我们首先注意到的事实是直到 2004 年，著作权犯罪案件一直寥寥可数。有关的数据显示，7 年间全国各级法院共审结侵犯著作权犯罪案 111 件，销售侵权复制品案 13 件，[①] 无一例与网络著作权相关。

然而最近几年，侵犯著作权的犯罪数量骤增。近两年的《中国知识产权保护状况白皮书》中数据显示，2011 年由全国检察机关受理公安机关移送审查起诉的侵犯著作权案件为 610 件，2012 年高达 3154 件，[②] 翻了 5 倍还不止。

与此同时，有关著作权的民事侵权纠纷案件也持续上升。如 2011 年全国地方法院共新收和审结著作权案件 35185 件，同比增长 42.34%；而 2012 年，这一数字为 53848 件，同比增长 53.04%。[③]

对比可以发现，民事审判在著作权的保护中始终发挥着主导作用。事实上，著作权犯罪以违法所得数额较大或者严重情节作为犯罪成立的要件，也就是说它与侵权在某种程度上可能只是量的区别，所以实际符合犯罪情形的应该远不止此。由此也充分显示了我国著作权违法犯罪的泛滥。

涉网著作权案也以爆炸式的速度增长。据国家版权局统计，截至 2011 年 6 月，2010—2011 年打击网络侵权盗版专项治理"剑网行动"就查处网络侵权盗版案件 1148 起。[④] 浙江省高院课题组就该省网络著作权侵权纠纷案件的调查则显示，2005 年网络著作权侵权纠纷案件占著作权侵权纠纷案件的 13.92%，但 2006 年、2007 年和 2008 年则已上升到 55.71%、63.25% 和 60.62%。[⑤] 然而在网络著作权民事侵权案件数量飙升、网络著作权遭受侵害情况严重的情形下，网络著作权刑事案件的数量却屈指可数。2005 年的网络游戏外挂非法获利案，可谓是打击侵犯互联网出版物著作权犯罪第一案。此后虽也有像珊瑚虫 QQ 案、番茄花园案等网络著作权刑事案件出现，但因为数量稀少，所以总是引起公众高度关

[①] 有关的数据可参见《中国知识产权年鉴》，转引自贺志军《我国著作权刑法保护问题研究》，中国人民公安大学出版社 2011 年版，第 51 页。

[②] 《中国知识产权保护状况白皮书》的具体内容参见 http：//www.nipso.cn/bai.asp。

[③] 参见 http：//www.nipso.cn/bai.asp 之 2011 年、2012 年《中国知识产权保护状况白皮书》。

[④] 《版权局公布 15 起网络侵权典型案：悠视网在列》，参见 http：//tech.qq.com/a/20110621/000460.htm。

[⑤] 浙江省高级人民法院课题组：《关于网络著作权侵权纠纷案件法律适用的调研》，《法律适用》2009 年第 12 期。

注，成为经典案例。如果按照我国刑法和相关司法解释规定，复制发行侵权作品达到一定份数即构成犯罪，则基于网络的特性，几乎可以肯定此类行为将达到构成犯罪的标准，但是大多数案件最终顶多以认定侵权了事。如来自北京大学、清华大学、中央财经大学、中国社科院等院校的贺卫方、张卫平、甘功仁、刘仁文、阮齐林等15名法律专家，曾公开发表了1300余字的《就百度公司及其负责人涉嫌侵犯著作权应依法追究责任的声援书》。声援书认为：百度公司及其负责人在其运营的、包括百度文库在内的网站中，利用他人上传的大量侵权作品，增加自身流量及广告收益的行为，已涉嫌《中华人民共和国刑法》第217条规定之侵犯著作权罪，属单位犯罪，且情节特别严重，百度公司及其负责人应按照现有法律规定承担相应的刑事责任。不过此案最终也只判决赔偿经济损失。

由此可见，网络环境下著作权犯罪的高发态势与其受到的刑事司法保护状况存在极大的不协调，成为颇令人费解的一个现象。

（二）司法解释的回应

刑法的缺位与粗疏被认为是导致网络著作权侵害得不到有效规制的重要罪魁祸首。鉴于刑法对于网络著作权没有给予足够关注主要是受立法当时互联网刚起步的客观条件所限，因此近年有关司法机关尝试通过司法解释的方式来改变司法实践的尴尬局面。

2004年最高人民法院、最高人民检察院发布了《关于办理侵犯知识产权刑事案件具体应用法律若干问题的解释》（以下简称《解释》），《解释》第11条第三款规定"通过信息网络向公众传播他人文字作品、音乐、电影、电视、录像作品、计算机软件及其他作品的行为，应当视为刑法第217条规定的'复制发行'"。2005年"两高"又发布了《最高人民法院、最高人民检察院关于办理侵犯著作权刑事案件中涉及录音录像制品有关问题的批复》，明确了"未经录音录像制作者许可，通过信息网络传播其制作的录音录像制品的行为，应当视为刑法第217条第（三）项规定的'复制发行'"。2011年初，"两高"又联合公安部、司法部共同发布了《关于办理侵犯知识产权刑事案件适用法律若干问题的意见》（以下简称《意见》），其中第12条规定，"发行"包括总发行、批发、零售、通过信息网络传播以及出租、展销等活动。该规定通过司法解释的形式把信息网络传播行为明确纳入了刑法规定的"发行"的范畴。由于目前刑法中没有将"以营利为目的，未经许可通过网络传播作品"的行为明确为侵犯著作权罪的行为方式，所以司法解释的初衷可谓是为了"填补法律漏洞"。然而既然《著作权法》已经同时规定了"复制权""发行权"和"信息网络传播"，则复制、发行行为必然与通过信息网络传播作品的行为在性质上有所区别。特别是"发行"，著作权法中的发行应该是特指通过转移作品有形载体所有权的方式向公众提供作品的行为，明显不能涵盖不涉及作品有形载体转移的通过网络向公众提供作品的行为。而且司法解释的用语为"视为"，既然是"视为"，就说明该司法解释的制定者也并不认为网络传播行为本身就是"复制发行"。在我国《刑法》已经废除了"类推"制度的情况下，该条司法解释有越权之嫌，在法理上是应当受到质疑的。[①] 所以，上述司法解释的回应只能说是司法者面对侵犯网络著作权犯罪日益严重现实的一种无奈、权宜之计，而且司法解释对于日渐丰富的犯罪行为方式也没有完全及时跟进，所以实际案例的处理仍然非常棘手。

仅仅在一定范围内解决行为方式认定上的障碍还不足以有效遏制网络著作权犯罪，司法实践中还存在行为人主观营利目的和定罪量刑的标准问题亟待解决，为此司法解释也做出了反应。

如前所述，网络环境下行为人实施著作权侵害行为的目的各异，大量行为貌似没有直接的营利目的，譬如对常在网络上与公众分享侵权作品的网络内容服务商而言，通常并不从公众对作品的下载中直接收取利益，这意味着行为人没有直接的违法所得，也就很难入罪。为此，《意见》对侵犯著作权犯罪案件"以营利为目的"的认定做了重新诠释，明确"通过信息网络传播他人作品，或者利用他人上传的侵权作品，在网站或者网页上提供刊登收费广告服务，直接或者间接收取费用的""以会员制方式通过信息网络传播他人作品，收取会员注册费或者其他费用的"等均可以认定为"以营利为目的"。这在一定程度上对异化了的网络著作权犯罪目的问题解决提供了新的思路。然而对实践中大量的未经授权的私人复制行为而言，行为人因为缺乏主观目的暂无法定罪，但其是否需要以刑法规制，仍值得深思。

另外，早期司法解释对刑法第 217 条中关于"违法所得数额较大或者有其他严重情节"以及"违法所得数额巨大或者有其他特别严重情节"

---

① 王迁：《网络版权法》，中国人民大学出版社 2008 年版，第 64 页。

虽然做了相对明确具体的规定，但基本上都没有结合网络犯罪的特性，这也成为实际案件处理上无法跨越的一道坎。直到 2011 年《意见》颁布，这一问题才有了初步回应。根据《意见》第 13 条，行为人即使违法所得数额没有达到 3 万元，但是传播他人作品的实际被点击数达到 5 万次或者以会员制方式传播他人作品，注册会员达到 1000 人以上的，即构成侵犯著作权罪。这可以看作是司法机关为了应对网络背景下侵犯著作权罪的认定标准而采取的创新之举。不过这种标准在实际操作中仍易引起混乱。某真实案例即可形象地说明点击量标准司法认定的尴尬。一家电信技术公司为了保住公司的手机 WAP 业务，上传 28 张淫秽照片至网页，以提高自己服务的吸引力和点击率。公诉机关认定其淫秽信息的点击量达 25 万余次，最后法院认定的点击量却为超过 8 万次，两者认定的点击数相差达 17 万余次之多。原来公诉机关将每点击照片浏览一次视为一次点击，所以共计 25 万余次。而法院根据特定手机型号及特定互联网 IP，将为检验设备及网页性能而进行的页面点击数进行了排除。同时考虑到组成一个页面的所有图片请求是集中发送的，还将 60 秒内所有由同一设备通过同一互联网 IP 地址向服务器发送的图片请求视为由一次页面点击，据此计算得出了页面点击数量为 82973 次，这个数字最终成为法院定罪量刑的依据。[①] 这一案例虽然并非涉及侵犯著作权，但是同样的困惑在网络侵权作品点击数的认定上同样也会出现。例如，一部完整的侵权作品可能有几十万字，十几个章，几十个节，侵权人可能对每个节都设置一个链接，也可能对单独的一章设置一个链接，这两种不同的链接设置可能导致点击量差异非常大。[②] 这充分说明，司法解释虽然力图突破案件解决的瓶颈，但最终因为对网络技术环境下的特殊问题把握不够充分，所以依然滞后于司法实践的需要。

第四节　网络环境下著作权刑事保护面临的挑战

通过以上分析大体可知，网络环境下网络著作权的刑事保护陷入了颇

---

① 于志刚：《传统犯罪的网络异化研究》，中国检察出版社 2010 年版，第 30—31 页。
② 于志强：《网络空间中著作权犯罪定罪标准的反思》，《中国刑事法杂志》2012 年第 5 期。

为尴尬的境地：一方面传统刑事法律已经不自觉地忽略了网络环境的特殊性而用于惩治侵犯著作权的犯罪；但另一方面，这些法律在面对严重的网络著作权犯罪时又经常表现出无能为力或过于泛滥。那么，网络环境对著作权的刑事保护究竟具体在哪些方面构成了挑战呢？笔者认为，只有准确地回答了这一问题，才能有的放矢地展开理论探讨，也才能最终用理论研究的成果指导司法实践。概而言之，网络环境对著作权刑事保护的挑战主要体现在如下方面：

一　理论根基的动摇

如果刑事法律对于网络著作权的保护是无效的或者不必要的，那么我们就应该更多地考虑民事、行政的保护手段；只有刑事法律对于遏制网络著作权犯罪是必不可少的武器时，我们才应该考虑或许强化这一保护方式，使其真正发挥实效。由于本文所探讨的著作权侵害发生于网络空间，所以我们首先面临的挑战就是网络环境对著作权刑事保护根基的动摇。众所周知，网络空间中存在著名的"独立宣言"。其倡导者巴洛大声疾呼："我来自网络世界——一个崭新的心灵家园。作为未来的代言人，我代表未来，要求过去的你们别管我们。""我们正在达成我们自己的社会契约。这样的管理将依照我们的世界——而不是你们的世界——的情境而形成。我们的世界与你们的世界截然不同。"[①] 如果按照这种激进的观点，网络空间发生的任何危害行为都不应由现实世界的法律来规制，那么刑法对侵犯网络著作权的犯罪也就失去了适用的依据。

网络环境下著作权刑事保护根基的动摇还与著作权的本质属性有关。著作权是私权，这一点已被TRIPs协议所肯定，也得到理论界的普遍认同。正因为如此，有人认为，国家没有义务对侵犯知识产权的行为采取行动，侵犯知识产权的事情在原则上应当由有关的私人当事人自己解决。[②] 很明显，这个规则会对刑事惩罚产生重要的影响。虽然现在对著作权予以刑法保护已成为普遍情形，但侵犯著作权的犯罪在国外主要被视为是对财产权这种私权的侵犯，著作权的刑事保护也主要偏向于充分保护著作权人

[①] ［美］约翰·P. 巴洛：《网络独立宣言》，李旭、李小武译，载高鸿钧主编：《清华法治论衡》，清华大学出版社2004年版，第509—510页。

[②] Daniel Gervais, *The TRIPs Agreement: Drafting History and Analysis*, London Sweet & Maxwell, 1998, p. 37.

的利益。许多发达国家甚至通过不断加大著作权的刑事保护力度,提高保护的标准有意将著作权塑造为一种绝对至上的权利。这就意味着社会公众应该承受支付知识消费的成本,全人类的公共利益在著作权面前是微不足道的。然而国际互联网建立的宗旨就在于"全球资源共享",如果从社会共同进步的角度来看,知识应当共享,这种共享是十分必要的。如果仍然严格刑事保护,知识的运用与传播将会受到阻碍,创新成本也将会增加,进而知识产品价格提高,会形成恶性循环。如一些正版软件过于高昂的价格,往往是多数企业难以承受的,从而使得盗版软件拥有相当的市场。[1]因此在当代著作权法被演绎成全球知识产品垄断工具而各种反著作权思潮不断高涨的背景下,就有必要重新审视和反思著作权刑事保护的理论根基。

二 知识霸权的压制

全球知识产权霸权的横行无疑是对中国知识产权刑事保护的又一有力挑战。当今世界,绝大部分知识产权仍属于发达国家,发达国家与发展中国家之间的严重不均衡性,决定了发达国家必然会利用其在经济、科技方面的优势,力求在制定知识产权制度的国际协调和保护规则方面占据主导地位,以有效维护其国家利益。[2] 正是因为以美国为代表的西方国家在国际知识产权规则的制定中掌握了话语权,所以其对著作权采取强保护的刑事政策在 TRIPs 等协议的制定中得到了反映。其第三部分"知识产权执法"之第 5 节"刑事程序"第 61 条规定了成员国对"盗版"行为提供刑事保护的最低要求,即如果这种侵权行为是"故意的"(willful)且具有"商业规模"(on a commercial scale),就应该对侵权人采取刑事制裁措施。

我国履行了对这一协议的承诺,1997 年刑法明确规定"违法所得数额较大或者有其他严重情节的"侵犯著作权行为以及"违法所得数额巨大"的销售侵权复制品行为均构成犯罪。然而美国对中国知识产权问题上的压力并没有减少,迫于无奈,"两高"于 2004 年《关于办理

---

[1] 郑友德、曾曼辉:《我国知识产权刑法保护现存问题及完善建议》,《知识产权》2012 年第 1 期。

[2] 邹彩霞:《中国知识产权发展的困境与出路》,上海社会科学院出版社 2013 年版,第 43—44 页。

侵犯知识产权刑事案件具体应用法律若干问题的解释》,将原来的侵犯著作权罪的起刑标准非法经营额从 20 万元降到 5 万元,违法所得数额则从 5 万元降至 3 万元,另外单位犯罪定罪的数额标准也由原先个人犯罪标准的 5 倍下调为 3 倍。但是美方并不满足,依然对我国的知识产权保护问题强烈指责。2005 年 4 月底,美国贸易代表办公室公布了《2005 年特别 301 报告》,以中国知识产权侵权现象仍然普遍为由,认为中国对知识产权侵权者的刑事打击依然不力,决定把中国重新列入"优先观察名单",并考虑启动 WTO 机制解决中国知识产权保护问题。2007 年 4 月初,"两高"联合发布新的司法解释,再一次降低了追究盗版行为的刑事责任的门槛,将盗版的刑事处罚起点由非法复制 1000 张(份)降低到 500 张(份),较之 2004 年司法解释缩减了一半。对此权威人士也认为,"应该承认,对知识产权的保护,的确在很大程度上是发达国家压力和推动下进行的"。①

然而我国的真挚努力仍然没有得到美国认同。2007 年 4 月,美国将中国知识产权刑事保护机制问题提交 WTO 争端解决机构（DSB）以寻求解决。其中第一项就指控上述中国法律关于侵犯知识产权罪的刑事门槛太高,使得那些具有"商业规模"的侵权行为可以逃脱刑事制裁,违反了 TRIPs 第 41 条第 1 款和第 61 条。实际上 TRIPs 协定第 41 条规定各成员国"保证本编规定之实施程序（包括刑事程序）得以利用"的义务之前提是"根据其（本国）法律（under their law）", TRIPs 协议在其序言中也明确指出:"就实施与贸易有关的知识产权规定的有效和适当手段而言,应当考虑到各国法律制度的差异",也就是说对"商业规模"解释的主权归属是属于各成员方的,② 所以 2009 年 1 月 26 日,WTO 正式公布《"中国——影响知识产权保护与实施的措施"专家组报告》（WT/DS362/R）,裁定美国没有证实中国知识产权保护的"刑事门槛"不符合 TRIPs 第 61 条设定的相关义务,并适用司法经济原则,对美国根据 TRIPs 第 41 条第 1 款和第 61 条第 2 句所提出的与刑事门槛相

---

① 这是最高法院知识产权审判庭庭长蒋志培接受《财经》记者专访时所说。参见《中国保护知识产权是真诚的》,《财经》2007 年第 11 期。
② 参见贺小勇《中美知识产权"刑事门槛"争端的法律问题》,《现代法学》2008 年第 2 期。

关的主张不进一步审查。①

虽然此案暂时告一段落，但是 2007 年 10 月，以美国为首的一些发达国家启动了旨在"建立一个知识产权执法的新的全球黄金标准"的《反假冒贸易协定》（以下简称"ACTA"），对 TRIPs 规定做了进一步延伸，比如再次定义"商业规模"；明确邻接权的盗版也可以追究刑责；强化刑罚措施，要求监禁和罚金高到足以遏制"将来的侵权行为"；对于扣押、没收、销毁侵权产品的义务做出强制性规定；对于在向公众开放的电影展览会的放映过程中未经授权对电影作品进行复制的行为实施刑事制裁等。可以预见，美国、欧盟和日本等发达国家必然会向包括中国在内的贸易伙伴施加压力，要求其接纳 ACTA 这个知识产权执法的国际新标准，或者通过直接加入 ACTA 的方式，或者会在以后的自由贸易协定中纳入这些实质性的新标准。②而且在网络环境下，美国等国国内也正掀起新一轮的运动，要求强化版权的保护，特别是加重网络服务商的刑事责任。一旦有关的法案通过，必将在世界范围内产生更深远的影响。

可以说，只要我国的盗版现象依然猖獗，这些西方国家还会基于政治、经济、文化、社会等价值因素的考量在著作权的刑事保护问题上继续向我们施压，要求我国刑法向他们的高标准看齐。虽然著作权刑事司法保护力度的扩大，可能对于我们更好地界定犯罪、促进执法水平的提高、改变中国知识产权的保护模式有所裨益，③但是这种迫于国际外在压力的影响而由政府引发强制性制度变迁的被动回应之路注定是崎岖不平的。

三 刑法改革的迷茫

尽管刑法与著作权法相关法律法规的不协调性与滞后性充分表明刑法基于网络环境就著作权刑法规范进行完善势在必行，但是"各国的刑事法律规定首先都只能是从自己的国情出发，为自己的民族和国家的基本生

---

① WTO. China-Measures Affecting the Protection and Enforcement of Intellectual Property Rights-Report of the Panel, WTO Document WT/DS362/R, 参见 http://www.ifta-online.org/sites/default/files/58.pdf.

② 张伟君：《知识产权刑事保护门槛：从 TRIPs 到 ACTA》，《电子知识产权》2011 年第 8 期。

③ 卢建平：《知识产权犯罪门槛的下降及其意义》，《政治与法律》2008 年第 7 期。

存条件提供最高等级的法律保护",① 所以网络著作权刑法的改革最终应该回到我国的现实起点,而不能盲目与国际标准接轨,以满足他国的高要求为目的。然而由于欠缺相关领域理论研究成果的有力支撑,当前这一改革究竟应如何推进,仍处于一片迷茫之中。

(一) 网络著作权刑法保护的价值取向认识模糊

网络著作权犯罪的刑事立法能否科学合理,首先取决于其是否有正确的价值取向。众所周知,我国刑法分则体系是立法者精心安排而成的,反映着立法的价值取向。由于侵犯著作权的犯罪被置于分则第三章破坏社会主义市场经济秩序中,所以传统著作权犯罪立法的价值取向偏重保护社会公共利益,淡化保护著作权人的私权,立法者主要是将著作权作为一种社会化的权利来看待的。我们可以把这种立法价值取向称为"公共利益优先"价值观。② 据此,我国刑法规定的侵犯著作权罪、销售侵权复制品罪都强调主观上以营利为目的,客观上要求违法所得数额较大或非法经营数额较大。立法更加关注的是侵犯著作权犯罪对著作权管理制度和秩序的破坏,而不是对权利人权利的侵害。所以,对权利人造成的损失没有进入刑事评价的范畴。③ 那么假设在网络上非法传播著作权人的作品,不是以营利为目的,而是出于一种个人炫耀或报复著作权人的目的,则基于公共利益优先价值观因其行为不涉及经营或非法所得,行为人也缺乏营利目的,刑法就应该选择沉默。但是这种行为会给著作权人带来重大损失这一点是毋庸置疑的,西方国家主张应当追究行为人的刑事责任,我国目前也逐渐有不少人接受了这种主张。可见这里涉及的已不是简单的制度设计问题,而是关乎立法理念的价值取向的问题,即著作权的刑事保护在价值取向上究竟应当倡扬私权还是强调秩序抑或二者兼顾?是应当压缩公众使用作品的空间,从而将对著作权人权利的关注放在更重要的位置还是相反?观念的厘清恐怕是改革首先要解决的问题。

(二) 网络著作权保护的刑事政策定位不清

对于网络著作权我们应采取强保护还是弱保护的刑事政策牵涉我们国

---

① 王世洲主编:《关于著作权刑法的世界报告》,中国人民公安大学出版社2008年版,第18页。

② 蒋廷瑶:《数字化环境下中国著作权的刑法保护》,中国政法大学2007年博士学位论文,第107页。

③ 邵小平:《著作权刑事保护理念之辨析》,《学术交流》2011年第8期。

家的战略选择。这里"强"和"弱"实际指的也就是一国法律对著作权保护程度的差别。受国家宏观的知识产权战略影响,目前我国不断地提高知识产权保护的水平,以适应西方发达国家为主导的国际社会对我国知识产权保护的要求,所以在知识产权的刑事保护问题上有明显的强保护的倾向。如《纲要》中明确要求"加大行政执法机关向刑事司法机关移送知识产权刑事案件和刑事司法机关受理知识产权刑事案件的力度",网络著作权的刑事保护自然也可能存在同样的立场。但是"直接动用国家暴力的刑法只能被视为是对侵犯道德底线行为的一种遏制"[①],也就是说国家只能将严重的社会危害行为规定为犯罪,而网络环境下民众的著作权意识极为淡薄,存在着重作品共享而轻私权保护的历史传统,这也正是导致盗版犯罪率居高不下的重要因素。如果一味采取强保护政策,有可能让刑法走到人民的对立面。所以有学者提出来:即使是在实行强保护战略的国家,其对知识产权刑事法律保护的某一个方面,采取的却可能是弱保护策略;而实行弱保护战略的国家,在知识产权刑事法律保护的某一个领域,呈现出的却可能是强保护的色彩。即应兼采实现形式的强保护和实质的弱保护的战略。[②] 可见,刑事政策究竟应如何定位,对于网络著作权犯罪圈的划定和法定刑的配置无疑有着重要的导向作用。

(三) 网络著作权刑法保护范围争议激烈

面对美国等发达国家愈益严密的网络著作权刑法保护法网,我国许多学者意识到应该通过将更多的犯罪对象、行为方式和犯罪主体纳入刑法规制的范围来遏制网络著作权犯罪。然而究竟刑法保护的范围应扩到什么边界,迄今为止尚无定论,立法者和司法者也处在极度纠结之中。

以利用 P2P 技术进行网络上传下载行为为例,已经有学者对这一行为是否侵犯网络著作权展开了研究和讨论。一种看法认为,P2P 技术的出现导致了大量侵权案件的产生;由于 P2P 技术的特殊性,无论在法律上还是在实践中,被侵权人想要维护自身的权利,追回损失都异常困难。有鉴于此,应当对 P2P 技术的发展进行限制,控制 P2P 软件的开发,从而达到保护著作权人的目的。而另一种看法认为,P2P 技术的广泛应用是互联网发展的大势所趋。网络创建的初衷就是为了实现资源的自由共享,

---

① 储槐值:《美国刑法》,北京大学出版社 2005 年版,第 3 页。
② 田宏杰:《论我国知识产权的刑事法律保护》,《中国法学》2003 年第 3 期。

而 P2P 技术正是符合且实现了互联网理念的核心技术。同时，P2P 的应用也造福了广大互联网使用者，因此不应当遏制其正常发展，而应当用其他方式来保护著作权人的权利。如果采纳前一观点，则为了使网络著作权人的正当权益应当得到保护，就有可能要动用民事甚至是刑事手段。

再如，就提供链接服务的网络服务商而言，网络服务商并没有自行上传或在服务器中储存侵权作品，其单纯提供侵权链接的行为与非法复制行为显然有别，在刑法上如何处置也有不同的看法。一种观点是否定论，认为刑法没有必要对网络服务提供者进行过多干预，只应追究其本人直接提供内容服务时侵犯信息网络传播权的刑事责任，而不应追究网络服务提供者"帮助侵权"的刑事责任。[1] 另一种则持肯定论。不过肯定论之下对于网络服务商恶意链接行为刑法评价的路径又存在不同的做法。第一种持直接侵权论，认为在具备一定情节的条件下，提供侵权链接行为应当与直接提供侵权作品、制品行为同样受到刑法的制裁，因为二者实际上存在共同性，二者都能使公众在其个人选定的时间和地点获得作品、表演或者录音录像制品。[2] 第二种持间接侵权论，认为如果网络运营商对网上侵权盗版行为采取放任态度，或者为网上侵权盗版行为提供深度链接服务，则不但要对网上侵权盗版行为人定罪，对提供服务的网络运营商也应定罪。此种观点实际上将网络服务商视为了帮助犯。[3] 此外还存在一种折中说，即首先承认链接行为是一种帮助侵权的行为，但同时强调这种帮助行为的特殊化和独立化，指出套用片面共犯理论已经不能解决搜索引擎恶意链接行为带来的司法难题，从而认为将技术帮助行为这一"共犯"行为独立化解释为"实行行为"，即"正犯"行为，以此来解决包括恶意链接行为在内的所有网络技术帮助行为的刑事责任。[4] 这些争议问题不解决，显然无法清晰划定网络著作权犯罪圈的范围。

仅此两例足以说明网络著作权刑法究竟应将哪些著作权客体、侵犯著

---

[1] 参见沈仁干主编《数字技术与著作权：观念、规范与实例》，法律出版社 2004 年版，第 127 页。

[2] 参见管瑞哲《网络环境下知识产权刑法保护问题》，《江苏警官学院学报》2008 年第 1 期。

[3] 参见黄太云《知识产权与网络犯罪立法完善需认真研究的几个问题》，《中国刑事法杂志》2007 年第 3 期。

[4] 参见于志刚《搜索引擎恶意链接行为的刑法评价》，《人民检察》2010 年第 12 期。

作权的行为纳入调整范畴需要深入研究。而且它还提示我们,未来立法是采用穷尽列举的方式明确各种入罪情形,还是超越个别的情形,为网络著作权犯罪设置一个概括的、开放式的犯罪构成标准,也需进一步思考。

(四) 网络著作权犯罪定罪量刑标准设计欠缺

我国现行著作权犯罪的定罪量刑标准可归结为违法所得的数额和情节的严重程度,而这两个标准目前饱受争议。如有人认为,上述标准的设置不能充分反映侵犯著作权犯罪行为的社会危害性及其程度,不能直接体现著作权刑事保护对著作权人合法权益的维护,也给司法查证和认定带来困惑。而且违法所得数额如何计算,违法所得数额与非法经营数额、销售金额如何区别等问题,始终存在争议。[①] 在网络环境下,传统标准就更加难以适用,如行为人实施的不以营利为目的的网络侵权行为,侵权作品在网络上大面积传播和扩散,后果不可谓不严重,而行为人却无任何获利,如果严格按照违法所得标准,这一行为必将游离在刑法的制裁之外。这也是为什么2004年的司法解释已将信息传播行为涵盖在刑法规制范围之内但实践中却仍然对网络侵权案件无计可施的原因所在。至于情节标准,有关司法解释所肯定的"点击量"和"会员数量"标准是否继续沿用,也存在探讨空间。如有学者指出,以用户点击量来计算"复制品数量"与我国对"临时复制"所持的一贯立场矛盾。但是的确存在网络传输作品数量较少,但因作品被他人广泛传播而给权利人带来巨大灾难的情形。是继续单独保留这一标准,还是将其作为辅助标准或另外寻求替代标准,这些问题只要悬而未决,网络著作权犯罪的刑法就不会真正发挥实效,所以定罪量刑标准应何去何从,也是相关刑法改革的瓶颈。

(五) 网络著作权犯罪刑罚惩处力度把握不准

当前刑罚轻缓化是一种世界性潮流,传统的以生命刑、自由刑为中心的刑罚正在越来越多地被罚金刑等财产刑所代替。然而在网络著作权犯罪领域,从国际范围来看,加大刑罚惩处的力度似乎是一种大势所趋。原本不动用刑罚的,现在可能因行为的犯罪化而适用刑罚;原来适用较低刑罚的,现在可能因为刑法的调整而适用较高刑度的刑罚,即便自由刑的刑期不延长,罚金额度的增加也是有目共睹的。这难免令人心生疑虑:在整个刑事法领域呈现轻刑化态势的同时,为什么网络著作权犯罪领域要逆潮流

[①] 邵小平:《著作权刑事保护研究》,华东政法大学2011年博士学位论文,第59—60页。

而动？

事实上，目前我国已有学者明确反对加重著作权犯罪的刑罚。如有人认为我国著作权犯罪的刑罚已经比其他国家要重得多，法定最高刑已达 7 年，所以首先应减低刑罚的严厉程度，在刑事法网的宽严和刑罚的轻重之间求得平衡，做到"严而不厉"，真正实现刑法，尤其是刑罚的轻缓化。[1] 还有学者基于网络环境下著作权犯罪主体平民化、大众化的特点指出，若使得著作权人可以发动公权力，查缉任何利用网络拍卖盗版者，使行为人面临不低的刑罚，"无疑系以大炮打小鸟，罪刑不相当之结果，使社会大众对于著作权法之偏见日深"。[2] 但也有学者一力主张要加重刑罚惩处的力度。他们认为，知识产权犯罪属刑事救济手段还远未充分的犯罪。而设定刑罚量的正当根据应当是报应和功利、社会危害性和人身危险性的辩证统一，所以不能因为宏观上的轻刑化做法放松微观领域对知识产权犯罪的打击。[3]

由此推断，在我国网络著作权犯罪的刑罚问题上，可能会出现如下几种认识：一是鉴于我国网络著作权侵害的严重现实，应当进一步加大刑罚惩处的力度，提高罚金刑甚至是提高自由刑；二是顺应刑罚轻缓化的潮流，降低对网络著作权的惩处力度，可考虑较多地适用罚金刑等轻刑种而减少自由刑的适用，但同时要强化刑罚的必定性和及时性。当然还有一种观点可能主张刑罚总量仍然和原来的著作权犯罪持平，但是考虑自由刑的弊端和罚金刑对经济犯罪适用的特殊优势而进行刑罚结构的改良。以上方案哪种更为切实可行，也给网络著作权刑法的完善带来了困惑。

四 司法运行的障碍

中国知识产权刑事保护制度中的问题不仅是实体规范问题，也是程序运行问题。[4] 目前我国打击网络盗版犯罪实际上并不是完全无刑法可依的

---

[1] 参见蒋廷瑶《数字化环境下中国著作权的刑法保护》，中国政法大学 2007 年博士学位论文，第 116 页。

[2] 参见许博然《网络相关著作权刑罚妥适性研究》，台湾国立交通大学 2008 年硕士论文，第 115 页。

[3] 赵国玲：《知识产权犯罪调查与研究》，中国检察出版社 2002 年版，第 306 页。

[4] 张心向：《我国知识产权刑事保护现象反思——基于实体法规范的视野》，《南开学报》（哲学社会科学版）2010 年第 4 期。

问题，有关司法运行机制不顺畅也会导致刑法成为摆设，中国市场沦为盗版者的天堂。因此刑法能否得到切实执行也是制约反网络盗版犯罪成效的关键。而在网络环境下，著作权犯罪的惩处的确遇到了来自于刑事程序法的多方面挑战。

（一）网络著作权犯罪对诉讼方式的挑战

我国刑事诉讼中，著作权犯罪并不属告诉才处理的范围，亦即通常应由国家公诉机关——人民检察院代表国家提起公诉，以追究犯罪行为人的刑事责任。这也和我国著作权刑事保护的重心相吻合，即侧重于维护社会经济秩序。但是网络环境下的著作权犯罪呈泛滥之势，特别是如果像香港那样连私人的违法上传下载行为也纳入刑事规制范畴的话，则这种侵害毫不夸张地说是全民性的，而被害人却可能寂寂无闻，加之行为有时技术含量较高，手段比较隐蔽，侦查机关不仅缺乏案件的线索，而且即便查处然后交由检察机关提起公诉也是旷时费力之事，甚至可能最后"竹篮打水一场空"，案件未达犯罪标准而只构成民事侵权，所以司法机关往往并不热衷于查处网络侵犯著作权的刑事案件。并且这些案件一旦判决，有时会引发比较激烈的争议，特别可能与网络大众的心理期待有较大反差，所以司法机关往往也不愿将自己推上舆论的风口浪尖。近些年案发的网络著作权刑事案件基本上都是在全国性的反盗版活动中因危害特别大才显山露水。

司法机关也意识到了著作权犯罪公诉方式的弊端，所以1998年1月19日施行的《最高人民法院关于执行〈中华人民共和国刑事诉讼法〉若干问题的解释》规定，除严重危害社会秩序和国家利益以外的有证据证明的轻微知识产权刑事案件可由被害人直接向人民法院提起诉讼。但司法解释的这一规定，其实践效果却并不明显，出于某些原因，受害的著作权人要么不愿浪费人力、物力、精力去向网络盗版者宣战，要么因为自诉方式在网络案件中存在难以逾越的障碍而无法提起自诉或无法实现诉讼的预期。可见，著作权犯罪究竟采取哪种诉讼方式在网络环境下是一个令人深思的问题。

（二）网络著作权犯罪对司法管辖的挑战

管辖是案件处理首先要解决的问题。就网络领域的犯罪而言，它既涉及国际刑事管辖权的问题，也涉及国内诉讼法上的管辖问题。

著作权作为一种专有权，其地域性特征是显而易见的。传统国际刑事管辖原则的确立首先也是以犯罪地为联结点的。然而一旦将这些因素适用到虚拟的网络空间，它们与管辖区域的物理空间的关联性顿时丧失。① 由于网络是一个无国界的虚拟空间，所以有学者认为通过网络实施犯罪的情况下，就会发生在全世界范围内瞬间称为结果地的事态。由此各国著作权刑事保护程度的差异将变得模糊，对著作权实施强保护战略的发达国家将会用自己的国内标准来要求发展中国家实施同等保护，这无异于是一种知识产权的侵略。

就国内的刑事管辖而言，同样存在犯罪地的认定问题。这里的犯罪地是仅指犯罪行为地还是也包括犯罪结果地？结果地如何理解？如果参照最高人民法院颁布的《关于审理涉及计算机网络著作权纠纷案件适用法律若干问题的解释》，"侵权行为地包括实施被诉侵权行为的网络服务器、计算机终端等设备所在地。对难以确定侵权行为地和被告住所地的，原告发现侵权内容的计算机终端等设备所在地可以视为侵权行为地"，管辖问题依然非常突出。一是认定标准的可操作性不强，如虽可以通过网络查到侵权网站服务器大概的地理位置，但无法确定确切位置，甚至有的网站有分处于不同地方的多台服务器，而实施侵权行为时使用的是哪台计算机终端以及其所在地，则难以查明；② 二是可能导致择地行诉的问题，即原告虽明知侵权行为地或被告住所地，但在起诉时却故意不予提供，而以发现侵权内容的终端设备所在地为侵权地，从而达到选择法院管辖的目的。管辖标准的不可操作性和不确定性，在相当程度上影响了司法机关的积极性，从而成为网络著作权刑事案件办理中的又一程序性障碍。

（三）网络著作权犯罪对证据法的挑战

网络著作权犯罪案件在诉讼过程中也面临着证据法上的困难，具体包括：第一，取证困难。网络著作权犯罪案件中需要大量运用电子证据来证明犯罪事实，但电子证据是在计算机或系统运行过程中产生并以其记录内容来证明案件事实的电磁记录物。虽然电子证据客观存在，但行为人利用技术可轻易抹去其在电子空间留下的记录，或直接对电子证据予以改动而无法查实。③ 而且匿名软件的使用，也会给犯罪线索的追踪增加难度系

---

① 张勇：《网络知识产权犯罪的现状与侦控》，《决策探索》2007年第4期。
② 浙江省高级人民法院课题组：《关于网络著作权侵权纠纷案件法律适用的调研》，《法律适用》2009年第12期。
③ 郭丹、高立忠：《网络知识产权的刑事法保护》，《甘肃政法学院学报》2006年第3期。

数。所以案件中证据的收集、保全问题需要高度重视。第二,证据审查判断困难。传统知识产权犯罪案件可以查获实实在在的侵权物品,而网络知识产权犯罪案件则主要依赖于对脆弱的电子证据进行审查,其证明力的大小有时候很难精确衡量。譬如一个未经授权提供他人计算机软件下载的网页月访问量为 10 万人次,那么能否认定其下载量就是 10 万呢? 有人就认为浏览网页不能完全等同于下载软件,在缺乏其他有力的辅助证据证明的情况下,用简单的访问量来估算下载量导致的结果就是难以符合罪刑相适应的基本原则,有损刑事司法公正。[①] 第三,举证责任分配的障碍。虽然法律和司法解释赋予和保障知识产权被害人的刑事自诉权,但从实践来看这项权利基本被虚置了。有学者认为根本原因在于,在适用现行程序法规定和证据规则的条件下,知识产权遭受侵犯的被害人无法列举出足够的证据来证明对方的犯罪行为,亦即知识产权刑事自诉人承担的举证负担过于沉重。[②] 即自诉人除了提交自己作为被害人的受损陈述,指明其所遭受的实际损失以及损害的程度和范围以外,还要证明被告人主观上存在犯罪的故意以及营利的目的,被告人实施了具体的著作权侵犯行为,该行为达到了刑法和司法解释规定的具体数额、情节标准。举证责任的分配状况客观上遏制了自诉人的热情,从而使著作权犯罪案件的黑数居高不下。

(四) 网络著作权犯罪对案件移送机制的挑战

不同于大多数国家所采用的单一司法保护模式,我国现阶段就著作权保护采用了"双轨制"的保护模式,即行政执法与司法(包括民事和刑事)保护双管齐下。然而实践中网络著作权行政保护却往往取代了刑事保护,行政机关在行政执法过程中"以罚代刑"直接导致行政执法与刑事司法机制衔接失调。

为了说明这一问题,笔者搜集了 2005 年至 2012 年八年间国家版权局联合公安、信息等部门在开展的打击网络侵权盗版专项行动中的行政执法和移送司法机关涉嫌刑事犯罪案件的有关数据(见表 1-1)。[③]

---

① 陈斌、邓立军:《网络知识产权犯罪的刑事立法完善》,《人民检察》2011 年第 16 期。

② 邵建东:《知识产权民事诉讼的举证规则应当准用于知识产权刑事自诉案件》,《法学》2007 年第 9 期。

③ 参见 2005—2012 年《中国知识产权保护状况白皮书》,数据来源于 http://www.nipso.cn/bai.asp。

表 1-1　　　　　　　　网络盗版案件移送处理情况

年份	查办网络侵权盗版案件数	移送司法机关追究刑责案件数（占网络盗版案件数比例）	罚款数额	采取的其他措施
2005	172 件	18 件（10.47%）	78.9 万元	没收专门用于侵权盗版的服务器 39 台，没收非法所得 3.2 万元，责令 137 家网站删除侵权内容
2006	436 起	6 起（1.38%）	70.5 万元	责令停止侵权行为案件 361 起，没收非法服务器 71 台和电脑 8 台，关闭非法网站 205 家
2007	1001 件	31 起（3.1%）	870750 元	责令停止侵权行为 832 起，没收服务器 123 台，关闭非法网站 339 个
2008	453 件	10 起（2.21%）	1079853 元	关闭 192 个专门从事侵权盗版的非法网站；对 173 家网站采取了责令删除或屏蔽侵权内容的临时性执法措施；没收服务器、计算机硬件设备 184 台
2009	541 件	24 起（4.44%）	128 万余元	关闭非法网站 362 个，没收服务器 154 台，查处 40 多个侵权内容与淫秽色情、非法违禁内容并存的非法网站，占到关闭网站总量的 12%
2010	行动第一阶段已查处 204 起侵犯著作权案件，正在立案查处 157 起	30 起（14.71%）		加强主动监管，对悠视网、Verycd 等 15 家大型网站视频作品传播进行实时监控
2011	1148 起	36 起（3.31%）		对 466 起案件依法做出行政处罚
2012	282 件	72 件（25.53%）		专项治理中行政结案 210 件，没收服务器及相关设备 93 台，关闭网站 129 家。全年行政结案 1524 件

　　由于以上数据反映的只是网络盗版侵权专项治理活动的情况，受活动时间长短和投入执法资源等因素的影响，每年查办的网络侵权盗版案件数量有升有降，不能窥见网络盗版案件逐渐增多的全貌，但是从中我们可以大致看到，网络盗版侵权案件移送司法机关追究刑事责任的案件占全部案件的比例长期以来都维持在一个较低水平。特别是 2006—2009 年以及 2011 年均不超过全部案件的 5%。按理，由于网络的扩散性，其集合效应应该较为惊人，特别对网站而言，满足刑法的点击数等标准应非常容易，但事实上绝大多数案件都是采取行政方式结案的，除了没收服务器、计算

机硬件设备,关闭网站或责令停止侵权行为外,一个重要的惩罚措施就是罚款。罚款数额的数据虽然并不完整,但现有资料已足以表明它的适用是稳步上升的。诚然,行政具有主动、高效、便民的特点,程序相对简便,相较于司法,更能及时有效地保护当事人的知识产权,[①] 但是仅仅依靠行政手段也是不够的。那么网络盗版案件为什么会出现行政执法与刑事司法移送机制衔接上的失调,其原因何在,也给网络环境下著作权的刑事保护带来了新的研究课题。

---

① 易玲:《中国知识产权行政保护"存与废"之路径》,《求索》2011年第1期。

第二章

网络环境下著作权刑事保护的理论基础

第一节 著作权刑事保护的理论基础

一 著作权的正当性

权利的正当性是一个历久弥新的法理问题,正如学者所云,"从事法学研究或学习的人必须学会一种特殊的技能。这是一种'发现和说明人类的所有行为都应当有正当理由'的技能"①。因此,对著作权的正当性必须首先予以论证,这实际上也是为法治的前提和边界所做的一场伦理性答辩。围绕着包括著作权在内的知识产权的正当性问题,历史上出现过多种理论,迄今主要有四种论证路径:

(一)基于洛克的财产权劳动理论的分析

古典自然法学派的代表人物约翰·洛克依据其自然权利学说,对财产权进行分析,创立了对后世影响深远的财产权劳动理论。在洛克看来,自然状态下人的生命、健康、自由或财产都是不可剥夺的天赋权利,"人们联合成为国家和置身于政府之下重大的和主要的目的,是保护他们的财产"②。但是在自然状态下,土地上的一切都是人类所共有的,并不存在私人所有权,那么这种"共有"如何转化为私有呢?洛克认为这应归结为劳动,即是劳动导致了私人财产权的产生。因为"每人对他自己的人身享有一种所有权,除他以外任何人都没有这种权利。他的身体从事的劳动和他的双手所进行的工作,我们可以说,是正当地属于他的。所以只要他使任何东西脱离自然所提供的和那个东西所处的状态,他就已经掺进了

---

① [日]川岛武宜:《现代化与法》,王志安等译,中国政法大学出版社1994年版,第273页。

② [英]洛克:《政府论》(下篇),叶启芳、翟菊农译,商务印书馆2009年版,第77页。

他的劳动,在这上面掺和了他自己所有的某些东西,因而使它成为他的财产"①。但是人们在取得财产权时必须留有足够多的同样好的东西给他人共有,同时以不造成浪费为限。②

在洛克的财产权理论框架之下,自然权利论者通过比较著作权与财产权的共同点获得了著作权合理性的哲理化解释。在著作权的形成过程中,创作人先吸取公共的资源作为创作基础,对之施以身体无形的脑力劳动形成自己的创意,再以身体的有形劳动将创意通过各种方式表达,既然付出了劳动,那么作者对其表达这一有所增益的东西无疑享有排斥他人权利的私有权利。而且著作权的期限、合理使用原则、权利耗尽原则以及创意和表达的区分原则等亦符合洛克理论中要求为他人留足够的好东西共有及不浪费原则。

不过这一解释仍有诸多不圆满的地方。譬如它很难解释知识产权主体与客体无形分离的现象;它未给劳动的概念做出明确界定;③ 而且著作权本身带有强烈的公益色彩,因此在占用的限制部分要求的程度必与一般的财产权差异悬殊,而无法与其等同视之。④

(二) 基于黑格尔的财产权自由意志理论的分析

黑格尔作为德国古典哲学的集大成者,他将财产权纳入其整个客观唯心主义哲学体系中予以论述,从而确立了其财产权的自由意志理论。在黑格尔的法哲学体系中,意志、人格以及自由是三个主题词,在黑格尔看来,自由和意志是一体的两面,而人格则是一个以意志为内涵的抽象单位。就自由意志而言,其最初的定在形式就是所有权、契约、不法和犯罪,它们表现着人格。人格正是在外部事物中给自己以定在。⑤ 由此在人格和财产权的关系上,财产权是人格具体化的表现,或者说财产权是人格通过意志脱离人之后的形态,其本质为自由。黑格尔进一步说明,财产权

---

① [英] 洛克:《政府论》(下篇),叶启芳、翟菊农译,商务印书馆2009年版,第18页。

② Peter Drahos, *A Philosophy of Intellectual Property*, Published by Dartmouth Publishing Company Ltd. England, 1996, p.43.

③ 按照洛克的理论,只要劳动与处于某个共有状态的东西混合在一起,劳动者就自然取得了该东西的所有权,那么合乎逻辑的结论是看某本书就可以取得该书的著作权,这会在知识产权领域中倡导和形成一种"海盗横行"的混乱局面。李扬:《知识产权的合理性、危机及其未来模式》,法律出版社2003年版,第35—36页。

④ 汪渡村:《论网际网络时代著作权法因应之道》,《智慧财产权月刊》2002年第62期。

⑤ 林喆:《黑格尔的法权哲学》,复旦大学出版社1999年版,第270—271页。

可以通过占有、使用、转让三种行为使抽象的自由意志具体化而显露于外。①

如果用黑格尔的财产权自由意志理论解释著作权的正当性，则作品是人的自由意志外化的表现形式：作者对作品享有著作权是因为作者在作品中加入了他的个人意志，因而作品带有了作者的精神和人格的烙印，而人的自由意志和整个人格与精神作为存在的本体是不能放弃和转让的，因而必须给予作者一定的权利，包括财产性的权利和精神性的权利。黑格尔认为学识、技术以及艺术等精神所特有的内涵，可以通过"表达"，使其抽象的内涵转而向外成为具体的实存，而将其归为物的范畴，从而著作权所保障的作者的表达就成为了财产权的客体。按照黑格尔的观点，有形物和无形的知识产品之间是存在区别的，即作品的载体和著作权是不同的，"尽管作品的作者或技术装置的发明者依然是复制这种作品或物品的普遍方式和方法的所有人，因为他没有把这种普遍方式和方法直接转让他人，而是把它作为自己特有的表现方法保留下来，然而这种产品的取得者取得了样品之后，即占有作为单一物的样品的完全使用权和价值，因而他是作为单一物的样品之完全而自由的所有人"②。这和目前"作品载体的转让并不意味着著作权的转让"这一共识无疑是一致的。

然而黑格尔的理论似前后也存在一定矛盾。他既将人类精神的创作品纳入物的领域，则这种"表达"就是可以转让的，则转让就应意味着权利的完全转移。但"表达"的实质内涵为人的精神、意志，为某一人所持有，与人之间紧密联结，不可分离，更不可抛弃或遭到扭曲。若允许"表达"的让与，就等于赞成"表达"的抛弃，这样的结果和前面所述的"表达"不可抛弃的结论互相冲突。③ 另外，如果沿着黑格尔的逻辑，可能还会为盗版提供合法性借口，因为盗版者同样可以将它们的自由意志体现在人和知识产品中从而将它们财产化，于是他不得已为所有权的产生附加了限制，强调先占原则。但这种限制亦是难以成立的，因为意志的平等性使得先占取得所有权不具备真理性，先占者的自由意志不能阻却后者的自由意志占有统一财产，从这一点上说，黑格尔否定了自己。

---

① ［德］黑格尔：《法哲学原理》，范扬、张企泰译，商务印书馆2009年版，第70—92页。
② 同上书，第87页。
③ Justin Hughes, The philosophy of intellectual property, 77 Geo, 1988, L. J. p. 287.

(三) 基于卢梭、康德的财产权社会契约理论的分析

"古典学派最激进民主主义的思想家"卢梭的观点与洛克正好相反,他否认洛克劳动产生所有权的观点,在他看来,"难道插足于一块公共土地之后,就足以立刻自封为这块土地的主人了吗?难道由于有力量把别人从这土地上暂时赶走,就足以永远剥夺别人重新回来的权利了吗"?[①] 所以卢梭认为,所有权并不是来源于某个私人行为,比如劳动、先占或享用,而是来源于社会公众对我们作为所有者的身份的认可,公众的认可的基础则是主权者的认可,是社会契约的认可。另一位哲学家康德也表达了同样的观点,他认为私人财产权只有当人类进入了社会和文明状态,并且通过共同意志建立了国家,制定了法律之后才能产生。

按照财产权社会契约理论,著作权之所以受到保护是因为,作者创作了作品只能占有它而不能享有权利,而作品一旦公开人人都可以占有,这就意味着如果没有一种保护机制保障作者能够控制作品的复制和传播,那么作者先前的劳动就将化为乌有,所以建立在社会公认基础上的国家和法律就通过确认,赋予作者在一定时期内对作品的权利。由此推论,著作权并非源自著作人因创作所生固有的权利,而是在社会契约论的前提下由法律所赋予的权利。换言之,著作权在法律未创造前为公共资产,但人类为了达到促进人类文化进步以及鼓励大众学习的公共目的,将其资产划分出来通过法律进行合理性分配,授予著作权人部分权利,以达到激励或奖励著作权人创作的目的。[②]

但财产权社会契约理论过分夸大了社会"公意"对财产权取得的作用,忽视了作品背后的劳动的重要性,否定了劳动在著作权配置中的基础作用,同样是存在缺陷的。

(四) 基于经济分析方法的分析

用经济分析的方法来研究著作权的正当性问题是经济学借助其技术优越性向社会科学渗透而提供的一个新的理论视角。按照波斯纳的观点,人是理性的经济人,其所追求的是利益的最大化,也就是说只要制度的安排能够有效地配置资源达到价值的最大化实现,那么这一制度就是正当的。

---

① [法] 卢梭:《社会契约论》,何兆武译,红旗出版社1997年版,第45页。

② L. Ray Patterson & Stanley W. Lindberg, *The Nature of copyright*, University of Georgoa Press, 1991, p. 39.

因此，经济分析理论只需要证明在此种制度的分配下，社会总价值达到了最大即可，至于其正当性则不用考虑，或者这本身就是正当性的最好阐释。①

就著作权而言，由于作品的创作方式主要是个体生产方式，个体为从事创作必须从事大量的实践活动并耗费大量的人力、物力、财力，如果作者的耗费得不到补偿，其投入无法得到相应的利益回报，那么其创作热情就会萎缩，文学艺术的进步也就会延缓，所以著作权具有私有化的必要性。只有赋予作者一定的排他权利，允许其通过控制作品的传播和利用来获取经济利益，才能给作品的创作提供激励进而促进社会的进步。但是这里存在一个悖论，没有合法的垄断就不会有足够的信息生产出来，但是有了合法的垄断又不会有太多的信息被使用，② 著作权人如果为了个体的经济利益极力地控制作品的传播利用反过来又会阻碍社会的进步，所以著作权制度通过合理使用规则为公共利益的呼唤提供了一个很好的出路，由此作品生产者（权利人）与消费者之间通过博弈获得了一种"纳什均衡"。可见，经济分析方法为著作权的正当性论证提供了别具一格的说辞。

从以上关于著作权正当性阐释的分析中可知，著作权的正当性并非由某一方面即可得到完美的论证。但这些理论亦都有合理的成分，故著作权的正当性可由多方面予以说明。虽然著作权究竟是一种自然的权利还是法定的权利，是纯粹的私人权利还是公共权利曾经存在着激烈的争议，但是不可否认，由于作品上凝结着人类的辛勤劳动，亦是作者人格和意志的反映，因而当今社会通过法律对作者授予著作权是符合人们的共同价值观念的。并且作者对这项权利的行使，如果能恰当（即合理地垄断）的话，则不仅不会阻碍文化的发展，反而恰可以最大限度地促进文学艺术的进步。因此，在各国的著作权制度通过合理使用等制度的安排肯定权利人的著作权与所有他人的自由获得了并存以后，著作权的正当性已经逐渐得到认同。

二 著作权刑事保护的必要性

（一）著作权法益的生成

某种行为纳入刑事规制范畴的根据是其违法性，而判断违法性的根

---

① 杨宇：《论著作权的正当性》，《现代经济信息》2009年第19期。
② ［美］罗伯特·考特、托马斯·尤伦：《法和经济学》，上海三联书店1992年版，第185页。

据，在刑法理论中有一定分歧：第一种是结果无价值论，它以法益侵害说为核心，认为行为违法性的本质在于侵害或者威胁法益这一"结果"，从而违反了刑法所意图保护的价值。第二种是彻底的行为无价值论，它以规范违反说为核心，认为行为的违法性本质在于违反了法秩序的观念和社会伦理规范。由于该理论完全抛开了结果无价值，与只重视行为人主观意思的主观主义刑法并无区别，有违反罪刑法定之嫌，因而逐渐被称为"二元论"的第三种理论所取代。第三种即为"二元论"，它折中了结果无价值论与行为无价值论，认为只有违反社会伦理规范或者偏离社会相当性，并侵害或威胁法益的行为才构成违法。可见，无论是依据现代刑法理论中最有影响力的"结果无价值论"，还是折中的"二元论"，其基本都强调违法的本质在于对法益的侵害或威胁，倘无法益受到侵害或威胁，则无刑罚之必要性。正如学者所说："刑法的目的之实践及刑法法律秩序之建立，均系于确定的法益之概念。"① 因此，著作权刑事保护的前提是应存在所谓的著作权法益。

刑法上之"法益"，多数学者将其定义为"法律所保护的利益"。社会现实生活中存在着各种利益，但是他们并非都作为法益而被承认。某种生活利益要成为法益必须通过以下三重承认：首先是要通过保护性的"个人的承认"，也就是作为社会成员的个人的承认或要求某社会利益应该通过刑法来保护。其次是社会的承认，即便是某个社会成员强烈地希望保护某一生活利益，也会存在其他社会成员不承认、不接受的情况。为了使该生活利益成为法益，必须要通过"社会的承认"这道关卡。也就是说，社会的多数成员承认该生活利益是社会生活上重要的存在，则有必要通过刑法来保护它。最后，某生活利益如果想要成为法益，进而还必须通过"法的承认"这道关卡。② 由此可见，"法益"与一般的利益在重要性上存在显著差别，法律只会将值得保护的社会生活上的利益承认为法益。那么著作权是否值得法律保护呢？

毫无疑问，在知识经济时代，著作权能带来空前巨大的经济利益，由此也造就了版权产业的兴旺。所谓"版权产业"，根据世界知识产权组织

---

① 陈志龙：《法益与刑事立法》，作者发行，1992年版，第38页。
② 参见［日］関哲夫《法益概念与多元的保护法益论》，《吉林大学社会科学学报》2006年第3期。

于 2003 年发表的《版权相关产业经济贡献调查指南》，按照版权在相关产业中的作用大小，版权产业可分为"核心版权产业""相互依存的版权产业""部分版权产业""非专业支持产业"四类。其中"核心版权产业"，即那些主要目的是生产或发行版权产品的产业，也就是我们熟知的图书出版、唱片、音乐、报纸和期刊、电影、广播和电视播放以及计算机软件等产业。虽然版权在这四类产业价值创造中的地位和作用各有不同，但是世界的经济实践已经表明，版权产业活动中的文化因素和文化成果已经成为现代生产力的重要构成或促进因素，版权产业已逐渐成为推动经济发展的主导性力量。我国国家版权局发布的中国版权相关产业的经济贡献系列研究报告即可以充分证实这一点。[①] 调研结果显示，我国版权相关产业的行业增加值及其占当年 GDP 的比重呈现持续增长态势，特别是核心版权产业的行业增加值及其占当年 GDP 的比重增长较快（参见表 2-1），其中又以软件和数据库产业、数字出版产业发展势头最为强劲。同时，我国版权相关产业的就业人数及其占当年中国城镇单位就业人数的比重持续增长，在增加就业中发挥着重要作用（参见表 2-2）。

表 2-1　　2008—2012 年我国版权相关产业行业增加值变化表

年份 分类　指标	2008 数值（亿元人民币）	比重（%）	2009 数值（亿元人民币）	比重（%）	2010 数值（亿元人民币）	比重（%）	2011 数值（亿元人民币）	比重（%）	2012 数值（亿元人民币）	比重（%）
核心版权产业	10240.42	3.41	11928.04	3.50	14141.04	3.52	17161.81	3.63	20598.19	3.97
合计	19568.40	6.51	22297.98	6.55	26370.26	6.57	31528.98	6.67	35674.15	6.87

表 2-2　　2008—2012 年我国版权相关产业就业人数变化表

年份 分类　指标	2008 人数（万人）	比重（%）	2009 人数（万人）	比重（%）	2010 人数（万人）	比重（%）	2011 人数（万人）	比重（%）	2012 人数（万人）	比重（%）
核心版权产业	476.00	3.90	506.23	4.03	534.79	4.10	587.03	4.07	616.06	4.04
合计	946.57	7.76	991.40	7.89	1041.51	7.98	1178.62	8.18	1246.48	8.18

---

① 国家版权局委托中国新闻出版研究院自 2007 年以来已经连续多年对中国版权产业的经济贡献进行调查。这里选取了 2008—2012 年五年的调研结果。

而版权相关产业最为发达的美国数据更能说明问题。2009年，美国版权相关产业的行业增加值为15626.7亿美元，折合人民币约为98965.8亿元，其行业增加值占全美GDP的比重为11.07%。而当年美国版权相关产业的就业人数为1081.48万人，占全美总就业人数的比重为8.27%。[①]

正是因为版权产业对国家经济贡献巨大，而版权产业又依赖于版权或著作权，因此著作权就具备了成为法益的前提。实际上结合前文对著作权及法律保护历程的回顾，很明显，著作权人对利益的渴求早就被社会接纳，著作权法也将其作为著作权授予权利人，"法律或法律秩序的任务或作用，并不是创造利益，而只是承认、确定、实现和保障利益"[②]，既然著作权法已经承认了著作权，则这一权利进入刑法保护的视野就具备了可能性。

（二）著作权法益的性质之辨

尽管我们并不否认著作权法益，但是对著作权法益或者说权利性质的不同认识可能影响到法律保护的手段和程度，而理论上对此存在一定误解，故有必要予以澄清。

回溯著作权正当性的各种学说，我们可以看到，虽然著作权一开始并不是公认的财产权，而且可能并不仅仅包含财产权，但是著作权从其产生之日起就轻易地与"财产权"联系到了一起，并且这种观点一直流传到现在。而"大凡在宪政国家，财产权乃是公民的宪法性权利，于是权利人认为保护知识产权就像保护传统的财产权一样，是理所当然的"。[③] 事实上，著作权作为知识产权之一，其性质为私权已经被写入了TRIPs协议。[④] 然而正是因为知识产权的私权性质，很多学者认为知识产权领域不存在犯罪，即不应当对侵犯私权的行为适用刑事制裁。[⑤] 换言之，这些学者认为著作权这一私权应当由私法，譬如民法来调整，而作为公法的刑法

[①] 该数据来源于聂士海：《"中国版权相关产业的经济贡献"调研成果再度发布》，参见http://www.chinaipmagazine.com/journal-show.asp?id=1381&pn=1。

[②] 沈宗灵：《现代西方法理学》，北京大学出版社1992年版，第224页。

[③] 曹世华：《网络知识产权保护中的利益平衡与争议解决机制研究》，合肥工业大学出版社2011年版，第15页。

[④] 《与贸易有关的知识产权协定》序言中明确提出"知识产权属私权"。

[⑤] 赵国玲主编：《知识产权犯罪调查与研究》，中国检察出版社2002年版，第303页。

则不应介入著作权的保护。

笔者认为,著作权本质上是一种私权。这一私权性取决于知识财产私人占有的基本品性,权利的国家授予性并不能说明权利本体的公权意义。[①] 而国家通过法律赋予著作权人著作权,主要是为了保护其利益,特别是为了激发作者的创作积极性。但是著作权并不是一种绝对的私权,为土地私有化所创设的基本经济学原理——资源有限性所造成的困境——完全不适用于信息产品。正如道路、灯塔以及诸如此类的有公共产品特性的事物:很难将它排除给非付费的使用者。[②] 因此在知识经济时代,著作权正从传统意义上的私权逐渐演变成一种私权公权化的权利,著作权兼具私权属性和公权属性。[③] 著作权公权性的渗透主要体现为著作权法中亦强调对公共利益的维护,即著作权法一方面确立了著作权人对作品的合法垄断地位,但另一方面又通过合理使用、权利用尽等制度对著作权人的权利做出了必要限制,以保障公众的利益。著作权对著作权法的天然依赖性,使得著作权在权利人利益之外也不得不考虑社会的利益,并以两者的平衡协调构筑著作权的应有内涵。由于著作权具有一定的公共性和社会性,侵犯著作权的行为在这一意义上就不是纯粹的侵犯私权的行为而兼具了社会危害性,对某一著作权的侵犯同时也是对其所依托发展的整个版权产业的侵害和对公众通过合法方式获取或使用作品的平等权利的侵犯,正如学者所说,侵犯著作权的行为会涉及公共利益,如减少消费者利益、减少相关版权产业的投资数量和减低发展速度,从而减少就业机会。著作权法益不仅是一个"私法益",而且是一个深刻体现着公法益的"私法益"。[④] 故此时公法的介入就可能必要。

而即便仍将著作权视为完全的私权,刑事保护也是有适用余地的。因为保护私法益并不能理解成排斥公法手段。国家利益与社会利益具有公共性质,关系到社会上每个公民的生存,因而运用公法手段对其加以保护亦十分必要。而个人利益同样是法律所赋予的,它所涉及的虽然是

---

① 邵小平:《著作权刑事保护理念之辨析》,《学术交流》2011 年第 8 期。

② Mark A. Lemley, Place and Cyberspace, *California Law Review* vol. 91, 2003, p. 536.

③ 吴汉东:《关于知识产权私权属性的再认识——兼评"知识产权公权化"理论》,《社会科学》2005 年第 10 期。

④ 贺志军:《我国著作权刑法保护问题研究》,中国人民公安大学出版社 2011 年版,第 73 页。

个人之间的关系，但对个人利益的侵犯间接危及的可能却是整个社会秩序。如果对侵犯私权的行为国家在任何时候均放任不管而仅由私人以私法上的手段寻求保护，那么这会在一定意义上颠覆人们的价值观从而促使更多的人去实施同样的行为。所以公法手段在私权的保护中同样也有运用的余地。举个简单例子，私人财产权不仅由民法保护，它也一直都是刑法所保护的法益。古往今来，盗窃有形财产的都以盗窃罪论处，那么盗窃他人智力成果的行为为什么一定要限制在侵权的范围内由私法来调整呢？实际上私法与公法在保护的对象范围上并不存在不可逾越的界限，二者仅在保护的手段上有差异。诚如学者所说："构成我们私法体系基础的是这样一个原则，即在各种不同的情形中，个人被赋予权利以各种方式去对抗其他的私人主体。""公法诉讼和私法诉讼的一个基本区别是公法诉讼——最明显的是刑事诉讼——涉及一个国家运用其公权力对被告进行控诉，而在私法诉讼中，是私人一方试图运用其权利与被告进行对抗……国家只是做出相应的行动，而并不是积极地发起行动。"[①]

（三）著作权法益遭受侵害的严重程度

肯定著作权法益只是对著作权适用刑法保护的必要而非充分条件。因为并非所有侵犯著作权法益的行为都需要动用刑事制裁，违法性有程度之分，能够纳入刑事保护范围的只能是达到相当严重程度的违法性行为，或者说这种法益侵害行为已经达到了主流社会意识所绝对不能容忍的程度。那么著作权法益遭受侵害的情况是否达到了这种程度呢？

放眼全球，可以说当今世界盗版无处不在。因为盗版，正版的音像市场几近萎缩，传统的纸质书籍严重滞销，盗版的文学网站漫天飞舞，而正版的软件市场占有率也被蚕食近半。下表2-3即显示了我国2011年软件盗版的整体状况。[②]

[①] ［瑞典］亚历山大·佩岑尼克：《法律科学——作为法律知识和法律渊源的法律学说》，武汉大学出版社2009年版，第52页。

[②] 参见《2011年中国软件盗版率调查报告》，http://zt.blogchina.com/2012zt/daoban/。根据2014年软件联盟BSA发布的《全球软件研究报告》，得益于近年来我国政府大力开展的软件正版化工作，2013年中国软件盗版情况有所好转，但也只降低了3个百分点，绝对数量仍然庞大。

表 2-3　　　　　　　2011 年计算机软件数量盗版率总体情况

软件类型	系统软件	支撑软件	应用软件 合计	通用应用软件	行业应用软件	总计
安装数量（万套）	9842	14314	15355	13392	1963	39512
销售数量（万套）	7377	8747	8570	6800	1770	24695
盗版数量（万套）	2465	5567	6785	6592	193	14817
盗版率（%）	25	39	44	49	10	38

而在 2011 年之前，上述数字还要更让人触目惊心。如果按各类软件的盗版数量乘以平均价格，可折算为其相应的市场价值，即为盗版软件所造成的经济损失，则计算结果表明，我国 2011 年盗版软件按市值折算的价值总额为 2190.09 亿元。而这仅仅还只是计算了软件盗版给权利人带来的直接损失，事实上间接损失，譬如对软件创新的影响更是巨大。2010 年的《BSA-IDC 盗版影响研究》曾经显示，如果全球 PC 软件的盗版率降低 10%（连续四年，每年减低 2.5%），到 2013 年，将创造 1420 亿美元用于新的经济活动，创造近 50 万个高新技术就业机会，同时为政府创造 320 亿美元的税收。平均下来，当地经济从减少软件盗版所获得的好处将占到这些经济利益的 80% 以上。[①] 这一数据可以从反面印证著作权遭受侵害的严重程度。

（四）刑法保护著作权法益的正当性

虽然不应将所有侵犯法益的行为都作为刑事违法，但正是基于著作权法益在国民经济中的重要地位及其遭受侵害的严重现状，以刑罚这种最严厉的制裁手段为法律后果的刑法对于著作权的保护就变得十分必要。因为侧重于对私人利益的救济和补偿民事救济手段只能追究侵权者的民事责任从而使部分有能力求偿的著作权人获得经济上的补偿，而很多侵权者并不能从中受到真正警醒而放弃对高额盗版利润的追逐，这不仅会对著作权人的创作热情构成妨碍，也会使公众获取作品存在极度的不平等，同时还会阻碍社会经济的增长。既然实践已经证明单凭民事手段根本不可能遏制日益猖獗的盗版行为，则在民事保护手段不足以保护权利人利益的情况下，着重对行为人的行为进行惩治的刑法的介入就不可避免。事实上，刑事立

[①] 参见 BSA/IDC 全球 PC 软件第八次年度《2010 年盗版研究》。

法者的任务也就是从社会存在的越轨行为之中,抽取那些最为严重、对法益侵害最大的,从而最不能忍受的行为,将其规定为犯罪并处以刑罚。诚然,刑法是一种"恶",但因为刑法并没有特定的调整对象,作为社会防卫的最后一道防线,国家将刑法的预防功能适用于私法之赔偿功能(强制履行、恢复原状、赔偿损失)所不能及的领域,是一种最为有效的法益保护方式,所以这也是一种"必要之恶"。因此适用威慑力和强制性更为严厉的刑法来保护著作权就成为必需。

第二节 网络环境下著作权刑事保护的正当性质疑

一 网络环境下著作权扩张的正当性危机

(一)网络环境下著作权扩张的缘由

1. 网络数字技术的发展

网络环境下著作权的扩张首先可以从技术发展本身找到缘由。从著作权的诞生及法律确认保护的过程中我们可以看到,著作权的历史就是权利不断扩张的历史。而网络数字技术的广泛应用,则是著作权扩张的有力助推器。因为随着网络数字技术的发展和社会进步,作品的表现形式发生了变化,著作权作品的市场规模被扩大,而同时复制作品的边际成本下降,公众传播和使用作品的能力不断增强,著作权人一旦将作品上网很可能就意味他将会失去对作品的控制,所以为了在新的环境中确保著作权人的利益,著作权的客体出现了新的形式、著作权的权能也被赋予了新的内涵。由此可以说,网络技术的发展增强了著作权扩张的必要性,著作权的扩张是网络技术发展给著作权人带来利益损失的法律补救措施和利益补偿机制。"已经被著作权历史证明的一条屡试不爽的规则是,任何扩大著作权人利益范围的立法举措,都是对新的作品使用方式给著作权人带来的实质性利益损失的补偿。"[①]

不仅如此,著作权的扩张还直接倚重于技术手段。在网络数字技术之前,著作权人要维护自己的权益,主要是通过法律的手段;而在此之后,

---

① 袁咏:《数字版权》,载郑成思主编《知识产权文丛(第2卷)》,中国政法大学出版社1999年版,第36页。

一方面版权作品的利用随着复制技术的突破变得易如反掌，而另一方面，基于网络虚拟、匿名等技术特点，网络上的侵权行为虽多却不易被发觉，传统的法律追诉手段起不到应有的效果，著作权人便开始尝试借助技术措施阻止他人对作品的接触与利用，如一些有实力的出版商斥巨资研发对作品的加密方式，使他人无法对作品进行任意复制。这种措施虽然由著作权人私下采取，但对于缺少专业技术知识的普通公众而言，破解或规避这种技术措施并非易事，因而在一定程度上阻断了公众对作品接触利用的途径，可谓是在传统法律救济途径之外另辟蹊径地防控来自于全球巨大的、几近失控的著作权侵权风险。

而且网络数字技术的革命远未终结，正如哈佛大学知识产权法教授威廉·W. 费舍尔所说，"如果将现有技术推广应用带来的文化和经济利益比作一座冰山，那么我们将看到，互联网目前显现出的优点只不过是冰山之一角"，[1] 因此我们有理由相信，技术还将进一步颠覆传统的著作权权利体系。

2. 立法的积极推动

网络环境下著作权的扩张还源于著作权立法的推动，其鲜明表现为在修法利益集团的主导下，扩张的权利未及经过正当性论证，就已经赫然规定在法定权利之列。正如考虑到任何技术都不是无懈可击的，著作权技术措施从产生之日起也难逃被破解的命运，所以著作权人很快将技术措施纳入著作权法律保护体系的框架之内，利用法律来遏制他人对技术措施的再规避。由此著作权法在网络著作权的扩张中起到了建设性的作用。美国一位大法官也曾表示："当重大的技术变革改变了版权作品的市场时，历史以及良好的政策支持我们对国会的一贯尊重。国会有宪法上的权力和制度上的能力来全面调整隐含在新技术中的不可避免、互不相让的各种利益的变化。"[2] 因此著作权究竟在网络环境下应否扩张，扩张到何种程度，都是由立法最终决定的。近年来，世界各国都认识到修改版权法的迫切性，出现了适应网络数字环境下修订版权法的热潮。美国1998年通过的《数字千年著作权法》可谓是其代表，我国则在2001年审议通过了《中华人

---

[1] [美]威廉·W. 费舍尔：《说话算数——技术、法律及娱乐的未来》，李旭译，上海三联书店2008年版，第2页。

[2] Sony Corp. of Am. v. Universal City Studios, 464 U. S. 417 (1984). 转引自易健雄《版权扩张历程之透析》，《西南民族大学学报》（人文社会科学版）2009年第6期。

民共和国著作权法修正案》,2002年起施行新的《计算机软件保护条例》,《世界知识产权组织版权条约》和《世界知识产权组织表演和录音制品条约》的签署也是这一立法浪潮不断推进的产物。

然而从更深层次来讲,立法背后不同利益集团的博弈、斗争则是网络著作权扩张的原动力,著作权立法不过是各方利益斗争的终极表现。美国社会学家庞德曾经说过:"法律的功能在于调节、调和与调解各种错杂和冲突的利益……以便使各种利益中大部分或我们文化中最重要的利益得到满足,而使其他的利益最少地牺牲。"① 就著作权制度的设计而言,以往它将鼓励创作作为增进公共利益的手段,增进公共利益是真正的目的,所以它通过合理使用等制度基本实现了整体利益的最大化,并考虑到了整体利益在著作权人和社会公众之间的适当分配。一方面强调著作权人对作品控制的意义,确保著作权人对作品的暂时垄断权来鼓励创作,但另一方面也对著作权做出限制,以确保公众对作品的接近利用。而纵观网络著作权扩张的历程,笔者发现一个有趣的现象:网络技术的革新给公众带来了更好更便捷的作品获取途径,于是不甘心从技术创新普及中失利的传统版权集团予以回击,通过诉讼或是通过强化版权技术保护措施,将对版权的控制权成功地延伸到新的传播媒介;而公众同样不断利用技术的弱点来制衡版权人,让版权人在技术措施上的投资成为其新的损失;于是恼羞成怒的版权集团倾尽全力为维护自己的利益摇旗呐喊,最终在与公众的较量中占得上风,成功将包括技术措施规避行为的大量有损于版权人经济利益获取的行为纳入到法律惩治的范围内。可以说原来刺激投资是鼓励创作的手段,而如今通过版权人利益集团的现实运作,刺激投资,与其说它是一种激励我们所追求的创新的手段,毋宁说它已变成了目的本身,整个版权的保护已变为了赤裸裸的利益追求。从整体的利益上看,或许仍实现了一种最大化,但是版权人的利益已经完全压倒了公众的利益,新的不均衡的利益格局形成,成为推动网络著作权立法的最终动力。

那么为什么公众的利益在网络著作权立法的博弈过程中被边缘化呢?有两点原因不可忽视:一是知识经济时代,著作权人的权利意识日渐增强,从著作权中获取经济利益的渴望越来越大,而创作作品的成本不断攀升,著作权人为了保证自己的利益,以自身为核心联合出版商、邻接权

---

① [美]庞德:《通过法律的社会控制——法律的任务》,商务印书馆1984年版,第41页。

人、网络传播者等结成了庞大的利益集团。比如美国成立了电影协会（MPAA），依靠其不断推进的反盗版维权活动成为美国电影行业的守护神，并且还加入了万维网联盟（W3C），从而能够更多地运用数字版权管理的技术手段来控制和限制这些数字化媒体内容的使用权。又如，我国在2009年成立了"中国网络视频反盗版联盟"，虽然它由搜狐、激动网和优朋普乐三家发起成立，但它实际上是一个视频版权权利人、网络视频企业以及相关利益方联合组成的以维护视频作品各方权利人的合法权益，维护网络视频市场的正常秩序，推进网络视频正版化进程，抵制网络侵权盗版行为为使命的社会组织，由此它可以通过统一、联合的法律行动来保证自身利益不被侵犯。二是与版权利益集团以其强大的集合力量追逐利益相反，公共利益在著作权立法于网络环境下的修订过程中渐次缺位。信息资源的共享就是公众对作品的分享，代表的即是公共利益，体现了人们对社会共同福利的追求。著作权法一贯强调要在保护版权人和传播者的合理权益和保证社会公众尽可能多地共享作者创造的作品之间实现一种利益平衡，然而实际情况却是，著作权法几乎演变成了名副其实的保护著作权人的法律，以至于有人认为，保护著作权人的权益当为第一位的立法目标，而且亟待澄清的一点是，"共同利益"不仅不能压倒著作权人权益，相反后者还是前者成立的基础，"皮之不存，毛将焉附"，可以想象，如果著作权人权益得不到切实保护，创造的兴趣和热情不再，又能到哪里去寻找"共同利益"？[①] 公共利益之所以被淡忘，李特曼教授则以美国为例做过分析。按制度设计，国会是最应该代表公共利益的，而现实的运作机制却使国会成为一个政治的角斗场，作为公共利益代理人的议员更关心的是自己的代理人利益而疏于为被代理人利益计算。除国会以外，作为国会执行机构的版权局本来也应为公共利益考虑。但版权局除一丁点可怜的预算以外，其他经济来源几乎都靠版权利益集团的施舍，结果便是版权局从名义上的公共利益代理人变成了实质上的版权利益集团的代理人。[②] 本来，为了保证修法的公正性需要保障那些权益有可能受到影响的人都能够参与立法程序之中，通过建立一种民主对话机制使各方的利益诉求能够明白无

[①]《保护著作权人利益是〈著作权法〉首要目标》，《南方都市报》2012年4月6日。

[②] Jessica Litman, The Exclusive Right to Read, *Cardozo Arts and Entertainment Law Journal*, Vol. 13, 1994, p. 54.

误,并在相互争辩的基础上最终达成不同利益主体之间的相互妥协。然而我们明显看到,在网络著作权的立法过程中,最终能够坐到谈判桌边进行谈判的,主要是版权人及与之相关利益集团的代表,公共利益则无人代表,这样版权人利益集团掌握了立法的话语权,通过对与其身处同一阵营的其他利益主体进行强势的宣传游说,达成利益相关方的妥协,影响着版权的立法进程和司法结果。

(二) 网络环境下著作权扩张的后果

在技术与法律的双重夹击之下,网络著作权的扩张带来了一系列显著后果:

1. 对公众接近作品的垄断

技术的发展增加了使用作品的新的方式,有利于知识和信息的自由流动。从这个意义上说,技术的发展似乎增加了公众对作品接近的可能性。然而事实正好相反,由于著作权人利益集团对私利的强势追逐,他们无法容忍社会公众在网络环境下逐渐养成的对互联网作品随手拈来的免费消费习惯,当其利益因为网络技术而遭受重大损失时,著作权利益集团似乎猛然醒悟,他们选择了向普通的公众宣战,希望通过个案实现杀一儆百的效果。在美国,从12岁的女孩儿到耶鲁大学的教授,都成了唱片公司的被告。这些被诉的侵权人,在面对可能的高额赔偿时,绝大多数都以一定的赔偿并保证将来不从事类似行为而屈服和解。[①] 这是网络著作权扩张背景下,著作权利益集团维权策略的重大改变,将以往控制非法竞争者、由源头治理盗版转为控制消费者、由终端治理盗版。而技术措施的采取,为公众接近甚至利用作品则又设置了一道技术屏障。著作权人可以利用法律禁止对数字化作品的科技保护措施破解的笼统性规定,轻而易举地对公众接近作品进行技术垄断。网络空间公众对作品的接近越来越趋向于由公共的权利蜕变为私人的权利,有的学者对这种境况表示了极大忧虑。如美国斯坦福大学教授莱斯格指出:"著作权法律原先只是一面盾牌,保护著作权人不受伤害,而如今有些人却肆

---

① 参见[美]威廉·W. 费舍尔《说话算数——技术、法律及娱乐的未来》,李旭译,上海三联书店2008年版,第113—114页;[美]约翰·冈茨、杰克·罗切斯特:《数字时代盗版无罪?》,周晓琪译,法律出版社2008年版,第43页。

无忌惮地将其作为刀剑飞舞,无情地将文化自由践踏于地下。"① 与此同时,公众获取作品的数量也直接取决于著作权人的态度。过去作者作品的出版渠道较为狭窄,主要依靠出版商,是否出版、如何出版有时由出版商决定,作者并不能真正控制作品。而在网络环境下,网络出版打破了传统出版秩序中由国家权力形成的少数人对出版的控制权,在互联网上任何个人、组织、团体、机构等都可以在法律允许的范围内完全自主地,不受限制地进行信息传播、成为出版的主体。② 这样,当大家都可以轻而易举地利用新技术、方便快捷地复制或通过网络下载数字作品,作品的数字化与网络传播权利又得不到应有保护时,作品的创作者即版权人、为传播作品进行投资的出版商,就不会拿自己的利益去冒险,这将对大量有价值的信息产品上网产生直接的消极影响。③ 如果因此而导致公众获取作品数量的减少,这实际上也就减损了消费者享受网络技术所带来的福利,最终将损害社会公众的整体利益。可见,在崇尚自由的网络国度,网络著作权的过度保护,无异于剥夺了公众的信息自由权利,这与著作权制度的初衷是相违背的。正如有学者指出的,在数字化信息"泛滥"的知识经济时代,将会产生封建时代土地所有权那样,几种权利相互捆绑、相互束缚手脚的状况,使多媒体时代的信息在权利的旋涡中挣扎,使权利成为信息流通的阻碍要素。④

2. 对公众合理使用作品空间的压缩

网络环境下的著作权扩张进一步还向个人合理使用的领域推进。在网络数字技术出现以前,著作权人主要在意的是无权复制其作品并向公众传播以谋取利润的破坏性竞争对手,而极少数不怕麻烦并对作品进行全部复制或部分复制以供自己使用的个人并不构成对作者及出版商真正的威胁。因此著作权法允许出于个人目的对作品在一定范围内的不经著作权人许可的无偿使用,如在我国为个人学习、研究或者欣赏,使用他人已经发表的

---

① Lawrence Lessig, *Free Culture*: *How Big Media Uses Technology and the Law to Lock Down Culture and Control Creativity*, Penguin Group, 2004.

② 党跃臣、曹树人编著:《网络出版知识产权导论》,北京理工大学出版社 2006 年版,第 10 页。

③ 刘志刚:《电子版权的合理使用》,社会科学文献出版社 2007 年版,第 33 页。

④ [日] 中山信弘:《多媒体与著作权》,张玉瑞译,专利文献出版社 1996 年版,第 78—79 页。

作品，为介绍、评论某一作品或者说明某一问题，在作品中适当引用他人已经发表的作品等情形均属于合理使用。而且根据"发行权一次用尽原则"（英美法系国家的提法）或"权利穷竭原则"（大陆法系国家的提法），作品原件或经授权合法制作的复制件经著作权人许可，首次向公众销售或赠予之后，著作权人就无权控制该特定原件或复制件的再次销售或赠予了，这也就意味着书籍的购买者可以将书籍随意借给他人阅读。而在现代网络环境下，与传统情况不同，网络环境下的数字作品可以通过点击鼠标、不花分文地复制、下载、传播，借阅书籍也可以绕开硬复制时代复制的技术和借阅时间及空间上的限制，更多的人无须购买便可方便地接受作品。由于网络作品传播的便捷和复制成本的低廉，导致侵权者很容易获得著作权人的作品，并打着"合理使用"的旗号任意实施侵权行为，网络著作权的侵权行为与合理使用的边界被模糊化了，而且庞大数量消费者的复制对出版商市场的破坏并不比破坏性竞争对手少多少。因此版权所有人已开始将其专有权的触角伸向为个人学术研究等的使用领域，如对购买复制品的人处分权的控制，以及电子借阅范围的控制。譬如根据"权利用尽原则"，购买人通常继续享有处分他们所购买的复制品的自由，但在数字环境下使用人的这种权利受到限制，版权所有人仍有权对计算机程序和录音作品的二次处分进行限制。[1] 这些应对措施极大地压缩了公众合理使用作品的空间，与公众对著作权制度促进文化和科学进步的期望大相径庭。

3. 对网络相关技术进一步发展的限制

在数字网络时代以前，传统著作权有保护作者权益的作用；而在信息时代，扩张的著作权则不仅阻碍着人们自由地获取信息、合理地使用作品，还阻碍着网络相关技术的进一步发展。例如，随着软件的商业化，为了保证著作权带来的利润，本来开放的编码体系被分裂为越来越多的、有专利的编程语言，把本来是普遍协作的软件事业，破裂成不同公司的商业秘密，从而妨碍了信息时代共享与协作的普遍要求。[2] 再以著作权技术措施为例，由于技术措施也被纳入著作权保护体系之中，因此一旦这种保护变得绝对或被滥用，就很可能导致其技术漏洞被法律所包容，使法律沦为

---

[1] 李雨峰：《版权扩张：一种合法性的反思》，《现代法学》2001年第5期，第58页。

[2] 温晓红：《Copyleft思潮：对网络著作权扩张的反思》，《现代传播》2009年第2期。

保护缺陷技术的工具,而技术得不到改进,利用科技进步增进人类福祉的美好憧憬也就会落空。例如2000年9月,Secure Digital Music Initiative 集团公司自己公开向大众挑战,鼓励有经验的技术人员尝试破坏用于保护数字音乐的某项水印技术,以证明这种保护措施的有效性。普林斯顿的 Edward Felten 教授和一个科研小组接受了挑战,结果成功地解除这种水印保护措施。然而,就在该研究小组准备在一个学术会议上发表其研究成果时,Secure Digital Music Initiative 集团公司的代表威胁这些研究人员说他们这么做将会因违反《美国数字千年著作权法》(DMCA)而承担责任。这封威胁信也同时寄给了这些研究人员的单位和学术会议组织者。在与会议组委会进行了多次讨论之后,研究人员很勉强地从大会上撤回了他们的论文。美国警方对俄国程序员 Dmitry Sklyarov 的拘捕及对其所在的俄国 ElcomSoft 公司的起诉,更是一个典型案例。ElcomSoft 公司研制和销售的一种名为"高级电子书籍处理器"的软件,希望能够让用户拷贝带有保护机制的电子书籍,并将它们传输到笔记本电脑上,使计算机为存在视力障碍的用户读书。Dmitry Sklyarov 就是这个软件程序的研究者,这套软件由 ElcomSoft 公司在互联网上发行。由于"高级电子书籍处理器"在使用过程中,能将著名的软件巨头 Adobe Systems Inc. 的 Adobe 电子书籍格式转化成 PDF 文件,这一功能的操作将会撤销电子书籍出版商设置在电子书籍中的限制保护措施。于是在 Adobe 公司的鼓动下,2001年7月美国警方以违反 DMCA 为由,将在拉斯维加斯出席科技会议的 Dmitry Sklyarov 拘捕,并将其扣留在美国达五个月。本案中,ElcomSoft 公司制作的"高级电子书籍处理器"软件本意是想帮助部分视力有障碍的人士更为方便地使用数字化作品,对于推动软件技术的发展本是十分有益的,而 Dmitry Sklyarov 在研究过程中,发现了微软公司和 Adobe 公司加密技术上的一些具体缺陷,如果能予以改进也将是技术的进步,但这一研究活动却遭受了史无前例的阻碍,导致随后许多著名的电脑安全专家因担心发生同样的情况而减少研究或拒绝发表研究成果。[1] 仅此几例,足以说明数字鸿沟的扩大势必反过来会妨碍技术的创新。

4. 版权贸易的全球扩张和垄断

在全球化的浪潮和信息化的宏观背景下,网络著作权的扩张不仅反映

---

[1] 黄辉:《DMCA 给研究套上紧箍咒》,http://www.law-walker.net/news.asp?ctlgid=55&id=35482。

着一国内部不同利益群体之间的利益冲突，而且被扭曲、异化为更广泛范围的国家之间的经济利益冲突。对网络空间占据绝对话语权的发达国家相信版权的全球保护主义会给其带来巨大的经济利益，因而越来越重视在版权上的投资和保护。相反，作者的中心地位却往往被漠视。通过利益集团的现实运作，刺激投资正从"手段的手段"向版权的中心地位僭越。[1] 于是向投资中心转变的版权在全球化背景下成为了贸易工具，有人惊呼"版权已被融入国际贸易的世界，所有的版权原则已被贸易法压碎，版权已经死亡"[2]。而 TRIPs 协议的问世显然在一定程度上促成了版权贸易的垄断，以美国为主导的西方国家依靠其政治强权、经济强势、科技强力，把自己的一套保护标准和理念写入了该协议之中，使他们能够从高昂的作品价格和过高的保护程度中攫取更多利润。一定意义上讲，网络数字技术实已演变为发达国家版权利益集团谋求霸权利益的工具，并妨碍到大多数发展中国家知识和信息共享的现实利益。

（三）网络著作权的认同危机

网络著作权的扩张问题实际上并不是一个国家的问题，而已成为一个全世界共同面临的问题。技术的发展和立法的推动已将网络著作权推到一个艰难的境地。由于网络著作权的过度扩张侵蚀了公共领域的缘由界限，著作权法似乎沦为了版权人利益集团推动版权贸易的附庸，背离了著作权法确立时的基本理念，而且发达国家在推进网络著作权的全球保护主义进程中，进一步拉大了与发展中国家间的数字鸿沟，这不禁引发了人们对著作权正当性的深思。随之而来的就是社会对网络著作权普遍的认同危机。

1. 理论层面的抨击

以斯坦福大学教授劳伦斯·莱斯格（Lawrence Lessig）和自由软件基金会创始人理查德·斯托尔曼（Richard Stallman）为代表的网络自由主义者，从法律理论的角度对现行以美国著作权为范式的全球著作权法律体系，特别是以信息私有、数字霸权为内容的制度取向进行了激烈的抨击和批判，认为著作权法在权利内容和范围上的扩张已经严重妨碍到了公众在数字时代的自由，并从制度体系上提出质疑，"美国著作权法的问题是结构性的。法律本该同时照顾著作者、传播者和消费者的权益，现在却过于

---

[1] 易健雄：《版权扩张历程之透析》，《西南民族大学学报》2009 年第 6 期。

[2] David Nimmer, The End of Copyright, *Vanderbilt Law Review*, vol. 48. 1995, p. 1420.

倾向于传播者的利益——电影工业、唱片业、出版业"，"今天如果还有人说，著作权是为了艺术家、音乐家、作者、程序员存在的，那是可笑的"。①

对网络著作权扩张的理论抨击事实上与当今世界兴起的三股知识产权思潮：知识产权怀疑论、反知识产权论和知识产权僵化论密切相关，可以说是知识产权新思潮在著作权领域的进一步延伸，由此我们有必要追溯一下理论抨击的思想源头。

其一是"知识产权怀疑论"，以美国学者 Anatoly Volynets 为代表，他们质疑知识产权制度，认为知识产权保护使人们的创作机械化、智慧创作物商品化以及传播商业化，这样的结果能够促进社会的进步吗？这一设问的言下之意即认为现在的知识产权保护不是对社会、经济、文化、科技等的进步产生促进作用，相反却产生了阻碍效果，从而与建立知识产权制度的初衷是大相径庭的。论者进一步分析了知识产权与有形财产所有权的不同：第一，知识产权保护只是文化人或者知识分子等少数人的事，知识产权不同于房屋、土地、食品、衣物等有形财产，它与普通百姓的关系并不密切，因此知识产权制度有失社会公平，对智慧创作物给予知识产权保护，相当于让少数人从大多数人的口袋里掏钱。第二，知识产权所保护的是抽象的智慧创作物，而有形财产所有权所及的是具体的有形财产，后者除具有稳定社会秩序、安抚百姓生活、促进生产交换等功能外，基本上不会给其他人造成更多的麻烦；而知识产权所有人所获得的其实是整个社会利益中的一部分。换言之，知识产权所有人以其有限的投资而垄断了整个社会的一个巨大市场，限制全社会其他任何人进入该市场。② 在这一意义上，知识产权就不能与财产所有权相提并论而受到法律同等保护。

其二是"反知识产权论"，代表人物为美国学者 Richard Stallman，该论认为美国的知识产权保护到了无孔不入的地步，公众为此付出的代价越来越大，同时知识产权制度加剧了社会分配的不公，扭曲了正常运行的社会秩序。如果要求全世界所有国家依同样的标准保护作品，最终唯一可能

---

① 陈赛：《版权冷战与数字自由运动》，《三联生活周刊》2007 年 10 月 29 日版，总第 454 期。

② 曹新明：《知识产权法哲学理论反思——以重构知识产权制度为视角》，《法制与社会发展》2004 年第 6 期。

的结果就是发展中国家或者欠发达国家将永远处于发达国家的掠夺之下。① 以计算机软件为例,当前美国微软公司可以说在视窗软件市场已经完全居于垄断地位,如果不打破这种垄断权,那么在可预见的将来,其他国家很难有机会能开发出一个可与之抗衡甚至替代微软系统的新软件,从而在这一领域将永远受美国的牵制。因此他提出了限制甚至废除知识产权制度的主张,引起了强烈的社会反响。这一理论深刻地反映着知识生产的个体性与知识使用的公共性之间的矛盾。实际上一切作品的完成并不单纯依赖于智力劳动者的个人能力,而更多的是依赖无数先行者已经取得的成果。许多智力劳动者常常可能在某些研究项目上撞车,因此知识产权制度与其说给智力劳动者带来了利益,还不如说给智力劳动者造成了损失,因为在某个人就某一主题的智慧创作物获得知识产权后,其他智力劳动者只有向知识产权所有人支付使用费才能使用与之具有相同主题的智慧创作物。② 此即形成了所谓"没有合法的垄断就不会有足够的信息生产出来,但是有了合法的垄断又不会有太多的信息被使用"③ 的悖论。因而知识产权这一垄断性特权的赋予,本质上是在为权利人妨碍创新知识产品的使用与传播创设合法化的借口,对知识产权的保护会诱发其大量的潜在负功能。由此出发,创作资源所具有的社会公共性也成为反知识产权理论的最强劲依据。

其三是"知识产权僵化论",以加拿大学者 Daniel J. Gervais 为代表,他们认为现在的知识产权制度过于僵化,难以适应现实社会的客观需要,应当对现行知识产权制度进行改造。例如,传统知识产权的保护要求主体明确、客体符合法律规定的条件,而且权利所有人为某一特定的自然人、法人或者其他组织。这些条件,对传统知识而言,都难以成立。从主体的角度看,传统知识的所有者往往是一个社区、集体、民族或者是散居于若干区域的群体,无法形成一个单一的主体。因此,依据现行知识产权法,传统知识的所有者就不能就其传统知识获得知识产权。再从客体的角度

---

① 曹新明:《知识产权法哲学理论反思——以重构知识产权制度为视角》,《法制与社会发展》2004 年第 6 期。

② 邹彩霞:《中国知识产权发展的困难与出路》,上海社会科学院出版社 2013 年版,第 90 页。

③ [美] 罗伯特·考特、托马斯·尤伦:《法和经济学》,张军等译,上海三联书店1991 年版,第 185 页。

看，传统知识基本不能满足现行知识产权法所规定的获权条件，因此也不能获得相应的权利。① 而在面对互联网的挑战下，知识产权的僵化性就显得更为突出。如网络时代特有的作品类型与著作权法上列举的传统作品类型相比，存在着状态的不稳定性、实际存在形态与表象的不一致性、再现过程对技术的依赖性等新的特点，由此它们并不能直接获得著作权法上独立的法律地位，现有的著作权制度如果不做调整，就很难适应客观现实的需要。

上述理论虽不能说完全正确，比如持怀疑论者认为知识产权所有人会垄断了整个市场，限制其他任何人进入，但实际上知识产权受到了法律的诸多限制，其制度安排同样也考虑对普通公民的正常学习和生活的影响，但是这种来自不同角度对知识产权价值功能的理论质疑也并非完全空穴来风，某种程度上看还是有一定道理的，它们日益表明包括著作权在内的知识产权正面临的认同危机。而在当前的网络环境下，网络技术的进步固然为经济、社会和文化进步打开了广阔前景，但网络技术本身所具有的扩张性特征及其所带来的超国界性趋势有可能与知识产权的扩张叠加而产生放大效应，特别是网络先进技术主要被知识产权人一方所掌控利用时，网络数字技术会加重知识产权的"掠夺性"，如诸多国家都将数字化作品网络传播权划归版权人的权利范围，以避免作品权利人对其作品独占性垄断权益的降低乃至丧失。社会历史考察也表明，由于发达国家已具备强大的科技资源和雄厚的资本积累，曾被视为"富人的粮食、穷人的毒药"的知识产权某种程度有可能进一步演变成"富国的粮食、穷国的毒药"。② 由此可见，这些新思潮的存在，严重冲击着知识产权制度的根基，人们不禁开始对知识产权的正当性进行更加全面而深刻的反思，而网络著作权制度该何去何从，亦引起人们的高度关注。

2. 实践中的行动

受知识产权新思潮的观念影响，现今世界范围内关于改革互联网上版权法律制度的实践逐渐发展成大规模的运动。

---

① 曹新明：《知识产权法哲学理论反思——以重构知识产权制度为视角》，《法制与社会发展》2004 年第 6 期。

② 胡朝阳：《知识产权的正当性分析——法理和人权法的视角》，人民出版社 2007 年版，第 127—128 页。

(1) 盗版党的兴起

盗版党（The Pirate Party），是在欧美国家如瑞典、德国、法国、美国等兴起的为争取盗版权利正当的一个激进组织，其宗旨是从根本上改革版权法，因为在他们看来现有的版权制度，不适应数字时代的发展，不应该限制知识的自由获取，利用版权限制知识的获取只会局限创造性的工作，如美国电影协会（简称 MPAA）及美国唱片工业协会（简称 RIAA）一类的组织动辄控告他人，不准许他人使用 P2P，更经常呼吁别人捐钱赞助反盗版行为，其实是为了自己的利益而不择手段，甚至是科技进步及个人自由的最大阻碍。所以他们提供免费的网络资源下载，力图为网友们打造一个网络下载界的"谷歌"。

盗版党的前身是 2003 年瑞典出现的一个叫盗版港（piratebay）的搜索式网站。由于好莱坞大片刚上映几个小时或还未上映，已经有人在其上提供完整的种子供人下载，并且它有 25 种工作语言，所以它在后来成为网络下载者眼中的 Google，大量网民经常利用它寻找种子或者源文件。而在 2005 年以前，网络下载用于个人使用的文件，在瑞典完全合法，因此瑞典也成为网络下载者的自由乐土。猖獗的盗版港网站自然而然成了美国电影协会的眼中钉，于是，该协会开始向瑞典当局施压，通过各种外交渠道来传达美国国内的知识产权保护诉求。然而美国的高压态势激起了瑞典网民的反感，为团结一致，2006 年 1 月 1 日，以理查德·弗克文格为首的网络下载者设立了一个网站，号召那些网络下载者注册报名，从而建立一个旨在推动盗版合法化的政党。网络公众的长期关注不啻助航器，短短几天，注册人员就达到几千人，一跃成为瑞典最大的无议会席位政党。盗版党出现，更加为 MPAA 所无法容忍，该协会主席 Dean Garfield 表示："Pirate Bay 或者 Pirate Party 的所作所为没有任何一件是合法的。他们所做的事根本不合理，他们窃取版权，并用其他人的工作成果来赚取广告费，这样的工作根本不像他们所说的那样崇高。"[①] 迫于美国的压力，瑞典政府不得不修法，引入了欧盟版权保护协定，规定未经版权人许可，复制、分发、上传及下载版权材料成为非法。2006 年 5 月，瑞典警方还突袭了盗版港总部，查没大量服务器并将两名管理者带走。当局的所作所为彻底激怒了"网络窃贼"们，成千上万的志愿者自发聚集在聊天室里，三天

---

① 《美电影协会：盗版党是无耻小偷》，http：//news.mydrivers.com/1/91/91046.htm。

后盗版港即重出江湖,这次他们将服务器设在荷兰。作为报复,他们还袭击了美国电影联合会的官方网站。虽然网站随后不得不"在荷兰司法部的压力下"迁回瑞典,但访问量的激增让盗版党声名鹊起。随着其成员的与日俱增,盗版党跃升为瑞典第三大党,并于2009年欧洲议会选举中在瑞典获得7.1%的选票,在欧洲议会中拥有1个席位。[①]

受瑞典盗版党成立的影响,美国、德国、法国、捷克、奥地利、丹麦、芬兰、爱尔兰、荷兰、波兰、西班牙等40余个国家和地区也都相继成立盗版党并如火如荼地推进其遏制版权的运动。在这一波盗版全球化浪潮中,最令人瞩目的莫过于美国盗版党。因为美国是一个版权保护极为严格的国家,因此这方面反应更为激烈,从美国唱片业协会自2003年以来持续不断地将音乐发烧友告上被告席即可见一斑。瑞典的盗版党横空出世让激动的美国盗版青年们也跃跃欲试。2006年的7月4日美国盗版党成立。他们认为,"版权法是不得已而为之的妥协,以便为某一时期提供补偿出版成本的利益。正因为如此,宪法之父们才认为版权应该是'时间上有限的';一旦提供补偿的必要性消失了,开放出版就应该实行"[②]。作为兄弟党,美国的盗版党和瑞典盗版党有着类似的目标,旨在"从根本上对版权法律进行革命,抛弃专利系统,保证公民盗版权利受到尊重"[③]。之后美国盗版党也试图扩大其政治影响力。另外一个值得一提的是德国盗版党,该党重点关注文件共享、数据保护、P2P下载免罪化等方面内容,继2011年9月柏林邦选举首次进入邦议会后,2012年选举盗版党同样赢得了8.2%的选票,超过了州/邦议会5%的门槛第二次跻身于政坛。[④] 不仅如此,各国盗版党的异军突起最终还促成了盗版党事业的国际化。所有这些政党联合成立了"国际盗版党联盟"———一个用以交流经验、交换意见的国际性论坛组织。

曾经盗版是人人喊打的过街老鼠,而盗版党的出现,使得盗版成为了下载者理直气壮地加以维护的政治权利,盗版党俨然成了公众利益的代

---

① 《盗版党》,http://news.sina.com.cn/w/2012-04-27/024524337024.shtml。

② 一知:《以自由之名:作为新政治的欧美盗版党运动调查》,http://www.china-review.com/gao.asp?id=30075。

③ 《美国盗版党》,http://www.techcn.com.cn/index.php?doc-view-67046.html。

④ 《德国盗版党再次进入地方议会 主张P2P下载免罪化》,http://news.fznews.com.cn/guoji/2012-5-8/201258AviGvkANss144746.shtml。

表,他们大张旗鼓地为盗版正名,成为当前网络领域反著作权的一股潮流。从某种意义上看,盗版的大行其道实际上反证了网络著作权的过度扩张。

(2) 自由软件运动

面对网络著作权的极度扩张,技术界也开始反抗知识产权的保护,自由软件运动就是这种反抗的产物,它向知识产权的强保护倾向提出了质疑和挑战。

自由软件(Free Software)是相对于专有软件(proprietary software)而言的。对计算机软件进行版权保护实际上只是近几十年的事情。在计算机软件技术发展的早期,计算机软件并没有被纳入版权保护之列。当时,硬件商为了推销自己的硬件,不得不预装一些适用的软件。这些软件一般不用付费,就可以自由使用和自由拷贝。当时,没有人想到软件的权利,更谈不上软件的商业行为。[①] 因此,最初的软件世界是没有私权的世界,计算机软件一开始是自由的。但是后来情况发生了很大变化,计算机软件被专有化,成为了商业软件,对软件的版权保护也由此开始。专有软件要求人们购买软件才能使用,而且软件的分发被置于条件苛刻的协议之下。用户购买一个软件,实际上买到的不过是一个许可证而已,仅仅获得使用权等非常有限的权利。为了防止用户修改,软件仅提供普通用户无法识别的二进制文件,不允许自由拷贝和分发,也不提供源代码。由此软件步入了 Copyright 时代,并带来了繁荣的软件产业。

然而20世纪80年代以来,以美国麻省理工学院人工智能实验室研究员理查德·斯多曼(Richard Stallman)为首的人们开始反思传统的著作权。他们认为,传统著作权有保护个体的或自由的作者权益的作用,而在信息时代,著作权正在阻碍人们自由地获取信息,正如计算机软件如果不是自由的,就会出现由少数人统治计算机软件业的局面;而且"专有软件社会系统(即声明用户不能分享或修改软件的系统)的观念是反社会的、不道德的、完全错误的",[②] 它将导致程序员无法获取源程序而纠正

---

① Donald K. Rosenberg, *Open Source: The Unauthorized White Papers*, IDG Books Worldwide, Inc. 2000: 4.

② Richard Stallman, *The GNU Operating System and the Free Software Movement*, in Chris Dibona, Mark Stone, etc. (eds.). *Open Sources: Voices from the Open Source Revolution*. O'Reilly & Associates, 1999.

商业软件中的漏洞，这意味着给软件以 50 年版权保护将严重阻碍软件的创新。Richard Stallman 进一步指出：软件的自由使用是根本，用户可自由共享软件成果，随便复制和修改代码。用户之间复制软件不但不是"盗版"，而恰是体现了人类天性的互助美德。[①] 为此，他建立了自由软件基金会（Free Software Foundation, FSF），启动了 GNU 工程。为防止别有用心的人打着自由软件的幌子，玩着把自由软件私权化的把戏，GNU 借用通用公共授权 GPL（General Public License）提出了 Copyleft[②] 的观念，即任何散布软件的复制版或修改版的人，都必须将作者赋予使用者的自由传递下去，任何使用者不得剥夺更下游使用者的自由。可见，该协议允许人们自由复制、使用、分发和修改软件，唯一要求的是其衍生软件仍必须遵循 GPL 协议，以保持自由软件运动的持续性。不难发现，与版权软件使用许可证保护软件版权一样，自由软件也采用许可证制度来保护自由软件的可持续自由。与版权软件不同的是，它所采用的许可证的内容完全不同。因此，斯多曼不过是利用版权制度，推行自由软件运动。也就是说，他并不反对知识产权制度。[③] 但是，自由软件的精神与版权制度正相反，GNU 成立的重要理念就是要着眼于全人类的利益，强调共享，任何用户都可以通过免费的途径得到、运行它，并且可以随意地拷贝和扩散，甚至根据其宗旨，它还鼓励扩散，使更多的人能够分享。[④] 这是对过分限制用户权利的传统软件知识产权模式和知识价值观的革新，在世界范围内产生了深远影响。

1998 年，以艾利克·雷蒙德（Eric Raymond）为首的一批自由软件运动的积极推动者主张以"开源软件"（Open Source）取代"自由软件"这个名称，并从广义的自由软件运动内部分化出去，形成"开源派"。他们认为"自由软件"这个概念中的"free"有两个意思，一是指"自由"，

---

① 沈仁干主编：《数字技术与著作权——观念、规范与实例》，法律出版社 2004 年版，第 62 页。

② 在我国，有的人将 Copyleft 译为著佐权，即是补足、辅佐著作权不足的版权授权。亦有译为"版权属左""版权所无""佐版""反版权""版权开放"等。鉴于学界对此尚未有共识，因此本文暂不做翻译，仍直接用 Copyleft 一词。

③ 李伦：《自由软件运动与科学伦理精神》，《上海师范大学学报》（哲学社会科学版）2005 年第 6 期。

④ 李扬等：《知识产权基础理论和前沿问题》，法律出版社 2004 年版，第 191 页。

一是指"免费",容易造成混淆,引起商业开发者的恐慌和排斥。实际上,Copyleft思潮所主张的自由软件不是指免费软件,而是指给使用者自由运行、拷贝、学习、修改和改进软件的权利。自由软件的实质在于自由,而不在于价格。为了避免这种混淆,就应用"开源软件"这一名称取代"自由软件"。"开源软件"理念态度较温和保守,只要求开放源代码,不关心是自由软件还是私权软件,不像自由软件那样激进,因此许多商业软件商也开始加入开源软件的行列,进而构筑了一个广阔的公共领域。最著名的开放源代码的自由软件Linux操作系统能在短短十年间发展成为可望与微软Windows媲美的操作系统,成为反对微软知识霸权的希望,主要也是源于其遵循自由软件运动的精神和GPL协议。

Copyleft理念迅速从自由软件蔓延到了互联网乃至整个传媒;不仅仅开放软件源代码,而且开放版权法承认的任何作品的内容,其涉及范围以及产生的社会意义比软件的开放源代码运动更加广阔和深远。[①] 知识共享许可协议(Creative Commons协议,简称"CC协议")[②] 的出现,可谓是Copyleft理念进一步发展的产物。不同于GNU通用公共许可协议专门为软件授权所创设,知识共享授权是针对其他种类的创造性作品创设的,比如网站、音乐、电影、摄影、文学等作品。它由美国斯坦福大学法学院教授劳伦斯·莱斯格提出。莱斯格认为,在技术与法律双重控制下,互联网自由逐渐丧失,垄断机构操纵法律和技术禁锢了文化,压制了创新。[③] 由此他主张借鉴Copyleft思潮的理念和模式来反思网络著作权的扩张,以寻求网络著作权领域自由与控制之间的平衡。2001年,他专门发起并创建了一个名为"Creative Commons"的组织,随后于2002年12月发布了多种可供选择的版权协议,以应用于作者发表在网络上的内容,并提供给广大社会公众免费自由使用。该协议目的在于帮助文学创作者、艺术家、曲作者等创作者在自己创作的作品上标识自己作品的权利状态,并向其他使用者提示自由使用的范围,具体由"署名""非商业性使用""禁止演绎"和"相同方式共享"等元素构成,内容作者可以自己非常方便地选择符

---

① 温晓红:《Copyleft思潮:对网络著作权扩张的反思》,《现代传播》2009年第2期。

② 早期曾被翻译为"创作共用",台湾正式名称为创用CC,这里依照中国最后的官方命名称谓之。

③ [美]劳伦斯·雷席格:《谁绑架了文化创意》,刘静怡译,台湾早安财经文化出版社2008年版,第25页。

合自身意愿的、与版权相关的使用条件，而即便最严格的知识共享协议选择，也比现有传统版权要开放灵活。可见，CC 并不仅仅保障自由的利用，在此之上，它对于促进立法充分并且适当地整合分化状态下的著作权人的利益和意愿也有着积极意义。① 目前知识共享许可协议还在不断更新，与此同时，CC 协议的本地化工作也在不断推进，2006 年 3 月 29 日，中国大陆版 2.5 版 CC 系列许可协议在北京发布，CC 中国大陆项目官方网站也开通运营。②

Copyleft 理念和模式彻底地挑战和撼动了著作权大厦所遵循的功利主义激励论的基石。从功利主义的角度看，著作权存在的最主要的合理性在于著作权的授予为知识产品的创造者带来了巨大的激励，促使其愿意投入到知识产品的创造活动中去，进而促进社会福利的最大化，最终造就整个社会的繁荣与进步。然而 Linux 和其他自由软件的成功，CC 协议在全球的广泛推广，却一定程度上似乎表明，不是授予强有力的版权，而是通过共享知识的增值同样可以达到促进社会的发展的目的。这也促使我们去思考，究竟是著作权人的利益保护重要还是人们获取知识、促进文化交流进而在总体上促进社会进步的权利重要？

二 网络著作权正当性危机对其刑事保护正当性的影响

虽然类似盗版党和 copyyleft 的思潮始终处于社会非主流思潮的亚文化地位，但是这种认同危机却对于时下网络著作权刑事保护的正当性产生了强烈的冲击，直接引发了网络著作权刑事保护的合法性危机。这里所谓的"正当性"或称广义的"合法性"，是法哲学的重要范畴之一。德国学者哈贝马斯将"合法性"视同"正当性"，③ 并指出，现代社会人们普遍关注国家权力及其"合法性"问题。而关于什么是合法性，人们的理解并不一致。一般认为，合法性的最初直接含义指的是与法律的一致性，但是，合法性并不限于法律，合法律性并不足以确立国家权力的正当，法律并不能引起其自身对合法性的信仰。因此，人们并不能为了合法性而赞同

---

① 参见 [日] 田村善之《田村善之论知识产权》，李扬等译，中国人民大学出版社 2013 年版，第 138 页。
② 网站地址为 http://creativecommons.net.cn/licenses/licenses_ exp/。
③ [德] 尤尔根·哈贝马斯：《合法性危机》，刘北成、曹卫东译，上海人民出版社 2000 年版，第 128 页。

合法律性，合法律性只是合法性的一个指数。① 由此，广义上使用的"合法性"有形式与实质之分，呈现出合法律性（形式合法性）与合理性（实质合法性）两面。在"合法性"的这一内涵之上进一步展开对网络著作权刑事保护正当性问题的反思，则对其质疑主要包括两方面：一是形式层面合法性的质疑；二是实质层面合理性的质疑。

（一）刑事保护合法性的质疑

这里所说的网络著作权刑事保护的合法性是在狭义上而言的，指的网络著作权在刑事法律中被认可，作为刑法保护的法益而确认对侵犯这一法益的行为动用刑事手段予以惩处，简单地讲，也就是肯定网络著作权法益并明确、规范网络著作权犯罪的惩处。由此可见，合法性以合法化为前提，合法化是主权者通过立法、命令为社会利益关系定格，即通过规范的过程对社会利益关系进行裁减和取舍，并将其进一步明确化、形式化、抽象化和普遍化，使应有的权利义务关系转化，提升为具有客观性和现实性的明确的法律上的权利义务关系，合法化的过程离不开立法机关权利的渗透与影响；而合法性则是合法化的结果，即经由规范化的立法过程而达致合法律性。对网络著作权刑事保护合法性的质疑主要就源自于合法化过程的一度缺位和严重滞后。

首先，在网络技术发展的早期阶段，对于利用网络实施的侵犯著作权的行为是否应该以刑法惩处缺乏明确的法律依据。由于互联网是在20世纪90年代才发展起来的，因此以往刑法在立法过程中往往缺乏前瞻性，只规定惩治现实空间的犯罪行为，而没有预计到虚拟的网络空间同样能够成为犯罪者的天堂。而诸如利用互联网侵犯著作权犯罪中的非牟利性分发他人著作权作品的行为无疑是互联网环境下出现的新的犯罪行为，刑法更加不可能做出科学的前瞻性规定。因此，以旧有的刑法对实践中新出现的行为方式予以规制，有违背罪刑法定原则的嫌疑。

如1994年美国一位21岁的学生David La Macchia在因特网上建立了一个网上的软件发布空间，鼓励网络用户上传他们所有的各种计算机实用程序，并允许访问者免费下载其上的各种软件。政府对他的这一行为提起了刑事诉讼，指控这一行为大约导致了有关权利人总共1000000美元的损失，构成犯罪。但根据当时的版权法，刑事制裁必须限于具有商业动机的

---

① [法]让-马克·夸克：《合法性与政治》，中央编译出版社2002年版，第31—32页。

侵犯行为，La Macchia 的行为虽为商业软件的被盗版提供了在线网络平台，但他缺乏商业利益或者私人经济收益的目的，所以以美国版权法中的刑事责任条款适用于本案的审理就缺乏依据。审理该案时还试图适用其他一些依据，如《国家被盗财产法》与《联邦电线欺诈法》，但是联邦最高法院的判例表明前一法案仅适于有形物，而法院认为，国会也并没有欲将后法扩展至版权保护领域的意图。[①] 最终 La Macchia 虽然被宣告无罪，但这一具有里程碑式的判例充分暴露出数字网络技术与传统版权法之间的矛盾，也反映了传统的版权侵权刑事制裁法律在数字化时代中的无能为力。如果不是法庭的谨慎而是 La Macchia 被判有罪的话，则这种有罪判决可想而知必定带来对刑事制裁合法性铺天盖地的质疑；即便宣告无罪，但刑事诉讼程序的发动以及随后程序的破灭至少表明对刑事制裁是否适用于新兴的网络侵犯著作权犯罪人们是存疑的。正是以该案为契机，美国揭开了数字网络时代版权法律保护的新篇章。此后，两位参议员在司法部的支持下，向上议院提交了《刑事版权改进法》提案，针对 La Macchia 案中反映的刑事制裁不力的问题，要求取消在刑事制裁中的行为人主观上的商业利益动机的前提条件。随后美国国会分别于 1997 年 12 月 16 日和 1998 年 9 月 28 日通过了《禁止电子盗窃法》（简称 NET 法）和《数字千年版权法》（简称 DMCA 法）。新法的出台，事实上从反面证明，在此之前的刑事诉讼程序发动是不合时宜的，它连基本的形式合法性的要求都不满足，是在法无明文规定的情况下司法先行的做法，因此也是网络著作权刑事保护合法性质疑的现实写照。

其次，在网络著作权法律制度逐渐建立之后，著作权刑法的严重滞后，也使得当前对网络著作权犯罪予以刑法规制的合法性仍有疑问。

以我国为例，我国在 1997 年修订刑法时，网络尚不普及，所以刑法中没有重视犯罪网络化的特点，仅就计算机信息系统及数据的保护做了前瞻性规定，而对网络安全则缺乏实质性的立法。刑法的规定还停留于计算机犯罪阶段，必然面临无法有效控制新形式网络犯罪的困境。[②] 因此对于网络上侵犯著作权犯罪行为的惩处，刑法往往无能为力。随后

---

① 王晨：《评美国近期关于数字版权侵权的刑事制裁立法》，《法学论坛》2001 年第 1 期。

② 皮勇：《关于中国网络犯罪刑事立法的研究报告》，《刑法论丛》2011 年第 3 卷，第 206 页。

我国虽多次以修正案的形式对刑法做出修正,但一直未触及著作权刑法规范。而在此期间,我国的著作权法却分别于 2001 年和 2010 年两度修订,不仅肯定了信息网络传播权,也增设了对于侵犯网络著作权的部分行为追究刑事责任的条款。新的著作权主体、客体、对象、权利内容以及相应罚则的规定必然呼唤刑法的回应。而出于维护刑法权威性的考虑,作为国家基本大法的刑法又须保持相对稳定性,因此刑法不可能在一项新技术导致著作权内容变化时,即对自身做出调整以回应对其保护的需要,这就使刑法的稳定性需要与著作权的迅速发展处于矛盾状态。① 如最高人民法院在 2002 年《知识产权刑法保护有关问题的调研报告》中就曾明确指出:"刑法第 217 条穷尽式列举的构成侵犯著作权罪的 4 种情形中并不包括侵犯信息网络传播权。"② 由此即便著作权法中有了相应的附属刑法规范,但刑法典的滞后性却成了附属刑法规范实现难以逾越的障碍,正如学者所说,附随型立法模式虽然能够起到提示的作用,但这种附随型的刑法规范是以刑法规定为前提和基础的,一旦刑法本身没有相应的条款,那么由于受罪刑法定原则的制约,附随型的刑法规范就会被束之高阁,无法具体适用。③

不过也有学者认为,网络空间中的多数犯罪,仍然只是传统犯罪的网络再现,只是由于技术性因素的介入而在一些方面发生了变化,通过刑法理论和解释规则的"与时俱进",套用传统犯罪的罪刑条款完全可以解决问题。④ 也就是说刑法典与著作权附属刑法规范的衔接滞后矛盾可以通过解释论的途径得到一定程度缓和。实践中,最高人民法院也数次颁布司法解释,试图通过扩张解释等方法在现行著作权刑法框架内扩展网络著作权的刑法保护范围。但是仔细探究发现,侵犯著作权罪属于法定犯,根据法定犯的一般原理,其罪状的确定需要依赖《著作权法》的相关规定。然而实践中解释者却置《著作权法》规定于不顾,径直将信息网络传播行为归入复制发行范围。既然《著作权法》在复制权、

---

① 吴荣金:《论中国著作权刑事立法的缺憾暨完善》,《浙江社会科学》2009 年第 7 期。
② 《知识产权刑法保护有关问题的调研报告》,参见 http://review.jcrb.com/zyw/n464/ca330518.htm。
③ 管瑞哲:《网络环境下知识产权刑法保护问题》,《江苏警官学院学报》2008 年第 1 期。
④ 于志刚:《网络犯罪与中国刑法应对》,《中国社会科学》2010 年第 3 期。

发行权之外规定了信息网络传播权,这说明信息网络传播权与复制发行在构成上是截然不同的行为,而解释者现在却将信息网络传播"视为""复制发行",无疑有类推解释之嫌疑。① 而根据罪刑法定原则,这种不利于行为人的类推解释是应当绝对禁止的,所以它实际上超越了现行刑法的规制范围,使得网络著作权的刑事保护缺乏形式上的合法性。

(二) 刑事保护合理性的质疑

利益关系的合法化并不一定能确保其权利的正当性,即便权利已经获得了某种合法化的外衣(形式),也可能因其不具备合理性(实质合法性)的价值基础而难以得到人们的自觉维护与遵守。② "合法化来自上层,而合法性则是下层的赠品",③ 因此在对网络著作权刑事保护正当性的追问中,形式合法性的问题较容易通过立法合法化的过程而解决,但经由国家权力正当化的制度安排是否体现了制度设计的初衷并能为人们视为正当而加以内化和接受,则关键在于其是否具有实质的合法性或者说合理性。因此,对网络著作权刑事保护合理性的质疑更为突出。特别是最近几年来网络著作权的刑事保护立法进程频频受阻,立法内容屡屡被批,立法与现实的巨大反差不禁让部分学者产生了困惑:以刑法作为网络环境下保护著作权的重要手段究竟是否具有合理性?事实上,网络时代下著作权侵害刑罚化的问题,早在1999年即引起学者的注意,只是质疑的声音较为微弱,而当下这种质疑之声越来越多。

1. 猛推式的刑事立法与司法实践打破了作为著作权法基石的利益平衡观念

在网络诞生之前,为个人欣赏、学术研究等目的而使用他人作品的行为一般被纳入合理使用范畴而不构成犯罪,他人使用著作权人的作品既不必征得著作权人的许可,亦不需向著作权人支付报酬,实际上这是基于公共利益的考虑对著作权人权利的限制和制约。而因为传统的复制发行技术困难、成本高昂,所以这种零星的复制等行为对著作权人的影响也是微乎

---

① 张广洋:《网络环境下著作权刑事立法的反思与完善》,《江西警察学院学报》2012年第3期。

② 胡朝阳:《知识产权的正当性分析——法理和人权法的视角》,人民出版社2007年版,第127—128页。

③ [英]弗兰克·帕金:《马克斯·韦伯》,刘东等译,四川人民出版社1987年版,第112—113页。

其微的,故著作权人本身亦能容忍。但在网络时代到来后,技术的开放性和便捷性使得作品无须借助有形的载体固定即可瞬间在网上完成复制传播的过程,影响面更广,成本更低,风险更小,这对权利人的打击是致命的,于是一场急风暴雨式的刑事立法改革运动开始在版权人利益集团的推动下到来。

以前述美国 La Macchia 案为契机,很多国家已开始改变或试图改变长久以来所坚持的刑事责任只限于意图营利而进行商业盗版的传统,使出于非盈利目的的盗版行为也被纳入刑事处罚的范围。如美国的 NET 法增设了不以盈利为要件的著作权犯罪类型,对著作权人市场形成竞争效果的商业盗版行为不再是刑法打击的唯一对象,合理使用的空间明显被压缩。而之后的 DMCA 法案给著作权人为防止作品被接触利用而采取的技术保护措施再披上一层刑法保护的外衣,使得著作权人控制作品的范围从实际上的侵害提前到侵害之前的阶段,进而导致公众接近作品变得愈发困难,由此著作权人与社会大众之间的关系也越来越紧张。故有学者批评,1997 年 NET 法、1998 年 DMCA 法所解决的问题远不如由它所产生的问题那样多,它过度地阻碍私人使用者,阻碍信息的自由流动,阻止盗版侵权的成本超出了它的收益,只会导致利益平衡上的不公正、不适当,这与宪法意图是相违背的。[①]

而在点对点传输技术(P2P)兴起之后,不仅提供此类服务的网站经营者屡屡被诉,经由分享途径而拥有大量文件的个人使用者也成为著作权人起诉的对象。如 2005 年台北地方法院就曾判决经营 P2P 网络传输服务的 Kuro 网站与一名下载 MP3 音乐档案供自己娱乐之用的会员成立擅自重制罪的共同正犯,该会员后被处以四个月有期徒刑,缓刑三年。[②] 如果说这只是版权人与侵权者之间较量的个案,那么 2011 年美国提出的旨在进一步强化版权保护力度的《禁止网络盗版法案》(简称 SOPA 法案)则宣告了版权人利益集团的全面开战。本来根据 DMCA 法中"避风港条款",网络服务商没有网络上的监控义务,除非其明知或者应当知道其系统中的内容是侵权的情况外,网络服务商只需根据版

[①] Note, The Criminalization of Copyright Infringement in the Digital Era, 112 *Harv. L. Rev.* 1706, 1722 (1999).

[②] 参见台北地方法院 92 年诉字 2146 号判决。

权人发出的通知在限定时间内删除其系统中的侵权内容。而 SOPA 法案却绕过避风港条款的规定，要求网络服务提供商承担监控其网络系统进而发现侵权的义务，否则将会被归于"致力于窃取美国知识产权的网站"而被关闭。① 一旦该法案通过，对网络平台的影响无疑是巨大的，网络服务商会因为忌惮面临控诉而不再为用户提供存储空间与链接；与此同时，庞大的网络用户对于信息共享面临的风险与表达自由可能受到的妨碍也表现了明显的担忧。因此，有学者认为这一法案是违背比例原则的。② 尽管它目前被搁置了，但是它所显示出来的避风港规则的摇摇欲坠已经表明了当前著作权保护向权利人的逐渐倾斜，公共利益在著作权的保护中可谓越来越不受重视。

之后日本 2012 年修订著作权法规定，从网络下载未经授权的音乐和影像文件，将面临 2 年以下拘役或 200 万日元以下的罚款，引起学界和公众的一片哗然。对此最大的质疑即在于它首次在立法上明确了个人的复制使用行为也构成犯罪，牵涉面甚广，对国民的生活影响深远。实际上，过去个人需要与朋友分享文档亦能从朋友处借取甚至复制，只要不加以散布而是为了个人的学习、欣赏都属于合理使用。而对于数字化的网络作品，其分享的途径只能是复制，而在行为人主观目的不变的情况下却可能面临刑罚，故有人担心众多网民可能在毫无准备的情况下面临刑罚，有的法律界人士还担心，该法会被滥用，侵犯网民的正当权益。由于违法下载属于自诉案件，提起诉讼后，被告的计算机等终端设备就可能会作为证物被调查，隐私就可能受到侵犯。③

上述立法与司法实践无一不表明，网络环境下刑法保护的天平明显有所倾斜，过于关注著作权遭受侵害的严重现实从而偏袒著作权人一方，以致公众合理使用的利益连带地受到了不恰当的限制。

2. 刑法的适用并未收到明显的遏制网络盗版之效

按照法律经济学中的犯罪率取决于风险和收益对比的威慑假说，借由严厉刑法惩罚犯罪人将起到遏制犯罪之效，一方面使行为人不再犯罪，另

---

① Anandashankar Mazumdar, Amy Bivins, Introduction of House Online Piracy Legislation Set off Storm of Controversy, *Patent, Trademark &Copyright Journal*, Vol. 83, No. 2038, p. 7.

② 王杰：《美国 SOPA 议案评析及其对我国网络知识产权立法的启示》，《知识产权》2012 年第 8 期。

③ 张超：《日本通过著作权法修订案》，《法制日报》2012 年 7 月 3 日 11 版。

一方面也促使潜在的犯罪人在权衡利害之后因畏惧刑罚而选择合法行为，抑制其犯罪意念。但实际上看，通过刑法来遏制网络著作权犯罪的效果并不如预期，刑罚的功能非常有限。例如2010年日本通过下载网站或文件共享软件非法下载的文件仍高达43.6亿个，是正规合法下载的10倍，造成的损失超过6683亿日元。

而网络环境下犯罪人的究责实际上也很难真正实现，一则在于网络环境下著作权合理使用的范围界定不明，易造成法院无罪判决的概率增加，因而酿成著作财产权整体刑法保护无效率的结果。① 因为以刑事手段制裁网络著作权侵害行为必须要证明行为人的行为不构成合理使用，而合理使用所考虑的因素较复杂，本身界限未明，刑事诉讼一般又采取严格的无罪推定原则，所以一些有争议的案件往往最终获得无罪判决。二则在于网络盗版者的广泛性和隐匿性。因为网络不仅实现了几乎不需要任何成本就能对数字化作品进行高质量的复制，而且使法律的实施（追踪并惩罚侵权者）成为一项几乎无法完成的任务。② 因此著作权人即便主张追究刑事责任，其指向的对象也往往只是那些有经济负担能力的商业盗版者或网络服务商，大量的个人盗版者实际上都逍遥于严厉的刑罚之外。刑罚适用上的不确定性显然让更多的人可能怀着侥幸心理为了盗版的高额利润或节省的开支而仍然铤而走险。

3. 扩张刑法的保护并未能真正恢复著作权人的利益

版权人之所以积极推动网络著作权刑法很大程度上是利益使然。这里隐含的逻辑是：正因为有了网络著作权犯罪行为，版权人的经济利益才受到了损失，所以只要制止了侵害行为就能减少版权人的利益损失。但其实网络上下载与整体唱片销量之下跌，并不能完全画上等号。因为下载一首歌曲，并不等同于愿意购买整张唱片。从经济的观点而言，只有为了省下购买费用的情形，才会损害著作权人利益。③ 故将唱片销量的递减完全归诸于非法网络下载，是不公平的。正如学者指出的，若唱片销售量的衰减

---

① 王淑惠：《著作权刑罚合理性之探讨——以法律经济方法分析》，台湾铭传大学2005年硕士论文，第127页。

② [美]劳伦斯·莱斯格：《代码》，李旭、姜丽楼、王文英译，中信出版社2004年版，第154页。

③ Lawrence Lessig, *Free Culture: How Big Media Uses Technology and the Law to Lock down Culture and Control Creativity*, Penguin Press, 2004, pp. 68—69.

不能完全归诸于网络下载,即便将网络下载行为入罪化,亦无法回复唱片之销售,刑罚化之正当基础亦随之动摇。① 同时,由于在著作权犯罪的追诉方式上,许多国家采取自诉方式,所以我们也很难估量著作权人利用刑法向侵权者开战的回报与其高额投入是成比例的。以美国为例,美国唱片业协会(RIAA)在 2008 年花费了超过 1600 万美元在律师费用上,但只从著作权侵害赔偿中获得了 39.1 万美元。② 由此一定意义上讲,以刑法保护网络著作权并不能有效地使著作权人被侵害的利益或者被剥夺的市场予以恢复。

4. 严厉的刑事制裁对社会可能造成负面影响

其一,对网络侵犯著作权的行为适用严厉的刑罚惩罚超过国民的预期,容易使刑法背负恶法之名。因为著作权犯罪为法定犯,是以法律而非基于行为本身的反社会伦理性而将该行为界定为犯罪的,故其法律规范与以往人们的价值观念之间存在较大鸿沟。通常"人们之所以遵守法律并不仅仅因为违法的成本大于犯罪的利益,而是因为他们内心相信这种犯罪行为是错误的,害怕实施该行为会被社会所摒弃"③。而我们很少有人去为下载一首享有著作权的歌曲而感到良心不安,即使在遵守著作权法时,也不再是小心谨慎。普遍的不遵守著作权法,甚至在为著作权侵权时,没有任何不安的这种更为普遍的感受,表明对著作权法的道德权威存在某种正反感情的并存。④ 正因为对著作权刑法缺乏认同,人们自然无法将其内化为行为准则,潜在犯罪人评估犯罪利弊时,也往往对行为的预期评估不充分以至于会无视刑法的规定。此时动用严厉的刑事制裁自然使人们对刑法产生厌恶之感。

其二,"如果存在一种意外触犯刑法或法律错误的风险,那么非常严

---

① Geraldine Szott Moohr, Defining Overcriminalization Through Cost-Benefit Analysis: The Example of Criminal Copyright Laws, 54 *Am U. L. Rev.* 794 (2005).

② Irina D. Manta, The Puzzle of Criminal Sanctions for Intellectual Property Infringement, *Harvard Journal of Law & Technology* Vol. 24, No. 2 Spring 2011, p. 514.

③ D. Kahan, Between Economics and Sociology: the New Path of Deterrence, 95 *Mich. L. Rev.* 2481 (1997).

④ Katie Sykes, Towards a Public Justification of Copyright, *University of Toronto Faculty of Law Review*, 3 (2003).

厉的刑罚将会诱导人们处在犯罪活动的边缘时摒除社会所需要的行为"①。据此由于合理使用的模糊化,行为人在网络环境下可能感到无所适从,若仍然强行执行刑法,使用者就会因为畏惧动辄得咎,而产生消极不利用著作的情况,由此还会进一步造成著作权人利益的损失以及国家文化停滞不前的社会损失。

韩忠谟先生曾论:"刑罚之运用不可不慎,国家决定某种不法行为应受刑罚制裁,首需考虑制裁所生之害,与不加制裁所生之害,孰轻孰重。"② 从以上网络盗版行为刑罚规制的利弊分析可以看到,刑法的扩张趋势对于避免网络著作权侵害的泛滥及填补著作权人损失的效用并不明显,相反,它可能产生寒蝉效应,不必要地限制公众合理使用网络作品的权利,对作为著作权法指导的利益平衡思想构成冲击并带来负面社会效应。正如学者所忧心的:"是否原先要解决的问题仍未解决,反而产生新的问题?"③ 由是观之,著作权刑法保护的正当性问题在网络环境下似乎需要重新审视。

第三节　利益考量视野下网络著作权刑事保护的正当性分析

哈贝马斯强调,作为一种法律制度,被承认为是正确的和合理的就要求对自身要有很好的认证。④ 因此,面对网络著作权刑事保护的种种质疑,继续采用刑事手段就必须对其正当性的根据做深入的论证。我们注意到,网络著作权之所以为著作权人重视,一个重要的原因就在于其可以为著作权人带来可观的财产利益,权利就意味着收益;犯罪人之所以铤而走险,主要是因为盗版行为能打破著作权人的垄断,从市场上分一杯羹;而网络著作权的刑事保护之所以惹起争议,则是因为它引起了著作权人和使

---

① [美] 理查德·A. 波斯纳:《法律的经济分析》,蒋兆康译,中国大百科全书出版社 1997 年版,第 294 页。

② 韩忠谟:《刑法原理》,中国政法大学出版社 2002 年版,第 54 页。

③ 蔡蕙芳:《著作权侵权与其刑事责任——刑法保护之迷思与反思》,新学林出版股份有限公司 2008 年版,序言。

④ [德] 尤尔根·哈贝马斯:《重建历史唯物主义》,郭官义译,社会科学文献出版社 2000 年版,第 262 页。

用者等之间利益的消长,并触动了公众的神经。可见,利益是各方行动与主张的最终依归,正如古语所云:"天下熙熙,皆为利来;天下攘攘,皆为利往。"故笔者将从利益考量的视角分析网络环境下著作权刑事保护的正当性。

一 利益考量视野下网络著作权正当性的养成

(一)利益平衡与著作权的正当性

著作权正当性的实质在于必须获得公众的尊重。由著作权的历史观之,著作权自其诞生之日起,其正当性就一直饱受争议。前文所提及的诸如洛克的劳动理论、黑格尔的财产权自由意志理论等虽被应用于著作权正当性的论证,有一定道理,但仍有不能自圆其说之处。正如学者所说,著作权所具有的独特个性使这种挪用性的论证并不成功。至少基于劳动理论的财产权的确立一般不会限制他人通过劳动获取财产权的自由,一般亦不会与诸如言论与创作自由的基本人权相冲突。然而,著作权的确立则可能会与竞争原则、信息自由与获取信息等权利发生冲突。[1] 所以,康德所提出的"权利的普遍法则"较之前两种理论为著作权的正当性做了更为恰当的注释。康德认为,权利的普遍法则可表述为:"外在地要这样去行动:你的意志的自由行使,根据一条普遍法则,能够和所有其他人的自由并存。"[2] 依据这一法则,当著作权人的权利和社会公众的言论创作等自由和谐共处时,著作权就具有了正当性。这就需要我们既保护著作权人的利益,以激励作品的创造和传播,也要保护社会公众的利益,以实现最终促进整个社会文化、艺术、科技发展的进步。由此,利益平衡原理构成了整个知识产权制度的理论基础,也是指导知识产权法的立法设计和司法实践活动的根本原则。而基于经济分析方法对著作权正当性的辩论也将"利益"置于问题考虑的中心。一般认为,相对于个体利益而言,公共利益具有优先性,个体利益必须受到公共利益的制约。个体利益作为一种权利,从理论上说是要受到制约的。一些个体利益必须服从于社会公众所确

---

[1] See Paul L. C. Torremans, Copyright as a Human Right, edited by Paul L. C. Torremans, Copyright and Human Rights-Freedom of Expression-Intellectual Property-Privacy, *Kluwer Law International*, 2004, pp. 10—18.

[2] [德]康德:《法的形而上学原理——权利的科学》,沈叔平译,商务印书馆1991年版,第41页。

定的公共利益,至少要服从那些非服从不可的公共利益。① 事实上,仅靠著作权法保护著作权人的财产权以实现鼓励创新的目的是不够的,因为激励创作还取决于社会对作品的关注程度,取决于是否还有其他的人获得参与作品创作的机会。所以我们在赋权于著作权人,允许其通过控制作品的传播和利用来获取经济利益,以激励其进一步创作而增进社会的整体利益的同时,必须考虑到著作权制度的创立虽然以著作权人的个体利益为起点,但是这种个体利益又需要纳入公共利益的考量。公共利益源于个体利益,同时又为实现个体利益服务;个体利益同样来源和服务于公共利益,公共利益是个体利益的保障。因此正是出于维护公共利益的考虑,在著作权制度中我们强调对著作权人个体利益的保护应限制在合理范围之内,通过包括合理使用、法定许可、强制许可、作者权利穷竭等在内的版权权利限制制度为重申公共利益提供了很好的路径。

由此,著作权人利益与公众利益的平衡一直是版权保护中的一个永恒话题,而著作权的正当性实际上亦根源于制度安排下的著作权人与社会公众的利益平衡。公众的言论、接触作品与创作的自由、不直接针对消费者构成著作权正当性的应有内涵。在这种正当性著作权的框架下,读者除制作复制件不被许可外,可以自由阅读或采用出租、出借等多种方式使用作品;后来的创作者虽受到诸如抄袭、剽窃及演绎等限制,但其在思想与表达二分原则、合理使用等著作权限制制度的庇护下依然可以自由创作。更为重要的是,与作品传播相关的技术发展一般不会成为著作权限制的对象。正因为如此,著作权获得了公众尊重的道德基础。②

而我们之所以要打击盗版,则是因为盗版行为打破了由合理使用等制度构筑的著作权利益平衡体系。众所周知,在网络数字技术诞生之前,作品复制发行的成本是很高的,所以公众要想获得作品,就必须付出相应的对价,以补偿著作权人的支出。法律虽然保护著作权,但也为公众在一定范围内不经许可或免费使用作品保留了适当的空间,所以二者的利益处于均衡状态。盗版的出现却让公众不必从著作权人那里获取作品,这样作者或者向作者支付了权利费用的出版发行商可能收不回投资的成本,这里著作权人的利益可以说是被盗版者强行掠夺了;与此同时,公众的利益事实

---

① [美] 路易斯·亨金等编:《宪政与权利》,郑戈等译,三联书店 1996 年版,第 6 页。
② 刘铁光:《著作权正当性的危机与出路》,《法制与社会发展》2010 年第 2 期。

上却并没有增加，因为公众除非符合合理使用等情形，一般仍然必须购买作品，虽然可能公众付出的对价相对低一些，但盗版作品的质量无法保证，付出较少的钱获取质量低下的作品，公众并没有从盗版中获得实质性的额外利益，所以盗版的存在打破了原来著作权人与公众之间利益的均衡。为了恢复这种均衡，对导致著作权人利益受损的盗版行为就必须通过法律途径予以打击，而这种打击并不直接针对利益天平的另一方——作品的使用者，所以著作权人与公众基本处于和谐状态。

（二）网络环境下著作权人、网络服务商与公众利益的博弈

随着网络数字技术的迅速普及与网络用户数量的快速增长，互联网成为著作权人发行、宣传其作品不可或缺的平台，公众对于作品的获取使用也越来越依赖于网络，由此在著作权人与公众之外，出现了具有独立利益诉求的第三方——网络服务商。传统的利益格局面临着重新洗牌的关口，在著作权人利益与公众利益博弈的中间加入了第三方力量，打破了原先著作权制度框架下的利益平衡状态。这个世纪博弈在前文提到的美国《禁止网络盗版法案》中表现得尤为突出。该法案因主张废除 DMCA 法规定的"避风港"原则，要求网络服务商对网络上的内容的合法性进行实质审查，而如果网络服务商没有事先采取措施就要承担连带责任，于是遭到了前所未有的抵制。

作为一种新的作品使用方式，网络可能确实为传播人带来了收益（如广告收入），但并不必然导致作者利益的减损。相反，网络的"暴露效应"可扩充读者群，增加作者知名度，为该作者其他作品及未来作品创造盈利空间。因此，将一种额外利益分配给谁，本身是应当商讨的，不是理所当然的推论，"不能因为一个人能够在一块玉米地周围围上栅栏，我们就错误地认为仅靠这些栅栏能形成财产权，是公共选择创造了财产"。[①] 一旦作为版权法律制度基石的利益平衡被打破，则著作权的正当性就荡然无存，所以我们对网络环境下三方利益博弈所最终导致的利益消长情况还需要详加分析。

首先，就著作权人而言（这里主要指作者），虽然网络使得其作品能够在更大范围内更加迅速、方便地为公众所接触，表面看来其利益应当呈

---

① ［美］爱伦·斯密德：《财产、权力和公共选择》，黄祖辉等译，上海三联书店、上海人民出版社 1999 年版，第 82 页。

几何级数增加,但另一方面网络制造了著作权人利益实现的巨大障碍,因为著作权人很难控制作品在网络上被他人非法复制的次数以及传播的范围,而且网络的匿名性、无国界性等特征也使得著作权人根本无法知道作品由谁在使用,在何处使用,使用了多少次,是否又提供给另外的人使用。传统的合理使用原则也被自然延伸到网络空间,合理使用的实质实际上是原先著作权法基于公共利益的考虑对著作权人权利的一种限制,是要求著作权人对轻微版权侵权的容忍,然而网络技术的成熟导致原来属于合理使用范畴的私人复制行为和教学科研为目的的少量使用行为等逐渐被别有用心的人利用,进而逾越了公共利益的屏障,如很多数字图书馆并不取得作者的授权即随意使用他人作品。[1] 可见,作为传统印刷环境下版权主体的利益平衡器,并屡屡为版权制度化解危机的合理使用制度,在网络环境下却使版权主体之间的利益冲突不断激化。[2] 特别是如果固守传统印刷环境下的发行权穷竭原则,则上网的作品基本上就很难再受著作权人的控制了。过去之所以规定发行权一次用尽,是为了避免版权人独占发行权而阻碍作品的进一步流通,因此规定合法制成的复制件的所有人,以及任何经过授权的人,有权不经版权人的许可将作品予以出租、出借他人。在复制技术落后的当时,这一规定对著作权人利益的影响是微乎其微的。但是在网络时代因复制随技术的成熟、网络传播的放大效应,继续适用这一原则对著作权人利益的损害是难以想象的。所以著作权人的利益并没有如想象的那样倍数增加,音乐唱片界的萎缩就是明证。这也正是著作权法在随后的调整中倾向于赋权于著作权人的重要原因。

其次,就社会公众而言,尽管不少人大声疾呼在法律与技术的双重挤压之下,著作权合理使用原则呈现弱化趋势,合理使用的空间不断被压缩,公共利益受到了减损,但事实情况却是,公共利益的总量是在增加而非减少。我们可以感受到,在网络时代,使用者作为一股强大的力量分散成个人而无处不在地享用着免费的"午餐",这种免费的"午餐"从内容到形式都较传统印刷环境下更为丰富,因为"在作品著作权人和作品使

---

[1] 如中国 2001 年 12 月,北京大学法学院教授陈兴良状告"中国数字图书馆"侵权其著作权案,2004 年以北京大学为首的 11 家全国著名大学和最高学术机构诉中国学术期刊中心(重庆维普公司)案,以郑成思为首的 7 名专家诉书生之家数字图书馆案以及 400 位专家学者诉超星公司侵权案无不说明数字图书馆打着合理使用和公益的旗号,事实上侵犯了作者的利益。

[2] 刘志刚:《电子版权的合理使用制度》,社会科学文献出版社 2007 年版,第 111 页。

用者之间，数字技术天生就是偏爱使用者一方的"，① 由于复制的容易，总会有热心者将公众渴望的作品上传到网上共享，而在过去，复制行为离不开存在物质载体的原件，原件的获取渠道相对要狭窄许多，所以合理使用的空间实际上极为有限。如果说网络环境下合理使用被压缩，那只能说是与公众所自认为的"合理"使用尚有一定距离。而且公共利益借助网络的平台不再像过去那样处于无人代表、集体失声的状态，有时使用者会凝聚成有组织的团体与版权人利益集团抗争以谋求自身最大的福利。他们已不再是恪守传统道德规则的消费者，他们已不再愿意支付对价而乐于使用随处可得的网络产品。知识产品非排他性的特质，使得产品本身并不会因为某个人的使用而遭受贬损；知识产品的边际成本为零，这两者都成为了使用者免费使用产品最强大的道德支援，甚至还可以通过指责权利人滥用垄断权来宽慰那份略微的内心不安。②

再次，网络服务商作为利益的第三方，代表了新生的技术，客观上为传播提供了平台和便利，而技术本身是具有中立性的，所以从理论上讲，网络服务商本应在著作权人与公众利益的较量中不偏不倚。然而，为了谋求自身的进一步发展，网络服务商在这场博弈中的立场并不坚定。一方面，部分网络服务商与著作权人结成联盟，通过为作品的传播提供平台而分享著作权人的收益，并且 P2P 技术、网上支付技术等为节约版权授权交易成本提供了可能，使得部分传统的合理使用行为失去了高额交易成本的托词，从而使得著作权人获取且可与网络服务商分享的利益可能有所增加。但另一方面，网络服务商又并不始终与著作权人同气连枝，它还要考虑到法律与技术的关系，为技术的发展扫清障碍，所以有时它又会讨好社会公众，确保公众对网络日渐加重的依赖性从而为自身的进一步发展奠定基础。另外少数网络服务商考虑到取得著作权人授权的成本，直接选择与公众站在同一阵线，利用为网络用户提供分享平台的机会来聚集人气，从广告分享而不是作品的传播中获取收益。在这种情况下，网络服务商成为了网络用户侵害著作权的帮凶，一起蚕食了著作权人可能获得的收益。

综上我们看到，网络时代著作权人、网络服务商与社会公众三者之间的利益关系错综复杂。我们很难明确得出结论说只有著作权人的利益被强

---

① 袁泳：《计算机网络上数字传输的版权问题研究》，《中外法学》1998 年第 1 期。
② 林秀芹：《网络时代拷问当代版权制度》，《法制日报》2012 年 12 月 11 日。

化了从而需要抑强扶弱，实际上对网络著作权正当性的质疑往往是著作权人之外的利益群体基于自身利益考虑为反对网络著作权的进一步扩张而美化的措辞。网络著作权究竟有没有必要于法律上确认，如果承认则应如何决定网络版权人权利的边界和公众获取网络作品自由的起点，以及网络服务商在其中又应承担何种权利和义务都需要进行利益上的再审视。

（三）网络环境下著作权利益平衡的再审视

由于在网络环境下，信息技术降低了个人之间联系、协调与组织的成本，使得以往为散兵游勇的社会公众有机会聚集起来，宣传网络信息资源免费共享的理念，而网络上的作品供应量也因此而迅猛增长，所以公众的利益在当下至少并没有受到损害甚至还有所增加。基于利益平衡的目标，所以适当地赋权于网络著作权人以确保其利益的增长就是有必要的。我们可以利用经济学上的帕累托最优理论来予以说明。

该理论的简单表述如下：如果一项变动使社会上一部分人的境况改善，而其他人的境况并不变坏，那么这项变动就是可取的。[①] 应用该理论，则法律的调整在建立一种新的版权平衡体系时，必须确保在新的平衡点上，较之原来的平衡点，版权人和公众的利益都没有受损，最好是同步提升，这就是理想的双赢模式。用坐标图表示如图2-1所示。其中我们用横轴代表版权人的利益，用纵轴代表公众利益，假设原来的平衡点是A，那么当版权人和公众的利益都适当增加的情况下，即移至B点形成新的平衡是最理想的状态。而在著作权法没有适应网络的特性做出适当调整之前，由于将作品数字化并没有明确属于版权人的权利内容，复制传播权是否涵盖网络传播权也有疑义，加上还有合理使用规则、发行权穷尽原则等的适用，所以利益的格局事实上是有利于社会公众的，唱片业的萎缩就是最好的明证。在公众利益增加的同时却明显损及了著作权人的利益，就违背了帕累托最优理论，故如图所示平衡点被移至C处就是不合理的。而网络著作权的肯定与保护，虽然一定程度上可能使社会公众现实已经享受的增幅利益有所减损，但只要并不会使公众的利益降至网络时代之前的水平，则这种调整就是应该被允许的。即次优的结果应该是在无法使得版权人和公众的利益都能得到同等程度提升之时，法律首先应该考虑的是让由于技术因素在现实中已经得利的公众一方做出适当让步，即通过减少他

[①] Robin Paul Malloy, *Law & Economics*, West Publishing Co. 1990, p. 24.

们的利益增幅来换取版权人利益的适当增至至少过去的水平。所以平衡点移动至 D 点就是应当被允许的。事实上，当公众利益和版权人利益失衡需要重新确立新的平衡点位置时，只要平衡点出现在图中阴影部分（包括边线），即应认为符合了帕累托最优理论。

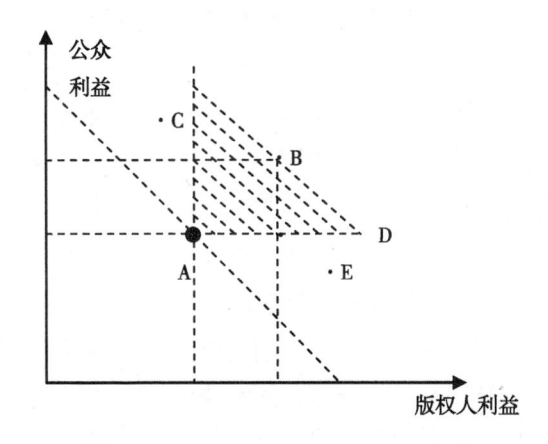

图 2-1　版权人与公众利益的博弈

　　由此笔者认为，网络环境下之所以要对著作权适当扩张恰是为了恢复因为新技术的迅猛发展而使著作权人利益受到根本冲击的缘故，正如学者所指出的，计算机网络技术的发展打破了著作权法的原有平衡，使利益的天平倾向了公众一方，而各国著作权法的新近发展，则呈现出著作权制度的利益天平又重新向著作权人一方回归的趋势。[①] 这一纠偏之举是为了建立著作权的新的平衡，因此网络著作权的正当性应当由此得到肯定。而且我们可以看到，即便是由 Stallman 发起的自由软件运动，由 Lessig 教授等人发起的 Creative Commons 运动等，也并没有否定网络环境下的著作权。以 Common Creative 为核心的"部分权利保留"模式的出现和格式化许可协议的广泛应用，并不像盗版党那样是一种网络自由主义的激进表达，试图颠覆整个传统的著作权法律关系的模式，而"更多的是通过同现有法律制度的稳恰性和兼容性，试图渐进式地改变民众对于著作权文化的基本认识，重塑一种新的文化交流的方式"。[②] 换言之，无论是 Copyleft 还是

---

　　① 温荣斌：《网络时代著作权法律保护的新特点》，《出版发行研究》2003 年第 1 期，第 64 页。

　　② 肖尤丹：《发展困局：我国网络著作权制度的嬗变及转型》，《图书情报知识》2010 年第 2 期，第 88 页。

Creative Commons，实际上它们并没有真正与版权分道扬镳，而是希望在更为灵活的条件下在各利益主体之间达成一种更为合理的动态平衡，他们亦认为创造和投资应当获得回报，CC 协议等开放软件计划其实是希望通过自愿合作模式来降低创新成本进而激励创新。正因为作品创新始终是公共利益增长的源泉，所以网络著作权虽然表面上看偏向于维护著作权人的利益，但这是重新调整著作权制度中权利人与社会公众间利益分配不可或缺的手段。然而过犹不及，如果法律一直偏袒著作权人，不考虑公众利益的增加，甚至允许著作权人肆意滥用其权利向私人挥下屠刀，那么这种暂时建立的平衡最终却可能走向失衡的另一极端，即出现如图 2－1 的 E 点所示位置，而帕累托最优也无法实现。所以网络著作权人的权利仍然应通过合理使用等制度设计予以必要的限制。

在这一动态的利益平衡过程中，网络服务商所代表的技术力量亦成为了利益天平两端的砝码。技术本身并无善恶之分。一个产品或技术被用于合法用途或非法用途，非系产品或技术提供者所能预料和控制。[①] 如果说网络著作权扩张的正当性某种程度上讲侧重于对著作权人受损利益的弥补，那么网络技术的运用天然地亲近社会公众就是自然而然的。但是如果在作品的网络传播过程中对网络服务商不加以任何限制，让使用者可以无原则地借助先进的网络技术无时无刻、无处不在地享用免费午餐，则利益天平的平衡状态就会被打破。所以网络服务商的权责亦有必要通过法律途径加以规范。

故与其说网络著作权面临着合法性的危机，倒不如说对该制度存在更多的合理性期待。只要网络著作权制度有可能通过合理使用制度的科学设计、网络服务商权责的明确规范等回归到权利人与社会公众利益的平衡状态，则网络著作权的正当性就不能被抹杀，这也为网络著作权的刑事保护奠定了前提。

二　网络著作权刑事保护必要性的法理考察

从前文质疑可知，网络著作权的刑事保护不乏诸多质疑，因此进一步论证网络著作权刑事保护的必要性，其关键在于分析其"利"。当这种保护带来的利益远远甚于其可能的弊端时，我们就不能因噎废食。正如边沁

---

① 张今：《版权法上"技术中立"的反思与评析》，《知识产权》2008 年第 1 期。

所主张的,若刑事处罚所避免的损害大于刑罚本身对于社会的损害,则刑法就具有了正当性的基础。仔细分析,网络著作权刑事保护之利包括以下几个方面:

(一) 减少网络盗版的危害,增强国家的经济文化实力

当今世界,包括著作权在内的知识产权日益成为市场主体参与市场竞争的有力武器,同时也成为国家发展的战略性资源和影响国际竞争力的核心要素。网络盗版打击不力,就会使正版行业市场份额急剧萎缩,销售额下降,从而造成著作权人应得经济利益的丧失和国家税款的大量流失;没有对作者权益的很好维护,没有对网络作品良好的激励机制,会危害著作权人的创新,小则剥夺公众享受更好作品的机会,大则使国家失去以创新为推动经济发展的动力、维护其竞争优势的机会,还会殃及国家文化产业的发展,削弱国家的文化软实力。因此,作为打击网络盗版犯罪最有力的手段,对网络著作权予以刑事保护是避免或减少网络著作权人经济上遭受损害,维护国家经济利益,推动文化创新,提升我国文化繁荣的重要举措。

(二) 弥补其他社会调控手段之不足,强化打击盗版的力度

"一个审慎的立法者在面临是否需要将特定种类行为犯罪化或者是否需要将刑事制裁继续适用于特定种类行为时,会首先扪心自问是否还存在其他可行的控制方法"[1]。

这里首先可以考虑的是道德调整方法。道德是一种内在的约束方法,它通常通过良心对个体选择行为的动机起着制约作用,良好的道德有助于减少犯罪的发生。然而调查数据一方面显示,公众的网络著作权意识已经有了显著提高,对网络侵犯著作权的行为有着正确的善恶判断和道德谴责态度,但另一方面我们看到不少人仍然不自觉地同时实施了网络盗版行为,其主要理由则是"正版产品价格高昂,难以承受"。因此,有人认为道德对于规制盗版是缺乏效果的,因为道德观念本身不是支配行为选择的决定性力量。[2] "公众与其说是正义感、是非感或者诸如此类高贵情感驱动的动物,毋宁说是利益或利害权衡驱动的动物"。[3]

---

[1] Herbert L. Packer, *The Limits of Criminal Sanction*, Stanford University Press, 1968, p. 251.

[2] 黄洪波:《中国知识产权刑法保护理论研究》,中国社会科学出版社 2012 年版,第 67 页。

[3] 赵国玲、王海涛:《公众知识产权意识对知识产权被害控制意义之评估》,《电子知识产权》2007 年第 2 期。

在道德作用式微的时候，法律必须肩负起力挽狂澜的责任。卢梭指出，"刑法在根本上与其说是一种特别法，还不如说是其他一切法律的制裁力量"。① 在对网络著作权予以刑事保护之前，事实上从法律体系上看已有充当急先锋的民法与行政法之保护。尤其是民事救济，对侵权行为予以民事制裁，促使侵权者停止侵害与赔偿损失曾被认为是抑制网络侵权的一种直接和普遍适用的手段。但是反观民事救济的法律后果，会发现其效果并不令人满意。因为著作权损害赔偿坚持的是补偿性赔偿原则，这相对于侵权人的收益而言，实在无关痛痒。而且由受害的著作权人提出告诉，主观上追求的必然个人利益的最大化。同时由于网络数字化技术带来复制和传播的便利性，著作权人对著作权的控制难度也在加大，维权成本大幅增加，在这种情况下，著作权人寻求民事救济的热情也就容易被熄灭。而以我国著作权的行政保护为例来看，其执法效果也非常值得怀疑。原因在于，现行法律对行使行政职权规定了严格但又模糊的条件，如要求侵害行为"同时损害了公共利益"；执法方式上主要是没收成本低廉的侵权产品或者简单罚款了事，同时广泛存在的地方保护主义也使得对侵权行为的制裁无法落实。

正是因为无论是道德规范还是作为"第一次法"的民法和行政法在网络著作权的保护上都存在力有不逮之处，所以作为后盾法的刑法就有了介入调整的必要性。甚至客观上这可能产生"以刑逼民"的效果，即著作权人虽以刑事诉讼的方式提起诉讼，实际上最终却是通过潜在的刑罚威慑而逼迫侵权人接受民事赔偿的和解要求，从而反过来提高民事保护的效率。②

（三）有效预防网络盗版再犯，重塑大众的网络著作权观念

虽然一些学者不满网络著作权刑法在遏制犯罪、维护著作权人经济利益上的实际效果，但是不能否认，至少通过对网络犯罪人施加刑罚，可以达到特别预防的目的，避免其在刑罚执行期间继续侵犯著作权人的利益，并可减少著作权人因犯罪人的网络侵害行为而带来的可得利益的进一步丧失。同时，其对社会大众的一般预防功能也是不宜抹杀的。诚然，有人可

---

① ［法］卢梭：《社会契约论》，商务印书馆1962年版，第63页。

② 不过有学者认为问题应由诉讼程序机制来解决，而不应在著作权法中任由著作权人可以"以刑逼民"，让侵害人负担过重之刑责。笔者也赞成这种主张。这里只是从侧面说明网络著作权刑事保护的一个附带效应而已。

能质疑著作权犯罪作为法定犯,其社会规范与法律规范存在落差,所以人们在实施行为时往往不会主动去遵守法律规范。但是基于法律的权威性,对于法治意识较高的民众,法律的形式有促成人们主动守法的功能,换言之,即便人们并不认同著作权刑法所体现的价值追求,或者认为刑法的规制不完全恰当或处罚稍重,但基于对刑法严厉性的畏惧,相当一部分人仍会选择守法。一旦有人守法,其他人受其感染而效仿,进而就可重塑人们的价值观念,使之与法律标准相吻合,间接地也就会促成保护著作权法益目的的实现。因此,在网络著作权观念淡薄、网络盗版泛滥的当下,借由刑法的途径来为弱化的道德重新筑牢底线,有利于培养文化开放与共享、尊重他人权利、合理使用网络作品的意识,从而从根本上遏制网络著作权犯罪。

(四) 实现网络空间利益平衡,促进网络产业良性发展

网络著作权保护需要兼顾著作权利人、社会公众与网络服务者三方的利益,或者说只有在三方之间构建一种和谐平衡状态的网络著作权制度才具有正当性。而借助最严厉的刑事手段打击网络盗版行为,包括追究作为网络盗版帮凶的网络服务业者的刑事责任,首先无疑可以实现网络空间的利益平衡,一方面通过刑法对网络盗版行为所表现出的强烈否定评价立场,激发、催生著作权人更多的创意,与此同时,则通过网络平台空间的传播,也让大众能够享受更多丰富的作品,彰显互联网的精神与自由。其次,也可以促进网络产业本身的良性发展。信息网络产业是新兴产业和知识经济的重要载体,促进信息网络产业健康发展是实施我国创新发展战略的重要方面。网络服务提供者对于促进信息网络技术创新和商业模式发展具有极其重要的作用。[①] 然而由于当前的互联网并不是一个诚信、有保障的信息平台,网络服务商的素质良莠不齐,以至于一些唯利是图的网络服务提供者不顾行业准则,利用盗版链接客观上为大量分散用户的网络浏览、传播侵权作品行为提供便利条件。这不仅污染了网络风气,也使那些依靠引进正版而生存的网络服务商遭受了经济上的重创。为了营造健康的行业环境,制止不正当的竞争,实际上那些自觉抵制盗版的网络服务商已经开始行动起来,集体向网络盗版服务商宣战。刑法利剑的出鞘,显然能

---

① 《加强网络环境下著作权保护 促进信息网络产业健康发展》,参见 http://legal.people.com.cn/n/2012/1226/c42510-20025670.html。

够为规范互联网行业助力。

三 网络著作权刑事保护妥当性的经济分析

论证网络著作权刑事保护的必要性只是使网络著作权侵害行为的犯罪化具备了可能，但如何使用刑罚手段也是一个值得探讨的话题。因为刑法本身也是一种恶，其实现法益保护的目的是通过给犯罪人的利益造成损害来实现的。而且刑法并非一本万利，运用刑法遏制侵犯法益的行为需要耗费大量的社会资源。而社会资源的稀缺性决定了社会在一定时期内可供支配的资源总量是固定的，刑法方面所占资源过多必然会对社会其他领域所占资源产生排挤效应，影响社会其他领域正常活动的开展。[①] 故以刑法作为国家追求特定社会目的的工具时，必然是最后一种不得已的选择。由此网络著作权的刑事保护在必要性之外还需考虑妥当性问题。正如"杀鸡焉用牛刀"一样，如果刑事保护手段对于网络著作权的保护而言是"牛刀"，则其应该被弃用；相反，如果网络著作权的刑事保护仍被维持在适度的范围内，那就应当承认它的正当性。

综观世界立法，显然各国基本都对网络著作权犯罪与侵权做了一定的界分，并对犯罪依其不同类型、不同危害程度适用轻重有别、性质不同的刑罚，由此表明刑法介入网络著作权的保护总体上是有限度的。那么这一"度"是否恰当呢？我们可以借用经济学上的成本收益分析方法进一步展开分析。

（一）法律经济学上的犯罪成本收益方法

经济学上首先假定行为主体都是理性的经济人，在他们看来，经济人为了追求自我利益最大化，就需要计算怎样的行动才能最为有效。[②] 用这一原理来解释犯罪，则犯罪人基于趋利避害的本能，总是预先对犯罪的成本和收益进行衡量，只有在犯罪收益大于犯罪成本时才会选择实施犯罪。

其中犯罪收益，主要指犯罪人通过犯罪活动而得到的利益。犯罪成本则由三部分构成：首先是犯罪的直接成本，即为犯罪而实际开支付出

---

① 郑丽萍：《犯罪化和非犯罪化并趋——中国刑法现代化的应然趋势》，《中国刑事法杂志》2011年第11期。

② ［英］亚当·斯密：《国民财富的性质与原因的研究》（上卷），商务印书馆1972年版，第13—14页。

的费用等;其次是犯罪的机会成本,即由于犯罪人把一部分时间用于犯罪,那么通过合法活动谋利的时间就会减少,由此放弃的经济收益即为犯罪的机会成本;最后是犯罪的惩罚成本,即犯罪被司法机关惩处对犯罪分子可能造成的影响,通常犯罪分子都会考虑犯罪后被定罪的可能性和处罚的轻重程度,所以惩罚成本实际应是法定的处罚成本和预期被处罚概率的乘积。

(二) 网络著作权犯罪的成本收益分析

对网络著作权犯罪人而言,借助信息化时代复制技术和传播技术的突飞猛进,其犯罪的直接成本几乎为零;而犯罪的机会成本因时间短暂,可忽略不计;而惩罚成本呢?实践中,由于网络盗版可能造成某地区经济繁荣的假象,网络盗版人数众多、行为手段隐蔽、司法机关查处困难,加之我国传统著作权观念的影响,对盗版者的社会谴责和对经济实力相对雄厚的被盗版者的司法同情相对较少,网络盗版犯罪被刑罚惩罚的概率是非常低下的。同时,由于司法的障碍和程序的复杂,惩罚的确定性往往也很难确保。当然,或许被追究了刑责的网络盗版者面临较高的惩罚成本,但是只要有犯罪分子能够逃脱刑罚的制裁,那么唯利是图的经济人仍然有经济动力去实施违法行为,因为他理性决策的依据不是简单的法定处罚成本大于违法所得,而是法定处罚成本与被查获概率的乘积与违法所得大小比较的结果。因而总体上看,惩罚的成本是不高的。反之,网络盗版者通过犯罪活动而得到的利益却是巨大的。尤其是经济上的利益,如盗版软件的利润可高达900%,甚至比贩毒的利润还要高出9倍;一部影视作品的投入可能上亿,而盗版者在几天之内就可以坐享收益。此外,盗版者还可能获得心理上的满足、扭曲的价值认同等其他收益。可见,网络盗版犯罪的经济根源就在于低廉的犯罪成本和巨大的犯罪收益。

因此从根本上减少网络盗版犯罪行为,必须提高犯罪的成本。而犯罪的直接成本在网络环境下只会越来越小,如前所述,采用民事手段予以经济赔偿只能在一定程度内增加犯罪的成本,相对于犯罪的巨大收益而言这只是微乎其微,所以只有刑罚这一严厉的制裁措施才能大幅增加犯罪的成本从而遏制犯罪人的盗版念头。正如波斯纳指出:刑事处罚或损害赔偿是强制违法者支付一个与违法行为的机会成本相对应的价格,刑罚严酷性或者赔偿责任的增加,都会提高犯罪的价格,从而减少其发生。这将迫使行为人选择其他的活动来取代犯罪。① 在民事责任增加的犯罪成本有限以致网络盗版打击不力的情况下,适当提高刑罚的成本,特别是提高犯罪的被追究率,确保刑罚惩罚的及时性是非常必要的,它可以促使行为人为了自身利益的最大化理性地选择尊重著作权。

---

① [美]波斯纳:《法律的经济分析》,利特尔·布朗图书公司1986年英文版,第3页。

第三章

网络环境下域外著作权刑事保护的比较法考察

第一节 国际社会对网络著作权刑事保护的应对

一 "因特网条约"的诞生

由 TRIPs 协定签署开始，刑事惩罚就被要求至少适用于具有商业规模而故意的侵害著作权案件。然而之后不久，面对网络数字技术带来的著作权保护新问题，许多学者大声疾呼："著作权法已经完全过时了，它是古登堡时代的产物。由于目前的著作权保护完全是个被动的过程，因此我们在修正著作权法之前，得先把它完全颠覆。"[①] 因此从 20 世纪中期开始，有关数字化版权的相关问题即被提上了议事日程。不仅各国国内如是，国际上也迅速做出了反应。而且由于这一变革过于激烈，一些国家担心在国内遭到反对，所以对于国际上的立法进程更为热心，试图通过推动国际立法带动国内法的修改。1996 年 12 月，世界知识产权组织（以下简称 WIPO）在日内瓦召开了版权和邻接权若干问题的外交会议，150 多个国家及各界代表经过激烈的争论和磋商，达成了《世界知识产权组织版权条约》（WIPO Copyright Treaty，简称"数字版权条约"或 WCT）和《世界知识产权组织表演和录音制品条约》（WIPO Performances and Phonograms Treaty，简称"录音制品条约"或 WPPT）。由于这两个条约是为了在数字信息技术领域，特别是互联网领域更充分地保护版权人和表演者、录音制作者的权利，开启了网络著作权保护的先河，所以这两个条约被统称为"因特网条约"。

[①] [美] 尼葛洛庞帝：《数字化生存》，胡泳等译，海南出版社1997年版，第75页。

二 "因特网条约"的主要内容

(一) WCT 中与网络著作权相关的内容[①]

1. 关于保护客体

根据条约,版权保护的客体主要包括两个方面:一是计算机程序;二是数据汇编(数据库)。

2. 关于向公众传播权

WCT 第 8 条规定:"在不损害《伯尔尼公约》第 11 条第(1)款第(ii)目、第 11 条之二第(1)款第(i)和第(ii)目、第 11 条之三第(1)款第(ii)目、第 14 条第(1)款第(ii)目和第 14 条之二第(1)款的规定的情况下,文学和艺术作品的作者应享有专有权,以授权将其作品以有线或无线方式向公众传播,包括将其作品向公众提供,使公众中的成员在其个人选定的地点和时间可获得这些作品。"由于公约第 6 条同时还规定了发行权,所以公约对这里的传播权实际上采取所谓的"伞形解决方案",即这种权利究竟是立法中的发行权、传播权还是立法所创设的新权利,留给各缔约国自行解决,各国的解决方案都可以为这把"伞"所包容。[②] 这实际上就将传统著作权及邻接权保护原则延伸至了数字环境。

3. 关于技术措施的义务

WCT 要求缔约各方应规定适当的法律保护和有效的法律补救办法,制止规避由作者为行使本条约所规定的权利而使用的、对就其作品进行未经该有关作者许可或未由法律准许的行为加以约束的有效技术措施。

4. 关于权利管理信息的义务

权利管理信息是指识别作品、作品的作者、对作品拥有任何权利的所有人的信息,或有关作品使用的条款和条件的信息,和代表此种信息的任何数字或代码。WCT 要求对权利管理信息也加以保护,对于任何人故意未经许可去除或改变任何权利管理的电子信息,或者未经许可发行、为发行目的进口、广播或向公众传播明知已被未经许可去除或改变权利管理电子信息的作品或作品的复制品的行为,规定缔约各方应采取适当和有效的

---

① WCT 详细文本可参见 http://www.wipo.int/wipolex/zh/details.jsp?id=12740。
② 王迁:《网络环境中的著作权保护研究》,法律出版社 2011 年版,第 78 页。

法律补救办法。

（二）WPPT 中与网络著作权相关的内容①

WPPT 中亦赋予了表演者和录音制品制作者一种包容各类传播的新专有权，即其可以授权通过有线或无线的方式向公众提供其以录音制品录制的表演或录音制品，使该表演或录音制品可为公众中的成员在其个人选定的时间获得。

另外，WPPT 第 18 条、第 19 条还规定了与《WIPO 版权条约》相一致的保护"技术措施"和"权利管理信息"的义务。

由以上"因特网条约"的主要内容可见，它明确了在网络环境下著作权的一些基本概念，赋予了相关权利人的专有权，如将传统著作权及邻接权保护原则延伸至了数字网络环境，确立了向公众传播权，同时将技术措施保护和权利管理信息保护规定为缔约方的义务，这就为适用刑法禁止网络侵犯著作权的行为提供了先决条件。

三 "因特网条约"与网络著作权的刑事保护

（一）"因特网条约"与网络著作权的保护程度

"因特网条约"对于网络著作权保护的最大贡献就在于强化了保护权利的程度。无论是在权利行使条款中，还是在技术措施义务和权利管理信息义务条款中，皆要求国内法对于该权利的保护程度达到有效的程度。如 WCT 在第 14 条"关于权利行使的条款"中规定："（1）缔约各方承诺根据其法律制度采取必要措施，以确保本条约的适用。（2）缔约各方应确保依照其法律可以提供执法程序，以便能采取制止对本条约所涵盖权利的任何侵犯行为的有效行动，包括防止侵权的快速补救和为遏制进一步侵权的补救。"换言之，即缔约各方采取何种方式保护条约所欲保护的权利，其出发点在于要确保该权利不受侵害，为此便可用尽一切手段，刑事手段自然也可包括其中。虽然此有效性的标准仍较为模糊，为缔约方贯彻执行条约义务留下了相当大的自由空间，各缔约方可依符合自己利益的方式解释和实施条约，但其足以表明国际社会对于网络著作权的保护态度较之过去更为积极。

（二）网络著作权的刑事保护非"因特网条约"的强制义务

然而"因特网条约"并未明确规定使用刑法禁止严重侵犯著作权的

---

① WPPT 详细文本可参见 http：//www.wipo.int/wipolex/zh/details.jsp? id = 12743。

行为。从条约中可以看出缔约各国虽有义务采取必要措施或有效行动来确保条约适用，但这种措施并不一定是刑法，条约中也更多地使用了"侵权"字眼。不仅如此，有些学者还认为，"权利行使条款"中的权利，只适用于 WCT 或《伯尔尼公约》授予作者的实质性权利，而 WCT11 条的技术措施义务、12 条的权利管理信息义务并非是作者的实质性权利，所以它们通过这两条自身的规定行使。[①] 总体上看，"因特网条约"对于其所独创的向公众传播权是否采用刑事手段保护采取了一种开放的态度，但其后各国的实践纷纷表明，刑事手段在网络著作权的保护上备受各缔约国的青睐。

第二节 域外主要国家或地区网络著作权刑事保护的立法调整

为了使法律跟上技术前进的步伐，同时为了回应 WIPO "因特网条约"的有关要求，一些国家和地区掀起了修法热潮，而著作权人为了不坐以待毙，也加入到游说立法的大军之中，从而使网络著作权的立法如雨后春笋般涌现，其刑事保护的范围和程度也不断加大。

一 美国网络著作权刑事保护的立法演进

(一)《知识产权和国家信息基础设施》（通称"白皮书"）

作为世界上网络最发达的国家，美国在网络环境下对著作权的重视是首屈一指的。早在"因特网条约"出台之前的 1995 年，克林顿政府下属的知识产权工作组，就公布了名为《知识产权和国家信息基础设施》的报告（以下简称"白皮书"）。

"白皮书"的主要内容包括：一是建议扩大发行权的范围，认为数字环境下的信息传输，即将作品从某一终端通过网络以数字信息形式发往另一终端，构成发行，发行权是版权人的专有权，由此需要厘清复制权和发行权的关系。二是扩张"传播"的含义，建议对现行法下的"传播"定义进行修订，使其既包括对复制物的传播，也包括对作品复制的传播，因

[①] 贺志军：《我国著作权刑法保护问题研究》，中国人民公安大学出版社 2011 年版，第 201 页。

此在网络空间可能同时出现传播和复制问题，获得复制权的人并不表示他就获得了在网络上对该作品的传播权。三是规定使用作品的豁免。包括非营利性组织提供盲文版、大字版、声音版或其他版本的豁免，以及图书馆3份以内备份数字信号的复制豁免。四是详细论述了保护技术措施和版权管理信息与版权保护的关系，并建议增设专门的规定。

"白皮书"虽不直接涉及刑事责任的条款，但其中明确指出："将版权作品置于计算机的内存中是对该作品的复制"，[①] 也就是肯定附带于对作品的其他合法用途，如打开窗口浏览，并不导致形成永久性复制件的"临时复制"行为也是一种"复制"行为。这一观点对于网络终端用户非营利性地使用作品行为的定性处罚问题影响极大，所以从一开始就以其激进性而广受争议。也正是在这一背景下，美国政府暂时放下了国内立法，转而推动国际条约，而在"因特网条约"通过之后，作为对"因特网条约"和国内产业强大版权保护渴望的回应[②]，其国内的立法修改也不断被推进。

（二）《禁止电子盗窃法》

首先出台的是1997年的《禁止电子盗窃法》（以下简称NET法）。该法案的提出最早源于前述La Macchia案，由于根据传统著作权刑法，该案被告并不具有特殊之"意图商业盈利"的目的，所以检方仅能迂回地以"与不特定第三人共谋违反电信欺诈法"起诉。而法院认为，电信欺诈法并非处罚该类著作权侵害的适当条文，这一问题应当由立法来解决，所以如何弥补立法漏洞就成为人们关注的议题。该次修法针对不具有直接经济上动机或不基于个人利益之侵权人，扩张了经济上利益之定义，及于"收受或意图收受有价值之物，包括其他著作物"，并在原先的美国联邦法典第17编第506条第（a）项第2款中增设不以营利意图为要件的著作权犯罪类型。根据第506条第（a）项第2款规定，以获得商业利益或个人财产利益为目的故意侵犯他人版权，在180天期间内，以电子或其他方式复制或发行一项以上他人已取得版权的作品，零售价值达到1000美元的，即构成犯罪应负刑事责任，应处1年监禁、10万美元罚款或并

[①] Information Infrastructure Task Force, Intellectual Property and the National Information Infrastructure (the Report of The Working Group on Intellectual Property Rights), p. 65 (1995).

[②] David Nimmer, Appreciating Legislative History: The Sweet and Sour Spots of the DMCA's Commentary, 23 *Cardozo. Rev.* 909, 2002.

罚；如涉及 10 项以上版权作品，零售价值达到 2500 美元，则最高处 5 年监禁或 25 万美元罚款或并罚，累犯可判 10 年监禁。此外，该法还要求美国量刑委员会修改量刑指南，以有效遏制网络上的著作权犯罪行为。

可见，NET 法完全冲破原有版权保护刑事制裁仅针对商业动机行为的束缚，取消了定罪门槛上的盈利目的要求，史无前例地将数字版权刑事保护推向了一个未知的敏感领域——私人使用，使大量的个人用户背负了刑事制裁的风险，极大地扩展了刑事制裁的范围。①

（三）《数字千年版权法》

时隔不到一年的 1998 年 9 月 28 日，美国又通过了《数字千年版权法》（以下简称 DMCA）。这部法律旨在落实因特网条约的有关规定，因此它为美国"在数字化的世界里提供了著作权保护的支柱"。② DMCA 法案共分为五编：第 1 编"世界知识产权组织条约的施行"；第 2 编"线上著作权侵害责任的限制"；第 3 编"维护或修理计算机的著作权责任的免除"；第 4 编"综合条文"以及第 5 编"特殊种类原创设计的保护"。其中与网络著作权刑事保护相关的内容主要涉及第 1 编与第 2 编，具体内容主要包括：

1. 规避技术保护措施的刑事责任

DMCA 第 103 条针对破坏他人为保护著作权而设置的科技保护措施的行为做了规定，其后纳入《美国法典》第 17 篇。根据规定，只要是破坏可以控制获取著作的渠道或者复制作品的技术保护措施的行为都在禁止之列。此外任何人均不得制造、进口、交易或向大众提供可供规避有效控制著作权的技术保护措施的技术、产品、服务、装置、组件或零件。换言之，由 DMCA 开始，著作权的法律保护不仅及于著作权本身，也及于尚未破坏著作权而仅破坏技术措施的行为。法律进一步规定，凡是故意违反规定的侵权行为，行为人出于获取商业利益或私利的目的时，所应负担的刑事责任，即一般大众出于故意，为获取私利或商业利益而违反规定者，法院可以科以侵权行为人的刑事处罚包括：第一次侵害时，科以美金 50

---

① 参见王晨《评美国近期关于数字版权侵权的刑事制裁立法》，《法学论坛》2001 年第 1 期。

② See Matthew Amedeo, Shifting the Burden: the Unconstitutionality of Section 512 (h) of the Digital Millennium Copyright Act and its Impact on Internet Service Providers, 11 *CommLaw Conspectus* 311 (2003), p. 314.

万元以下之罚金，或科，或并科 5 年以下有期徒刑。若属再犯，则可科以美金 100 万元以下之罚金，或科，或并科 10 年以下有期徒刑。其追诉期间则规定为 5 年。

不过，也并不是所有规避著作权技术保护措施的行为都被禁止，以下七种行为依据法条的明文规定属于可以免责的例外：①非营利性图书馆、档案保存处及教育机构的免责；②法律执行与情报搜集的免责；③还原工程的免责；④加密研究的免责；⑤保护未成年人的免责；⑥隐私权保护的免责；⑦安全性测试的免责。

2. 破坏权利管理信息的刑事责任

DMCA 第 103 条也为破坏他人用以表明作品与作者身份的著作权权利管理信息的行为设置了类似于规避技术措施行为的惩处规定。条文明确禁止任何人明知以及故意地引诱、促使、促进或隐藏侵害事实，或散布或为散布而引进错误的著作权管理信息；故意移除或修改任何著作权权利管理信息，或散布或为散布而引进已知在未经著作权人授权下被移除或修改过的著作权权利管理信息，同时明知该行为将引诱、促使、促进或隐藏侵害事实。不过非营利性的图书馆、档案机构、教育机构或公共广播机构违反本条规定，则可以免除刑事责任。

3. 线上著作权侵害责任的限制

DMCA 第 2 编的目的不是为了设定责任，而是为"网络服务提供商根据现行法律原则承担法律责任"提供抗辩理由。它借由对于第 512 条的修正，规定了若有人经由 ISP 业者所提供的线路侵害他人著作权时 ISP 业者的责任范围，确立了所谓的"避风港规定"，对符合所列举的四种特定情形的 ISP 给予责任的限制，这四种情形包括：

（1）暂时性数字化网络传输，即 ISP 所控制或操作的系统传输、发送、提供连接用，或者因为在传输、发送或提供连接过程时，有暂时储存著作的动作，只要符合下列要件，就可以免责：一是著作的传输不是由 ISP 进行；二是传送、发送、连接或储存等程序都是利用自动化技术的程序来进行，没有经过 ISP 筛选；三是传输内容的接收者不是由 ISP 所决定；四是暂存时，除了预期的接收者以外的人不能取得该备份；系统内的著作备份存留时间不能超过传输、发送或提供连接时所需合理的时间；通过系统传送的侵权著作的内容未被修改。

（2）系统自动存取，指 ISP 以外的人所置于网络上的信息，如系经由自动化科技程序所做的中介或暂时性储存行为,而其目的系供随后的选取,只要符合下列要件,就可以免责:一是该信息未经任何修改;二是 ISP 业者确实遵守一般公认业界准则,对于该等信息为定期更新;三是对于将信息建置于网络上的人所设置,符合一定要求的使用该信息的回报技术未加干预;四是 ISP 业者必须依据将信息建置于网络上的人所设的条件(例如密码)限制使用者接触该信息;五是任何未经著作权利人授权而被建置于网络上的信息,ISP 业者一旦被通知删除或阻绝该信息,或已被命令删除或阻绝时,立即将该信息删除或阻绝。

(3) 原使用人要求下的信息存取于系统或网络,意即当侵害版权的信息是使用人置于系统或网络上,则 ISP 业者只要符合下列条件就可以免责:一是 ISP 业者不了解该项信息或使用该信息的活动系侵害著作权,或于知悉、了解该事实后立即采取行动删除或使无法接触该项资料;二是当 ISP 业者对于侵害行为有权且有能力控制时,必须没有由该侵害行为直接获有经济上利益;三是当 ISP 业者接获侵权通知后,立即采取行动删除或阻绝接触该项资料。为了解决这一情形下 ISP 的责任问题,还确立了一套"通知—删除"程序,要求 ISP 业者在接获侵权通知后应将侵权通知转告使用人,如使用人为相反的通知者,ISP 业者应转告著作权人。在著作权人接获该相反的通知而未于 10—14 个工作日内向法院提起侵害著作权的诉者,ISP 业者应回复原先删除或使之无法接触的资料。

(4) 信息搜寻工具,这是为了解决提供网络链接、在线指南或搜索引擎等服务的 ISP 责任问题而设置的免责事由。根据规定,凡是因为提供前述功能而将使用者连接至含有侵害著作权的网页时,ISP 业者只要符合下列要件,就可以免责:一是 ISP 业者不知道或不了解该项信息系侵害著作权;二是当 ISP 业者对于侵害行为有权且有能力控制时,必须没有由该侵害行为直接获有经济上利益;三是当 ISP 业者接获侵权通知后,立即采取行动删除或阻绝接触该项资料。

由此可见,DMCA 一方面增加了对技术措施的刑事保护从而强化了数字技术环境下版权人对版权的保护,但另一方面制定了网络服务商对其平台上第三方版权侵权之责任豁免的"避风港"规则,这些安全港设立的立法用意显然是希望能借此让因特网服务提供商产生更高的积极性与著作权人配合，共同扫除网络中的侵权物。① 不过相对于版权产业，互联网经营者可能更乐见 DMCA 的通过和实施。②

（四）美国网络著作权刑事法律的继续发展

21 世纪以来，美国对于网络著作权的刑事保护继续向前发展，但再没有像"白皮书"、NET 法和 DMCA 法那样产生深远影响的法案出台。故在此择其要者简单阐述：

1. 《规范对等网络法案》

该法于 2002 年 6 月 25 日通过，旨在保护对等传输中享有版权的作品，同时对传输者的责任进行限制。所谓对等网络，也就是以 P2P 技术为基础的网络。该法案的内容具体包括：一是赋予对等网络传输的作品权利人采取相应措施，以中止、干扰、改变或者以别的方式规避在某一公众可接触的对等网络上未经授权发行、展示、表演或者复制其受保护作品的权利；二是对版权人在对等网络上采取规避措施进行限制；三是明确了版权人在对等网络中采取相应措施的程序性要求；四是明确了对等网络上的虚拟文件传输者享有的权利，其可以通过发表权利声明对抗版权所有人，并有权采取司法措施维护自己的权益。

2. 《家庭娱乐与版权法案》

该法于 2005 年 4 月 27 日通过，其主要内容就是要求以刑事制裁手段保护版权。该法并非是专门规范信息网络传播权的法案，但由于通过网络将预览影片置于 P2P 软件划定的"共享区"供他人免费下载的现象增多，而本法又主要针对电影作品尤其是预览影片的传播，因此它的某些条款也成为规范信息网络传播行为的重要内容。③

该法明确规定以刑事处罚应对擅自在网络上传播预览影片。对于未经授权而故意使用或者试图使用视听录制设备传输（包括网络传输）或者录制受版权保护的影视作品的任何人，将处以 3 年以下监禁、罚金或者两者并处；对于再犯者，将处以 6 年以下监禁、罚金或者两者并处。对于被指控故意使用或试图使用录制设备传输或者录制受版权保护的影视作品的人，可以没收或者销毁用于传输或录制的设备以及非法录制的影片复制

---

① 冯晓青：《因特网服务提供商著作权侵权责任限制研究——美国〈数字千年著作权法〉评析》，《河北法学》2001 年第 6 期。

② 管育鹰：《美国 DMCA 后网络版权保护立法尝试》，《中国版权》2014 年第 1 期。

③ 梅术文：《信息网络传播权的法律规制与制度完善》，《时代法学》2007 年第 2 期。

品。另外，该法明确规定在私人场合采取措施规避某些网络传播作品的合法性，即私人家庭中的成员为家庭观赏而播放合法制作的影视作品时，遮蔽其中的一部分视频或音频内容，以及制作或提供用于实现此种遮蔽功能的计算机程序或者其他技术的，只要没有利用这种计算机程序或者其他技术制作被遮蔽影视作品的复制品，就不构成侵权，也就无须承担刑事责任。

3. 《2008 年资源和机构为知识产权优先法》

该法于 2008 年 9 月 26 日通过，它是美国知识产权刑事法律演变和发展的最高成就，这一法案再次体现了美国保护工商业知识产权的坚定决心。该法案强化了著作权法的刑罚措施，其最具特色之处是建立了一种新的、统一的可作为产品假冒和盗版违法或者犯罪的民事或刑事制裁措施的罚款（罚金）和赔偿的法律制度。该法在刑罚结构方面的特色有两点：一是废除了《美国法典》第 17 篇第 509 章原来关于著作权侵权适用罚款和没收的原则规定，重新制定了关于民事赔偿和刑事罚金的详细规定。在适用民事赔偿和刑事罚金两种情况下，赔偿或罚金不但适用于假冒产品和所有用于实施犯罪的物品，而且还适用于作为或者来源于通过任何刑事或者民事违法行为直接或间接获得收益的财产。二是该法还规定，被定罪的罪犯作为财产犯罪人，必须向犯罪的所有受害人支付赔偿；此外，所有的知识产权犯罪人包括实施《经济间谍法》中规定的未经授权录制电影的犯罪人，必须向被害人支付足额的赔偿。[①]

此外，2005 年的《数字媒体消费者权利法》规定如果消费者不是以侵犯著作权为目的而绕过著作权保护技术，则不应受到禁止，另外在不侵犯著作权的前提下使用的硬件及软件的开发与发布应视为合法。2009 年《数字消费者知情权法》要求对数字内容设有技术措施的生产者和发行者在销售之前向购买者披露技术措施的性质和有关情况，也都在一定程度上可能影响网络著作权犯罪主客观要件的认定。

（五）未获通过的《禁止网络盗版法案》（以下简称 SOPA）和《保护知识产权法案》（以下简称 PIPA）

DMCA 中的"避风港"条款，造就了互联网行业的蒸蒸日上。如今，这个产业已经逐渐壮大甚至已经成为国家的支柱产业，似乎已经没有借口

[①] 赵赤：《知识产权刑事保护法专论》，中国检察出版社 2011 年版，第 134—135 页。

来说服传统版权人继续让"避风港"为网络服务提供商提供庇护。① 由此传统版权产业和新兴互联网产业矛盾激化的产物，就是 SOPA 和 PIPA 法案的提出。

PIPA 法案于 2011 年 5 月 12 日提出，目的是赋予美国政府和知识产权人更多的法律手段来干预"专门发布侵犯知识产权内容或者虚假内容的非法网站"，特别是那些"域外注册及运营之流氓网站"，以"消除在线盗取知识产权的经济激励"。具体措施包括要求美国国内的互联网服务经营者阻断流氓网站或网页接入互联网，如要求搜索引擎、博客网站、数据目录等将被拉黑的网址清单从自己的网站移除，网上广告等提供帮助服务的经营者也有义务移除这些流氓网站的账户。由于 PIPA 与 SOPA 核心思想基本一致，基本可为随后的 SOPA 法案所涵盖，所以这里重点介绍 SOPA。

SOPA 立法案于 2011 年 10 月 26 日由美国众议院司法委员会主席 Lamar S. Smith 联同 12 位支持者共同提出，其内容主要包括：首先，试图建立一个网络黑名单，限制美国国民访问网络的能力。SOPA 议案提出了一个新概念——"旨在窃取美国知识财产的网站"，具体包括：（1）该网站的全部或一部分是链接至美国的网站或是美国境内用户所使用的网站；（2）该网站的设立主要目的是为了进行、促成或是协助版权侵权、规避防盗版技术措施或是贩卖仿冒品等行为；（3）该网站经营者知道其用户的使用目的显然有侵害他人版权或规避防盗版技术措施之嫌，却迄今未曾也未打算对可能的违法行为进行任何审查，或甚至明示诱导其用户进行版权侵权或是规避防盗版技术措施等违法行为，或提供明确的措施协助以促成侵权的。由于该定义范围过宽，"网站的一部分以促进知识产权侵权为目的"也足以将依赖用户提供内容的网站涵盖进去，② 而一旦被认定为是"旨在窃取美国知识财产的网站"，则权利人可要求网络支付服务提供者与网络广告服务提供者拒绝为该网站提供服务，这将使该网站的运营难以为继。同时法案还要求域名服务器提供者停止解析国外侵权网站的域名，以使美国公众无法登录这些网站。其次，SOPA 法案给网络服务商强加了

---

① 左玉茹:《昙花一现的 SOPA》,《电子知识产权》2013 年 Z1 期。
② Tamlin H. Bason, Right Holders and Lawmakers Spar with Google, Tech Industry over House's SOPA Bill, *Patent, Trademark & Copyright Journal*, Vol. 83, No. 2040, p. 71.

沉重的监管义务,有可能极大地限制网络的发展。DMCA 没有赋予网络服务提供商监控网络盗版的义务,而且除网络服务商明知或者应当知道其网站上的内容是侵权的情况外,网络服务提供商只需根据版权人发出的通知在限定时间内删除其系统中的侵权内容。然而 SOPA 议案给网络服务商上了"紧箍咒",因为一旦被认定为版权侵权,权利人可以要求美国司法部发出法庭禁止令,禁止美国的网络广告公司、电子支付公司和搜索引擎,停止与侵权网站的交易,这意味着网络服务商的财路将被切断,因此这些网站必须积极对用户上传的内容进行监控并鉴别出侵权内容,而不能再依靠权利人的侵权通知。故而 SOPA 议案变相为网络服务提供商设定了监控义务。[①] 公众的言论自由因此而被置于网络的密切监控之下,而搜索引擎也有义务配合政府将相关链接排除在搜索结果之外,故还有可能泄露众多用户的个人信息。但若网络服务商不履行这种义务,却又可能被检察官启动刑事程序。可见,SOPA 会使保障网络产业在过去十年繁荣发展的"避风港"成为摆设,进而还会危及公众言论自由权的实现和隐私权的保护。再次,根据 SOPA 中的"针对知识产权盗窃的额外执法措施"条款,网络盗版的刑事执法措施也被大大加强。如在同等条件下,通过流媒体技术在网络上公开播放版权作品也需受到刑事制裁。[②] 又如,SOPA 将在网络上向公众传播"待商业发行的作品"也认定为犯罪,无侵权数量和侵权数额,这就将那些尚未公开发行的作品也纳入版权保护的作品范围。此外,SOPA 议案进一步加大了对严重犯罪行为的惩罚力度。根据 SOPA 议案第 202 条的规定,故意兜售假冒伪劣商品或服务而造成他人身体受到严重伤害,需处以 500 万美元以下的罚金或任何期限的监禁或终身监禁,或者罚金与监禁并处,这里提高了个人犯罪的罚金最高刑;同时还增加了法人犯此罪的规定,明确其应被处以 1500 万美元以下的罚金;造成他人死亡的则以个人犯罪处罚。

　　网络服务提供商很快意识到 SOPA 的威胁并展开反攻。他们成功将 SOPA 的战火从网络知识产权保护引向言论自由限制和公众隐私权的保护上,给国会施加强大的舆论压力。一些网站如维基百科也行动起来,以关

---

① 王杰:《美国 SOPA 议案评析及其对我国网络知识产权立法的启示》,《知识产权》2012 年第 8 期。

② 流媒体技术是一种专门用于网络多媒体信息传播和处理的新技术,与常规视频媒体之间的不同在于,它能够在网络上实现传播和播放同时进行的实时工作模式。

站来显示反抗的决心。在声势浩大的抗议下，Lamar Smith 不得不宣布暂时撤回 SOPA 提案。当然，SOPA 法案的撤回并不意味着这场战争的结束，Lamar Smith 在宣布暂缓 SOPA 提案时，也同时声明，委员会将继续致力于网络反盗版措施的制定。① 美国在 SOPA 上的任何举动，毫无疑问会影响到其他国家和地区在知识产权与言论自由方面的立法和政策制定。②

二 欧盟国家网络著作权刑事保护的立法回应

（一）欧盟关于协调信息社会中版权和相关权方面的指令

欧盟对版权的保护离不开法律，由欧盟制定的法律通常都是以"指令"（Directive）的面目出现，对其成员国具有强制力。欧盟版权法就是由数个"指令"构成的集合概念。③ 其中涉及网络著作权保护的主要有：

1. 《关于协调信息社会中版权和相关权若干方面的第 2001/29/EC 号指令》④（以下简称《指令》）

为了协调欧盟成员国的网络著作权保护水平，同时也为了回应"因特网条约"，1997 年 12 月欧盟委员会针对信息社会的版权问题，为制定共同体内适用的标准提出了《关于协调信息社会中版权和相关权特定方面指令的建议草案》。其后欧盟委员会针对因特网及私人复制的部分又进行了调整，提出了修改意见。2001 年 5 月 22 日，《指令》由欧盟议会及欧盟委员会正式通过。

《指令》中对复制权、向公众传播权、发行权均予以了肯定并做了重新界定。其中，复制权是指直接地或间接地、临时地或永久地通过任何方法和以任何形式全部或部分复制的专有权。向公众传播权是指作者享有的授权或禁止任何通过有线或无线的方式向公众传播其作品，包括将其作品向公众提供，使公众中的成员在其个人选择的地点和时间可获得这些作品的专有权。这里实际上将"向公众传播"与"向公众提供"做了区分，

---

① 左玉茹：《SOPA：好莱坞与硅谷的战争》，《电子知识产权》2012 年第 2 期。
② ［美］尼克：《SOPA 提案：当知识产权碰上言论自由》，《沪港经济》2012 年第 6 期。
③ 王世洲主编：《关于著作权刑法的世界报告》，中国人民公安大学出版社 2008 年版，第 113—114 页。
④ 详细译文可参见王迁、［荷］Lucie Guibault《中欧网络版权保护比较研究》，法律出版社 2008 年版，第 155—178 页。

"向公众提供"的排他性权利的创设，使得作者和邻接权人可以成功阻止他人通过互联网实施侵权行为，即如一定数量的权利人要求网络服务提供商披露被控侵权人而遭到拒绝，或者要求服务商终止侵权用户的账户而不被受理，服务商也将承担侵权责任。[1] 而发行权则是作者对其作品原件或复制件享有的授权或禁止通过任何销售或其他方式向公众发行的专有权。为了平衡权利人与使用人的利益，《指令》就复制权和向公众传播权列举了穷尽式的例外和限制。如明确复制的专有权应当受到限制，譬如为了教学举例说明或科研目的而使用，为了批评或评论的目的而引用，为了公共安全目的而使用等均不构成侵权，并允许某些临时性复制行为的例外，即如果这种临时性复制行为是短暂的或偶然的复制，构成技术过程中不可分割的和必要的组成部分，从事此种行为的唯一目的是使第三方之间通过中间服务商能够进行有效的网络传输，也是为了合法使用作品或其他客体，则可以免责。[2] 另外，《指令》还明确服务，特别是在线服务，不存在权利穷竭问题。

特别值得一提的是，《指令》特别指出，在数字环境中，中间服务商会越来越多地被实施侵权活动的第三方所利用。在许多情况下，中间服务商对终止这些侵权活动处于最有利的地位。因此，在不影响可获得的任何其他制裁与救济的情况下，权利人必须能够申请禁止中间服务商在网络上运载第三方的侵犯受保护的作品或其他客体行为的禁令。

虽然欧盟在《指令》中并未明确出台相关侵犯网络著作权犯罪的刑事法律条文，规定侵犯著作权犯罪的犯罪特征和刑罚，但其在《指令》第四章第八条"制裁和救济"中规定"成员国应对侵权和违反本指令义务的行为规定适当的制裁和救济，并采取一切必要措施保证这些制裁和救济的实施。上述制裁应当是有效的、与损害相当和劝阻性的，各成员国最低限度的法律保护义务"。所以，由此欧盟各成员国在实际操作中，为了履行《指令》的要求，不仅应用民事和行政措施保护著作权，同时也在立法中规定对严重侵犯著作权的行为适用刑法禁止的措施和程序。所以

---

[1] 王迁、[荷] Lucie Guibault：《中欧网络版权保护比较研究》，法律出版社2008年版，第17页。

[2] 不过有学者指出如要求必须是合法地使用作品才能依此免责，反而会影响网络的正常运作功能，未能真正地符合网络上的运作生态。参见曹世华《网络知识产权保护中的利益平衡与争议解决机制研究》，合肥工业大学出版社2011年版，第69页。

《指令》在某种程度上成为欧洲各国适应网络信息社会调整其国内著作权刑事立法的风向标。

2. 欧盟议会和欧盟理事会《关于运用刑罚方法保护知识产权的指令》及其发展

鉴于《指令》没有直接制定保护网络著作权的相关刑法条文，而只是规定了成员国最低限度的法律保护义务，而近年来盗版活动肆虐横行，特别是有组织的集团犯罪不断增加，所以欧盟一直也在思考如何更有效地打击盗版。运用刑事手段来增强对版权保护的力度便成为欧盟的选择。2005年7月12日，欧盟议会和理事会通过了《关于用刑罚方法保护知识产权的指令草案》（以下简称2005年《指令》）和《关于加强运用刑法惩治知识产权犯罪的框架决定草案》（以下简称2005年《决定》）。两份法律文件互为补充，为倡议欧盟成员国加强知识产权的刑事执法以打击知识产权犯罪勾画了大致的框架。文件涉及知识产权的刑法保护范围、刑罚种类、刑罚幅度、诉讼程序等问题，不但使欧盟各国相关法律更加统一和严厉，也较好地适应了知识产权案件的特点和司法实践需要。如2005年《决定》第2条规定，当侵权行为是由犯罪组织所为或者这些行为对人的身体和安全构成威胁时，对自然人的处罚为4年以下的监禁；对自然人和法人的刑事罚金和非刑事罚款，对最严重情节以外的犯罪，处以10万欧元以下罚金；对严重情节的犯罪，处以30万欧元以下罚金。

考虑到2005年《指令》和《决定》的密切联系，两份文件的内容经过整合最终被吸收到2006年4月26日欧盟委员会发布的《关于"欧盟议会和欧盟理事会用刑罚保护知识产权的指令"的修正草案》（以下简称2006年《指令》）中。2006年《指令》在欧盟内部及各成员国、其他机构与学者中引起了很大反响，经过反复讨论和征求意见，2007年7月12日，《关于"欧盟议会和欧盟理事会用刑罚保护知识产权的指令"的意见》（以下简称2007年《指令意见》）发布。

2007年《指令意见》涉及盗版犯罪的主要内容：一是呼吁重视该意见，强调通过司法和海关协作以遏制大规模的盗版行为、犯罪组织实施的盗版行为；二是要求成员国应当将具有商业规模的所有故意侵犯知识产权行为及对实际侵权的帮助或教唆和煽动行为，作为刑事犯罪处理。《指令意见》注意到"商业规模""故意"等概念在TRIPs中不够清晰，与刑法的明确性要求相违背，故对此做了界定，"商业规模的侵权"指为取得直接或者间接的经济或者商业优势而实施的对某一知识产权的侵犯行为；正常情形下，私人用户为个人和非商业的目的而实施的行为不包括在内。"故意侵犯知识产权"指为取得商业规模的经济优势目的而对有关权利蓄意和有意识的侵犯。这就使得网络服务商也容易被纳入刑事制裁的范围；三是关于刑罚方面，除了涉及自然人的监禁刑，还可以将其他一些刑罚适用于自然人和法人，包括罚金、没收侵权物品、工具、销毁侵权产品以及涉嫌用于制造侵权产品的货物、永久或者一定时期内全部或者部分地关闭主要用于实施此类罪行的营业机构、永久或者一定时期内禁止从事商业活动等。可见，2007年《指令意见》试图通过有充分威慑力的、可适用于整个共同体的刑罚体系来有效打击知识产权犯罪。当然，具体规定刑罚措施则属于各成员国国内立法的范围。另外《指令意见》还要求，当大规模的盗版行为由犯罪组织实施或严重危害公民的身体健康、安全时，最轻将被处以不少于4年的监禁刑，同时并处最高额至少10万或30万欧元不等的罚金。2007年《指令意见》虽然仍属预备法案，但它却反映了欧盟议会和理事会对待打击盗版犯罪的最新立法动态，无疑会影响今后的相关立法。不过如何形成最终有约束力的指令条文，有赖于欧盟和其成员国知识产权刑事保护上的协调意志与共同立场，以及在欧盟理事会中的政治博弈过程。[①]

（二）德国著作权法的调整

德国并未专门立法规定网络环境中的著作权保护问题，但通过修改著作权法的方式，德国贯彻了欧盟的指令并与国际条约相接轨。

德国适应网络环境对其著作权法的第一次修改是在2003年9月。为了弥补网络时代著作权人网络性权利的缺位，修法引入新的向公众提供权；根据欧盟指令的要求，引入了技术保护措施的概念，新增了一条保护著作权人对作品实施"有效技术保护措施"的规定，明确禁止对技术保护措施的破解及黑客软件的制作和传播，并且规避技术保护措施的法律救济途径包括了刑事制裁，但同时规定仅为个人使用的规避行为则不受刑事制裁；此外，该法案对"个人复制权"进行了进一步的限定，根据该法案，显然属于非法来源的私人复制被明令禁止，如果违法进行复制并用于

[①] 莫洪宪、贺志军：《欧盟〈知识产权刑事措施指令（草案）〉研究》，《政治与法律》2008年第7期，第40页。

营利，要被处以罚金或承担刑事责任，最长刑期可达 5 年。这一法案的出台标志着德国著作权法诞生以来一直处于优先受保护地位的私人复制行为面临严格的界定和管理，从而拉开了其《著作权法》数字化改革的第一步。①

第一阶段修改部分解决了信息社会网络新技术发展给著作权法提出的亟待解决的问题，但其中仍存在一些矛盾和难题。例如，第一阶段修改后的第 53 条第 1 款，限定私人复制的原型应不是明显违法的，这条规定解决了 P2P 网络传播复制问题，但现实中存在很多复制原型合法，但对其非法使用的情况，在这些情况下该条规定就显得黔驴技穷了。② 再如有人指出，德国著作权法中的"私人复制权"与"有效技术保护措施"存在不相容性，即购买光碟的个人有权复制，而同时其复制权又被著作权人合法地剥夺了，并且从表述上看，一个可被人们"通过软件绕开的技术保护系统"就失去了它的有效性，由此也失去了它的法律特殊保护价值。另外《德国刑法典》第 303a 条（"改变数据罪"）能够将新规定的《德国著作权法》第 95a 条所允许的"著作权人对其作品采取的技术保护措施"纳入非法范畴，也就是说对光碟加入防复制技术保护措施的行为已经满足了《德国刑法典》第 303a 条规定的定罪要素，这显然是非常尴尬的。③

2007 年 9 月 21 日，德国参议院宣布通过了信息社会版权制度第二法规》。这一法规的主要内容在于数字形式的（包括通过互联网进行的）非商业的私人复制原则上仍为法律所许可，特别是属于非商业行为的教学与研究所需的数字复制行为将免于处罚；从公共图书馆获得的用于科研的非商业行为的私人复制将会得到许可，但是该副本的形式必须是图片类型；另外将"明显非法制造的原型"扩展为"明显非法制造的或明显非法公开传播的原型"，以将私人复制控制在允许的范围内。除此之外的情形，即在未得到版权人许可或法律允许的情况下，在德国以任何形式复制或传播作品，或规避技术措施等行为均构成犯罪，且不考虑其犯罪情节是否严重，犯罪数额是否较大。而事实上，德国司法部曾提议从立法上明确对显

---

① 参见李冰、文卫华、谷俊明《德国数字版权制度的发展》，《现代出版》2014 年第 1 期，第 79 页。
② 史楠：《德国著作权法修改及实施研究》，中国政法大学 2011 年硕士论文，第 7 页。
③ 参见马琳《德国著作权法中的私人复制与反复制问题》，《法商研究》2004 年第 4 期。

著轻微的侵权行为免除刑事处罚,其中明确涉及 P2P 网络服务,换句话说,典型的学生上传下载的行为不认定为侵权。理由是对显著轻微的侵权案件进行侦查,缺乏实际可操作性,也破坏了人们对著作权的理解,让人无法接受。但这个提议在修正法案的前期就遭致否决。因此,德国不仅禁止上传未授权的版权内容,同时也禁止下载。① 但是该做法也广受质疑,因为在进行网络下载前需用户自行判断该下载文件是否是合法提供的,其如何进行判断,判断的依据是什么,法律缺乏详细规定。不过根据德国立法,可以明确的是,未经授权使用 P2P 网络服务者,必须承担刑事责任。

2009 年 2 月德国联邦司法部开始德国信息社会著作权法修改的第三阶段,就其著作权法的进一步修改完善进行听证,截至 2011 年 10 月已就私人复制限制等问题进行了听证。可见,德国是一个积极应对科技变化、切实履行自己的国际义务和欧盟指令,不断推进国内立法转化以适应时代潮流的国家。

(三) 法国国内法的调整

1992 年法国新《刑法典》颁布时,立法者将法国旧《刑法典》中有关著作权保护的内容,归并到了《知识产权法典》中。此后,法国对于著作权保护的刑法实体性条款,主要由《知识产权法典》予以规定,目前刑法典中主要只涉及对与计算机数据处理系统保护的相关内容,而《知识产权法典》中直接规定了侵犯著作权及相邻权的罪名与刑罚,所以法国对于欧盟指令的转化主要体现在其对知识产权法的修改。但欧盟原本要求各成员国在既定期限内 (2002 年 12 月 22 日) 完成指令转化,而法国立法者试图通过此次修法对著作权制度做重大改革,不限于指令的要求,所以实际上法国未能如期完成任务。但在此期间,法国于 2004 年 3 月 9 日通过了"贝班 2 号"法案②,加重了对盗版犯罪行为的处罚力度,将法定刑主刑的上限标准提高为 3 年有期徒刑和 30 万欧元罚金。这一举措"显示了公共权力对惩治盗版行为的高度重视"。③

2006 年 8 月 11 日法国《信息社会中的著作权与相邻权法》(以下简

---

① 谢焱:《游走于法律边缘的网络著作权——网络资料私人共享在德国的刑事立法和实践》,《中国版权》2012 年第 6 期,第 53 页。

② 该法全称为"2004 年 3 月 9 日关于针对新的犯罪活动修改刑法的第 2004—492 号法律"。

③ 王世洲:《关于著作权刑法的世界报告》,中国人民公安大学出版社 2008 年版,第 189 页。

称"新法")姗姗出台,"新法"对网络环境下的盗版现象给予了高度关注,凸显了法国在该领域理论研究的成熟以及打击网络犯罪的力度。①

首先,对技术保护措施和权利管理信息以刑事手段予以保护。具体而言,"新法"依 WCT 及欧盟《指令》确立了技术保护措施和权利管理电子信息制度。依《知识产权法典》新的第 L131-5 条之规定,"有效的"技术保护措施即指"可阻止或限制未经权利所有人授权而使用其作品之行为的各种技术、设置或要素"。同样,"新法"也增设了权利管理电子信息的规定。为了保护技术措施和权利电子信息,法国创造性地设立了"准盗版"制度,以刑事手段惩罚各种可能损害技术保护措施以及权利电子管理信息的行为。依《知识产权法典》新的第 L335-3 条及第 L335-3-2 条之规定,提供各种有效损害技术措施或权利数码信息之手段的个人,最高可判处 6 个月的监禁及 30000 欧元的罚金。而破坏技术措施或权利数码信息的个人(往往是业余的盗版者)则最多只可判处 3750 欧元的罚金而不会被判处监禁刑。可见,立法者更倾向于重罚那些煽动而非直接犯罪的个人。不过为在著作权人、用户及社会公众之间寻找到利益的平衡点,法律还设有若干刑事免责事由,如损害技术措施之行为是出于信息安全之目的的,不在准盗版的范围之列;同样,因密码学研究需要而损害技术措施的行为亦不属于准盗版的范围之列。另外"新法"额外规定"技术措施不得阻止有效的交互操作",并通过设置技术措施管制委员会这一独立的行政机构来防止技术措施阻碍交互操作。

其次,承认私人复制的权利,但对未经许可或法律不允许的私人复制行为仍采取较为严格的刑事责任立场。从 20 世纪 90 年代起,法国的著作权立法就确立了较为严格的刑事立场,将几乎全部侵权著作权和邻接权的假冒行为都首先视为犯罪行为,尽管其同时也具有民事侵权行为的属性。其时法国知识产权法典所规定的责任制度主要表现在法典的第三卷第三编第五章。此章的标题也是给人印象深刻的"刑事规定"。② 为了解决网络环境下的私人复制问题,"新法"坚持其一贯严格的刑事立场,采纳了宪法委员会的观点,即"P2P 网络信息交流的特性并不能使其成为有别于受

---

① 任军民:《法国信息网络刑事保护对我国有关立法的启示》,《知识产权》2006 年第 5 期。

② 王宏军、穆妍:《论法国著作权法对假冒行为的严格刑事立场》,《当代法学》2006 年第 3 期。

争议之条款所确立之处理方式的理由。这意味着，法国已将 P2P 正式定性为盗版行为"。① 该法案规定为个人目的，未经权利人许可，利用相互交换软件对受著作权或邻接权保护的一项作品、表演、唱片、影像带或节目进行的复制，以及当公共传播是辅助性的并自动来源于上述复制行为时，为非商业目的利用公共网络服务对保护作品和制品实施的传播行为，属于国家认定和制止的刑事违法行为。此外，依《知识产权法典》新的第 L335-2-1 条之规定："以下行为将科处 3 年的监禁刑以及 30 万欧元的罚金：（1）故意编辑明显以诱导公众使用未授权之作品或受保护之对象的软件或将该软件告知或交给公众使用的行为；（2）以广告的形式有意唆使公众使用前款所规定之软件的行为。"换而言之，提供"犯罪实施工具"的个人或机构也应承认责任。不过，"新法"同时将《指令》所唯一规定的强制例外转化为国内法，确立了临时复制的例外。依《知识产权法典》新的第 L122-5 条第 6 项之规定，"如果复制行为系技术手段不可或缺及必要的组成部分，且该复制行为的唯一目的便是合法使用作品"，则著作权人不得禁止"此类具有过渡或附属性质的临时复制"。换而言之，纯技术性的、仅以作品合法流通为目的的复制行为为合法使用。但依"新法"之规定，软件及数据库不在上述合法使用范围之列，此外"新法"还规定了有利于残疾人的例外、版本备案及归档的例外、议会程序例外、教育用途的例外等情形，以在一定范围内控制刑法的实际适用。

另外还值得一提的是，法国明确了对数据库的保护。其《知识产权法典》第 4 编，专门针对"数据库建立者的权利"进行专门规定，该法第 L343-1 条还规定："侵犯数据库建立者权利的行为，处 3 年有期徒刑和 30 万欧元罚金。如果该行为是由犯罪集团实施，可以判处 5 年有期徒刑和 50 万欧元罚金。"

可见，法国在与指令接轨上做了不少努力，但是对于网络盗版的遏制，法国似乎认为局限于指令是不够的，一味依赖刑事手段也未必是明智的，所以法国在此法案之后仍在努力探索新的问题解决途径。2007 年 11 月，音乐产业界提出了一项"三振出局"的法案，获得了以法国总统萨科齐为首的政府的大力支持，并于 2008 年 7 月、2009 年 3 月两次将法案

---

① 张耕、施鹏鹏：《法国著作权法的最新重大改革及评论》，《比较法研究》2008 年第 2 期。

提交至参众两院审阅。但是由于各方的批评，直至2009年5月12日法国众议院才勉强通过了包含"三振出局"法案内容的HADOPI法案。依照该法案，法国政府将成立一个专门机构——网络著作传播与权利保护高级公署（HADOPI），该机构的任务就是对未能对自身网络链接进行有效管理的互联网用户进行预警并实施行政处罚。法案要求互联网用户有责任确保他们的网络链接没有被用于侵犯版权或其他相关权利。一旦版权人认为其权利受到侵犯，应其请求，HADOPI机构就将启动"三振出局"程序的第一步，发出一份邮件至用户进行警告，该邮件将明确载明权利人的请求，建议用户对网络链接进行全面审查。同时用户将被邀在其链接上安装一个过滤器。如果版权权利人、网络服务商或HADOPI机构怀疑出现了重复侵权，则在第一步程序启动后的6个月内，将启动第二步程序，通过一封与第一封邮件内容相似的挂号信对用户进行第二次警告；如果仍不能停止侵权，那么在挂号信收到的随后一年内，第三步程序将被启动，即依据请求网络服务商将会切断网络用户的网络链接服务2个月到1年不等。用户将被列入黑名单并且第三方网络服务商也不能向此用户提供替代的网络链接。用户的侵权行为当然还可以依法国知识产权法典进行追究。

然而仅事隔1个月的2009年6月10日，法国宪法委员会经过慎重决定后正式宣布法案文本的一些重要内容违宪。宪法委员会明确提出："政府对网民断网明显违背法国宪法原则，这其中涉及无罪推定和言论出版原则，而网络准入权也应被等同为'言论出版权'"，"违反宪法的裁决有效防止政府利用手中的权力侵犯公民在上网时的隐私权"。[①] 不过，法国执政当局并未放弃通过该法案的努力，在激烈的论辩之后，2009年7月底，政府将草案更名为《著作权与互联网法》，内容也做了微小的改动之后，再次将法案提交表决。由于这一次虽仍保持对非法下载者实施两次警告，警告无效后予以制裁的办法，但具体的制裁必须由非法下载者诉诸法院，再由法官经过审理来实施第三项措施，即强制断网1年、罚款30万欧元或者处以2年监禁，所以该法案最终通过宪法委员会的合宪性审查，并于2010年1月1日正式生效。

法国的"三振出局"法案对我国台湾地区、韩国、新西兰都产生了不小的影响。但如此的法律构架，在"可能"有效打击数字盗版的同时，

---

① 颜颖颛：《法政府制裁网民被判违宪》，《新京报》2009年6月12日。

在是否对人们既有的权利与法益产生威胁的问题上，无疑还存在着疑问。[①]

三 日本网络著作权刑事保护的立法发展

日本作为全球数字内容产业发展的先行者，其法律紧跟科技发展的步伐。自1989年起，日本就顺应时代发展的需要与著作权人和著作邻接权人加强保护的要求声浪，陆续修正其著作权法，迄今已达二十多次，其修法频率之高，在世界上都是绝无仅有的。其中涉及网络著作权刑事保护的主要有平成十一年（1999年）、平成十六年（2004年）、平成十八年（2006年）、平成二十四年（2012年）、平成二十六年（2014）等几次修法。

（一）1999年修法

这次修法最大的变化就是增设了有关技术保护措施和权利管理信息保护的规定。日本认为技术保护措施的规避和违法复制不同，并非直接的权利侵害行为，因此，对技术保护措施规避行为的规制，主要在于事前防止权利侵害行为。该次修法对技术保护措施共增订了三个条文：第2条第20款规定技术保护措施的定义，即以"电子、磁气或其他人类知觉无法理解之方法（简称为电磁之方法），对第17条第1项规定之著作人格权或著作权或第89条第6项规定之著作邻接权之侵害行为予以防止或抑制之措施"。显然，日本对技术措施的界定不像美国《数字千年著作权法》和欧盟《指令》那样以"有效"为要件。例如以输入序号保护计算机软件时，仅有软件合法复制物所有人可以使用，但如果第三人知道该软件序号，可轻易规避其保护控制，就不能认为这是"有效的"技术保护措施。第30条增订第1项第2款"技术保护措施关于个人合理使用重制之例外规定"，据此，著作于个人或家庭或其他类似范围内使用（即个人使用）时，一般使用者即构成复制，但存在例外，如明知是规避技术保护措施将技术保护措施的讯号除去或改变，但因记录或传输方式的变换而相伴的技术限制所导致的除去或改变者不在此限。而第120条之2则增设了对规避技术措施行为罚则的规定，即"有下列各款情形之一者，处一年以下有期徒刑，或科100万日元以下罚金：（1）将以规避技术保护措施为专门

[①] 宋廷徽：《"三振出局"法案全球化路径之探讨》，《知识产权》2010年第2期。

功能的装置(包括得以容易组装该装置的整套零组件)或计算机程序之复制物,向公众让与或出租,或以向公众让与或出租为目的而制造、进口或持有,或提供公众使用,或将该计算机程序向公众传输或使传输可能化者。(2)应公众之要求而以规避技术保护措施之行为为业者"。

考虑到在进入网络时代前,著作人在著作物上表明著作权的信息,纵然遭更动或窜改,受影响者只是该件特定著作物;但在网络上却可因轻易更动该信息,使利用人难以获得正确的权利信息,进而违法利用著作物以致著作权人权益受到严重损害,因此对于权利管理信息,这次修法同样予以高度关注,不仅定义了权利管理信息,也规定违反权利管理信息的行为视为侵害著作权及其相应的刑事责任。增设的改变权利管理信息等罪的犯罪行为具体包括故意附加虚伪信息作为权利管理信息之行为;故意除去或改变(授予记录或传输方式的变换相伴的技术性制约的情况以及其他依据著作物或表演等的利用目的与态样,被认为不得不为之的情况除外)权利管理信息之行为;以及明知系被采取了前两项之行为的著作物或表演等的复制物仍然颁布,或者以颁布为目的进口或持有,又或者虽知情,仍然向公众传输该著作物或表演等,或使传输可能化之行为。

此外,为配合 WCT 向公众传播权的规定,这次修法重新定义"公开传播"包含有线传播及无线传播,从而将网络交互式传播亦包括在"公开传播"之中。同时新增可进行传播的权利(对公众提供权),增加表演人享有使可被传播之权利,扩及通过网络传播方式向公众提供现场表演在内。

(二) 2004 年与 2006 年修法

这两次关于著作权法的部分修正主要是基于日本近年来因为数字化、网络化所造成著作权侵害规模及范围扩大的现实,立法者认为有必要对严重的侵害行为予以严惩,而且因专利法、商标法等的罚则也比著作权法重,为求得法律规范间的均衡,故通过加重有关犯罪的法定刑而强化了著作权法上相关侵害行为的罚则。主要体现在:据之前的著作权法,侵害著作权、出版权、著作邻接权、侵害著作人、表演者人格权的犯罪等,处 3 年以下惩役或者 300 万日元以下罚金,对规避技术保护措施的行为、以营利为目的改变权利管理信息等行为处 1 年以下惩役或 100 万日元以下罚金。对法定代表人、自然人或者法人的代理人、雇员及其他职员的犯罪行为,实行两罚制,罚金最高处 1 亿日元。而经过 2004 年的修法,侵害著作权、出版权或著作邻接权的，处10年以下惩役或1000万以下罚金或并科；侵害著作人、表演者人格权，或以营利为目的提供自动复制机器等犯罪，处5年以下惩役或者500万日元以下罚金或并科；而规避技术保护措施、以营利为目的改变权利管理信息等犯罪行为，则处3年以下或300万日元以下罚金或并科。显然，这里不仅大大加重了刑罚，还改变了原来"选处"式的立法模式，惩役和罚金可以并科。同时，对法定代表人、自然人或者法人的代理人、雇员及其他职员的犯罪行为，实行两罚制，罚金最高处3亿日元，并且延长了法人犯罪追诉期。

（三）2012年与2014年修法

现代社会的个人复制越来越广泛，有关个人复制的权利限制是否应当进一步加强呢？在2009年以前，作为著作权权利限制的一种，为了个人使用目的的复制行为被排除在著作权的排他权范围之外。这意味着，个人向互联网上传受版权保护的音乐和影像是被法律禁止的，违者将被处以10年以下拘役或1000万日元以下的罚款。但违法下载的横行让立法者意识到有必要进一步规制个人的复制行为，因此2009年著作权法修改时将明知是违法上传的录音录像作品而下载的行为亦规定为非法。但是考虑到规制个人下载行为有可能带来的对互联网利用的阻碍，以及个人违法下载行为违法的轻微性，所以在当时并未对该违法行为规定罚则，即未采取刑事手段来遏制个人的违法下载行为。正是因为刑法的宽容，音乐产业等认为2009年修改并不具备实效性，而这也导致了违法下载的猖獗，故其通过游说极力推进对于个人违法下载行为予以刑事规制。

2012年6月20日，日本新的著作权修订法案通过，将明知是他人违法上传的有偿音乐及电影作品而以个人使用为目的的复制行为也纳入刑罚规制范围，将处2年以下惩役或200万日元以下的罚金，由此引起了日本社会乃至国际社会的广泛关注。日本律师协会立即做出了反对该条款的会长声明。该声明中详细列举了反对理由，包括：（1）社会上对于该种行为的刑事可罚性并未达成共通的认识；（2）欠缺刑罚的均衡性，特别是与违法上传作品相比，个人违法下载作品的违法性较为轻微；（3）除了刑事规制外尚存在其他有效的规制手段，刑罚应谦抑，不应轻易将该种行为刑罚化；（4）自2009年将该种行为视为违法行为还不到两年时间，公众对该种行为违法的意识尚不普及；（5）尚无确切证据证明刑事惩罚能有效抑制违法下载行为。① 另外还有人质疑，最初对著作权法提出修改动议以及政府提交修订案时，都没有涉及对违法下载增设刑罚的内容，但是在著作权法修订案提交众议院后，只用不到一周的时间就在两院强行通过，因此对非法下载给予刑罚是没有经过充分论证就草率加入的内容，有悖立法精神。②

2014年4月，日本再次通过《著作权法修正案》，将出版社对所出版作品的维权范围由纸质书籍扩大到数字出版物，即在出版社与著作权人签订数字出版合同情况下，出版社可以代替作者，要求侵权人停止侵权行为，从而使出版方也能在打击盗版中发挥积极作用。

显然，日本在网络著作权的刑事保护上不遗余力，无论是从刑法保护的范围还是程度方面看，都已经走到了世界前列，甚至不惜牺牲公众享受作品的利益而去着重保护网络著作权人的利益。尤其是2012年日本著作权法修改中违法下载行为刑罚化规定作为强化著作权保护运动的一环，与世界范围内的著作权人单向强保护趋势遥相呼应。③

第三节　域外网络著作权刑事保护立法的比较与启示

一　域外网络著作权刑事保护立法的比较

从以上关于美国、欧盟和日本等网络著作权刑事保护的立法中，我们可以看到几者有不少共同特点，预示着世界范围内网络著作权刑事保护的发展趋势，但也有不少做法不尽相同。因此找出规律，明晰差异，深入反思，将避免我国在网络著作权刑事保护的立法征途上少走弯路。

（一）域外网络著作权刑事保护立法的共性

1. 刑事保护观念与时俱进

回顾历史可知，著作权法的发展历史，与科技的发展密不可分。而步

---

① "有关违法下载刑罚化的著作权法修正的会长声明"，参见 http：//www.nichibenren.or.jp/activity/document/statement/year/2012/120621.html。

② 《日本通过著作权法修订案》，参见 http：//www.chinadaily.com.cn/hqgj/jryw/2012-07-03/content_6337111.html。

③ 张鹏：《2012年日本著作权法修改中违法下载行为刑罚化规定评介》，《中国版权》2013年第2期。

入网络时代，科技的发展更加一日千里，尤其是改变了对传统著作权利用的结构与方式。原本认为私人复制行为较不会对著作权之经济利益造成损害的看法亦不断地在改变当中。① 正是在这种背景下，对网络著作权予以刑事保护的观念不断地被提出、倡导并最终通过立法形式得以固定下来。

在对网络著作权应予以刑事保护这一问题上，各国不约而同地取得了共识，而且似乎刑事保护的范围越广、力度越大就越能遏制网络盗版犯罪，所以在应对新技术发展时，各国的刑事立法反应异常迅速，"先民后刑""以民为主"等传统观念被抛诸脑后，取而代之的是"刑事民事一起上"，甚至"以刑为主"。这一观念的转变反映在立法中，集中体现为各国著作权法的修改基本都在民事责任之外同时确立刑事责任条款，这与著作权法传统观念上只将侵犯著作权的行为作为一般侵权行为截然不同。而且即便网络环境下的犯罪有其特殊性并可能影响到对犯罪的追诉，但没有哪一个国家因噎废食，而是均在试图刑事立法中尝试调和技术与法律冲突的难题，譬如美国在 NET 法案中增设不以营利意图为要件的著作权犯罪类型就是如此。

另外值得注意的是，基于网络著作权犯罪的严重态势，各国在网络著作权的刑事立法上采取了务实原则，技术发展到哪一步，需要法律做相应的调整就确立哪一方面规范，设置相应的罪名并配置法定刑，而不苛求立法一步到位。日本的频繁修法、德国的信息社会版权制度分几步走都充分证明了这一点。从立法内容上看，在网络技术还不成熟的初期，各国法律主要关注的是私人复制（包括临时复制）、网络服务商的刑事责任等问题；当著作权技术措施和权利管理信息兴起之后，对于规避技术措施和权利管理信息行为的刑法规制又成了修法的中心；而当 P2P 技术广泛应用之后，基于这一技术构架又衍生出了对违法的个人下载等是否需要刑法规制的问题。正是因为有关网络著作权保护的刑事法律不断因应技术的发展做出调整，所以这些立法大多极富时代气息，也更适应现实的需要。

2. 刑法规范趋于严密细致

各国现有的关于网络著作权保护的刑事立法总体上趋于严密细致，具体表现为：

---

① 张懿云：《资讯社会关于"个人非营利目的重制"之研究》，《辅仁法学》2000 年第 20 期，第 254 页。

其一，相关刑法规范数量繁多。绝大多数国家都采取了在著作权法或单行法律中规定网络著作权的刑事责任条款的做法，这使得相关刑法规范内容分散，数量庞多。典型的如美国除了著名的 NET 法案、DMCA 法之外，还有若干单行法律亦涉及网络著作权的刑事保护；其他国家虽然法规数量相对较少，但法条数目也不在少数，如日本在其《著作权法》"罚则"一章中也有数条是对网络著作权予以刑事保护的依据。

其二，形成了较为丰富的罪名体系。从立法上来看，经过多年的修改与完善，无论是英美法系国家还是大陆法系国家，有关侵犯知识产权犯罪的罪名体系均可谓内容丰富，罪种多样，凡是实践中所出现且有刑事规制必要的侵犯知识产权的严重危害行为，均在刑法典或者附属刑法规范中有相应的罪名可资适用。[1] 网络著作权的犯罪同样如此。它不是一个单一的罪名，而是一系列罪名所组成的体系。如日本刑法中仅为保护技术信息和权利管理信息增加的罪名就包括提供规避技术性保护措施的装置·程序罪，以规避技术性保护措施为业罪，以营利为目的改变权利管理信息罪，违反出处明示义务罪等。丰富的罪名也使得网络著作权的刑事法网日益严密。

其三，对涉及的专业术语界定细致。譬如各国均用刑罚惩治规避技术措施的行为，但对于什么是技术措施，各国却做出了不同的解释。如美国对于技术措施特别强调其有效性，而德国立法中虽然也表述为"有效技术保护措施"，但学者们却指出"私人复制权"与"有效技术保护措施"存在不相容性，日本对技术措施的界定则不像美国那样以"有效"为要件。但不论如何，这些明确界定为刑法的准确适用奠定了良好的技术基础。

3. 刑事保护范围逐渐扩大

从域外网络著作权刑事保护的演进看，其保护范围有不断扩展之势：第一，新的受保护客体类型的不断出现。原来主要只保护复制权、发行权、表演权等，后来确立或承认了向公众传播权、技术措施权、权利管理信息权。与此相关联，就保护对象而言，最初纳入刑事保护的是数字化的音像制品，然后扩大到数据库、技术措施和权利管理信息等新的对象。第二，在构成要件的设计上，多数国家的共同做法是尽可能放宽著作权犯罪的构成要件，减少限制性要求，降低犯罪门槛，以扩大网络著作权犯罪的刑法规制范围。例如就犯罪的主观要件而言，美国自 Lamacchia 案件后考

---

[1] 赵秉志、刘科：《国际知识产权刑法保护的发展趋势》，《政治与法律》2008 年第 7 期。

虑到网络行为人主观侵权目的的多样化，1997年通过的NET法完全冲破了原有版权保护中刑事制裁仅针对商业动机下的侵权行为的束缚，以至于侵权行为即使不是带有营利性的动机，达到一定条件亦可被判定为犯罪，从而极大地扩展了刑事制裁的范围。① 法国走得更远，不仅不论行为人是否存在营利目的均构成犯罪，而且由于法国知识产权法基于"权利人权益"是否受到损害作为侵权犯罪处罚的原则，着重考查的是犯罪人行为是否实施以及行为扩展的程度和造成的影响，因此只要行为人实施了法律所规定的犯罪行为就应受到刑事制裁，"违法所得数额"以及"情节严重程度"的用语在法国该类犯罪中是不存在的，即其处罚的是"行为犯"而非"结果犯"。② 第三，在免责事由的适用上，也有逐步缩小个人合理使用空间，限制网络服务商进港避风，以更多追究其刑事责任的倾向。对于私人的复制行为，原先许多国家都将其视为合理使用的情形，然而网络环境下合理使用制度不再被重视，私人的复制行为也开始面临刑事责任。美国、法国、日本等均采取了类似立场，司法实践中也已有相关判决。而为网络服务商提供庇护的"避风港条款"目前已经摇摇欲坠，网络服务商被科以越来越重的义务，而很难在网络侵犯著作权的案件中独善其身。

4. 刑事惩罚力度不断加强

网络著作权犯罪的惩罚也经历了一个由轻到重的过程。从刑罚种类来看，域外国家一般均同时采用监禁刑和罚金刑，对罚金刑均采用数额罚金制的立法模式。然而与世界刑罚轻缓化的潮流相反，对于网络著作权犯罪的监禁刑，其刑期呈不断延长之势；而对于罚金刑，则数额有不断攀升之象。如日本现在侵害著作权·出版权·著作邻接权罪的刑罚上限为惩役10年、罚金刑1000万日元，与1970年的惩役3年、罚金刑30万日元相比，力度不可谓不大，"法人罚则"的上限2004年刚刚从1亿日元调整为1亿5千万日元，2006年又进一步提升到了3亿日元，调整速度也不可谓不快。③ 而且与此同时，我们可以看到很多国家对于犯罪的法人、累

---

① 王晨：《评美国近期关于数字版权侵权的刑事制裁立法》，《法学论坛》2001年第1期。
② 任军民：《法国信息网络刑事保护对我国有关立法的启示》，《知识产权》2006年第5期。
③ 王世洲主编：《关于著作权刑法的世界报告》，中国人民公安大学出版社2008年版，第99页。

犯等情形规定了较自然人更重的法定刑。惩罚幅度的大幅度提升显然是为了使网络盗版者丧失重新犯罪的社会基础和经济基础。

为了彻底打击网络著作权犯罪人,确保著作权刑法规范的实效,一些国家在监禁刑和罚金刑之外还开始注重运用资格刑或非刑罚措施。如美国在侵犯版权的刑事责任条款中同时规定了对于用于侵权行为的工具的处置——没收和销毁,即当任何人因触犯相关规定而被定罪时,法庭在宣判其罪名成立的同时,应当在其判决的刑罚之上,附加命令没收并销毁,或以其他处置方法处置所有的侵权制品或音像制品以及用于制造上述侵权制品或音像制品的工具、设备或设施。而法国的《知识产权法典》则对盗版罪除规定没收之外,还规定法庭可以对犯罪的法人予以解散、禁止直接或间接从事一种或几种职业性或社会性活动、命令全部或部分关闭为犯罪提供服务的机构等。

5. 各种保护手段兼收并用

对网络著作权予以刑事保护的同时,域外国家也大都非常重视运用民事的或行政的保护方式。如前文提到欧盟有专门的《关于运用刑罚方法保护知识产权的指令》,但实际上在此之前的2004年4月29日,欧盟议会和欧盟理事会已通过了《尊重知识产权的指令》,这两份文件就主要是民事和行政措施方面的规定。[①]而且由于很多国家将网络著作权犯罪规定于知识产权法中或单行立法中,其规范本身具有较强的包容性,所以关于民事救济、网络著作权行政执法的内容往往被融合于一体,刑事责任条款只是其中的一部分。譬如日本的有关犯罪主要只规定在其《著作权法》第八章之"罚则"中,而对于权利侵害行为,该法还规定了禁止请求权、损害赔偿请求权及不当得利返还请求权等民事救济措施。实际上,对于著作权人而言,传统的民事救济方式因在大多数情况下满足了其获得补偿的愿望所以仍被频频采用。而著作权的行政执法基于其主动性和事前性,相对于事后的刑事惩罚可能在预防网络著作权犯罪方面更具有成效,所以各国也都普遍重视。法国著名的"三振出局"法案实际上就是希望借网络服务商之手来对盗版侵权人实施行政制裁,它授权HADOPI机构对网络用户行使警示权力,如反复侵权,则该机构就可要求网络服务商断网,这比单纯事后打击商业侵权盗版活动,

---

① 赵赤:《知识产权刑事保护法专论》,中国检察出版社2011年版,第138页。

无疑更能达到网络版权保护的目的。根据 HADOPI 负责人玛雷（Marais）介绍，2010 年 10 月至 2011 年 9 月初，HADOPI 权利保护委员向大约 6.5 万名进行非法文件分享的网络服务提供商的注册用户发出了第一次警告，大部分用户因此改正了自己的行为。① 正是因为民事、行政和刑事手段综合运用，能起到事半功倍、标本兼治的效果，所以没有任何一个国家孤立地只依赖于一种保护方式。

（二）域外网络著作权刑事保护立法的差异

尽管各国关于网络著作权犯罪的刑事立法规定呈现大体相同的发展趋势，但是囿于法律传统等方面的原因，各国的立法模式、罪名体系具体规定仍存在较大差异。

1. 立法模式的差异

首先从域外侵犯网络著作权犯罪的规定与刑法的关系上看，除法国之外，基本都不在刑法典中予以规定，而且即便是采取结合型立法模式的法国，其《知识产权法典》中有关网络著作权犯罪的规定也并不依附于刑法，而是有独立的罪状设计和刑罚配置。因为立法实践告诉我们，要想将经济犯罪规定在大一统的、力求稳定的刑法典之中，是不能适应经济犯罪多变性的特征的，所以这里主要从立法的分散与集中上考查网络著作权犯罪规定的立法模式。归纳而言，域外网络著作权刑法主要有两种模式：

一是集中规定模式。其中有的集中于著作权法中，采取这一模式的典型为日本，仅在著作权法律中设置侵犯网络著作权犯罪的刑事责任条款；有的集中于知识产权法典中，如随着法国《知识产权法典》这一专门法律的出台，侵犯著作权犯罪和其他侵犯知识产权犯罪的刑事责任条款就基本上交由该专门法予以规定。② 这种立法模式的优点在于：一是能够保持著作权或知识产权法律体系的完备性，便于公众和司法人员查找和适用法条，直接依据同一部法律对有关犯罪的罪状、构成要件进行准确理解和把握，特别是对那些复杂的专业术语能够加深理解；二是将具体犯罪的刑事责任与民事、行政责任结合在同一法规中，有助于对网络著作权进行全方

---

① 田扩：《法国"三振出局"法案及其对我国网络版权保护的启示》，《出版发行研究》2012 年第 6 期。

② 赵秉志、田宏杰：《侵犯知识产权犯罪比较研究》，法律出版社 2004 年版，第 258 页。

位、系统的保护,也有助于明确网络著作权犯罪与一般侵权违法行为的界限;三是能够及时根据犯罪形势的变化对法律进行调整修改,以最大限度避免立法的滞后性。但是这种模式也有缺陷:一是由于刑法典对侵犯网络著作权的犯罪完全不涉及而仅由著作权等法律规定,因此刑法的威慑力减弱,有些刑事条款容易被湮没在数量庞大的知识产权法条之中,成为虚置化的摆设;二是可能对网络著作权的个性有所忽视,进而导致立法中没有考虑到网络著作权刑事保护的新问题,以致放纵犯罪;另外如果集中于著作权法中,还可能割裂各种知识产权犯罪之间的联系,导致类似犯罪法定刑规定的失衡。

二是单行网络著作权法律规定模式。比较典型的是美国。美国是通过一系列的法案共同构筑起网络著作权刑事保护大厦的。其中起支撑作用的主要是 DMCA,但随后的诸多单行法律也都为美国适应网络环境保护著作权贡献了力量。这种立法模式相比于集中式的规定,充分考虑到了网络著作权犯罪随技术发展而呈动态变化的特点,能够针对网络盗版犯罪的新情况及时推出新的法案以资适用,而且其单行法的性质使得罪状的规定可以详尽、细致,有利于刑法规范的适用。不过其缺陷也是明显的,无法保证网络著作权法律规范的体系性,不便于司法人员的查找。在先后颁布的几部规范存在冲突的情况下,还需要解决这些法律规范的效力问题。

两种模式各有利弊,由此可见,网络数字化环境下著作权刑法规范究竟应采取何种立法模式需要进一步探讨。

2. 罪名体系的差异

虽然域外有关侵犯网络著作权的罪名体系内容丰富,但是由于法律体系、传统文化等的不同,各国具体的罪名仍有不少差异。比如同样是针对技术措施的保护而增设的犯罪,法国称为"侵害有效技术措施罪",而日本分为"提供规避技术性保护措施的装置·程序罪"和"以规避技术性保护措施为业罪",后一常业性犯罪的规定就是日本所独有的。又如,法国立法者意识到对数据库及数据处理领域秩序保护的重要性,所以对数据库的保护是独立的,专门有关于侵犯数据库建立者权利的犯罪,还有关于侵入数据处理系统罪、破坏数据处理系统罪,而很多国家对数据库的保护仍然依赖于现有的违法复制的罪名。

3. 构成要件的差异

由于对某些著作权专有概念理解的不一以及网络著作权刑事保护观念

的差异，各国在具体犯罪行为的构成要件或者罪状设计上也有不小差别。

例如，从目前看到的美国、欧盟、日本和国际条约的立法来看，他们在控制作品在网上传输的权利上，出现了两种处理方式。① 第一种是使用一种新的概念来反映作品在网上传输的权利。WIPO 的"因特网条约"、欧盟的《指令》以及日本等国，都采取这种方式。具体而言，就作品在网上的传输，版权人享有所谓的"向公众传播权"；就表演和录音制品在网上的传输来说，表演者和录音制品制作者享有所谓的"向公众提供权"。第二种方式则以美国为代表，不增设新的权利种类，而是从既有的权利种类，即复制权、发行权、表演权等中解释出版权所有人控制作品在网上传输的权利。可见在第一种方式之下，就需要修改原来的罪名或增加新的罪名，而第二种方式下，原有的罪名只需要做适应网络特性的解释即可。因此同样的违法复制发行行为，其内涵在不同的国家迥然有别。

又如，同样是规避技术措施的犯罪，但各国禁止规避行为的种类并不一致。根据 DMCA，美国除限制不当的利用行为（复制行为本身）外，也限制了不当的设备（帮助复制的装置）及不当的服务（增进复制能力的行为）。② 但仔细分析，美国对于直接规避行为，仅禁止规避控制接触的技术措施而不禁止规避控制使用的接触措施。实际上原来的草案中有这方面规定，但后被删除。原因是图书馆和教育机构认为这一规定会对合理使用造成负面影响。而"通过删除对于控制使用作品的技术措施的规避行为的禁止，一个图书馆为了从事存档的复制而进行规避控制复制的技术措施就不会承担责任了"。③ 而德国则将各种直接规避行为和协助规避行为都纳入规避行为的禁止类型之中，因此构成要件上明显有宽严之分。

而在网络著作权犯罪的主观要件上也存在较大差异。如美国不仅要求是"故意"侵犯版权，而且通过修正版权犯罪刑事条款不再要求行为人"出于商业利益或者个人经济利益目的"，而有些国家仍然以"营利"目的为犯罪成立必不可少的要件。

---

① 朱榄叶、刘晓红主编：《知识产权法律冲突与解决问题研究》，法律出版社 2004 年版，第 278 页。

② David Nimmer, A Riff on Fair Use in The Digital Millennium Copyright Act, 148 *U. Pa. L. Rev.* 673, at 684 (2000).

③ See Julie E. Cohen, WIPO Copyright Treaty Implementation in the United States: Will Fair Use Survive? *EIPR* (1999) 5, p. 202.

4. 刑罚程度的差异

这方面的差异是最显而易见的。从监禁刑来看，由于美国著作权保护观念发达，所以其早就将侵犯著作权的犯罪视为重罪，相应地其网络著作权犯罪的刑罚也就较重，最高可处到十年；日本与美国较为接近，刑期也可长至 10 年；而法国 2006 年《信息社会中的著作权与相邻权法》规定信息网络的侵权犯罪属轻罪和轻微犯罪的范围，所以其刑期一般仅为 6 个月至 3 年不等。从罚金刑来看，受各国经济水平的差异以及对行为性质轻重不同认识的影响，数额也有较大差异。如在法国，对于以个人使用为目的非法下载音乐或一部电影认定为轻微犯罪的第一级，处以 38 欧元的罚金，将侵权文件向公众传播和提供的，处于该条款的第二级范围，罚金数目为 150 欧元；对简单拥有和使用某一非法网络下载程序的，为轻微犯罪的第四级，处罚标准为 750 欧元罚金。[①] 而在日本违法下载即可处 200 万日元以下的罚金。从罚金上限来看，法国最高折合后不超过 9000 元人民币，日本却高达 12 万元人民币，其差别高下立见。

二 域外网络著作权刑事保护立法的启示

通过对域外网络著作权刑事保护立法的比较，笔者认为，我国在网络著作权的刑事保护问题上应特别注意以下几点：

（一）保护观念的更新

首先，我们不能因网络盗版犯罪发生于所谓的"赛博"空间就使其游离于传统的刑法框架之外。网络空间实际上依附于现实空间，所以规制现实空间的刑法有理由继续适用于网络空间的犯罪。世界上已经没有国家完全排斥刑法对于网络著作权的保护，尤其是在 TRIPs 协议对盗版犯罪提出刑事制裁的普遍要求之后。所以就网络著作权的刑事保护而言，我们不能因为实践中取证、管辖等问题难以解决就放弃刑法的适用，而应当坚信刑法在网络著作权保护上可能具有的积极作用。

其次，刑法必须跟上科技的发展。网络数字技术作为人类社会具有划时代意义的技术，极大地便利了我们阅读文档、收听音乐和观看影像，然

---

① 参见 http://www.senat.fr，Rapport n°308（2005—2006）de M. Michel THIOLLIèRE, déposéle 12 avril 2006，转引自任军民《法国信息网络刑事保护对我国有关立法的启示》，《知识产权》2006 年第 5 期。

而这一技术也是一柄"双刃剑",科技便利的同时会给著作权人带来一定的负面冲击,而且由历史轨迹可见到这样的过程无法避免,双方会存在一个相当长的适应磨合期。而法律一旦规定,便具有相对的稳定性。它无法完全涵盖和穷尽运动与变化着的社会行为及其现象,无法完全与运动和变化着的社会存在以及社会意识相吻合。法律的滞后性使得任何法律都不可能突破当时历史条件所限,对今天或者明天的社会行为及其现象做出完全的预见和规范。[1] 由于惩治盗版犯罪的传统刑法在其制定之初并没有预见到现在的情况,直接决定了刑法对于惩治网络盗版犯罪的部分无能为力,所以各国欲以刑法作为后盾法达成著作权法的目标,除了著作权法本身要因应网络时代需要予以修正之外,刑法也必须紧随其后,在原有的框架之下做出细致的修改或补充。

(二) 本土化与国际化的结合

保护观念的更新并不意味着我们在网络著作权的保护上完全向著作权保护意识强烈、对著作权采取强保护战略的美国等国看齐,同时也不意味着对于我国的著作权刑事保护立法要一步到位。刑法对于网络著作权法律关系的调整实际上牵涉作者与社会、个人与国家甚至国家与国家等不同的利益主体,他们各自的利益要求并不完全一致,法律必须在这些利益之间进行选择。以美国、欧盟、日本为主体的发达国家在"国际贸易知识化""知识产权国际化"的全球化大背景下,基本选择的是著作权强保护战略,一方面是应著作权人的要求,另一方面也是为了借此捍卫其巨大的海外经济利益。而当前我国正在全力建设创新型国家,国家明确贯彻实施知识产权战略,著作权保护作为刺激我国经济持续健康发展的内在因素也愈发强烈,在这样的背景下,我们紧跟网络著作权刑法保护国际发展的大趋势,似乎顺理成章。

但是我们注意到,各国对于网络著作权的保护方式和水平仍然有一定差异,比如对违法的个人下载,对同样侵权的惩罚等,立法不尽一致,原因何在?笔者认为,这主要是因为"在法律发展进步之国际化、趋同化的浪潮之下,各个民族、各个国家都会自觉不自觉地保留下本民族、本国法律的若干内容,保存着本民族、本国法律的特色,这一趋势

---

[1] 王洪:《司法判决与法律推理》,时事出版社 2002 年版,第 70—71 页。

只要法律存在，它也就永远会存在，发挥作用"，① 所以即使是法律相对完备、经济较为发达、同质化程度较高，著作权意识普遍强烈的欧洲国家在推进网络著作权刑事保护的国际化进程中，仍以保护本土利益为出发点，甚至于对欧盟指令的贯彻也有先有后，有彻底超越有基本达标。而中国与西方国家的情况更是大不相同。长期以来的儒家传统文化的影响以及后来的马克思主义意识形态的影响的结合，恰好构筑了一道排斥知识私有化的思想基础，致使知识私有化观念在中国没有产生和发展的土壤，② 普通民众对于网络著作权侵权的熟视无睹就是最好的明证。如果不顾当前实际情况，一味追随网络著作权刑事保护国际化的浪潮，就会使著作权刑法沦为罔顾我国国情而仅仅是为了满足国家在国际社会中面子的工具。所以，调整我国的网络著作权相关刑法规范，必须立足于本土，充分考虑我国的经济文化发展现状，不宜过度地挤压合理使用空间，不宜简单粗放、在未对有关问题予以深入研究的情况下直接借鉴国外的有关刑事立法，更加不宜在承认并尊重网络著作权的文化土壤和环境尚未形成之际一步登天。只有择其善者而从之，根据现实需要，逐步修订和完善方为上策。

（三）利益平衡的把握

从域外网络著作权保护的刑事立法进程考察，一旦作为著作权法核心的利益平衡原则被打破，则尚未通过的法律就会受阻，而已经通过的法律则会饱受质疑。以美国为例，美国政府最早为适应新的信息技术而推出的"白皮书"，由于过于强调对版权人利益集团的保护，比如将临时复制也纳入规制的范围，所以最终未获通过。而之后的 DMCA 法却很快获得了通过，虽然这其中有相当一部分原因是因为美国在国际条约上签了字，国内必须有所回应，但不能否认，反对力量也参与到这次立法中，而且反对者的利益在新的立法中也得到了一定的体现，如 DMCA 表面上宣称该法并不影响合理使用，并且为网络服务商的免责设置了避风港条款。虽然美国的立法者认为，DMCA 反映了不同利益之间的平衡，但 DMCA 实施后，著作利用所生之争议层出不穷，以致美国学者认为，DMCA 并没有反映信

---

① 何勤华：《法的国际化与本土化：以中国近代移植外国法实践为中心的思考》，《中国法学》2011 年第 4 期。

② 曲三强：《被动立法的百年轮回——谈中国知识产权保护的发展历程》，《中外法学》1999 年第 2 期。

息和版权业界的利益,由此人们要求在 DMCA 规范下另增订对消费者合理使用之例外规定的声浪日益升高。正是为解决此一问题,美国才不断通过新的一系列法规平衡消费者合理使用的权利,如规定消费者为了非侵害著作权之目的而规避科技保护的不构成犯罪,这些法律的出台总体上可谓波澜不惊。然而 2011 年底的 SOPA 法案却一石激起千层浪,对网络服务商科以过重的责任,侵犯用户的隐私和言论自由,无疑大大加重了著作权人的砝码而忽视了网络服务商和作品使用者的利益,由此也直接导致了该法案的流产。

相反,在建构网络著作权刑事保护体系时重视利益平衡机制的国家则其立法进程要顺畅得多。譬如日本学界及实务界总是不断要求必须兼顾到著作权人的保护与一般国民著作利用的平衡,不可偏废任何一方的权利。故其在检讨权利限制规定的合理性、妥当性时,不是一面倒地倾向著作权权利人的意见,只看到新科技对于其著作可能带来的伤害,而是同时也看到,新科技发展所导致的贫富差距加大、现代社会对于弱势群体的照顾以及福利政策的需求等。所以其著作权法的修正一致努力扩大有关学校教育、社会福利相关的权利限制范围。如此的坚持,使得日本著作权法虽然在新时代有新的外衣,尤其是最近十多年来的著作权法频繁修正,但其利益平衡的根本规范理念基本不变,由此其著作权法一直在平稳中发展直到 2012 年修法因过度惩罚私人的违法下载行为才广受批评。又如,德国著作权法一方面保护科技保护措施,一方面也同时保护"例外与限制"中合法使用者的权利,故该法增加了新的"例外与限制",如残疾人获取作品例外,并将时事新闻报道例外扩展到包括网络在内的媒体;而欧盟著作权指令亦明确指出,"科技保护措施的法律保护的适用不能损害公共政策",指令还制定了非常详细的例外。不过由于科技保护措施纳入著作权法后的消极影响尚难估计,而指令也并没有表明如何适当协调这两种相互冲突的利益,其会员国在执行该指令时可能扭曲这一平衡机制,所以欧盟还寻求一种更为灵活的解决途径,将新的例外制定权授予未来的立法者。根据著作权指令第 12 条第 1 款的规定,在 2004 年 12 月进行该指令的执行状况审查,此后每 3 年将进行一次审查,这将为科技保护措施提出更合适的解决方法,以维持适当的平衡机制。

因此域外立法启发我们,在建构网络著作权刑事保护法律体系时,利益平衡原则仍是我们要遵循的基本准则。只有注意平衡著作权权利人、网络服务商与社会公众之间的利益，实现一种多元利益的动态平衡，网络著作权的刑事保护才能在合理的边界内运行。

（四）反网络盗版国际合作的加强

由于刑法一向被认为是"地方性知识"，与国家主权紧密相连，传统的侵犯知识产权犯罪也主要发生于一国国内，因此知识产权的刑法保护主要是一国国内的问题，由各国司法机关依照本国刑事法律进行侦查、追诉乃至定罪处罚。[①] 然而网络的无国界性却使得包括侵犯著作权在内的知识产权犯罪开始跨越国界，成为联合国规定为 17 类跨国犯罪中最严重的犯罪之一，所以为打击愈益严重的网络著作权犯罪，世界各国均开始重视国际合作。其中我们注意到欧盟基于其一体化的发展战略，在信息社会的挑战之下也是朝着共同的目标前进而努力；前述"因特网条约"实际上亦是在大多数国家的国内版权立法尚未修改之前，首先在国际层面成功地为与网络相关的版权保护问题提供的全球性解决方案，而后对网络数字化版权保护的重视促使各国迅速做出反应，美国、欧洲等国的立法实践其实都是对公约的践行，正如学者所说，网络版权规则"一体化"实际是发达国家保护与限制规则的国际化与"化"国际。[②] 正因为如此，在网络著作权刑事保护立法上各国呈现惊人的一致性，比如将技术措施和权利管理信息纳入保护范围几乎是各国共通的做法。近年来，美欧等国还频繁与他国签订贸易、知识产权有关的双边或多边协议，其中大多不仅包含网络著作权刑法保护的实体条款，还包括要求开展具体的执法合作等方面的安排，如互通情报、共同签发逮捕令、搜查令，获得对方的协助并及时获取有关犯罪证据，引渡犯罪分子等。比如，美国曾根据《美国—澳大利亚自由贸易协定》将一个 44 岁的居住在澳大利亚的英国公民豪·雷蒙·格里菲斯引渡到美国接受刑事指控，因其是一个名为"DrinkOrDie"（"要么去吃肉要么去死"）的网络盗版犯罪集团的头目，该犯罪组织擅长于破解软件代码以及在因特网上兜售破解码，其受害者包括微软公司、Adobe 等多家公司。[③] 从总体上看，特别是像美国这样的经济科技大国，因加大著作权

[①] 赵秉志、刘科：《国际知识产权刑法保护的发展趋势》，《政治与法律》2008 年第 7 期。

[②] 乔生：《网络版权保护的趋势与发展——兼论合理使用的抗争与探索》，《法学杂志》2009 年第 2 期。

[③] 参见赵赤《知识产权刑事法保护专论》，中国检察出版社 2011 年版，第 240—241 页。

的保护力度可使其大幅受益,所以这些国家不断敦促其他国家也关注网络著作权的刑事保护问题并力主开展国际合作,甚至不惜诉诸世界贸易组织争端解决机制督促其他国家提高对著作权的刑事保护水平。虽然这种做法令人反感,但换个角度思考,它充分说明网络著作权的保护是全世界面临的挑战,是需要国际社会共同解决的问题。所以我们在探讨如何完善网络著作权的刑事保护问题时不能自以为是,故步自封,而应不断加强网络著作权刑事保护的国际交流与合作,分享各自的实践经验,寻求建立新的网络著作权刑事保护机制。

第四章

网络环境下著作权犯罪争议问题探讨

第一节 P2P软件和服务提供商的著作权侵害刑事责任

一 网络服务商的类型及其责任风险

(一) 网络服务商的类型

关于网络服务商,目前并无统一定义,其含义广狭不一,而且随着网络技术的不断发展,网络服务商在经营分工上更加细化,因而网络服务商的种类也变得越来越多。由于版权法上对网络服务商分类的目的是便于在一个特定情境中确定网络服务商的地位及对网上侵权作品应承担的责任,[①] 所以笔者认为应依照网络服务商就其所提供的服务内容、范围不同而显现出来的功能差异,将网络服务商大体分为以下三类:

1. 网络连线服务提供者(IAP)

此属最狭义的网络服务商,它是指仅提供连线服务以使网络使用者得以连上网络的网络服务提供者。它们通过租用电信企业的公用通信线路或者自己铺设的专用线路为用户提供接入服务。如我国的中国电信、长城宽带、美国的America Online等。

2. 网络内容服务提供者(ICP)

网络内容服务提供者是指利用网络线路,通过设立网站提供信息服务的经营者。如新浪、雅虎、搜狐等门户网站都属于此类。一些网站为吸引更多用户加入讨论交流,还会设立电子布告栏或网络论坛等。不管ICP的具体经营形态如何,它都直接提供或参与了内容服务,如BBS站的站长会设立不同的讨论区,各讨论区都有专人管理,需要整理精华或删除不当

[①] 张今:《版权法中私人复制问题研究——从印刷机到互联网》,中国政法大学出版社2009年版,第200页。

言论，从而对网络信息负有一定的编辑控制能力。

3. 狭义网络服务提供者（ISP）

这一类网络服务提供者最大的特点是没有提供内容或参与内容服务，作为信息提供者与接受者的中间媒介，它对网络上的信息不做审查、编辑或筛选，仅根据用户的指令为其提供信息存储的空间，或者帮助其传输信息，或者提供其他技术支持。

当然，事实上有些网络服务商很难被仅归类于一种形态，而是可能兼具两种以上的性质，亦即同时提供连线、内容或其他方面的服务。

（二）网络服务商的著作权责任风险

1. 不同网络服务商的著作权责任类型

由于不同的网络服务商在著作权侵害中所起到的作用大不相同，所以其应承担的责任也大有差别。

就纯粹的 IAP 而言，其所提供的网络接入服务只是起到一个"通道"的作用，与网络信息内容没有任何关系，也无法控制，换言之，这种服务与信息网络传播权的规范目的关联度较低，故其服务商应不负著作权侵害责任。而对于 ICP 而言，由于其直接提供或参与内容活动，如违反著作权法的规定直接通过信息网络向公众传播作品，这和传统的侵犯版权行为的唯一区别仅在于其实施于网络空间，所以应当认定服务商直接侵犯了著作权，适用著作权法关于侵权责任的规定并于必要时追究直接责任。如果他人与网络内容提供商存在共同的故意，则两者应作为共同加害人追究法律责任。

情况比较复杂的是 ISP。鉴于向网络使用人提起诉讼的高成本和可能的低金钱回报，著作权人通常会选择向 ISP 提起其他侵害理论诉讼。[①] 这就涉及非直接实施著作权侵害行为的 ISP 对于实际为网络著作权侵害行为的第三人行为所应负担责任的问题。这是数字版权立法要解决的一个重要问题。无论是美国还是欧盟以及我国，有关著作权法律责任的规定实际上主要是用来调整这一类网络服务商的行为。毋庸置疑，相较于 IAP，ISP 与用户的联系更为紧密，它根据用户的具体指令来完成服务，知道或者可能知道用户的著作权侵权行为；而且在互联网早期的主从架

[①] Cynthia M. Cimino, Comment, Fair Use in the Digital Age: Are We Playing Fair?, 4 *Tul. J. Tech. & Intel. Prop.* 203, 207—208 (2002).

构下,终端用户的行为必须依赖于专业服务器,可以说 ISP 为用户的直接侵权行为客观上提供了必不可少的帮助,所以让其负起制止网络盗版的一定责任是合理的。为此,美国等国通过判例发展出了辅助侵害等责任理论,以补直接侵害理论之不足。即如被告知悉侵害活动,引诱、引起或实质地帮助他人的侵害行为,应构成辅助侵害责任。① 很明显,辅助侵害以"知悉为必备要件",因为"一个人必须意图帮助他人侵害"才须负责。②

2. 网络服务商的责任限制

从科技发展的角度与 ISP 的立场而言,ISP 有无能力控管所有借其设备与服务传输的内容,应予考量,若要求 ISP 负担过重的控管责任,是否会造成网际网络发展的负面影响或对于使用者隐私权或言论自由之侵害,亦应多予关切。③ 所以,为了网络经济的长远发展并照顾公众的利益,网络版权立法确立了避风港规则,以将网络服务商的责任限制在一个合理的范围内。避风港规则最早出现于美国 DMCA 法,它是在索尼案后基于该案所提出的"实质性非侵权用途标准"④ 而确立起来的,换言之,它认为一定程度上技术是中立的,因此可以成为网络服务商摆脱侵权乃至犯罪法律责任的理由。鉴于这一规则适用的四种特定情形(暂时性传输、系统缓存、信息存储和信息定位)前文域外考察部分已有详细介绍,此处不赘述。随后欧盟在其《信息社会著作权指令》中区分了直接责任与间接责任,并明确规定仅仅为公共传播提供技术设施不被认为是服务提供者实施的传播,从而免除其侵犯复制权的责任。我国《信息网络传播保护条例》也确立了类似规则。总体上讲,网络服务商进港避风的条件主要在于其不获得利益且无法控制,主观上不明知或应知侵权内容,得到权利人

---

① Gershwin publishing Corp. V. Columbia Artist Management. Inc., 443 F. 2d 1159, 1162 (2nd Cir. 1971).

② Dane S. Ciolino. And Erin A. Dondon, Questioning Strict Liability in copyright, 54 *Rutgers L. Rev.* 351, 403 (2002).

③ 章忠信:《网络服务业者之著作权侵害责任》,《万国法律》1998 年总第 97 期。

④ 所谓实质性非侵权用途标准,是参照美国专利法上"通用商品原则"而在版权法领域提出的判断产品制造或销售商是否构成"帮助侵权"的标准,即如果产品可被广泛用于合法的、不受争议的用途,即能够具有实质性的非侵权用途,即使制造商和销售商知道其设备可能被用于侵权,也不能推定其故意帮助他人侵权并构成帮助侵权。参见王迁《"索尼案"二十年祭——回顾、反思与启示》,《科技与法律》2004 年第 4 期,第 62 页。

通知后即刻删除。

二 P2P软件和服务提供商的著作权侵害责任之争

由于网络终端用户因其匿名性和分散性究责困难，而避风港规则的确立使网络服务商似乎绝大多数情况下都可以免责，特别是在点对点传输（P2P）渐成为网络分享的主流方式之后，所有侵权行为都由终端用户独立完成，由此出现了无人为互联网上的盗版负责的尴尬局面。这促使人们重新去思考互联网上原先看似已有定论的问题。P2P软件和服务提供商的著作权侵害责任问题随之成为人们争论的热点问题。

（一）P2P技术之运用与发展

互联网发展的早期，由于以服务器为中心，采取的是一种主从网络架构，文件传输以"超文件传输协定"的方式为主，文字、图片与影音等资料首先经数字化储存在服务器上，当网络使用者要传输资料时，须利用其个人终端通过网络连接到服务器，再经由服务器进行下载或上传。这种中央集权式的网络资源配置和管理结构使得服务器的经营者和管理者对特定信息的传递具有控制权，并同时意味着如果服务器离线或发生故障，网络将停摆无法运作；从传输效率上看，由于主从式架构属于一点对多点的传输模式，所以当发出请求的用户端数量越多，传输的效率也会越低。为了改善网络的特性，P2P技术逐渐兴起。

P2P是英文peer-to-peer的缩写，Intel将P2P定义为"通过系统间的直接交换所达成的计算机资源与信息的共享"。[①] 可见P2P是一种"去中心化"的对等式架构，它改变了"内容"所在的位置，使其从"中心"走向"边缘"，淡化"中央服务器"的功能，只要使用者的计算机安装相同系统的P2P软件，并于线上开启该软件，即可自动执行搜寻功能而与同时在线的其他使用者联为网络。作为平等的同级端点，各终端彼此之间可下载或复制各种文件，由此人们可以充分利用分散在个人电脑上的各种资源，以降低对中央服务器的依赖，并且加入的端点越多，整体系统的容量就越大，信息传送的速度也就大幅增加。从作品的传播方式和公众的认知度来看，P2P技术的兴起和广泛应用无疑革新了作品创作和传播方式，

---

① 周文莉、吴晓非：《P2P技术综述》，《计算机工程与设计》2006年第1期。

使作品有效、及时且低成本地为公众熟知成为可能。① 然而并非所有的 P2P 架构完全相同，根据 P2P 技术的发展历程和其"去中心化"程度的不同，可大致将 P2P 分为两类：

1. 集中或混合式 P2P 架构

早期的 P2P 为集中或混合式架构，以 Napster 为代表。其主要特点是在所有安装 P2P 软件的计算机共同构成的 P2P 网络中存在一个中央服务器，服务器本身并不用来存储共享文件，而是存储网络中所有共享文件的索引目录。使用者联网至服务器后，该系统会先要求使用者将文件的目录索引上传至服务器，以便服务器建立索引数据库供其他使用者查询。用户想要下载文件时通过 P2P 软件向服务器发送搜索指令，服务器在检索索引目录后向用户返回搜索结果，而后根据用户的指令或者自动选择相匹配的其他软件用户建立连接，从而完成文件下载。② 显然这一架构一定程度上具备主从式架构高搜索效率的优点，搜索文件和建立连接的行为需要借助中央服务器完成，但文件传输方面已无须经过中央服务器。

2. 分散式 P2P 架构

这类 P2P 以 KaZaA、Grokster、Gnutella 为代表，与之前最大的不同在于没有集中的目录索引服务器，其网络皆由点（peer）所组成，网络上的每一台电脑都成为了提供转接服务的一个节点。查找文件时，对等机首先向与之相邻的所有点发送查询请求包，其他对等机在收到该请求后，检查本地是否有符合查询请求的文件内容，如有，则按发送路径返回一个查询响应包；如无，则这些相邻的对等点再向他们的对等点发送查询请求，依此类推，直到时间结束。之后 P2P 技术继续发展，如 eDonkey、eMule、Morpheus 等采取完全分散式的 P2P 架构，作为暂时服务器的节点不再是由网络系统软件自动指定，而是由 P2P 网络中自愿的节点担任，所以文件具有较长的分享时间，网络上各个文件的分享信息能够随时更新并提供给使用者，网络也因此具有了较高的稳定性。总之，这一架构下不仅没有中央服务器，而且采用多点对多点的传输技术，可同时进行下载及上传档案，所以同一时段下载者越多，提供的频宽越多，上传者也随之增加，从

---

① 李琳、温浩宇：《P2P 技术下版权侵权问题及解决途径的研究》，《现代情报》2007 年第 9 期。

② 彭少斌、孔婷、邹家伟：《P2P 技术的发展》，《现代计算机》2006 年第 2 期。

而上传下载的效率越发提高。

众所熟知的BitTorrent（简称BT）则进一步降低了非中心性，成为分散式P2P的典型。BT的特征在于用户计算机都是节点，每个用户端是接收端，也是来源端。分享则完全由使用者发出并提供给需要的人，而使用者亦需自行寻找所需种子（即 torrent 档），种子中包含追踪者的网络位置、最初来源网络位置与等档案相关信息，利用该种子才能下载所需档案。而BT软件的功能就是解析种子的内容，取得追踪者的网络位置，并与追踪者沟通是否拥有资源的来源点，获得来源点的网络位置后，就开始向这些点要求传输。由于BT软件将大文件自动分割为若干小块，每个小块都可以分别上传下载，形成了下载同一内容用户间的交互式的传输，在出现传输错误时可以对个别小块重新检查更新，所以它使得大型电影、游戏和计算机软件的网络分享成为可能。

（二）P2P技术对著作权保护的冲击

新型P2P技术的蓬勃发展对著作权人而言并非福音。无法忽视的事实是，用户利用P2P软件交换享有其各自享有的版权作品，给著作权人带来了巨大的经济损失。试想如果没有ISP提供P2P软件和服务，使用者是很难实施盗版复制行为的。然而由于P2P技术下，尤其是分散型P2P架构之下，网上作品的传播已经完全脱离了集中服务器的管理而完全由用户终端自行完成，侵权作品根本不在服务器上，所以ISP不涉及直接侵权。同时P2P软件和服务的提供者仅仅是为用户提供技术设备，并为网络用户提供网络接入的技术支持，此时P2P服务者似应属于网络接入服务提供商IAP，这样间接侵权的责任也有可能被规避。但如果我们认为P2P软件和服务提供者与通常所理解的IAP有别，已经突破了索尼案所确立的"实质性非侵权用途"标准，对著作权的侵害起到了间接辅助等作用，那么作为ISP，它可能应为其帮助了侵权负上责任。实际上，利益受损的著作权人也并没有坐以待毙，面对P2P技术的冲击，他们普遍选择了诉讼来维护自己的权利，于是有了一系列经典案例。不过P2P软件和服务提供者所提供的服务或者说从事的活动究竟属于哪一种，能否适用于"避风港"规则，在不同案件中有不同的结论。对这些典型案例的分析，显然可以帮助我们解决争议问题。虽然这些案件不一定被归结为刑事案件，但由于民事侵权与刑事犯罪之间在违法类型上的重合关系，所以研究这些案例对于解决P2P软件和服务提供商的刑事责任问题仍有积极意义。

三 P2P 软件和服务提供商著作权侵权的典型案例

（一）美国 Napster 案

Napster 是最早提供点对点网络传输服务的网络服务业者。它提供会员下载与安装 Music Share 软件，提供索引目录集中式的点对点网络传输服务。其实际运作方式是 Napster 网站设置一个或多个中央主机负责整个点对点网络索引目录工作。当使用者联上 Napster 网站时，点对点连线程序会自动将使用者终端计算机的 IP 位置信息与愿意提供分享的资料提供给 Napster 网站的中央主机，中央主机便会将此类信息做成一个目录索引以供其他使用者搜寻之用。当一个终端计算机提出搜寻请求时，此网络系统便会在该提出请求的终端计算机与拥有该资料的终端计算机间建立连线，并开始传输资料。该软件大受欢迎，引发网络上 MP3 文件分享的风潮。于是 1997 年美国 A&M 等十八家唱片公司在旧金山地方法院对 Napster 提出诉讼，主张 Napster 应负代理侵权及辅助侵权之责并请求高额损害赔偿。如其胜诉，则将会把 Napster 逐出市场。Napster 抗辩称其公司及使用者的行为成立合理使用，并主张其符合避风港条款中的暂时性传输情形，故主张免责。

地方法院审理后认为 Napster 公司及使用者并不构成合理使用，Napster 公司已构成代理侵权与辅助侵权。就代理侵权责任而言，原适用于存在雇佣关系的场合，现延伸至被告有权利及能力去监督侵权行为且从侵权行为中获得了直接经济利益的情形。因为 Napster 公司以可违反著作权法获得作品为号召吸引顾客，其收入即直接仰赖使用者的人数。而 Napster 公司在其网页上也明确表示，"若 Napster 使用者之行为违法，或基于任何理由之判断，有权拒绝服务或切断账号"，足见其拥有监督之权利及能力，却未使用其权利及能力防止交换受著作权法保障之著作。[1] 另外，被告 Napster 公司虽然对于原告的音乐作品未直接从事著作权侵害行为，但是其知悉或有理由知悉使用者的直接侵权行为，对其使用者的直接侵权行为有实质上的贡献，因为若没有被告 Napster 提供的服务支持，Napster 的使用者将不可能发现以及下载他们想要的音乐；Napster 所进行的实际上并非短暂的数位传输活动，它本身应属资讯位置工具，而不只是提供了用

---

[1] 王怡苹：《论 P2P 业者之责任——以 ezPeer 和 Kuro 为例》，《科技法律与政策论丛》2006 年第 1 期。

户交换 MP3 文件的渠道，由此被告 Napster 公司不能免责而应构成著作权之辅助侵害。

按照地方法院禁令，Napster 必须于 2000 年 7 月 28 日夜晚 12 点前，停止交换受著作权保护的音乐，这等于变相关闭了 Napster。Napster 随即上诉至第九巡回法院，要求暂缓执行禁令。上诉法院同意联邦地方法院关于 Napster 网站可能成立辅助侵权与代理侵权之见解，但却认为联邦地方法院原先做出的暂时性禁令，要求被告负责以确保系统内不会发生重制、下载、上传、传输、散布原告受著作权法保护著作之行为，范围过宽，必须加以修正，因此判决让原告承担部分责任，而要求原告必须通知 Napster 网站，让它知悉系统上受著作权保护之著作与档名后，Napster 网站才有义务去阻止接触此侵权内容。至于 Napster 所应负的义务是，对其系统使用设立一些限制，不能再放任侵权著作在其系统上自由存取，并要求 Napster 在其系统所及之范围内，负起管理系统之责任。[①]

Napster 一案的判决结果，主要是基于 Napster 为混合式结构，具有中控管理式的中央服务器，从而可能知道使用者未经授权而实施复制，不能否认其网络信息传输中的作用。借助此案，实际上也在网络服务业者、著作权利人及其他网络使用者之间进行了利益分配，特别是初审判决对网络服务者科以了较重的监控义务。正如由美国十八位大学教授联合具名支持 Napster 上诉请求废弃原判决的意见书认为，地方法院的禁令会使人们在接近使用科技时的公共利益受到阻碍。所以最后又减轻了网络服务商的义务，这就使得几者之间的关系愈发显得扑朔迷离。

（二）荷兰 KaZaA 案

继 Napster 案原告胜诉后，著作权人乘胜追击，对当时热门的 KaZaA、Groster 及 Steamcast 等分散式点对点软件与服务提供者纷纷提出了诉讼。KaZaA 案就是著名的一案。KAZAA B. V（简称 KaZaA）是一家注册在荷兰的公司，自 2000 年起，它通过网站 www. kazaa. com 提供一套软件程序，使网络使用者得以通过它交换任何形式的文件。不像 Napster 使用中央服务器来索引文件，KaZaA 用户直接从彼此的硬盘驱动器上共享文件，用户可以在 Kazaa 设置的时候决定他们电脑上的哪些文件可以被共享，超节点

[①] 蔡蕙芳：《著作权侵权与其刑事责任——刑法保护之迷思与反思》，新学林出版股份有限公司 2008 年版，第 226—227 页。

间的数据传送是加密的，所以如果某人想发现谁在使用 Kazaa 网络以及什么文件正在被共享是很困难的。KaZaA 软件广为流行，渐成著作权人的噩梦。彼时荷兰的 Buma 协会与 Stemra 基金会几乎拥有荷兰全部音乐作品的专属权，于是它们对 KaZaA 提出诉讼，主张 KaZaA 协助使用者以下载及散布方式侵害原告著作权。

原审阿姆斯特丹地方法院于 2001 年 11 月 29 日判决原告胜诉，认定 KaZaA 提供软件便利用户交换侵权文件，命令其在判决生效后 14 天内采取必要措施，阻止用户再利用 KaZaA 提供的电脑软件复制它们所持有的音乐曲目，逾期判处罚款每日 10 万荷兰盾，最高累积金额不得超过 20 万荷兰盾。KaZaA 不服判决上诉，理由主要根据胡溢泽教授（Ir. E. Huizre 博士）的"专家意见"："Kazaa 软件的应用，并非取决于 Kazaa 公司的任何介入行为。该程式通过 Kazaa 提供的服务拓展，让软件功能更妥善发挥与管理，但这些服务不一定是为了寻找与交换档案文件。事实上，中断服务可能不仅无法遏止违法使用的情形，反而导致更难以侦查与追踪。根据目前的标准化情形来看，不可能从技术上查出档案文件是否具有著作权。因此，Kazaa（或其他 P2P 软件）无法建立屏障以阻挡非法交换档案文件。"[①] 二审法院审理后认定：(1) 侵权行为是电脑软件用户所为，而非 Kazaa；(2) Kazaa 软件不是专用来下载版权物的软件，还有其他用途；(3) 不可能从技术上查出文件是否具有版权，因此，Kazaa 无法建立屏障以阻挡非法交换版权文件；(4) 仅因提供可能对版权造成威胁的软件，就得以被视为违法行为并不合理。[②] 由此上诉法院认为 KaZaA 上诉有理由，于 2002 年 3 月 28 日改判 KaZaA 胜诉。Buma 协会和 Stemra 基金会又上诉至荷兰最高法院。2003 年 12 月 29 日，荷兰最高法院判决驳回原告的上诉请求，维持上诉法院的宣判，该案至此结束。Kazaa 的胜利可以说第一次为对等共享（peer-to-peer）软件交换的合法性创下一个重要的先例。

（三）美国 Grokster 和 Streamcast 案

Grokster 公司和 Streamcast 公司是美国两家为用户提供软件下载服务的网络公司。其中 Grokster 公司开发了一种名为 Grokster 的软件，网络用

[①] 武雪梅：《从荷兰 KaZaA 案终审判决看 P2P 的合法性》，《人民法院报》2004 年 11 月 12 日。

[②] 林晓静：《回顾 P2P 典型案例 浅谈网络版权问题》，http://ip.people.com.cn/GB/136672/136683/136990/8228616.html。

户通过下载 Grokster 软件后，就可以利用其再下载 Kazaa 软件，进而在安装 Kazaa 软件后，相互间就可以实现资源共享。Streamcast 公司则与 Grokster 公司略有不同，其自主开发了一种名为 Morpheus 的软件（本身即采用 P2P 技术），由此该公司的网络用户只要下载、安装了该软件后即可实现相互之间的文件互换。由于 Grokster 等公司的崛起，占据了美国 P2P 市场的主要部分，而被网络用户共享的有很多是未经合法授权的作品，因此 2001 年 10 月，MGM 公司（Metro-Goldwyn-Mayer-Studios）向美国加利福尼亚州中区联邦地区法院提出控告，主张被告故意散布软件，使得其用户能违法分享他人受著作权保护的作品，被告应对其会员下载音乐与电影文件的著作权侵权行为承担辅助侵权与代理侵权，并要求法院下令禁止被告继续提供点对点软件给网络使用。

2003 年 4 月，美国加利福尼亚州中区联邦地区法院裁定 Grokster 公司和 Streamcast 公司并未侵权，驳回原告诉讼请求，理由主要在于 Grokster 和 Streamcast 不似 Napster 网站建有中控式的索引服务器而有能力监督与控制网络，被告并不能确知用户在实施侵权行为，被告提供的软件也并非主要用于侵权。

原告上诉至美国联邦第九巡回法院。第九巡回法院认同地方法院的观点，认为本案被告并未给直接侵权行为提供场所或设施，其所散布的文件分享软件具有其他非侵权使用的能力，故可适用"实质性非侵权原则"而排除辅助侵权的责任；在代理侵权之责任方面，本案中被告的技术已经脱离了中央服务器的管理，无法监视与控管其使用者之行为，因此不成立代理侵权责任。最终第九巡回法院维持了原判。

2004 年 10 月 MGM 公司向美国联邦最高法院递状，诉请推翻上诉法院的裁决。上诉后，最高法院指出第九巡回上诉法院误解了"实质非侵权使用原则"的原意，并非"具有可从事实质上，或有其他商业上显著利益之非侵权使用的能力"系争商品之提供者就可排除辅助侵权责任。最高法院以此很快地结束了"实质非侵权使用原则"的讨论，转而直接借用专利法上之引诱侵权原则继续分析本案，不另讨论代理侵权责任。[①]最高法院认为，被上诉人散布允许电脑使用者通过点对点网络分享文件的

---

① 参见冯震宇、胡心兰《从间接侵权责任论著作权法 P2P 责任立法之商榷》，《月旦法学杂志》2007 年第 151 期。

免费软件，经过电脑相互间可以直接地传输而不通过中央服务器，被上诉人意识到使用者主要是应用它们的软件下载受著作权保护的文件，虽然分散式网络不会显示哪个档案以及什么时候被复制，但在记录里有充分的证据显示，当被上诉人开始散布他们的免费软件时，清楚地告知该软件的每个接受者使用该软件可以下载受著作权保护的著作。针对前 Napster 的使用者群宣传其具有与 Napster 类似的功能，鼓励其改用新的文件分享软件实际上就是鼓励侵害行为。因此最高法院针对本案确立了"引诱侵权"规则来平衡版权保护和促进技术革新之间的互动关系，即一个人出于引诱用户使用其软件侵犯著作权为目的而散布设备，不管该设备是否为合法的使用，只要散布者知悉第三人的行为，其就必须为第三人使用该设备而导致的侵权行为负责。最终，法院撤销原判决，但是并未就被告之责任做实体判定，仅在判决书中强调 Grokster 成立引诱侵权责任之可能，并指示下级法院应依其判决意见，审酌引诱侵权之责任。但本案最终并未进入重审程序，因在最高法院判决做出后五个月内，Grokster 与 MGM 达成了和解。

该案判决后，各方意见分歧。最高法院法官 Breyer 也在判决书中表达了不同意见：发明者和企业家必须惧怕（并且在许多场合忍受）昂贵和广泛的资讯费用，他们什么时候创造、生产或者散布可能构成著作权侵害之此类资讯技术，额外的风险和不确定性将意味着技术上发展可能随之而来产生另外之寒蝉效应。[①] 换言之，按照最高法院多数法官的认定，P2P 在某些情形下应该为他人侵害著作权的行为负责，而这究竟是因为在具体的个案中技术已经偏离其中立的属性，还是我们将新科技可能产生的法律纷争风险及责任直接归诸于技术本身，进而可能会对科技的发展造成阻碍，显然值得深入思考。

（四）日本的 MMO 案与 Winny 案

对 P2P 软件和服务提供者的广泛诉讼之势也蔓延到了日本。代表性案例有 2001 年的 MMO 案和 2003 年的 Winny 案。

日本 Yugen Kaisha Nippon MMO 公司（简称 MMO）设置 File Rogue 网站，提供 P2P 软件 File Rogue（混合式架构）供网友下载交换文件，安装完成可免费与不特定人交换音乐 MP3。中央服务器设于加拿大，进行搜

[①] METRO-GOLDWYN-MAYER STUDIOS INC. ET AL. V. GROKSTER, LTD., ET AL. 原文参见 http://fairuse.stanford.edu/MGM_v_Grokster.pdf。

寻档案工作，网站以广告收入为生，未向使用者收费。日本唱片协会（RIAJ）在 File Rogue 营运前即对 MMO 发出警告，要求禁止交换该协会会员拥有之合法音乐，若不停止将提出侵权告诉。RIAJ 的 19 家唱片公司和社团法人日本音乐著作权协会（JASRAC）一起于 2001 年 11 月在东京地方法院对 MMO 请求诉讼保全，并于 2002 年 2 月 28 日控告 MMO 公司 File Rogue 软件侵害其第 23 条之 2 自动公众传播权及 96 条之 2 传播可能化权等著作权利，并请求被告停止侵害及求偿 3 亿 6500 万日元的损害赔偿金。地方法院于同年 4 月 9 日颁布保全令，并于 2003 年 12 月判决 MMO 败诉，判决内容包括停止"File Rogue"服务与对唱片公司 3689 万日元及对 JASRAC 的 3000 万日元的损害赔偿。MMO 公司提起上诉，东京高等裁判所于 2005 年 3 月 31 日判决仍肯定一审法院见解，驳回上诉。[①]

MMO 公司与美国 Napster 的判决结果接近，两者也都是混合式构架，都有监督管理网站的能力，但是 Napster 并没有被认定为直接的侵权者，而 MMO 之判决却似乎未提到其有鼓励使用人侵权的故意，而是直接以其对使用人的侵权行为有所预见却未采取必要过滤措施从而判定其有过失责任，也就是认为 MMO 公司本身就是直接侵权者。

显然 MMO 案还只是民事案件，而随后的 Winny 案则演变成了刑事案件。这一案件引起人们广泛关注的深层次原因是鲜明地体现了网络科技发展与现有法律冲突以及公众利益与知识产权人之间利益冲突问题。

Winny 是日本最受欢迎的网上 P2P 下载软件。开发者金子勇是东京大学情报理工学系研究助理。他在 2002 年宣布开发出这一软件，并开始向有兴趣人士免费提供。Winny 软件是没有中央索引服务器的分散型 P2P，文件在传输过程中须经过第三人计算机，因此让每位使用者之匿名性大幅提升，难以确认各该档案传输之行为究竟是何人所发动。京都府警察于 2004 年 5 月 10 日依侵害著作权之帮助犯罪名，逮捕了金子勇。京都地检署检察官认为金子勇开发 Winny 的行为构成刑法上的帮助犯进行起诉。这是世界上第一起关于 P2P 软件开发者的刑事追诉案件，引起日本社会及各国相关学者热烈讨论。

案件审理过程中被告金子勇否认有罪，检察官与辩护律师展开激烈辩

---

① Nippon Columbia Co., Ltd. et al. v Yugen Kaisha Nippon MMO, 2002 (wa) case No. 4249 Tokyo Dist. Ct., 29th Civil Div., interlocutory judgment, 29 Jan. 2003.

论。依据日本判例，若帮助者对于自己的行为将使正犯之犯罪行为施行更容易一事有所认知，即使帮助者不知道正犯之具体犯罪时间与其他犯罪事实，仍然可成立帮助犯。检察官举出数点事实欲证明金子勇系基于增长侵害著作权行为之意图而开发 Winny。辩方律师则主张，目前法律上并无处罚 P2P 软件之开发与提供行为之明文规定，检察官在无明确违法根据之情况下，提出帮助犯之模糊且暧昧的构成要件，根本地违反罪刑法定主义。①

2006 年 12 月 14 日京都地方法院判决最终认定被告人上传 Winny 软件的行为构成侵犯著作权罪的帮助犯，罚款 150 万日元。法院在判决中特别强调，认定软件开发者是否该负责任，并非漫无标准，而应视该特定软件被如何使用，以及软件开发者于散布时对于软件被非法使用是否知情而定。有学者则指出，开发本身不应评价为违反著作权法的帮助行为，故只要提供这种技术没有特别地形成了"适合"违反著作权法行为的状况，就不应认为制造了不被法所容许的危险，不该当违反著作权法犯罪的帮助行为。但是，同样的提供技术行为，若是特别地形成了"适合"违反著作权法行为的状况，行为人还存在故意，就可能成立违反著作权法犯罪的帮助犯。② 就 Winny 案而言，Winny 最初版本的提供，认定特别形成了"适合"违反著作权法的正犯行为的状况还很困难，但是，当被告提供最新版 Winny 软件时，就应该对该软件已广受欢迎，并被广泛利用来侵害他人著作权这一点存在充分的认识，加之 Winny 软件所具有的匿名保护功能，就形成了特别"适合"违反著作权法的正犯行为的状况。由于这一行为制造了违反著作权法的不被容许的危险，该当了该罪帮助犯的客观构成要件。因此判决认定被告人成立侵犯著作权罪的帮助犯。

日本以刑事手段制裁 P2P 软件的提供者无疑开创了先例，但其对科技发展的负面影响也是无法忽视的，技术的中立性理论由此受到严重挑战。

（五）中国台湾地区的 Kuro 案和 ezPeer 案

Kuro 案中，被告父子三人于 1999 年 8 月设立飞行网股份有限公司，该公司从 2000 年 7 月起，以名为 Kuro 的点对点文件分享软件及网站主机，开始经营 Kuro 网站。起初该网站以提供使用者免费交换 MP3 格式的

---

① 特集：《Winny 事件的冲击》，http://www.itmedia.co.jp/news/topics/winny.html。
② 参见［日］丰田兼彦：《狭义的共犯成立条件について——"中立的行为による帮助"および"必要的共犯"の问题を素材として——》，载《立命馆法学》2006 年 6 号（310 号），第 262 页。

音乐文件为主要业务，从 2001 年 7 月起，该网站全面收费，每月向会员收取新台币 99 元或半年新台币 500 元的费用，而会员利用 Kuro 软件即可搜寻交换 MP3。为赚取会费，飞行网还在其网站及其他流行音乐网站上不断刊登"五十首最新 MP3，无限下载"等类似广告招揽、诱使不特定人入会，供众多未获著作权人授权或同意复制的会员，得利用 P2P 方式擅自下载复制著作权人的作品。2003 年飞行网公司被国际唱片业协会 IFPI 控告侵权，其后获台湾台北地方法院检察署提起公诉。

本案争议的焦点在于，被告 Kuro 飞行网对于其会员未经著作权人授权或同意而下载或散布其音乐作品的行为是否应负侵害著作权的刑事责任？检察官起诉的理由主要有二：其一为被告 Kuro 飞行网系属"混合式点对点连接档案传输技术，并且被告所提供之档名索引伺服器资料库扮演整个重制、下载过程之关键媒介角色，被告之行为应评价为犯罪构成要件之决定性行为，核属正犯殆无疑义；其二为被告 Kuro 飞行网提供本周热门新歌、本周票房排名 Kuro 下载排行等分类索引，而认定被告 Kuro 飞行网可预见此侵害结果之发生而具有直接故意。[①] 被告辩称，Kuro 所提供的软件是中性的科技，对会员的服务仅在提供平台，无法预知会员下载内容是合法或非法，就算有部分会员拿来做非法使用，Kuro 也未与违法的用户有"犯意联络"及行为分担，故不应被认为是共犯。

台北地方法院认为，被告飞行网公司所提供的 Kuro 软件固为一中性之科技，该科技之本身并无合法与否之问题，当视行为人如何运用之。唯当科技之提供者明知其所提供予他人使用之科技可能被用以作为犯罪之工具，侵害法律所保护之法益，但其为追求自己之商业利益，竟对外以该科技具有此一功能为主要要求而推销之，诱使他人付费使用或购买。[②] 最终，台北地方法院判定，Kuro 网站经营者提供 P2P 服务行为与其会员所实行的擅自重制行为成立台湾著作权法第 91 条擅自重制罪、第 92 条擅自公开传输罪之共同正犯，判处提供运营该服务的父子三人两年到三年不等的监禁，并处以 300 万新台币的罚款。不过高院的判决考虑到有部分歌曲无法证明被告人有侵害行为，Kuro 也在 2006 年以 3.8 亿台币与 IFPI 达成和解，所以虽仍认定构成犯罪，但改判减轻了 1/2 刑度。

---

① 参见台北地方法院检察署检察官起诉书 92 年度侦字第 21865 号。
② 参见台北地方法院刑事判决 92 年度诉字第 2146 号。

然而在 ezPeer 案中，被告却被判无罪。该案被告吴某经营的全球数码公司于 2000 年成功开发 P2P 档案交换软件 ezPeer，该软件及相关网站服务器采用分散式结构，提供 ezPeer 会员通过服务器搜寻 MP3 格式音乐文件并以搜寻结果产生的目录，供在线会员在网络上与其他会员互相公开传输或下载复制。自 2001 年 10 月 16 日起开始向其会员收费，会员下载 MP3 之前必须经服务器验证其是否有足够 P 点。检察官认定 EzPeer 公司与其会员具有侵害著作权之重制行为以及公开传输权的犯罪故意，因此依照原告等唱片公司之主张对 EzPeer 公司提起侵害著作权之刑事诉讼，原告并附带请求五亿元之民事赔偿。关于该案起诉的理由，与 Kuro 案较类似，也是基于会员之间的传输行为必须依赖于被告公司，该公司在著作权侵害中亦属不可或缺的重要角色；而且被告对于其提供会员下载档案的内容有所预见并能控制，但容忍此侵害结果发生，主观上具有犯罪故意。

经审理，台北士林地方法院首先认为不论在自然行为或社会事实的观察上，被告人并无任何重制或公开传输他人著作权的行为，有此行为者乃利用被告所提供网络平台的会员，从而否定了其成立单独的犯罪。而对于会员违法侵害著作权的行为是否归责于被告人，则从是否存在共同犯罪的故意进而是否存在共犯关系、是否存在合理使用、是否制造了法律所不容许的风险以及如何评价中性帮助行为等角度进行了详细分析后指出：ezPeer 网站平台并非基于侵害他人著作权之意图而设，ezPeer 软件所可搜寻之对象也并不限于音乐，即无从确认采用 P2P 技术的 ezPeer 机制只使用于著作权侵害的用途上或以此为主要用途，也无任何证据显示被告知悉其会员所传输的文件，并能以之判断其是否正欲或所欲从事著作权犯罪；而且以客观归责理论检验，无任何法律规范禁止、限制开发 ezPeer 软件，或禁止提供 ezPeer 软件上市给大众使用，也就是被告的行为尚难认为已制造一个刑法所容许的风险。最终法院认定 ezPeer 公司及负责人均无罪。

四 P2P 技术下网络服务商著作权侵害之刑事责任

（一）点对点传输软件技术架构的评价意义

比较可见，在不同的 P2P 技术构架之下网络服务商的责任可能有所不同，似乎在混合（或集中）式构架之下网络服务商更容易被究责。在 ezPeer 和 Kuro 案中，法院还特别对其技术方式进行了分析。但在 ezPeer 案中，法院的判决却又指出评价的对象应是被告的营运模式，而非被告所提供的 ezPeer 网站平台搜寻档案的方式。那么 P2P 的技术构架应否对网络服务商的责任产生影响呢？对此，理论上有学者以 Grokster 案为例，认为不管是集中式或分散式，Grokster 散布软件于第三人，知悉第三人使用其软件以侵权，而明确表示或以自己之行动促成侵权，即具有侵害著作权之意图，应为第三人之违法行为负责。① 亦有采取不同见解者，认为 ezPeer 案与 Kuro 案之起诉基础基本上乃系假定两家 P2P 业者所采用之技术均以集中式为前提，其论述似隐含如未设有此项服务器，则网站负责人应不负著作权之侵权责任。且若真无评价上之实益，则法院何必花巨大之资源为调查鉴定，若 ezPeer 的鉴定结果是采取集中式，是否能得出同一结果均有疑义。②

笔者认为，不同的 P2P 技术架构主要的差异在于对于用户的监督控制能力以及对用户侵害著作权的知悉可能性有所不同。在混合或集中式架构下，由于存在中央服务器，所以其监控能力要强于不存在中央服务器的分散架构，知悉用户侵害著作权的可能性也更大，所以不同的 P2P 技术架构意味着 ISP 介入网络用户违法分享著作权作品行为的程度深浅不同。前述 Grokster 案中，由于法院重在认定被告是否有目的地引诱他人侵害著作权，所以其对文件的搜寻方式并不关注，而只考察了网站的经营模式；相反在 Napster 案中，法院将重点放在辅助侵权责任与代理侵权责任，前者以知情为要件，后者以控制与监督能力为责任关键，所以 P2P 的技术架构就成为需要关注的重点，对责任的认定极为重要。

虽然刑事责任与民事责任的归责原则和责任形式不完全相同，但著作权领域的侵权与犯罪主要只在于违法程度上的差异，而在责任成立的条件上往往呈现出对接的局面。追随民事侵权认定的思路考量，因提供 P2P 技术与服务的网络服务商并不是传统意义上的内容服务提供商，并没有直接在网络平台上提供侵权复制品，正如 ezPeer 案中法院所认为的，复制或公开传输 MP3 文件的是利用网络平台的会员，因此网站经营者并不构成直接正犯，如果认为需要追究刑事责任，就只是类似于民法中引诱或辅助侵权的教唆犯及帮助犯的刑事责任。至于民事领域的代理侵权责任，由于刑法强调罪责自负和罪刑法定，所以实际上归结为 P2P 网络商的行为

---

① 陈家骏：《从网络电子交易评我国首宗 P2P 著作权重制与传输之 ezPeer 案判决》，《月旦法学杂志》2006 年 3 月第 130 期。

② 罗明通：《P2P 之传输技术、产业价值暨美台相关判决评析》，《科技法学评论》，2006 年 4 月第 3 卷第 1 期。

是否能依有关的刑法规定以及共犯理论认定为犯罪。进而依前述分析，在探讨 ISP 是否构成侵犯著作权的教唆犯时，P2P 的技术构架对其行为性质的认定可能不起决定性作用，探讨的焦点应集中于其是否有使没有犯意的网民产生侵犯著作权犯意的故意和行为。而在探讨 ISP 是否构成侵犯著作权的帮助犯时，其是否知悉网民传输的文件情况并能以之为根据判断其所从事的是否侵犯著作权犯罪行为，进而能否与这些网民形成共同犯罪的故意则有赖于其所采取的技术构架，需要重点考察；至于法律能否赋予 ISP 逐一检视自己的网站系统以发现并控制网上著作权侵害行为的义务，进而能否认定其构成不作为的帮助犯也同其所采取的技术构架有一定关联。故以下将主要结合 P2P 技术的技术构架，围绕提供 P2P 技术与服务的网络服务商能否构成著作权犯罪的教唆犯与帮助犯展开重点研究。

（二）教唆犯之检讨

1. 网站有无教唆网民侵犯著作权的故意

对于教唆这种间接责任而言，行为人是否知晓他人的侵权行为极其关键。如果无法认定 P2P 软件服务商知道这种软件的效用（可能导致侵权），则该服务商应可免责。[①] 然而，P2P 技术本身具有无与伦比的沟通与分享功能，只要一发布此种软件技术，则势必有可能被恶意用户用于非法的使用而侵犯著作权，这一点提供 P2P 技术与服务的网络服务商无疑心知肚明。但能否就此认为网络服务商就有了教唆网民侵犯著作权的故意呢？对此尚需详细分析。首先，网站提供 P2P 软件与技术的行为，的确可能提高著作权被侵害的风险，这一点任何人都能认识到，但是作为技术，其更显著的价值在于提供社会大众更为先进的信息分享、沟通的工具，所以对于这种被容许风险的行为，网站经营者起初一般仅有潜在的、模糊的风险认识，还不足以认定其主观上有教唆他人侵犯著作权的故意。其次，即使承认网站明确地知悉其开发的 P2P 软件技术可被他人用于侵犯著作权，特别是在经著作权人通知后，也还需进一步考虑网站有无通过自己的行为去刺激或鼓励侵权发生的意志因素。对此，有人指出这种主观意图可以从被告采取的积极措施，比如通过广告对产品的用途做宣传来加以考察，[②] 但是笔者认

[①] 王迁、[荷] Lucie Guibault：《中欧网络版权保护比较研究》，法律出版社 2008 年版，第 100—101 页。

[②] 曹世华：《网络知识产权保护中的利益平衡与争议解决机制研究》，合肥工业大学出版社 2011 年版，第 318 页。

为,这只是网站宣传自己软件技术的手法,其直接目的在于"标榜所提供之产品符合使用者之需求,物超所值,以吸引社会大众使用其产品",① 但并不等同于以鼓励侵权为目的。因为"依据一般商业运作方式,广告语言必然是充满引诱性与夸张性。如果一般商业广告允许诱惑性语言,就没有必要以更高标准来检视 P2P 经营者所使用的广告语言"。② 同时我们还应该注意,绝大多数网站都会在其上刊登"使用者规范""著作权规范"等公告,或者在注册成为其会员时明确要求使用者不得利用该软件技术侵害他人的著作权,也就是说网站对侵犯他人著作权的行为发生本身是持反对、排斥的态度的。既然用户违反著作权法的规定复制受保护的作品是违背网站本意的,所以一般情况下不宜认定网站有教唆他人侵犯著作权的故意。但是,如果网站不仅夸大宣传其软件功能吸引用户,同时在网站专门设立诸如"交互区"栏目,通过对视频、音乐等作品多层次、体系化的事先分类、设置、编辑,提供用户上传作品的下载地址、海报和剧情简介,特别是涉及的电影等作品与其公映时间几乎同步,则根据常理可以认定其必然知晓或至少"应当知晓"其用户上传的电影的下载地址是未经许可的且存在放任心理,此时就很难否认其有教唆他人违法分享的故意。

2. 网站有无教唆网民侵犯著作权的行为

所谓教唆,是指使没有犯意的人产生犯意,而对于侵犯著作权的用户而言,通常是其在已有复制盗版作品的意图之后才去网上搜索适合于自己意图的工具,即用户一般不是基于 P2P 技术产生的犯意。至于网站打出各种广告,这只是一种宣传手法,其直接目的主要在于宣传自己的软件和技术,表明其分享功能的强大,并非就是要唆使他人去非法地利用该软件技术并超越合理使用的界限。换言之,网站的广告行为仅在于鼓励用户使用该所谓网络参与者表达自己的意见,促成更多的对话,显然有其社会价值。③ 而且,就教唆的对象而言,必须是具体的,但在 P2P 的技术构架之下,著作权作品的流通是在用户之间来进行,其私下的分享行为是否发生、何时发生、是否

---

① 王怡苹:《论 P2P 业者之责任——以 ezPeer 和 Kuro 为例》,《台湾科技法律与政策论丛》2006 年第 1 期。

② 蔡蕙芳:《P2P 网站经营者之作为帮助犯责任与中性业务行为理论之适用》,《东吴法律学报》2006 年第 2 期。

③ 林三元:《向左走还是向右走?——台北地方法院 92 年度诉字第 2146 号判决(Kuro)案评析》,《月旦民商法杂志》2006 年第 11 期。

违反著作权法，都由用户自行决定，即对于网站而言这些都是不确知的，网站也并未与使用者有任何的沟通或接触，因此即便有用户最终因为网站的夸大宣传而实施侵犯著作权的行为，那对网站而言也只能说是"言者无意，看者有心"。所以正如我们不能因为卖刀的人宣传其刀锋利无比可切割任何物体而随后有人利用该刀实施杀人碎尸行为，就认为卖刀之人是在教唆他人故意杀人一样，我们显然不能因为网站的宣传手法以及 P2P 技术可被用于侵犯著作权即认为网站有教唆网民侵犯著作权的行为。当然宣传手法之外，网站还有其他的营运手段，若如前所述网站还专门设立交互栏目，如搜集分类整理信息让用户对热门影视作品的下载信息一目了然，一眼就知道属违法的分享，如涉及的是正在影院公映的电影，则这种行为笔者认为可认定为教唆行为。但总体上讲，服务商如果单纯只是宣传 P2P 软件和技术本身，还难以直接认定为侵犯著作权的教唆犯。

（三）帮助犯的审视

依据前述分析，提供 P2P 软件技术的网络服务商构成教唆犯似乎颇为勉强，但从前述经典案例的分析中可知，不少法官对于其构成侵犯著作权的帮助犯却持赞同的态度。由于帮助的行为形式有作为与不作为之分，而不作为帮助犯的成立有赖于作为义务存否的判断，所以以下分两种情形论述：

1. 作为的帮助犯

关于作为的帮助犯，涉及所谓的中性帮助行为，它是指从外表看通常属于无害的、与犯罪无关的行为，客观上却又对他人的犯罪行为起到了促进作用这样一种情形。通常中性的帮助行为如果独立来看，其本身不是法律所禁止的行为，但是它却可能被犯罪者利用，客观上促进犯罪行为及结果的发生，如提供 P2P 软件与技术就是如此。P2P 网站经营者从事的网络业务活动本身有成立正当业务活动的空间，但其提供协助网络传输服务与其网站用户成功地非法传输录音录像制品之间却形成因果关系，在行为形式上与侵犯著作权罪的帮助行为相吻合。鉴于中立帮助行为的这种两面性，所以其能否依帮助犯处罚不无疑问。

德国学者 Roxin 对中性行为或称日常行为的刑事可罚性区分为确切地知道对方的犯罪意图的情形和只是知道对方实施犯罪的可能性的情形进行了讨论。如果主实行人的行为就完全在于实施一种具有刑事可罚性的行为，并且提供帮助者也知道这一点，那么帮助者对构成行为的贡献就应当评价为帮助行为,因为他的行为丧失了"日常的特征";与此相反,如果他仅仅认为自己的行为有可能被用于实施犯罪,那么他的行为经常就还不能作为具有刑事可罚性的帮助行为加以判决。① 因为在未必的故意的场合,如只是怀疑对方可能使用所提供的商品或服务实施犯罪,可以适用信赖原则,即可信赖对方不会用之实施犯罪。② 换言之,这种提供助力的行为仍属于法所容许的风险,进而不成立帮助犯,否则出售酒精、打火机、小刀等所有可能用于犯罪的物品的日常行为都不得不被迫停止。

尽管对 Roxin 的观点理论上有不少批判,但是笔者认为,其核心思想是可取的,因为在行为人"确知"的情形下,如果仍提供帮助从而显示出与犯罪的关联性时,则"中立"的行为就失去了中立;相反,日常看来无害的行为不能仅因怀疑其可能被犯罪者利用就科以正当业务者严苛的刑责。因此,对于这种中立帮助行为的处理,应当具体区分不同的情形分别判断行为者主观认知和客观行为与正犯行为的关联性,最终决定是否以帮助犯论处。

首先从现实情况看,通常网站只是出于自己的业务目的从事提供 P2P 软件与技术的活动,在 P2P 技术之下它们并不直接与用户有直接的接触,因此对他人的犯罪意图、犯罪征兆很难具体察觉,也就是其对于用户的侵犯著作权行为只存在"怀疑"的情形。由于其通常在网站上提示了用户要遵守著作权法的相关规范,所以他们可以信赖用户会实施合法行为,因此在这种情形下即便用户实施了侵害著作权的行为,也不能就追究单纯提供软件技术的网络服务商的责任。这其实也是技术中立原则的结论。因为技术本身并无合法与否之分,一个产品或技术被用于合法用途或非法用途,非产品或技术提供者所能预料和控制。我们可以认为单纯提供软件技术等行为根本没有制造任何刑法意义上的风险,或者充其量它所制造的只是"被容许的风险",这种蕴含风险的技术进步对于社会的发展又是必需的,故如果要求新技术的提供者为使用者的违法犯罪行为负责,势必延缓科技的发展速度。因此一般情况下,扮演纯粹提供软件技术的中立角色的网络服务商不应对其中立的帮助行为承担帮助犯的刑事责任。

---

① [德]克劳斯·罗克辛:《德国刑法学总论·犯罪行为的特别表现形式》(第 2 卷),法律出版社 2013 年版,第 164 页。

② 陈洪兵:《网络中立行为的可罚性探究——以 P2P 服务提供商的行为评价为中心》,《东北大学学报》(社会科学版)2009 年第 3 期。

那么是不是在确知的情况下就能够追究 P2P 网络服务商帮助犯的刑责呢？这里必须先明确什么情况下网络服务商可能确知。有人认为，P2P 经营者没有设置节选与过滤机制，可能就无法证明他对会员违法下载的认知。事实上，即便是设置了过滤机制，也不见得能够确知用户存在侵犯著作权的行为，这是由 P2P 技术的特点所决定的。因为如前所述，即使是在集中式架构下，虽然设有中央服务器，但该服务器的功能仅在于文件名的索引，这一文件是否就是未经授权的文件，网站仅从文件名称是无从辨识的，而文件内容的比对过滤因其复杂性，对专注于技术而非内容的网络服务商而言则是过重的负担。而且还可能存在用户虽利用了 P2P 软件技术，但文件的分享属于合理使用情形，因为著作权法本身就容许一定范围内的非经授权使用的情形，即网络服务商只有在用户非合理使用时才具有归责的可能性。所以"确知"的情形笔者认为主要存在于著作权人已通知大量非法文件分享或下载事实，并且用户不能合理举证的场合下。此时，若网站为用户的侵犯著作权行为再次提供软件和技术上的支持，实际上已足以表明其是在继续为侵权用户提供一种实质上帮助，即已经不再符合技术中立的原则而超越了被允许的风险，就可能以帮助犯论处。前述 Winny 案中，之所以 Winny 最初版本的提供没有认定为犯罪，但当被告提供最新版 Winny 软件时，就被认定为形成了特别"适合"违反著作权法的正犯行为的状况从而构成侵犯著作权罪的帮助犯，其理由也大致在此。但需要注意的是，通常丧失中立性后实际上网络商并没有新的提供软件和技术行为，所以此时需要考虑的是其不中止服务或切断技术支持的不作为行为是否构成犯罪，因而问题转为不作为的帮助犯有无成立余地。

2. 不作为的帮助犯

由于 P2P 的网络服务商"不能像鸵鸟将头埋在沙子里那样对用户的侵权行为视而不见"，[①] 所以若 P2P 网络服务商没有履行其应尽的对网络上分享的作品予以管控、监督的义务，以至于为用户的著作权侵害行为提供客观的帮助时，即存在构成不作为帮助犯的可能性。而为了认定这种不作为的帮助犯，须进一步考察以下因素：

一是 P2P 网络服务商是否应居于保证人的地位而负有对网络分享作品的监督、管控义务。对此有肯定见解认为，纵使 P2P 经营者的行为并

---

① 杨小兰：《网络著作权研究》，知识产权出版社 2012 年版，第 312 页。

未违反任何义务，甚至已经对产品失去支配性，还是应该采取避免风险的措施。开启危险源者应具有保证人地位，因为他们从产品的销售获得利益，并具有控制危险的能力，要他们对于危险负责，并不为过。① 还有学者认为，根据权利和义务相一致原则，在依靠经营 P2P 软件及其相关网络服务获得收益且具有能力停止直接侵权行为的网络服务商与著作权人之间进行权衡，将对网络用户的传输内容"事先"审查传播作品版权合法性的义务赋予网络服务商，显得更为公平。②

与此相反，也有否定观点认为，危险源之监督保证人义务仅存在于直接从危险源产生的危险，不包括第三人行为所产生的危险，此第三人所产生的危险，应适用第三人自我答责原则，即应排除网络服务业者的保证人地位。但如果专门为提供盗版交易的网站，则设立网站之人，应可认为就被使用来交易盗版之危险源自我负责，毕竟危险是直接从该网站所产生。③ 笔者考察发现，目前各国法律对于包括提供 P2P 软件技术的网络服务商在内的 ISP 是否有事前审查的义务基本缺乏明确的规定，相反，众多"通知—删除"规则仿佛在昭示我们，网络服务商仅在得到违法内容的通知后才负有处理的义务。因此，笔者认为如果没有立法明文科以监督与管制义务，在大多数情形下很难认定 P2P 网络业者构成不作为犯。但是任何一项立法都是利益平衡的产物，著作权法本身就游刃于著作权人与有合理需求的公众这二者的利益之间，如果立法者认为利益失衡需要借助对网络服务商的行为规制来保护利益受损更大的一方，即立法明确赋予了 P2P 网络业者的审查义务时，则其能否成立不作为犯就需进一步考虑。

二是 P2P 软件技术提供商是否具有移除、屏蔽自己用户违法分享作品的能力。因为即便肯定作为义务的前提下，不作为犯的成立还以行为人有作为能力为要件。

笔者认为，在著作权人告知违法侵权事实之前，P2P 软件技术提供商是很难有作为的可能性的，理由在于，结合 P2P 的技术构架看，在分散

---

① 参见萧宏宜《P2P 业者的刑事责任问题——ezPeer 与 Kuro 案判决评析》，《法令月刊》2008 年第 9 期。

② 《应当将事先审查义务赋予网络服务商》，http://www.legaldaily.com.cn/bm/content/2008-10/27/content_ 968217. htm。

③ 参见蔡蕙芳《著作权侵权与其刑事责任——刑法保护之迷思与反思》，新学林出版股份有限公司 2008 年版，第 262—263 页。

式构架下因缺乏中央服务器来对用户传输的文件进行索引管理,故网络服务商根本无从得知用户有无违反著作权法的行为,也就缺乏防止著作权受侵害的可能性。而在集中式的 P2P 构架下,由于能够知悉他人传输的文件名称,从技术的角度来讲,目前我们的确可以通过某种程序的设计来完成某些比对式的过滤工作,但其成效可能不大。因为如果以作品的名称来过滤,那么一方面相同的作品可能会以不同的名称出现,甚至在网络上把这些名称都过滤后,用户仍然可以变换名称继续违法分享其文件;另一方面,包含有同一名称的作品可能并不是未经授权的作品,例如将"周杰伦"设为字串,可能会使得会员自拍"模仿周杰伦 KUSO 自拍"也被限制或禁止传输下载。[①] 如果开启内容比对模式,姑且不论对大容量的多媒体文件比对技术的复杂性和正确率,单从工作量上来看,就不是 P2P 网络服务商所能承受的。况且互联网中每时每刻都有亿兆的数据在流动,如果要求对这些数据进行鉴别控制,必然要牺牲网络服务的质量,甚至无法符合公众网络服务的要求。从经济利益的角度而言,网络服务商经常移除、屏蔽自己用户传输数据,势必会减少用户数量和点击率,进而影响广告收入,而且事先的主动审查本身就需要花费庞大的成本。

那么著作权人通知之后,是否 P2P 网络服务商就有了作为的可能性呢?对此应区分不同的 P2P 架构分析。对于集中式架构来讲,其作为的能力无疑要大于分散式的架构。因为它有中央服务器存在,生成了索引文件,一切文件的搜索是需要通过中央索引服务器的,所以 P2P 业者对个别使用者的侵害著作权行为予以制止,设置过滤机制,或者关闭会员用户登录下载的权限,甚至强迫其断线都是相对容易实现的。而分散式构架之下,由于所有文件共享均由下载软件的终端用户独立完成,完全脱离了中央服务器的管理,甚至借助于 P2P 软件,文件被自动分割为小块,每小块都是分别上传下载的,所以要彻底移除侵权作品的种子并不容易。当然,分散式的 P2P 业者也并非完全无所作为,至少也可以采用停止软件账号等更加决然的方式。正如百度影音可以采取关掉技术一样,从根本上遏制用户利用技术实施侵害著作权的行为。

所以综上所述,P2P 软件技术的提供商在特定条件下,即法律明确赋

---

① 颜上咏:《从 Kuro 与 ezPeer 司法争讼个案来看网络音乐产业之管理法制分析》,《月旦法学杂志》2008 年第 163 期。

予其事先审查义务或经著作权人告知其侵害事实的情形下，负有采取措施制止、移除侵权作品的义务，其有能力履行而不履行，可能成立不作为的帮助犯。但是对分散式架构的 P2P 业者来讲，虽然关掉技术可以实现防盗版的目的，但是等于是在泼掉脏水的同时，也把孩子泼了出去，从长远来看，不仅对技术的发展本身是不利的，也对数亿网民的利益是极大的伤害。因此，在当前追究 P2P 软件技术提供者不作为帮助犯的刑责从理论上讲或许可以，但实践中应尤为慎重。

遗憾的是，在依传统共犯理论探讨是否应追究 P2P 软件技术提供商刑事责任的问题上尚未得出坚定答案的情况下，此前通过的《刑法修正案九》直接规定"明知他人利用信息网络实施犯罪，为其犯罪提供互联网接入、服务器托管、网络存储、通讯传输等技术支持，或者提供广告推广、支付结算等帮助，情节严重的"，构成帮助信息网络犯罪活动罪，这显然是希望通过共犯正犯化的路径来为网络服务商的惩治扫清障碍。但这里的"明知"问题仍难以解决，而且在作为正犯的用户被大量放纵的情况下，去处罚作为从犯的帮助犯，本身就显得有些荒谬，因此立法可谓过于急躁冒进。

第二节　搜索引擎引发的网络著作权刑事保护问题

面对浩瀚的网络作品资源，搜索引擎在帮助人们迅速有序地找到自己所需要的内容方面可谓功不可没。它通过对用户搜索的目标网页或网页中的特定内容提供指引，即对网页或其中的特定内容提供链接，大大提高了人们获取互联网上作品的效率。正因为如此，搜索引擎这个无所不知的工具逐渐成为人们生活中不可缺少的帮手。调查数据显示，2013 年中国有 34.6% 的用户使用 PC 搜索的经验超过 8 年，有 33.3% 的用户使用移动搜索的经验超过 3 年，搜索引擎已经成为一种成熟的信息获取渠道。[①] 然而，通过搜索引擎搜索后所指向的链接，可能本身并不提供合法授权的作品，在这种情况下，搜索引擎大有被认定为盗版的帮凶的可能，如百度、谷歌等目前影响力较大的一些提供搜索引擎服务的公司，近年来就不断受

[①] 参见艾瑞斯《2014 年中国搜索引擎用户行为研究报告简版》，http://www.iresearch.com.cn/Report/2207.html。

到音像公司的起诉，陷入动辄得咎的尴尬境地，而且绝大多数案件都以搜索引擎商的败诉告终。虽然这些案件暂时不涉及刑事犯罪而仅以侵权案件对待，但是理论界对于搜索引擎等网络搜索服务提供商提供链接等行为是否应该用刑法规制等问题已经做了初步的探讨，似乎大有要动用刑法之势。[①]《刑法修正案九》中新增的帮助信息网络犯罪活动罪由于在"技术支持"前使用了"等"字，似乎可将搜索引擎包含在内，因此由搜索引擎引发的网络著作权刑事保护问题已成为不能回避的课题。鉴于修正案出台不久，规定褒贬不一，具体如何理解也尚存争议，为避免立法所导致的思维定型化，所以以下将先适度绕开现行立法来深入探讨这一问题。

一 搜索引擎的技术解说

（一）搜索引擎的定义与类型

搜索引擎是指根据一定的策略、运用特定的计算机程序从互联网上搜集信息，在对信息进行组织和处理后，为用户提供检索服务，将用户检索相关的信息展示给用户的系统。其代表性产品有 Google、Baidu、sogou、soso、360 等。搜索引擎的类型非常多，主要有全文搜索引擎（Full Text Search Engine）、目录索引类搜索引擎（Search Index/Directory）和元搜索引擎（Meta Search Engine）。

1. 全文搜索引擎

这是目前广泛应用的最主流搜索引擎，Google、百度均属此类。它们从互联网上提取的各个网站的信息（以网页文字为主），建立起数据库，检索与用户查询条件匹配的相关记录，然后按一定的排列顺序将结果返回给用户。根据搜索结果来源的不同，全文搜索引擎又可细分为两类，一类拥有自己的检索程序（Indexer），俗称"蜘蛛"（Spider）程序或"机器人"（Robot）程序，能自建网页数据库，搜索结果直接从自身的数据库中调用，如上面提到的 Google 和百度，另一种则是租用其他引擎的数据库，并按自定的格式排列搜索结果，如 Lycos 引擎。

2. 目录索引类搜索引擎

目录索引虽然有搜索功能，但在严格意义上算不上是真正的搜索引

[①] 具体可参见于志刚《搜索引擎恶意链接行为的刑法评价》，《人民检察》2010 年第 12 期；徐松林：《视频搜索网站深度链接行为的刑法规制》，《知识产权》2014 年第 11 期；于耀辉：《网络搜索服务提供商侵犯著作权的刑事责任》，中国政法大学 2010 年硕士论文等。

擎,仅仅是按目录分类的网站链接列表而已。用户完全可以不用进行关键词查询,仅靠分类目录也可找到需要的信息。Yahoo、搜狐、新浪、网易搜索都属于这一类。

3. 元搜索引擎

元搜索引擎在接受用户查询请求时,则同时在其他多个引擎上进行搜索,并将结果返回给用户。著名的元搜索引擎有 InfoSpace、Dogpile、Vivisimo 等,中文元搜索引擎中具代表性的有搜星搜索引擎。在搜索结果排列方面,有的直接按来源引擎排列搜索结果,如 Dogpile,有的则按自定的规则将结果重新排列组合,如 Vivisimo。

除上述三大类引擎外,还有集合式搜索引擎、门户搜索引擎、免费链接列表等几种非主流形式。但总体说来,这些搜索引擎只是对主流引擎的非关键性技术的变通,故此处不再赘述。

(二) 搜索引擎的运作原理

从以上关于搜索引擎的定义和分类中,不难看出,搜索引擎的运作机制主要包括搜集资源、储存于数据库、建立索引、提供查询结果等几个环节。详言之,首先是搜索引擎通过"蜘蛛""爬虫"或"机器人"程序在网络上搜寻网页,模拟使用者的浏览动作,并利用追踪网页上的超链接不断寻找新的网页,以将网络资源一网打尽;其次是将这些网站内页的"网页标记"或网页信息复制,接着存储到网页资料库中。由于网页的更新速度很快,搜索的网页可能因为网站搬家、名称变更或页面移除而造成将来使用者无法顺利链接,所以存储环节有一个特殊方式——"网页快照"(Web Cache),即搜索引擎在收录网页时,对网页进行备份,存在自己的服务器缓存里,当用户在搜索引擎中点击"网页快照"链接时,搜索引擎将 Spider 系统当时所抓取并保存的网页内容展现出来,而不是像一般的搜索结果画面上出现的超链接,都是直接链接至网页原本所在的网址。另外,对于影像图片等,有些搜索引擎会将该图档全尺寸影像档案下载并储存在该公司的伺服器中,再将该影像档案另行产生一个尺寸及解析度较原图为低的缩图,列入资料库的索引,称为小图片或缩略图(Thumbnail)。① 然后就是建立索引,即由分析索引系统程序对收集回来

---

① 冯震宇:《讯框链接是否侵害著作权? Kelly v. Arriba 的启示》,《智慧财产权发展趋势与重要问题研究》,元照出版有限公司 2004 年版,第 195—196 页。

的网页进行分析，提取相关的网页信息，包括网页所在的 URL，编码类型、页面内容包含的所有关键词、关键词位置、生成时间、大小，与其他网页的链接关系等，并根据一定的相关度算法进行大量复杂计算，得到每一个网页针对页面文字中及超链中每一个关键词的相关度，然后用这些相关信息建立网页索引数据库。最后，当用户输入关键词搜索后，由搜索系统将用户通过浏览器提交的查询请求与网页索引数据库中的信息以某种检索技术进行匹配，找到符合该关键词的所有相关网页并按照现成的相关度数值排序，再将搜索结果的链接地址和页面内容摘要等内容组织起来返回给用户。这时，搜索结果页面显示的可能是指向特定网页的链接，也可能是将被链接网页的内容插入搜索网站网页的某一视框中显示，甚至还有可能跳过被链者的主页而显示具体内容页。

二 搜索引擎运作中所涉行为的初步审视

以上对搜索引擎工作原理的介绍，是为了揭开搜索引擎的神秘面纱。从中我们可以发现，搜索引擎运作中主要涉及以下行为：

（一）系统缓存行为

按照现阶段的技术，搜索引擎实际上是利用 html 文档之间的链接关系，派出机器人在 web 上一个网页一个网页地抓取，将那些网页抓到本地后进行分析。[1] 而在抓取网页的过程中就需要系统暂时地保存网页。这一行为看来似乎构成了对其他网站版权作品的复制，但是这种复制是根据技术自动安排完成的，是搜索技术在搜索过程中不可避免的结果。正如有学者指出的：在数字技术环境下，系统缓存等自动复制行为已经成为很多信息交换的附带行为，这些复制件绝大部分并不是为了也不会按照原有的内容为人们所感知，这种复制不会给权利人带来任何损害，所以不具有非难性。[2] 美国 DMCA 为此确立了"系统缓存避风港"条款，其他国家包括我国在内也大多有类似的安排。[3] 法律的作用是在平衡各方利益的基础上，确保搜索引擎发挥应有的功能，那么唯有在法律上赋予搜索引擎享有自由

---

[1] 参见李晓明、闫宏飞、王继民《搜索引擎——原理、技术与系统》，科学出版社 2012 年版，第 4 页。

[2] 曹世华：《网络知识产权保护中的利益平衡与争议解决机制研究》，合肥工业大学出版社 2011 年版，第 325 页。

[3] 我国的规定可参见《信息网络传播权保护条例》第 21 条。

权,搜索引擎才能尽可能抓取网页,充分实现互联网之搜索工具的功能。① 因此,作为系统缓存的网页抓取行为不涉及著作权侵权的问题。

(二) 网页快照行为(含小图片行为)

搜索引擎在抓取网页时,对网页进行备份并保存在自己的服务器缓存里。当用户点击"网页快照"链接时,搜索引擎将"蜘蛛"或"机器人"程序当时所抓取并保存的网页内容展现出来,保证用户看到和摘要信息一致的内容,这就是"网页快照"。前文提到的"小图片",也可被视为对图片进行的缩小形式的"快照"。② 很多搜索引擎既提供正常的链接结果,供用户点击后进入被链网站,也提供快照选项,以帮助用户了解原网页修改前、断链前的内容信息。具体来讲,网页快照在抓取来源网站的网页信息后有一个存储的行为,此后还有应用户点击而呈现快照页面的提供行为,但这两种行为和一般的系统缓存和链接都有较大区别。

首先,生成快照不同于系统缓存。快照是主动抓取来源网页的信息后予以保存,表面看是基于搜索引擎技术由机器自动完成,实质上是搜索引擎服务商自身意志的体现,即要搜索哪些页面,信息存储的时间,均是由搜索引擎决定的③;而系统缓存纯粹是技术的附带物。制作的快照也会在搜索引擎的服务器中保存较长的时间。虽然网页快照在搜索引擎服务商的服务器中的存储,并不是一种永久的存储,在一段时间之后,会被程序删除,或为新的副本所取代。从这个角度讲,网页快照的复制行为具有一定的临时复制行为的表征。④ 但是这种"临时复制"其实会在数据库中存储相当长的一段时间,然后才会因为搜索机器人的定期重新访问而被更新。所以实践中会出现被链接的网页内容已经更新而网页快照仍保留其未更新的内容的现象,⑤ 这充分说明快照并不是暂时的系统缓存。另外,从服务器的作用、用户的认知、设立目的等方面,快照与系统缓存也存在明显

---

① 陆幸福:《论搜索引擎服务商在提供链接过程中的权利与义务——基于霍菲尔德权利理论的一种分析》,《法学评论》2013 年第 4 期,第 7 页。
② 王迁:《网络环境中的著作权保护研究》,法律出版社 2011 年版,第 383—384 页。
③ 李彦:《搜索引擎著作权再探》,http://news.163.com/08/1217/14/4TCEV5RT000131UN.html。
④ 宋乐:《网页快照服务的著作权问题研究》,《网络法律评论》2009 年卷,第 41 页。
⑤ 黄武双:《论搜索引擎网络服务提供商侵权责任的承担——对现行主流观点的质疑》,《知识产权》2007 年第 5 期,第 18 页。

不同。①

其次，提供快照也不同于一般的链接。因为提供快照并不是根据用户的搜索指令为其进行信息定位服务，从而指向有关的网站，获取源文件，而是直接向用户提供被其事先复制的作品，使用户能够在自己选定的时间和地点获得作品的复制件。特别是在缩略图的情况下，用户只能大致了解原图片或照片的内容，以确定是否前往观看，而并不能真正地欣赏到图片的美感。而在目标网页已经不存在的情况下，通过快照功能仍然能够再现网页中的作品。

因此网页快照行为有其特殊性，是否构成对复制发行或信息网络传播权的侵害，就成为理论和实践关注的热点。

（三）链接行为

链接又称超文本链接（Hypertext linking），它是指使用超文本制作语言编辑包含标记指令的文本文件，在两个不同的文档或同一文档的不同部分建立联系，从而使访问者可以通过一个网址访问不同网址的文件，或通过一个特定的栏目访问同一站点上的其他栏目。链接是搜索引擎的灵魂，搜索引擎靠链接来指引路径，抓取网页内容，同时又以链接的方式将搜索的结果呈现给用户。链接的形式多种多样，根据其是否链接到原网站，可以将其分为"浅层链接"和"深度链接"。

浅层链接也就是普通链接，它只是引导用户利用它所显示的搜索结果或者更明确地说是信息存储地址的指引快捷地进入第三方网站获取信息，也就是只提供了一个通道或路标。而深度链接，则当用户点击链接标志时，计算机就会自动绕过被链网站的首页，而跳到具体内容的分页。此时会导致使用者对网站所有者的误判，因为用户浏览器中显示的网络地址仍然为设链网站的地址，而不是被链接的文件在第三方网站的地址。② 深层链接根据其运用的链接技术的不同又包括视框链接和在线链接等。前者被链接的其他网站的网页被加框显示在链接网页的单独区域中，而后者被链接的网页完全地加入本地网页中，用户根本不知道该网页来自于另一个网站。

基于以上对搜索引擎所涉行为性质的简单分析可见，可能涉嫌侵权或

---

① 参见王迁《网络环境中的著作权保护研究》，法律出版社 2011 年版，第 385—388 页。
② 王迁：《网络环境中版权直接侵权的认定》，《东方法学》2009 年第 2 期。

犯罪的行为主要是网页快照行为和链接行为。

三 网页快照行为著作权侵权问题的思考

(一) 国外关于网页快照行为的处理

从总体上看，国外关于快照行为的处理意见并不一致，主要包括两种：

1. 侵权否定论

美国对于网页快照大多持较为开放的态度，不少判例中法官否定快照行为成立侵权，然而理由却各不相同。

理由之一：通过否定搜索引擎的"意志要素"来否定快照行为构成著作权法上的复制发行行为。如在美国 Parker 诉 Google 案中，Parker 在网络中发表了文章，该网页被 Google 制成了"快照"，Parker 认为 Google 未经许可复制了其作品，构成直接侵权。对此，一、二审法院均认为，被告要构成直接侵权，其未经许可的复制必须是"受其意志控制的行为"，而 Google 自动对互联网网页进行存储的行为不具备"意志"要素，因此不构成侵权。①

理由之二：推定著作权利人对快照行为存在默示许可而免责。比如在美国的 Blake A. Field v. Google 案中，如果一个网站不希望 Google 对其网页提供"快照"，可以根据在互联网业界广为人知的 Robots 协议②，在其网站中加入简单的指令。而该案原告在知道的情况下，仍然不在其网站中加入禁止快照的指令，则原告的行为就应被合理地解读为给予了 Google 对其作品的提供快照的默示许可。③

理由之三：快照行为虽构成复制与信息网络传播等行为，但其属于合理使用。而之所以认定为合理使用，是因为快照对作品的使用导致作品的功能发生了转换，增加了新的、更多目的或不同特性，加入了新的表达、意义或信息。具体而言，网页快照的功能不是简单地再现网页中的作品，而是在被链接网站因网络堵塞或网站服务器临时关闭而无法访问时，使用

---

① Gordon Roy Parker v. Google, 242 Fed. Appx. 833, at 836 (3rd Cir, 2007).

② 鉴于网络安全与隐私的考虑，每个网站都会设置自己的 Robots 协议，来明示搜索引擎，哪些内容是愿意和允许被搜索引擎收录的，哪些则不允许。而搜索引擎则会按照 Robots 协议给予自己的权限来进行抓取。Robots 协议已经成为所有搜索引擎必须遵守的国际惯例。

③ Blake A. Field v. Google, 412 F. Supp. 2d 1106, at 1106 (D. Nev. 2006).

户得以了解该网站中曾经存在的信息。如果网页能够被正常访问，绝大多数用户是不会去点击"网页快照"选项的。特别是缩略图，其目的主要是为了提高对网络信息的获取，其用途和原图片的用途显然不同，所以它更具有高度的转换性。① 这种转换性使用因不会替代原网站对作品的市场性利用，所以它符合合理使用的条件。

大陆法系的德国、西班牙等在处理类似案件时，也采取了和美国较为接近的做法而认定快照行为不侵权。

2. 侵权肯定论

也有一些国家对网页快照问题则持较为保守的态度。这里可以比利时著名的 Copiepresse v. Google 案进行说明。该案原告起诉指控 Google 提供网页快照等服务侵犯了其成员享有的复制权和向公众传播权，一审法院审理后在 2007 年做出判决，认定有关著作权法上的例外条款不适用于 Google。Google 随即上诉，历时四年之后，终审判决仍然判 Google 败诉，不仅认定网页快照构成复制与向公众传播的行为，而且依据对"例外与限制"再做出限定的"三步检验法"，认为在原始网站已删除原文之后或只有付费之后才能获取的情况下，用户通过"网页快照"方式即可获得该文章，影响了对作品的正常使用，对权利人的合法利益也造成了不合理的损害，这显然不符合"合理使用"的要求。②

（二）我国关于网页快照行为的处理

我国知识产权司法实践中也已处理过不少涉及网页快照的侵权案件。从 2008 年的王路诉雅虎案中法院判决雅虎不侵权，到 2008 年泛亚诉百度、2010 年中国音乐著作权协会诉百度等案中法院判决百度构成侵权，不难发现，我国法院对网页快照行为的态度是不明朗的。正因为没有明确的法律注解，所以在 2012 年国内老牌搜索引擎巨头百度还和新生的 360 搜索引擎上演了一场闹剧，即 360 公司搜索引擎上线后，对百度内容实施强制快照，而不考虑百度公司是否已按国际通行规则写入"robots.txt"。为反制 360 公司的强制快照，百度公司实施了强制跳转的技术措施，即用户通过 360 综合搜索访问百度知道、百科、贴吧等服务时，将会强制

---

① Perfect 10 v. Google, 416 F. Supp. 2d 848（D. Cal. 2006）.

② 杨华权：《搜索引擎在比利时的法律命运——对 Copiepresse v. Google 一案的评介》，《网络法律评论》2011 年第 2 期，第 285—297 页。

跳转至百度首页。对此，360 公司针对百度的反制实施了再反制措施，即用户在点击 360 抓取的百度搜索结果时，均会强制跳转到 360 网页快照的页面。这场"3B 大战"最后以国际版权局约谈双方负责人，认定 360 综合搜索抓取百度网页快照的行为违规，要求其整改而降下帷幕。

由此最高人民法院总结经验，于 2012 年 12 月颁布《关于审理侵害信息网络传播权民事纠纷案件适用法律若干问题的规定》，其中第五条专门对互联网服务提供商的快照行为做出规定："网络服务提供者以提供网页快照、缩略图等方式实质替代其他网络服务提供者向公众提供相关作品的，人民法院应当认定其构成提供行为。前款规定的提供行为不影响相关作品的正常使用，且未不合理损害权利人对该作品的合法权益，网络服务提供者主张其未侵害信息网络传播权的，人民法院应予支持。"由此可见，"实质性替代"是网页快照提供行为的构成要件，只有在构成提供行为的前提下，才有可能构成侵权，但是仅有实质性替代行为还不是侵权的充分条件，还要继续审查，若属"不影响相关作品的正常使用且未不合理地损害权利人对该作品的合法权益"的情形，则该快照提供行为仍可免责。从立法本意上讲，该条款从著作权人与网络服务提供者、社会公众之间的利益平衡角度，对网络快照行为留下了一定的发展空间。①

因此，在 2014 年丛文辉诉搜狗公司案中，法院就判决提供网页快照的行为虽然属于信息网络传播行为，但符合著作权法有关合理使用制度的实质条件，该行为并不会对丛文辉的权益造成实质影响，如认定其构成侵权将会对公众利益造成不合理的影响，故法院认为该行为构成合理使用。②

（三）网页快照行为著作权侵权的认定

从上述司法解释看，网页快照行为的本质属性被界定为是一种信息网络传播行为，这可能是基于该行为满足著作权法上将作品置于网络以使公众可以在其个人选定的时间和地点获得作品的要求。鉴于我国目前已有司法解释，所以下文首先结合有关解释就网页快照行为的侵权认定进行探讨。

---

① 张玲玲：《网页快照提供行为的著作权侵权判定》，《知识产权》2014 年第 4 期。
② 参见《〈可耻的幸灾乐祸〉网页快照著作权案》，http：//www.chinacourt.org/article/detail/2014/04/id/1281843.shtml。

1. "实质性替代"的认定

"实质性替代"是我国目前判断是否构成侵害信息网络传播权的关键。笔者认为,"解释"中对快照提供行为的这一界定与美国部分判例中提到的"转换性使用"出发点是不一样的。"转换性使用"是从使用的目的上而言的,它和导致原告作品的市场被替代是有内在联系的:对作品的使用越具有"转换性",替代作品市场的可能性就越小。① 所以基本上一旦认定为转换性使用,就否定了其对原告网站中作品的替代,从而可直接认定为合理使用而免责。而我国的"实质性替代"是从快照的内容能否再现原网页方面而言,也就是"实质性替代"应该是一个客观的事实判断,只要快照提供行为存在着基本能够替代原网页的客观可能,即不管用户是点击源网站的网址还是点击快照,都可以得到其所需要的内容,就构成了实质性替代。正如2010年音协诉百度案中判决指出的:由于被告在其快照等页面提供了歌词的全部内容,使大多数用户在一般情况下无须再行选择点击来源网站的网址以获得歌词……百度网的上述方式已经实际起到了替代来源网站提供歌词的作用。②

2. 快照侵权责任的免除

虽然构成"实质性替代"的快照行为原则上可构成侵权,但根据"解释","提供行为不影响相关作品的正常使用,且未不合理损害权利人对该作品的合法权益"即可以免责。

如果从快照的提供并没有修改或删除原网页的内容,以及用户使用快照功能也不会阻碍原网页的更新而言,则所有的快照行为都不会影响相关作品的正常使用,则这一规定就显得多余,所以对于"正常使用"这个术语并非单纯指权利人如何利用其作品的一些经验性结论,它其实是一个规范性的条件:如果某一例外涵盖了任何具有或者可能具有重大的重要性的作品利用方式,以至与作者对作品所行使的权利展开经济竞争,则此种例外就已经与作品的正常使用相抵触了。③ 不过即便基于这一认识,仍有学者指出从目前的网络现状来看,网页快照还不是网络服务提供者的一种盈利模式,亦不构成与权利人对作品的行使权利的经济竞争,因此,现阶

---

① 王迁:《网络环境中的著作权保护研究》,法律出版社2011年版,第398页。
② 参见北京市第一中级人民法院〔2010〕一中民终字第10275号民事判决书。
③ [匈] 米哈依·菲彻尔:《版权法与因特网(上)》,郭寿康、万勇、相靖译,中国大百科全书出版社2009年版,第414页。

段网页快照并不影响作品的正常使用。① 但是笔者认为从实践来看，其实存在影响作品正常使用的情况，如前述 3B 大战用户在点击 360 抓取的百度搜索结果时，被强制跳转到 360 网页快照的页面，影响到用户直接使用百度网页或者使用快照网页的选择权，因为通常用户的选择是基于个人的主观偏好性的，在这种情况下，就不能说对作品的正常使用不存在影响。

至于对"不合理损害"的判定，笔者认为这种损害一是体现为对作品著作权的损害，如网站明示拒绝快照；二是体现在对经济利益的损害。虽然目前还没有哪个搜索服务商要求用户为网页快照付费，但是快照服务对网页作品的使用是可以为服务商带来经济利益的，服务商作为理性经济人，其行为目的归根结底是要追求利益最大化，② 所以长远看来，不排除快照直接损害作品权利人经济利益的可能。同时因为快照功能的存在可能会导致第三方网站的市场被部分或全部取代，会给第三方网站的潜在的市场价值带来不利影响，所以间接利益的损害就更加清楚了。那么怎样的损害才算"不合理"呢？笔者认为，由于目前网页快照在我国只是作为百度搜索等的一项附加服务，其存在有一定意义，譬如可以借此找到已经被修改、移除的网页，而且通常也只是对搜索引擎链接起到补充作用，需要用户自行点击诸如"百度快照"的选项，同时考虑到目前环境下促进网络技术持续发展仍是当前社会的重要利益所在，所以合理地限制著作权人的利益可能成为暂时的权宜之计。因此为了增强"不合理"判断的可操作性，笔者主张借鉴"避风港"规定中的"通知删除"规则，即如果搜索服务商接到权利人认为该网页快照行为已经损害了其利益的通知，而仍然不予以删除所造成的损害就是不合理损害。

（四）网页快照行为著作权侵害责任的再思考

综观国内外关于网页快照的案件，可以看到无一以刑事案件论处的。即便是著作权保护水平高度发达的美国，目前也最多认定为搜索引擎制作与提供快照的行为构成侵权。从这一角度看，我国当前显然没有超越美国将网页快照行为入罪的必要。但是法律是技术与利益发生碰撞时的调节器，只要有认定侵权的可能性，就难免在将来技术与利益的对比发生变化

---

① 张玲玲：《网页快照提供行为的著作权侵权判定》，《知识产权》2014 年第 4 期。
② 宋乐：《网页快照服务的著作权问题研究》，《网络法律评论》2009 年卷，第 43 页。

的某天动用刑事力量，因此网页快照究竟应如何对待需要与时俱进地思考。

另外，网页快照的对象本身有可能是侵权作品，在这种情况下，网页快照和搜索引擎通过深度链接的方式将侵权作品直接再现出来效果相同，而且网页快照的滞后性某种程度上比深度链接对于侵权作品的再现时间更长，危害性更大。而对于搜索引擎的深度链接行为，当前是否入罪已经引起不少争议，所以从罪责均衡的角度来讲，对网页快照行为能否入罪还值得深思。

四 深度链接行为的刑法评价

对于搜索引擎的链接行为，已经达成共识的是，普通链接只是提供了帮助用户登录到被链网站的通道，强制要求搜索引擎对所链接的作品进行逐一检视以确保合法来源是非常不现实的，故对链接行为一般不以侵权论处。但是在搜索引擎发现或被通知所链接的信息有侵权嫌疑，应立即采取措施断开链接而没有断开的情况下可能成立侵权。这也是为了平衡著作权人利益和链接的公共利益之所需。[1] 然而对于深度链接行为如何评价，是否构成侵权甚或犯罪，目前均存在较大争议。

（一）深度链接行为的规制现状

1. 深度链接行为法律责任认定的域外分歧

从深度链接这项先进的网络技术被运用之日起，版权人就一直为此忧心忡忡，也为此发动了大大小小的诉讼。不过域外多年的司法实践却一直在侵权与否的问题上摇摆不定。

在美国，法院对于类似的案件处理结果前后不一。例如在 2002 年的 Kelly v. Arriba Soft Corp. 案中，被告对原告的摄影作品设置深层链接使用户能够点击以缩略图形式出现的链接而欣赏位于第三方网站中的"大图"，起初法院认为原告的行为构成版权法意义上的"展示"行为，[2] 但最终因为判决广受批评不得不又撤销了这一判决。[3] 而在 2006 年的 Perfect 10 v. Google 案中，Google 同样以缩略图的形式排列了搜索到的第三方网

---

[1] 冯晓青：《知识产权法利益平衡理论》，中国政法大学出版社 2006 年版，第 418 页。

[2] Kelly v. Arriba Soft Corp., 280 F. 3d 934 (9th Cir. 2002).

[3] Kelly v. Arriba Soft Corp., 336 F. 3d 811 (9th Cir. 2003).

站中存储的照片并对其设置了"埋链接",法院则直接依据"服务器标准"认为用户点击链接之后看到的图片并不是 Google 所存储并通过服务器提供的,所以该行为不可能构成对图片的直接侵权而只可能构成间接侵权。①

在德国,较为有名的案例是"报童"案。该案原告指控被告在其从事的"paperboy"搜索引擎服务中通过"深度链接"可以使用户直接进入所搜索文章的具体网页,从而侵犯了原告的著作权,并且构成了不正当竞争。该案历经三审,最后德国最高法院判决认为,深度链接原则上是合法的,是应该被容忍的,它既不侵犯著作权法,也不违反不正当竞争法。因为这些文章是用户通过点击获取的,被告只是提供了搜索服务,该行为并不是著作权法意义上的传播行为。当权利人对一个受著作权法保护的作品不采取任何技术性保护在互联网上公开的时候,它就可能自动允许搜索人使用这些作品。因此,Paperboy 网站根据用户询问排列出新闻并没有侵害到著作权法上的使用权利,相关作品的复制权和传播权利也并没有因此而受到侵害。② 不过德国慕尼黑地方法院在 2007 年的一个案件中却认为,加框链接(深度链接的一种形式)在访问者无法感知自己是在访问第三方内容时,构成直接侵权。如果设链者提供了地址信息,则无须承担直接侵权责任。之后 2011 年德国的杜塞尔多夫上诉法院也认为在博客上未经许可利用嵌入式链接(内链接)展示图片,构成《德国著作权法》第 19a 条的"向公众提供"行为,侵害了著作权。③

欧盟为了解决链接所带来的法律争议,在 2014 年的 Svensson 案中提出了一个"新的公众"标准,即提供链接使公众可以链入其他原本可以自由访问的网页作品的行为不构成向公众传播行为,因而也不构成版权侵权,除非该链接的用户对于版权作品来说属于"新的公众"。④ 这就意味

---

① Perfect 10 v. Google, 508 F. 3d at 1160 (2007).
② 江清云:《从德国司法判决比较超链接的著作权侵权界定》,《德国研究》2008 年第 2 期,第 54—55 页。笔者认为这里实践上借用了默示许可的理论,但是默示许可缺乏法律上的依据,理论很容易被推翻。
③ 转引自崔国斌《加框链接的著作权法规制》,《政治与法律》2014 年第 5 期。
④ 龙井瑢:《探析链接版权法律责任在欧盟和英国的新发展——兼评中国相关版权司法实践》,《法学杂志》2014 年第 12 期,第 128 页。

着，设置链接的行为只有在被设链的原始网站设置访问限制而链接的情况下，才是向新的公众传播作品而可能构成侵权。

从域外案例的对比我们可以看到，对深度链接行为的争议焦点在于，使公众能够直接获取目标网页的链接行为是否构成向公众传播版权作品的行为，对这一问题的不同回答直接影响到该行为能否构成著作权的直接侵权行为。

2. 我国关于深度链接行为的不同定性

近年来，深度链接行为引发的著作权纠纷在我国逐渐呈上升趋势，而法院处理此类案件的态度则不尽一致，总的说来亦有两种不同做法：

一是认为深度链接的设链者并没有上传作品至服务器，因而不属于信息网络传播行为，进而不构成直接侵权，仅在行为人明知或应知被搜索链接的网站内容构成侵权的情况下，才承担间接侵权责任。例如在上海聚力传媒技术有限公司诉天津津报传媒网络发展有限公司侵犯作品信息网络传播权纠纷案中，法院认定：津报公司"采取嵌入式加框技术即深度链接的技术手段，在不改变页面地址栏所显示域名的情况下，实际链接引入了第三方网站即新浪公司的云视频对涉案电视剧进行播放。新浪公司完全控制云视频的播放内容及页面设置，是涉案电视剧的实际直接提供者，津报公司采取的深度链接技术虽不同于普通的链接或搜索引擎，但从其采取的技术方式上看实际并未直接提供权利人的作品，仍属于以其技术提供网络中间性服务的行为，不构成直接侵权"。[①]

二是认为只要网络服务商的链接行为使用户感觉到是该网络服务商提供的上传行为，就可认定其实施了信息网络传播行为并构成直接侵权。例如在北京七色彩虹广告有限公司与浙江淘宝网络有限公司著作权纠纷案中，法院经审理认为，"从公证的网页内容看，整个操作步骤均是通过 www.taobao.com 网站逐层递进引导的，即网络用户按照网站指引，在其选定的时间和地点均可阅览到涉案作品，涉案作品所在网页上方均显示'您好，欢迎来淘宝！''淘宝门户女人''您现在所在位置：淘宝资讯＞女人＞花嫁＞时尚婚典'等字样，而没有 ONLYLADY 网站的标志，使得网络用户当然认为其是在淘宝网上阅览相关网页内容。……因此，淘宝公司理应对频道项下的网页内容的合法性负有审查的义务，其怠于履行该义

---

① 天津市第二中级人民法院（2012）二中民三知初字第382号。

务，则应对发生的侵权行为承担相应责任"。①

当然还有的除了主张追究深度链接者的著作权责任，也认为深度链接是一种不正当竞争行为。② 由此可见，中外对于深度链接行为的争议问题基本相同。

值得我们特别关注的是，在民事领域对于深度链接行为的司法定性尚存争议的情况下，我国的刑事司法机关已经迫不及待地挥出了利剑，誓要借助刑法的力量解决盗版猖獗问题。2014 年 1 月 28 日，全国首例因深度链接影视作品而被检察机关提起公诉的侵犯著作权刑事案件，在上海市开庭审理。法院审理认为，该案犯罪嫌疑人张某未经著作权人许可，深度链接他人影视作品，使公众可以在个人选定的时间和地点通过网站获得作品，并通过在网站上刊登收费广告获取利益，符合侵犯著作权罪的入罪情形。据此判决张某有期徒刑一年零三个月，缓刑一年零三个月，并处罚金3 万元。③ 本案虽惩处的是盗链的视频网站而非搜索引擎，但笔者认为，只要涉及的是深度链接行为，在判定其侵权或是犯罪之前首先都需要明确其性质。如果认定其为向公众提供作品的信息网络传播行为，则有可能构成直接的侵权或侵犯著作权罪的直接实行犯；反之，就只有当设链者知晓第三方网站中的文件侵犯"信息网络传播权"的情况下，仍然设置对侵权文件的链接或保持链接的，才能构成"帮助侵权"或"帮助犯罪"。有鉴于此，下文将对这一先决性的问题首先做出明确。

（二）深度链接的行为属性：提供作品抑或提供链接

我国《著作权法》第 10 条第 1 款第 12 项规定，"信息网络传播权"是"以有线或者无线方式向公众提供作品，使公众可以在其个人选定的时间和地点获得作品的权利"，由此"以有线或者无线方式向公众提供作品，使公众可以在其个人选定的时间和地点获得作品的"行为即为受信息网络传播权控制的"信息网络传播行为"。毫无疑问，将作品上传网络的行为属于提供作品的行为。与此不同，深度链接的技术特性在于其并没

---

① 一审判决书参见（2011）杭余知初字第 21 号；二审判决书参见（2011）浙杭知终字第 58 号。

② 《专家："今日头条"深度链接属转载 涉不正当竞争》，http://ip.people.com.cn/n/2014/0801/c136655-25382113.html。

③ 《网络"深度链接"侵犯影视著作权 网站经营者被判有期徒刑》，《人民法院报》2014年 6 月 10 日第 3 版。

有真正地上传作品,为此百度就曾为自己辩解,其搜索页面能够直接提供所搜索歌曲的下载只是采用了"重定向技术",① 实际上在后台用户还是与音乐网站链接。但是通过这种技术,公众却能获得典型的信息网络传播行为同样能够在选定的时间、地点获得作品的结果。因此对其行为如何定性就出现了分歧。

一种观点认为,网络传播行为的核心在于提供作品,提供特指将作品"上传"至或放置在网络服务器中供用户下载、浏览的行为,而不是指用户据之得以获得作品的所有行为。据此深度链接行为缺乏信息网络传播行为的本质构成要素。② 另一种观点则认为,深度链接不是一种正常的链接行为,它是对他人视频网站中影音文件的直接链接,用户点击后不经跳转程序,即可以一键式直接打开第三方网站的视频作品,因而从网络用户角度,这种行为实质上就是直接向公众提供作品的行为。换言之,深度链接就是一种信息网络传播行为。③

以上观点分歧反映的其实就是国外信息网络传播行为认定中的"用户感知标准"与"服务器标准"之争。这是一个著作权法的问题,考虑刑法能否适用以及如何适用于深度链接行为也必须以著作权法的法理为基础。而从著作权法领域的有关研究来看,我国更多学者倾向于采纳严格的"服务器标准"而非主观色彩浓厚的"用户感知标准"。理由如下:

第一,从"信息网络传播权"的立法原意上考究,我国的"信息网络传播权"来源于 WCT 第 8 条后半句规定的"向公众提供权",从"提供"的英文 making available 上看,提供显然应该就是一种客观行为,而究竟由谁来提供从而使得公众能够在选定的地点和时间获得作品就是一种既定事实。作品的直接上传行为当然是提供行为,而深度链接行为虽然以设链的方式使得公众也能够获得作品,但是此时作品已经由原网站提供,深度链接只是以设链的方式"使本身已经在该服务器中处于'为公众所获得的状态'的作品在实际传播范围上进一步扩大",④ 其获得效果是完全依赖于被链者的。因为当被链者对作品未采取任何保护措施时,公众自

---

① 刘芝秀:《从"步升诉百度案"判决看——搜索引擎网络经营者的法律责任》,《检察日报》2005 年 12 月 23 日。
② 王宇斐:《深度链接的民刑界定》,《中国版权》2014 年第 4 期,第 49—50 页。
③ 徐松林:《视频搜索网站深度链接行为的刑法规制》,《知识产权》2014 年第 11 期。
④ 王迁:《网络环境中的著作权保护研究》,法律出版社 2011 年版,第 398 页。

然也能够通过深度链接获得他们从原网站也能获得的作品,但一旦被链者对作品采取加密、收费等保护措施或者删除了作品,则设链者就无法保证公众能够在个人选定的时间和地点获得作品。换言之,作品能否取得、取得什么样的作品最终是取决于被链者的上传行为,深度链接作为一种路径指引的传播方式,只是扩大了被链网站已上传作品的影响。① 这一行为具有典型的依附性特征,故并非真正的提供作品行为。所以 WCT 的"基础提案"在对"向公众传播权"进行说明时也指出:构成向公众提供作品的行为是提供作品的"初始行为"。②

第二,从利益平衡的角度考虑,也不能以用户感知标准来认定深度链接的性质。首先,如果采取用户感知标准会导致各种类型的深层提供者遭受毁灭性打击,实际上将在法律上宣告深层链接这一技术的死刑。③ 因为如果将深度链接视为信息网络传播行为,则其直接受到信息网络传播权的控制,只要未经权利人授权而予以链接,则无论被链接的作品本身是否是侵权作品,深度链接行为都将构成直接侵权。特别是在我国著作权侵权者的主观过错认定上,普遍采用过错推定之方式,设链者是很难由此证明自己主观无过错而免责的,为此搜索引擎只能选择放弃这一技术。由前文分析可知,网页快照的后果基本等同于甚至还要甚于深度链接,如果深度链接技术都应该被放弃,那么网页快照更应该被禁止,但目前网页快照行为还有免责的空间,所以从技术对比上看,深层链接作为搜索引擎的一种主要行为方式,也应该为其留有余地。至少可以通过商业模式的创新来使这一技术得以保留的同时又能将对权利人的利益损害降至最低水平。其次,这不仅是对技术本身的摧残,也造成了公众利益的减损。本来借助于深度链接技术,搜索引擎可以指引用户轻松跨越网络系统的物理界限,快捷地获得网上的各种作品,自由链接已成为网络空间的表达习惯。而一旦深度链接不被允许,则用户必须进行网站之间的跳转,这中间可能出现各种意想不到的技术障碍。故事实上相对于搜索链接网站首页,深度链接技术更能提高信息定位的效率。所以尽管深度链接为版权人所不喜,但为公众利益考虑,理应对其格外宽容。

---

① 林清红、周舟:《深度链接行为入罪应保持克制》,《法学》2013 年第 9 期,第 153 页。
② 该说明的英文措辞表述为 "initial act of making the work available"。
③ 王迁:《网络环境中的著作权保护研究》,法律出版社 2011 年版,第 398 页。

至于域外新出现的"新的公众"标准本身还不成熟，存在不明确性且有待实践检验。故综上，笔者认为以严格的"服务器标准"来认定深度链接的性质，进而将其排除在直接侵权之外是比较可取的做法。

（三）我国深度链接行为刑法规制的实然分析

鉴于本文的主旨是要解决搜索引擎引发的网络著作权刑事保护问题，所以在厘清深度链接行为的性质之后，我们不再纠缠于侵权的问题之上，事实上著作权法领域也已有相当多的研究，而是直接转向对这一行为的刑法评价。

1. 刑法解释与著作权法的契合性之争及问题澄清

两高在 2004 年《关于办理侵犯知识产权刑事案件具体应用法律若干问题的解释》中即规定，通过信息网络向公众传播他人的文学作品、音乐、电影、电视、录像作品、计算机软件及其他作品的行为视为《刑法》第 217 条规定的"复制发行"；2011 年《关于办理侵犯知识产权刑事案件适用法律若干问题的意见》也做了类似规定。这样就将"信息网络传播行为"正式解释进了侵犯著作权罪的行为方式。由此搜索引擎的深度链接行为单独以侵犯著作权罪论处看似就具有了可能。

然而，姑且不论这种解释是否类推解释，① 单就刑法解释中的"通过信息网络向公众传播"的行为是否就是著作权法中的"信息网络传播行为"而言，已经疑窦丛生，而这在认定深度链接行为是否成立侵犯著作权罪时是至关重要的。② 如果我们做出肯定回答，即认为"通过信息网络向公众传播"的行为就是著作权法中的"信息网络传播行为"，按照前文对于深度链接行为属性的分析，则设置深度链接就不在该解释的约束范围之内，也就是说深度链接行为不可能单独直接成立侵犯著作权罪；如果我们做出否定回答，则深度链接行为虽严格上讲不是"信息网络传播行为"，但却属于解释中的"通过信息网络向公众传播"信息的行为，则依照该有权解释，深度链接行为仍可被视为侵犯著作权罪中的"复制发

---

① 因为在著作权法中，信息网络传播权是与复制权、发行权并列保护的权利，著作权法在复制发行行为之外，还规定了表演、放映、广播、汇编以及通过信息网络向公众传播作品等行为方式，刑法仅仅筛选了包括"复制、发行"在内的四种行为方式就表明除此之外的行为是不宜纳入刑法规制范围的。司法解释将信息网络传播行为评价为"复制发行"，突破了"复制发行"的文义射程，故构成类推解释。

② 王宇斐：《深度链接的民刑界定》，《中国版权》2014 年第 4 期。

行"，进一步地，如果能够证明设链者主观上具有盈利目的，客观上行为达到相当严重程度，则设置深度链接可以直接成立侵犯著作权罪。

对此有学者认为，刑法意义上的信息网络传播行为与著作权法意义上的并不完全一致，并不能完全按照著作权法上信息网络传播行为的特征来限定刑法上的信息网络传播行为。也就是说，不能依据深度链接不是著作权法意义上的信息网络传播行为，来得出不构成侵犯著作权罪的结论。[①]笔者对此不敢苟同。侵犯著作权罪作为一种法定犯，具有"二次违法性"的特征，以违反著作权法为前提。因此著作权刑法规范也应具有二次规范属性，即只有在其他社会统制手段（如私刑）过于强烈，有代之以刑法的必要时，才可以动用刑法。[②] 既然如此，刑法规范的解释就必须以前置法为依托，不能超越前置法的范围进行刑法"独创性"的解释，否则就违背了二次违法性原理。[③] 虽然并不是所有的犯罪都存在前置法，但是对于侵犯著作权罪这一典型的"出于著作权法而入于刑法"的犯罪而言，其行为的性质、类型应当与著作权法的规定是一脉相承的。因此，尽管刑法解释中的表述与著作权法稍有差异，但毫无疑问只有被著作权法所调整的行为才有可能上升为刑法中的犯罪，正如学者所说："当刑法将侵犯知识产权的行政违法行为刑罚化，变成行政犯罪行为时，它的概念类型实际上早已被行政法规范固定化、格式化了"，[④] 故深度链接在此须以著作权法为解释的原点，即其并不属于解释涵盖的行为。2012年11月26日《最高人民法院关于审理侵害信息网络传播权民事纠纷案件适用法律若干问题的规定》也印证了这一点，根据其第四条，如果网络服务提供者与他人不存在分工合作，能够证明其仅提供链接等网络服务的，就不构成共同侵权行为，这即是说，链接本身并不是直接侵权行为，所以对于深度链接行为直接以侵犯著作权罪论处就缺乏充分的法理依据。

2. 深度链接入罪的路径及其障碍分析

虽然深度链接行为不能依据解释直接构成侵犯著作权罪，但是由于深

[①] 詹毅：《深度链接侵权作品是否构成侵犯著作权罪问题研究》，http://www.ycliangls.com/zdyActN.php?thdClassId=34200&actId=381700。

[②] 陈兴良：《刑法谦抑的价值蕴含》，《现代法学》1996年第3期。

[③] 刘伟：《经济刑法规范适用中的从属性问题》，《中国刑事法杂志》2012年第9期。

[④] 张心向：《我国知识产权刑事保护现象反思——基于实体法规范的视野》，《南开学报》（哲学社会科学版）2010年第4期。

度链接行为的叠加、聚拢和倍增效应以及搜索引擎服务商的职业性、持续性和不特定性，不少学者认为深度链接行为具有比网络用户的上传行为更为严重的危害性，同时搜索引擎对用户侵权作品不仅具有支配性也具有链接以利用的故意，与直接上传侵权作品的做法在刑法评价意义上具有等价性，[①] 故仍然主张应当用刑法规制。由此产生了两种规制路径：

（1）传统共犯路径

按照共同犯罪理论，典型的共同犯罪要求共犯双方在客观上存在着共同的犯罪行为且主观方面存在共同的犯罪故意。据此笔者认为，对搜索引擎要以共犯者论处，主要取决于两点：一是被链者的行为要构成侵犯著作权罪，否则深度链接者不可能存在帮助侵犯著作权的行为，因为帮助犯的成立从属于正犯的成立，帮助犯的不法和可罚性源于正犯行为对法益的实际侵害。由此如果搜索引擎深度链接的网站本身得到了著作权人的授权，提供的均为版权作品，则搜索引擎深度链接的行为不能以犯罪论处。此外，在被链网站虽有侵犯著作权的行为，但不具备侵犯著作权罪的主观营利目的要件或达不到数额情节要件时，同样也无法追究设链者的刑事责任。二是在被链者为盗版者且构成犯罪，搜索引擎客观上帮助了侵权的情况下，则关键取决于设链者和被链接者有无意思联络以及设链者本身主观上有无营利目的和是否达到情节要求。然而现实案件中，搜索引擎的营利目的并不明显，并且设链方往往与被链方没有任何沟通，出于避免版权纠纷等原因，设链方不会主动联系被链方，而为了推广网站作品、增加作品受众范围，被链方也不会对设链网站进行一一核查，因此设置深度链接的双方无法形成双向的犯意联络。[②] 那么在设链者一方可能明知是盗版网站而仍然链接时，能否处罚设链者呢？这就涉及刑法中的片面共犯问题。

所谓片面共犯，是指只有一方行为人以参与的意思分担了犯罪的实行行为的情况。[③] 虽然对这一概念刑法学界还有争议问题，但绝大多数学者已经较为务实地承认这一概念，尤其是肯定片面帮助犯。然而搜索引擎的深度链接行为由于发生在网络环境之下，网络作为一种新型的社会模式，

[①] 参见凌宗亮《深度链接行为或可构成侵犯著作权罪》，http://www.sipo.gov.cn/mtjj/2014/201408/t20140829_1002458.html。

[②] 张少东：《深度链接行为的刑事审视》，《山西师大学报》（社会科学版）2014年第S5期。

[③] 张明楷：《外国刑法纲要》，清华大学出版社2007年版，第315页。

改变了传统共犯的犯意发起方式和犯意联络,从而增加了网络共同犯罪故意认定的复杂性。① 因此,明知的认定仍然相当困难,表现在:首先,搜索技术的运作只能让技术本身认识到搜索的对象,这种认知并不必然转化为搜索服务商对被链对象的认知,因此对于被链对象认知的缺位使得意思联络的形成缺乏前提。其次,即使对被链对象有所认知,但是在开放的网络环境中,有许多资源可供网络用户免费享用,但资源来源是否合法却很难查证。深度链接行为人在对作品设置链接的时候,往往不会也不可能对设链作品的合法性进行查证,更不用说去考虑被链者上传作品的主观故意及该行为的性质。② 最后,搜索引擎与网络用户之间是一对多的关系,搜索引擎居于网络信息传播的核心,如果要承认这种帮助侵权的意思联络,则必然是一种辐射型的意思联络且意思联络的内容模糊,换言之,要证明搜索引擎对如此之多的被链对象的著作权犯罪行为以及其主观上的营利意图等有所明知进而产生帮助的意图是不可行的。可见,对搜索引擎的深度链接行为以片面帮助犯论处存在无法克服的诸多障碍。

不过也不是任何情况下都不存在这种片面帮助的故意,关键在于要能够认定链接者主观上对于侵权作品的明知。实践中,如果著作权人向搜索服务商提供了网站或网页作品侵权的初步证明,此时搜索引擎尽管缺少专业的审查能力,但笔者认为其根本无须审查而只需要断开链接,因为深度链接本身就不是在提供作品,也不会真正阻止用户直接到原网站获取作品内容,所以就应该被认定为有了具体的明知,如果仍然予以深度链接,就是以不作为的方式在帮助犯罪。此外,也可能存在"应当知道"的情形,如果其在一段时间内频繁地接到对某个网站的断开链接主张,此时我们应该推定搜索服务商有理由知道该网站为盗版网站,如其不断开链接,也有可能构成帮助犯。当然对于推定明知的情况适用时应当特别谨慎,如果该网站提出相反证据,则不能认定其符合"明知"要件。

(2)共犯正犯化路径

由于深度链接行为基于共犯理论陷于入罪困境之中,所以有些学者着眼于这一问题提出了新的规制思路,即将"帮助行为"基于其技术特点和独立化、主动化特点而直接解释为"实行行为",也就是将"共犯行

---

① 于志刚主编:《共同犯罪的网络异化研究》,中国方正出版社 2010 年 3 月版,第 15 页。
② 林清红、周舟:《深度链接行为入罪应保持克制》,《法学》2013 年第 9 期。

为"加以"正犯化"解释，或者直接规定为独立的犯罪。同时论者还指出，"共犯行为的正犯化解释"模式已经开始被实际接受，并以2010年两高颁行的《关于办理利用互联网、移动通讯终端、声讯台制作、复制、出版、贩卖、传播淫秽电子信息刑事案件具体应用法律若干问题的解释（二）》中传播淫秽物品的网络技术支持行为，不再作为帮助行为定性，而是直接作为传播淫秽物品罪、传播淫秽物品牟利罪的实行行为加以评价和制裁为例来说明这一思路的正确性。① 《刑法修正案九》中帮助信息网络犯罪活动罪的增设也表明当前立法有接纳这种规制路径的倾向。

（四）深度链接行为刑法规制的应然思考

在笔者看来，共犯正犯化模式下其实刑法是否能有效规制搜索引擎的深度链接行为还是疑窦丛生，而其实践效果某种意义上说将直接决定搜索引擎技术的未来命运。因此我们不应将目光局限在现有立法，而应站在更高的应然层面对搜索引擎深度链接的刑事责任问题进行深入反思。

1. 深度链接帮助行为正犯化的理论主张及其反驳

按照共犯正犯化的立法思路，搜索引擎深度链接予以刑法规制可能面临如下问题：

第一，正犯化模式主要只是解决了因正犯的行为不构成犯罪而不能处罚共犯的问题，据此的确不需要再考虑其所链接的网站是否为盗版网站且本身是否成立犯罪的问题，但是根据刑法第287条之二，实际仍然要求"明知他人利用信息网络实施犯罪"，而这一明知对搜索服务商而言仍然是最难被证明的。搜索引擎的最大特点就在于这种技术自动处理网络上所有不加限制的信息，搜索服务商如果不是主动介入的话，对搜索的结果是不可能明知的，而要求搜索服务商对全部的搜索结果逐一审查根本不可能。即便赋予其审查义务，如果没有著作权人的帮助，其对盗版作品的判断比淫秽作品的判断还要困难。所以笔者认为可以预想正犯化的规定在实践中适用的概率和以帮助犯论处的概率一样，会非常低下。第二，正犯化模式可能会导致原本为帮助者的搜索引擎的刑事责任重于直接的盗版网站。在盗版网站都无法定罪的情况下，却去追究搜索引擎的责任，就会使打击盗版的重心发生偏移，由源头转向技术运用者。特别是很多盗版网站是主动使自己能够被搜索引擎搜索链接到从而扩大自己的影响力，对于居心叵测

---

① 参见于志刚《搜索引擎恶意链接行为的刑法评价》，《人民检察》2010年第12期。

的这些盗版网站的恶意行为不去关注而紧咬搜索引擎不放,最终导致的就是罪责的不均衡。第三,如果将搜索引擎的深度链接行为正犯化,由于搜索链接只是网络服务商提供的一项服务,那么针对另外的譬如点对点软件技术提供服务、网络快照服务等就可能有类似的主张。如果区别对待这些网络技术,则对网络服务商而言不够公平,当然实际上有很多网络服务商本身已经身兼多职;如果一视同仁,则技术中立的理念就将被彻底抛弃。第四,链接技术多种多样,如果只是将深度链接行为正犯化,那么司法适用中还将存在深度链接与一般链接如何区分的问题以及一些特殊的链接形式是否深度链接的问题,理论上还会存在对链接技术能不能一视同仁的疑问。在这些问题没有得到圆满解答之前,显然深度链接帮助行为正犯化的主张过于激进。

2. 刑法应谨慎介入搜索引擎深度链接行为的规制

深度链接行为正犯化的主张是建立在深度链接行为应该用刑法规制这一前提之下的,而实际上,刑法究竟应不应该介入本身就是有必要深思的。笔者认为,在著作权法利益平衡的指导思想下,刑法应谨慎介入搜索引擎深度链接行为的规制,理由如下:

首先,一旦用严厉的刑法惩治搜索引擎的深度链接行为有可能昭示这一技术的终结命运,由此使得公众借助这一技术所能享受到的网上冲浪便利荡然无存,这将打破著作权人与公众利益的平衡状态。利益平衡是现代著作权立法的基本精神,较之于普通链接,深层链接明显加快了搜索速度,方便了用户,符合互联网技术提升的进步方向,此种技术发展可以看作是公共利益实现的渠道。① 现实也表明公众对搜索引擎的依赖越来越重,强行掐断这一技术生存的土壤,公众利益将大大受损,而同时著作权人的利益并不会有明显增益,因为盗版的源头网站可以依然逍遥法外,因此这种改变就不经济。而从前文关于深度链接的国内外民事案例可见,法院也在努力寻找个案中的网络利益平衡,并不轻易将深度链接认定为共同侵权行为,既然如此,刑法的介入适用就应该更加谨慎。

其次,从刑法本身的性质及其与其他部门法的关系看,刑法的谦抑性

---

① 陆幸福:《论搜索引擎服务商在提供链接过程中的权利与义务——基于霍菲尔德权利理论的一种分析》,《法学评论》2013 年第 4 期。

与严厉性决定了刑法不能在追究搜索引擎网络服务商的责任中单兵突进。深度链接行为固然具有相当的社会危害性,可以说客观上为盗版网站提供了便利,更加密切了网民与盗版网站的关系,但是刑法带给犯罪人的痛苦远远超过民事、行政的制裁,所以刑法的谦抑性决定了只有行为的危害性达到非常严重的程度,其他部门法已不足以制裁、遏制该行为时,才能动用刑法这一"最后手段"。而对于深度链接行为,即使在民事法律领域,其违法性以及相应的责任尚存在颇多争议,更遑论刑事违法性了。因此,深度链接行为在我国目前暂时还是应该以考虑其间接侵权的责任为主,我们不能在未穷尽民事、行政救济手段之前就急于去追究其帮助犯的刑事责任。

总而言之,笔者认为对搜索引擎等网络服务商的态度当前仍应适度宽缓,这也是"结合了我国当前国情时代特征和网络环境的刑事司法正义对相关社会关系及其中利益所进行谦抑规制和合理调整的结果"。[1]

第三节 规避著作权技术措施行为的刑法规制

一 我国著作权技术措施刑法保护的困境

著作权技术措施泛指著作权人为防止或限制其作品被擅自接触、利用而以有效的科技方法,如加密、锁码等方式对其著作权予以保护的措施。它是著作权人在网络数字化时代,面临来自于全球巨大的、完全失控的侵权风险,为进一步捍卫著作权而于传统法律救济途径之外另辟蹊径采取的一种私力保护措施。由于任何技术都不是无懈可击的,著作权技术措施从产生之日起亦难逃被破解的命运,如果没有额外的法律去遏止这些破解行为,则著作权人在技术措施上的投资会成为其新的损失。因此"因特网条约"早就要求缔约方"应提供充分法律保护和有效法律救济"。虽然上述条约对是否采用刑法手段委由各国自行决定,但现实表明,刑法作为最强大的法律保护手段在著作权的保护上备受青睐,相当多的国家或地区都对规避技术措施的行为予以刑法规制,我国也不例外。然而考察我国当前立法,我们却清晰地

---

[1] 杨志军:《浅析网络服务商侵犯知识产权的刑事责任》,《法律适用》2011年第1期。

发现刑法适用于惩处避开或破坏技术措施的行为（以下简称规避技术措施行为）存在诸多困境。

（一）附属刑法中规避技术措施行为刑事责任条款的先天不足

对规避技术措施行为明确予以刑法规制在我国肇始于 2001 年的《计算机软件保护条例》，根据其第 24 条，"故意避开或者破坏著作权人为保护其软件著作权而采取的技术措施"触犯刑律的，依照刑法关于侵犯著作权罪的规定，依法追究刑事责任。随后 2006 年的《信息网络传播权保护条例》则将对软件著作权技术措施的刑法保护扩大到惩处"故意避开或者破坏技术措施的"行为（第 18 条）以及"故意制造、进口或者向他人提供主要用于避开、破坏技术措施的装置或者部件，或者故意为他人避开或者破坏技术措施提供技术服务"的行为（第 19 条）。2010 年修正的《著作权法》则在第 47 条第（六）项重申未经著作权人或者与著作权有关的权利人许可，故意避开或者破坏权利人为其作品、录音录像制品等采取的保护著作权或者与著作权有关的权利的技术措施的，除法律、行政法规另有规定的除外，构成犯罪的，依法追究刑事责任。

上述附属刑法的规定，看似为惩处规避技术措施行为提供了刑法依据，但其先天不足实际阻碍了刑法的适用。因为由我国附属刑法的依附性立法模式所决定，这些涉及技术措施保护的附属刑法规范均缺乏独立的罪刑配置，所以它们提示性的意义大于实质的意义，至多只是使该行为的刑法化具备了作为前提的经济或行政上的违法结构，但并不能真正解决规避技术措施行为的定罪量刑问题。

（二）规避技术措施行为刑法典评价的困惑

著作权法及相关行政法规的变迁并没有引起刑事立法者的高度关注，即便近年来经济刑法规范频频被修改，但刑法典中侵犯著作权罪的规定却丝毫没有变化，其与附属刑法的严重滞后与脱节状态，加之著作权技术保护措施的类型与规避行为样态五花八门，导致了规避技术措施行为在刑法上究竟应该如何被评价，疑惑丛生。

1. 单独直接规避技术措施行为的评价

如果行为人实施规避技术措施行为之后尚有后续的非法复制作品行为，则先前的规避行为可被后续的实行行为吸收，可以侵犯著作权罪论处疑问不大；而单独的规避技术措施行为应否定罪、如何定罪则颇有争议。有学者认为，单纯的避开或破坏技术措施的行为并不具有严重社会危害性，所以无须刑法规制。[①] 但果真如此，附属刑法中将避开或者破坏技术措施的行为单独列举似乎就多此一举。反之，如果认为单独直接规避技术措施行为也可以用刑法规制，其具体应适用何罪亦难免生疑。根据《计算机软件保护条例》则依据的应当是侵犯著作权罪，但是这种规避行为只是使著作权保护的技术措施丧失其应有的功能，使作品回复到权力人未采取措施的初始状态，却并没有侵犯著作权本身，或者说其侵犯的只是著作权人控制使用者接触或利用作品的权利，而这种新兴的权能目前在我国并没有作为著作权的权能之一纳入著作权法规范。既然这一行为并不包含侵犯著作权法益的内容，以侵犯著作权犯罪论处就不太妥当。至于是否触犯其他罪名，也有探讨的空间，譬如我国台湾地区就有学者认为与科技保护措施相关的刑法条文涉及了"无故入侵计算机罪"，[②] 大陆地区刑法中的类似罪名能否适用却似乎暂时未引起关注。

2. 间接规避技术措施行为的评价

前述附属刑法还涉及并不直接避开或破坏技术措施，而是或者为之后的规避行为或帮助规避行为做准备（制造、进口用于避开、破坏技术措施的装置或者部件），或者为他人的规避行为提供帮助（向他人提供用于避开、破坏技术措施的装置、部件或者技术服务）的行为，笔者姑且将之统称为间接规避行为。

对于其中前一类预备性质的行为，如果在制造、进口行为之后有进一步的直接规避技术措施的行为，则这种预备行为可被实行行为吸收，评价为侵犯著作权罪存在同单独直接规避行为同样的法益内容上的障碍；如果只有单独的制造、进口行为，则刑法的适用疑问更多。首先该类行为乃效力层级较低的条例规定的，而颁布在后、效力较高的《著作权法》并未明确，故后法是否否定了原有条例中的刑事责任规定，尚存疑问。其次，如对该类行为以侵犯著作权罪论之，则很明显，此类行为既不侵犯著作权，也不属于侵犯著作权罪的行为表现，且缺少当前刑法框架之下成立该罪所必需的营利目的；而不以侵犯著作权罪论处，刑法中似乎又找不到可资适用的条款。

[①] 董琳：《网络版权技术措施刑事保护研究》，《中国出版》2012 年第 7 期。

[②] 朱美虹：《科技保护措施与对著作权保护之影响——以 Lexmark v. Static Control 为例》，http：//www.copyrightnote.org/crnote/bbs.php? board = 35&act = read&id = 43。

而后一类帮助性质的行为于网络数字化环境下实施往往会发生异化。首先，这种客观的帮助行为有可能是中性无色的，因为技术本身是一把双刃剑，它可以被别有恶意的人利用来侵犯著作权，也可能只是为公众对作品的合理接近与使用提供便利，即所帮助的正犯行为并非一定侵犯著作权，此情况就无法依照共同犯罪的理论以侵犯著作权罪来处罚帮助者的行为。其次，帮助行为的实施者与实际侵犯著作权者之间往往缺乏主观犯意的联系。例如网络上众多的提供各种软件破解程序的商业网站，网站的建设者和管理者实施侵害技术措施的帮助行为的目的，在于吸引更多人对网站进行访问，从而提升网站的访问量获得更高的广告收入，其对下载破解软件的行为人所具体实施的行为不具有认识，甚至不知道下载其破解软件的行为人具体是谁，此种情况下，很难根据刑法理论将网站所有者或管理者视为侵犯著作权罪的共犯。[①]

基于以上考察可以看出，目前我国规避技术措施行为的相关刑法规定留下了诸多疑问，使得立法者大力遏制盗版犯罪的初衷落空。由此规避著作权技术措施的行为入罪是否具备足够的刑罚正当性，以及在犯罪化的见解下刑法应如何规定，已成为著作权刑法保护中亟待解决的重要问题。

二 域外规避著作权技术措施行为的刑法规制比较

由于对著作权技术措施进行刑事保护最初是由技术发达地区的版权利益集团最早推动的，所以比较考察域外的立法例，必能对我们有所启发。

（一）规避著作权技术措施行为之刑法规制类型的比较

从世界范围看，针对前述直接与间接规避技术行为是否动用刑法规制，有两种截然不同的立法模式：

1. 将直接规避行为和间接规避行为均纳入刑法规制范围

美国为代表性国家。美国在 DMCA 中，明确禁止任何人未经著作权人同意或授权而为下列行为：（1）任何人均不得规避可有效控制接触的受本章保护的著作科技措施［第 1201 条（a）（1）］。（2）任何人均不得制造、进口、提供大众、销售或以其他任何方式交易以下任何技术、产品、服务、装置、组件或其零件［第 1201 条（a）（2）］：（A）其设计或制造的主要目的是为了规避可有效控制接触的受本章保护的著作科技措施

---

① 田刚：《侵害技术措施行为的入罪化思考》，《中国刑事法杂志》2011 年第 5 期。

的；（B）除规避可有效控制接触的受本章保护之著作科技措施外，仅具有限商业目的的；（C）为他人或其他共同行动之人所销售，并于其明知情况下，用于规避有效控制接触受本章保护的著作科技措施的。（3）任何人均不得制造、进口、提供大众、销售或以其他任何方式交易以下任何技术、产品、服务、装置、组件或其零件［第1201条（b）（1）］：（A）其设计或制造的主要目的是为了规避可有效保护本章所保护著作权人权利之科技措施的；（B）除用以规避提供可有效保护本章所保护著作权人权利的科技措施外，仅具有限商业目的的；（C）为他人其他共同行动之人所销售，并于其明知情况下，用于规避可有效保护本章所保护著作权人权利之科技措施的。[①] 违反以上行为的刑罚效果则规定于第1204条，区分初犯与再犯分别科以不同的罚金与监禁。[②] 归纳言之，DMCA对于著作权技术措施的保护范围涵盖两类行为：一是直接规避科技措施的行为，即第1201条（a）（1）所示之规避"可有效控制（公众）接触（著作）的"技术措施的行为；二是间接规避行为，即将规避技术措施之前的制造、进口、交易相关技术、设备等控制公众对著作的接触［第1201条（a）（2）］与利用［第1201条（b）（1）］的准备行为亦纳入刑法调整的范围。值得注意的是，对于控制利用的科技措施，刑法仅限于惩处间接规避行为，而相应的直接规避行为是否违法，则回归美国著作权法以"合理使用"标准进一步判断其合法性。

德国作为欧洲重要国家，该问题的立法轨迹与欧盟保持了高度一致。欧盟的前身欧共体原先仅针对准备行为规范，而后欧盟于2001年5月的信息社会中协调保护版权及相关权利指令[③]中将保护范围延伸至禁止直接规避行为，德国在2003年修正其版权法时随之亦增加了有关侵犯版权技术保护措施的刑事制裁条款。其第108b条第1项第1款规定："任何未经权利人授权，而意图使自己或第三人规避有效的科技措施，接触受本法保护著作或其他受本法保护权利，或使其得以使用者，如其侵犯行为非专为行为人私人使用或与此相关或与行为人个人联结，应处一年以下自由刑或罚金。"同法第108b条第2项规定："违背第95a条第3项，基于营业目

[①] 第1201条（b）与1201条（a）十分相似，但（a）偏重于技术对"技术措施"的规避，而（b）偏重于技术对"权利"的规避。

[②] 法条原文可参见 http：//www.law.cornell.edu/uscode/text/17/chapter-12。

[③] 法条原文可参见 http：//www.wipo.int/wipolex/zh/text.jsp?file_id=126977。

的制造、进口、散布、销售或出租装置、产品或组件者，亦同。"而第95a条第3项正是明确禁止制造、进口、散布、销售、出租、为销售或出租而广告、意图营利而持有与规避技术措施有关的设备、产品或提供规避技术服务的规定。可见德国亦将直接规避行为和间接规避行为均纳入刑事制裁范围，而且不区分该技术措施是为了控制接触还是控制利用。

日本对于著作权技术措施的刑事规范，亦涵盖了直接与间接两类行为，其著作权法第120条之2规定了提供规避技术性保护措施的装置·程序罪和以规避技术性保护措施为业罪。前者针对的是间接规避行为，但仅限于将"以规避技术保护措施为专门功能的装置（包括能够容易地进行组装的该装置的全套零件）或计算机程序的复制物"向公众转让或出租，或以向公众转让或出租为目的而制造、进口或持有，或者提供给公众使用，又或者将该程序向公众传输或使传输可能化的行为。后者针对直接规避行为，即将"应公众之要求而为规避技术保护措施之行为为业者"作为惩处对象。[①]

2. 仅将间接规避行为纳入刑法规制范围

我国台湾地区即是此种立法例的典型。其著作权法第80条之2第1项与第2项分别对直接规避行为与间接规避行为的禁止做了明确规定，而违反该防盗拷措施的刑事责任仅针对第80条之2第2项的间接规避行为，即破解、破坏或规避防盗拷措施之设备、器材、零件、技术或信息，未经合法授权而制造、输入、提供公众使用或为公众提供服务的，处一年以下有期徒刑、拘役，或科或并科新台币二万元以上二十五万元以下罚金。另外，该条款提及防盗拷措施时并未区分是否专为规避接触控制或利用控制，所以规避接触控制及规避利用控制措施的准备行为均包括在内。[②] 而第80条之2第1项的直接规避行为，即未经合法授权而破解、破坏或以其他方法规避著作权人所采取禁止或限制他人擅自进入著作之防盗拷措施，不在刑法规制之列。此外，澳大利亚曾经也只禁止直接规避行为以前的准备行为，但并不禁止直接规避行为，不过现在这一做法已经被全面禁止所取代。其现行版权法中与科技保护手段相关的犯罪包括了"规避访

[①] 参见王世洲主编《关于著作权刑法的世界报告》，中国人民公安大学出版社2008年版，第589页。

[②] 罗明通：《著作权法论Ⅱ》，台英国际商务法律事务所2005年版，第491页。

问控制科技保护手段罪"。

由此可见,规避技术措施行为入罪的范围域外差异较大,由此衍生三个问题需要思考:第一,部分立法不将直接规避行为纳入规制的真正理由是什么?有无道理?第二,为什么时序在后的直接规避行为可能不罚,但却可以罚及规避前阶段的单纯制造、输入、提供相关设备、技术的准备和帮助行为?第三,科技措施在有的国家被类型化为控制接触与控制利用两种,相应地不同规避行为的刑事责任有质的区别,如此区分有无必要?

(二) 规避著作权技术措施行为之犯罪主观要件的比较

域外规避著作权技术措施的犯罪从主观要件上观察均为故意,这契合了刑法以处罚故意犯为原则的特征,但是仔细辨析,其主观要件仍有差异。主要体现为部分国家通过附加主观目的,限缩了规避技术措施行为成立犯罪的范围。如美国对于直接规避行为只要求故意,而对于间接规避行为构成犯罪则限于设计或制造的主要目的就是为了规避著作科技措施的或者具有有限商业目的者。德国与美国做法大致相同,其间接规避行为要求是"基于营业目的"或"意图营利"。日本由于规制的行为类型在范围上比美德略窄,故其主观要件较为特殊,直接规避行为成立犯罪应当包含行为人对"公众要求"的明知并有以此为业的意思;而间接规避行为要求具有"向公众转让或出租"的目的。而我国台湾地区则无论是直接还是间接规避行为,都没有额外的"商业"或"营利"等目的要求。

反观当前我国大陆地区,倘若依附属刑法,直接与间接规避行为看似无额外目的之要求;但依刑法典侵犯著作权罪,则均要求具备"营利目的",此做法与域外均有不同,故规避技术措施之犯罪行为之主观要件究竟应如何设置亦值得深思。

(三) 规避著作权技术措施行为之犯罪排除事由的比较

不少国家就规避著作权技术措施行为成立犯罪规定了一些免责或抗辩事由,作为犯罪的例外。譬如,美国DMCA中将这种例外分为总括例外及个别例外。总括例外指法律执行、情报活动及政府之其他活动,不因第1201条整体条文规定而受影响[第1201条第(e)项];个别之例外,则指第1201条第(d)—(j)项所允许规避的例外;包括非营利性图书馆、档案保存处与教育机构的免责,法律执行、情报搜集及政府活动的免责,为整合计算机程序兼容性所进行的还原工程,加密技术的研究，安全性测试，个人隐私保护所为之免责，保护未成年子女所为之免责。据此即便行为人有上述规避行为，也不能成立犯罪。而且 DMCA 还要求国会图书馆馆长应于该条文生效时，以及其后的每三年发布通令，明定不适用禁止规避接触控制条款的"特定著作种类"，并向国会做该部分规定的执行评估报告。[1] 其目的无疑在于确认科技的发展，不至于导致禁止规避"接触控制"条款会减损一般使用者合法使用某些类别的著作的能力。[2] 不过 DMCA 在涉及规避技术措施条款中只字未提"合理使用"，所以作为犯罪抗辩事由的仅限于法条列举的情形而排除合理使用原则的适用。德国在其版权法中除了肯定公部门为保护公共安全或刑事追诉制度之任务及职权可为规避行为之外，也在第 95b 条中列举了反规避条款的例外情形。我国台湾地区亦鉴于其反盗拷措施条款对于公益的限制较多，从而效仿美国规定了 9 种例外情形，符合例外条款的即不需承担刑事责任。从性质上看，这些例外情形由此成为了法律明确规定的犯罪违法阻却事由。日本著作权法没有采取列举的方式而仅仅在第 30 条规定，明知科技保护措施已被规避接触，而仍加以重制者，不得主张个人合理使用，言下之意，似乎可以合理使用阻却规避技术措施行为构成犯罪。

然而无论采取列举抑或概括的立法方式，其目的可以说是殊途同归的。因为对规避著作权技术措施的行为以犯罪处理，实际上是大幅扩张了著作权人的权利范围，正如学者指出的，DMCA 使得规避著作权保护措施这种完全与侵害"著作权"无关的行为也成为犯罪，[3] 有架空作为著作权法基石的合理使用原则之虞，因此为了使刑法的适用不至于与公众的利益渐行渐远，甚至沦为著作权人牟取暴利的工具，通过例外来限缩犯罪的范围成为了普遍的做法。不过合理使用能否规定为规避技术措施免责的概括理由，倘若采取列举规定排除部分情形构成犯罪则具体应如何设定并保证法律的稳定性都需要进一步探讨。

---

[1] 最新报告发布于 2010 年，具体参见 http://www.copyright.gov/1201/2010/Librarian-of-Congress-1201-Statement.html。

[2] 参见章忠信《美国著作权法科技保护措施例外规定之探讨》，《万国法律》2007 年第 151 期。

[3] Norris, Symposium Issue: The Unintended Consequences of Legislating Technology: the Digital Millennium Copyright Act, 9 *N. Y. U. J. Legis. & Pub. Pol'y* 1, 5 (2006).

三 规避技术措施行为刑法规制的理论根据

(一) 直接规避行为犯罪化的根据与思路

技术保护措施是直接与著作权侵害对抗的武器，直接规避技术措施的行为意味着著作权保障的技术防线被突破，紧接着的往往就是真正侵犯著作权的行为，正如 DMCA 在其立法理由中所述，"规避著作权人所使用控制其著作被接触的科技保护措施的行为，在数字化方面的意义等同于擅自破坏上锁的房间，以进入而取得一本书的复制品"。[①] 正是鉴于直接规避行为之下，著作权侵害的风险已经迫在眉睫，所以彻底保护著作权必须将刑法保护的时点适当提前，惩治与侵害著作权行为密接的直接规避著作权技术措施的行为。事实上，WIPO 当初所要求提供的法律保护和救济实际上也是针对直接规避行为而言的。

那么直接规避行为是否需要依其所规避的技术措施为可控制接触或可控制利用进一步细分呢？如前所述，各国做法不一。在笔者看来，接触是利用的前提，如果某项著作权的技术保护措施是控制公众对作品接触的，规避之自然也就使违法使用作品有了可能；而规避可控制利用的技术措施本身也就包含了对作品的接触。事实上两种著作保护技术措施经常是相伴而生的。如美国 RealNetworks v Streambox 一案中，被告的 Ripper 软件可以转换 RealMedia 的档案格式，解读为规避原告的利用控制应无疑义，而由于转档后已不再需要执行 RealPlayer，可以想象的是，不论 RealNetworks 在原格式下是否尚保留着某些不欲使用者进入的档案，原告均已失去对其的控制权，亦即涵盖了原先置入的接触控制。[②] 故依据技术措施的技术类型对直接规避行为分类意义不大。

进一步需要考虑的问题是，若将直接规避行为入罪，则其刑法规范所保护的法益是什么？如果认为其保护的不是著作权权利，那么直接规避行为就只有在视为侵犯受其保护的作品著作权的"手段行为"的意义上，才能成为著作权犯罪的处罚对象，否则就需要就其所保护的法益设置独立的罪名。对此理论上莫衷一是。一种观点认为，反规避条款对于著作权人

[①] See H. R. REP. No. 105-551, pt. 1, at 17 (1998).

[②] Terese Foged, US v EU anti circumvention legislation: Preserving the public's privileges in thedigital age, 24 *E. I. P. R.*, p. 535 (2002).

所实施的有效科技措施给予强大法律保护,无异于赋予著作权人更广泛的权利,去控制使用者如何接触及利用该受科技措施保护的著作。有学者将其戏称为"超著作权"(paracopyright)①,而更多人倾向于认为这是一种新型的"接触权"。因为当著作的主要利用方式随着科技进步从拥有实体著作物转变为直接体验与感受著作物的内容时,著作权人是否拥有可控制他人接触著作内容的能力变得相当重要,而若没有接触权的存在,难以想象一位作者如何在数字环境中维持他对于其著作所拥有的专属权利。② 但也有反对的意见,认为若赋予著作权人控制接触著作行为的力量将过度扩张著作权人专属权范围之观点,担忧接触权之赋予会使著作的利用活动迈向"计次付费"的模式,其结果不免会伤害到公众的言论自由并减少公共领域著作的数量。③

笔者认为,以 DMCA 为代表的众多国家立法虽然没有明确表示要赋予著作权人这一权利,但它要求使用者不得在未经著作权人授权的情况下规避科技保护措施而接触著作,与此义务相对的必然是著作权人实际上被赋予的能够控制他人对著作内容接触与使用的权利。不过这种权利不同于一般著作权,不是自著作完成之时便自动享有,而是以著作权人实施了有效的控制接触的科技保护措施为权利赋予的条件。实际上,美国 DMCA 就将其独立规定于著作权法的第 1201 条,而非与其他著作财产权同列于第 106 条。由此说明,直接规避行为侵犯的法益并非传统著作权,将单纯的直接规避行为纳入侵犯著作权罪行为范畴是不合适的,为其设置独立罪名才是犯罪化的合理思路。

(二) 间接规避行为的犯罪化与风险刑法下的立法模式

从域外分析来看,将间接规制行为入罪似乎已成为了共通的做法,然而间接规避行为对著作权只是间接地可能产生危害,尤其是在帮助的场合下,如果之后使用者使用作品属于合理使用,即所谓的正犯都不构成犯罪,帮助行为如何能以犯罪论处呢?准备行为亦同,正如买刀不一定是用

---

① Griffen, The Changing Nature of Authorship: Why Copyright Law Must Focus on the Increased Role of Technology, *Intellectual Property Quarterly* (I. P. Q) No2, 146 (2005).

② Jane C. Ginsburg, From Having Copies to Experiencing Works: The Development of an Access Right in U. S. Copyright Law, 50 *J. Copyright Soc'y U. S. A.* 113—123 (2003).

③ See John R. Therien, Exorcising the Specter of a "Pay-per-Use" Society: Toward Preserving Fair Use and the Public Domain in the Digital Age, 16 *Berkeley Tech. L. J.* 979 (2001).

来杀人的一样，制造进口能够用于规避技术措施的装置也不一定就是要规避技术措施，所以有学者认为，将刑罚权发动时间点提前到规避准备行为，变成了对"前置的前置"行为的处罚，从而对该行为的刑法规制持否定观点。① 但也有人认为，目前绝大多数规避行为都是借助于专门编制的软硬件工具，如果不能从源头防止这些工具的泛滥，则对技术措施的保护效果就会大大削弱，会造成权利人与规避设备制造人之间的数字化军备竞赛，甚至认为对技术措施的最大威胁不是来自破解技术措施的个体行为，而是来自大规模制造和提供用来破解技术措施的装置。②

笔者认为，处罚这种"前置的前置"行为，实际上是在当前网络数字技术所造成的暂时失序状态下，以刑法作为控制风险的必要手段。现代社会已经进入风险社会时代，而按照最早提出"风险社会"这一概念的德国社会学家贝克（Ulrich Beck）的观点，风险社会中的"风险"，其实是大工业生产的副产品，也就是说，科技正是造成人类面临高度不确定性和复杂性风险的重要因素，这种现代化的人为风险的严重程度已经超出了人们事后处理的能力，所以，"风险预示一个需要避免的未来"。③ 就著作权的保护而言，间接规避著作权技术措施的行为虽然可能并没有实际具体的侵犯著作权的危险，但是实质上可能有帮助其后直接规避或复制行为的效果，所以出于对风险的控制，刑事立法基点应由结果本位提前到行为本位，对于间接规避行为也可以考虑动用刑法。

相应地，各国对于间接规避行为倾向于采取抽象危险犯的立法模式，可谓是风险刑法下的对应选择。因为危险犯的处罚，是将发生侵害结果之前的危险行为上升为独立的犯罪行为，它着眼于法益完整保护的目的，正是法益保护前置化的体现。所以域外危险犯的立法模式有一定道理。不过极端的刑法前置保护有可能使刑法背负恶名，所以还需要进一步通过某些途径来限制刑法的发动，使其刑罚正当性更加稳固。同时还需要照顾到其与各该国著作权犯罪立法规定的协调，所以这一立法模式是否适用于我国实际仍需斟酌。

---

① 柯葛壮、张震：《科技保护措施刑法规制的思考》，载顾肖荣《经济刑法》（第5辑），上海人民出版社2007年版，第128页。
② 贺志军：《论我国技术措施规避行为之刑法规制》，《法学论坛》2009年第3期。
③ ［德］乌尔里希·贝克：《风险社会》，何博闻译，译林出版社2004年版，第35页。

四 我国规避技术措施行为的刑法规制建言

笔者认为，遵循以上思路并借鉴域外先进经验，我国规避技术措施行为的刑法适用难题将迎刃而解。鉴于直接规避行为与间接规避行为的客观差异，所以刑法的具体设计将有所不同，以下分而述之。

（一）直接规避行为的刑法完善

对于直接规避行为，笔者赞成将其独立入罪。虽然的确有部分直接规避行为因为存在后续的侵犯著作权行为而可以视为是侵犯著作权罪的预备行为，但是由于我国侵犯著作权罪设置了数额或者情节要件，所以当行为人虽然有直接规避行为但之后并未能着手实施侵犯著权罪的实行行为，或者虽然实施了实行行为，但达不到数额情节要件的要求，则能否成立侵犯著作权罪还是有疑问的。实际上，不管有无后续行为，直接规避技术措施的行为在当前环境下的社会危害性已经日渐突出。比如很多加密软件，在技术保护措施被破解之前未得到授权的人是无法使用的，也基本上不存在盗版，但技术措施一旦遭到破解，盗版软件立即泛滥。此一例足以说明直接规避技术措施行为在盗版犯罪过程中起到了关键性的作用，其危害性可能已经波及了整个社会，故有必要动用刑事制裁。而直接规避行为单独而言并没有侵犯著作权本身，所以必须为其设置独立罪名。在具体的罪状设计上，笔者认为可以将其规定为："明知是著作权人为保护其著作而采取的有效技术保护措施而故意地避开或破坏，情节严重的，处三年以下有期徒刑或者拘役，并处或单处罚金。但法律、行政法规允许规避的除外。"之所以如此设计，有几点需要说明：

第一，这里未沿用2010年《著作权法》中的"未经著作权人或者与著作权有关的权利人许可"要件，原因在于，既然是规避行为，一般都是没有得到权利人许可的，特意地强调反而意味着需要证明该要件的符合与否，徒增麻烦。而且版权技术措施应当禁止危害社会的规避行为，而不能禁止有利于社会福利的行为，而在实际生活中，许多规避技术措施的行为可能没有得到作品权利人的许可，但是却能增进社会福利，如果以是否取得作品权利人的同意作为禁止或者许可的标准，那么，许多有益于社会的规避技术措施的行为将受到惩罚，这与行为控制的法律本质相违背。[①]

---

① 班克庆、李晓明：《版权技术措施保护模式的刑法取向》，《广西社会科学》2011年第12期。

第二，这里效仿域外强调规避的对象是"有效"的技术保护措施。所谓"有效"意味着使公众接触或利用乃至于侵犯作品有一定阻隔，如果是一个无效的技术措施，规避它也就并不意味着侵犯著作权的风险增加，对这一缺乏实际意义的行为适用刑法也就毫无意义。

第三，由于从实际情况来看，并非所有的直接规避行为都达到刑法所要求的严重"社会"危害程度，如仅仅出于个人使用加密软件的目的而去破解它，或者为了检验自己的技术能力而私下破解它，或者出于技术研发的目的而尝试破解它，这些严格说来都不具有社会危害性，所以还需要对犯罪的成立做出进一步限制。从前述比较可以看到，一般对于直接规避行为，各国并不对主观要件特别强调"商业"或"盈利"等目的，笔者考虑这是因为一旦有此目的，则行为一般都同交易相关，从而可能与间接规避行为混同，所以这种限制可以考虑从两方面着手：一是限制犯罪的情节要件，需达到严重的标准，如行为人多次规避的；二是承认犯罪的例外，即通过法律明确排除犯罪成立的情形。笔者不倾向于以著作权法上利益平衡思想下的合理使用原则作为规避技术措施免责的概括条件，原因在于合理使用的界限本身模糊不清且变动不居，而罪刑法定要求刑法规定得明确具体。实际上我国的《信息网络传播权保护条例》第12条也采取了列举的立法模式，即因从事教学科研活动、向盲人提供文字作品、依照行政、司法程序执行公务以及进行计算机网络安全测试而规避版权技术措施的，是可以规避的例外。当然，这里列举的例外情形远远少于域外，我们完全可以在相应的行政法规中做进一步的补充，并适时地针对新情况做出增补。

（二）间接规避行为的刑法完善

间接规避行为在当前风险社会背景下亦有入罪必要，前文已述，兹不赘述。由于间接规避行为包含了预备和帮助性质的两类行为，两者有一定区别，所以笼统地确定一个罪名并不合适。在笔者看来，制造、进口主要用于避开、破坏技术措施的装置或者部件的行为，如果是为自己之后的直接规避行为做准备的，则可以涵盖在直接规避行为之罪中。如果是为了将制造、进口来的这些装置、设备用于提供给他人，则又成为了帮助他人实施规避行为或侵犯著作权的预备行为，所以，制造、进口行为可以说依附于其他的犯罪行为，独立成罪的必要不大。而在帮助性质的间接规避行为场合下，该帮助者的帮助行为与被帮助者的之后规避技术措施甚至侵犯版权行为的联系是极为松散的,两者的犯罪目的和动机也都有很大不同,依照共同犯罪理论处罚依据不足,所以必须将这一帮助性质的行为直接上升为实行行为,设置"向他人提供主要用于避开、破坏技术措施的装置、部件或技术罪",具体可规定为:"以营利为目的,故意向他人提供主要用于避开、破坏技术措施的装置、部件,或者故意为他人避开或者破坏技术措施提供技术服务的,违法所得数额较大或有其他严重情节的,处三年以下有期徒刑或者拘役,并处或单处罚金。但法律、行政法规允许提供的除外。"

第四节 私人复制分享行为的刑法考量

私人用户的复制分享行为在网络环境下俨然成为版权作品被广泛传播的重要渠道,这些行为绝大多数出于私人的学习、欣赏、交流等私人使用目的,大部分不与商业利益直接关联,然而其能否绝对免责迄今为止并没有一致性意见。前文在分析 P2P 软件与技术提供商刑责时所提及的台湾 Kuro 案中,一名下载 MP3 音乐文件供自己娱乐的会员即与 Kuro 网站一起被法院判决构成共同正犯,私人分享者似乎被认为是盗版的真正实施者;香港地区实践中也有追究 BT 下载者刑事责任的典型案例。因此私人用户的复制分享行为究竟能不能予以刑法规制,是一个极有必要探讨的话题。

一 私人复制分享行为与合理使用的关系

为了平衡著作权人的私权与社会公共利益,著作权法通常对著作权的独占权利予以保障的同时,也通过法定许可以及合理使用等制度对著作权人的权利予以合理程度内的限制,以照顾公众对于作品的需求从而促进文化的整体发展。由此合理使用就成为阻却行为违法性的事由。如果私人用户的复制分享行为属于合理使用的情形,则可以作为抗辩的理由。那么私人用户的复制分享行为是否属于合理使用的形式呢?首先需要明确合理使用的内涵。

(一) 合理使用的界定

1. 合理使用的内涵及其立法模式

一般认为,著作权法中的合理使用是指"在法律规定的条件下,不必征得著作权人的同意,又不必向其支付报酬,基于正当目的而使用他人著作权作品的合法行为"。① 作为基于著作权法的目的而对著作权人的专有权利做出的限制或例外,各国虽然对此普遍予以规定,但其名称和立法体例上有很大差别。以美国为代表的部分国家以"合理使用"(fair use)称谓之,但采取因素主义的立法体例,所谓因素主义是指法律对是否构成著作权合理使用只做原则性的规定,把合理使用的构成概括成若干要素,② 由此法官在判断一种受专有权利控制的行为是否构成合理使用时,需要考虑使用的目的和性质是否为商业目的、被使用作品的性质、被使用作品的数量和质量以及其对作品市场的潜在影响四方面因素。而大陆法系国家则一般不直接使用"合理使用"这一措辞,而称之为"著作权的限制和例外",并采取规则主义的立法体例,即用列举的方式在"权利的限制和例外"条款中对构成合理使用的行为类型做出具体、全面的规定。我国的著作权法与大陆法系接近,也将该制度纳入"权利的限制"一章,而学术界则习惯于将《著作权法》第22条规定的12项"权利的限制"称为"合理使用"。

2. 合理使用的判断标准

值得注意的是,在因素主义立法模式下,合理使用究竟包括哪些行为并不明确,不同的法官基于自由裁量权可能会有不同的认识;但即便采取规则主义,仍然存在一国著作权立法对著作权的限制是否合理的追问。由此人们就不断为合理使用这一"整个版权法中最麻烦的问题"③ 寻找适当的判断标准。"三步检验标准"由此诞生。所谓"三步检验标准",也就是判断"合理使用"的三个步骤:第一,限制或例外只能适用于某些特殊情况;第二,这种复制不损害作品的正常使用;第三,也没有无故损害权利人的合法权益。这一标准最初出现在《伯尔尼公约》中,后来又为TRIPs和WCT、WPPT所确认,成为各国普遍认同的判断一类行为是否构成合理使用的依据。换言之,一种本应受到专有权利控制的行为是否无须经过权利人许可或不向其支付报酬,最终判断标准并非它是否被列举在成员国立法所规定的"权利限制"条款之中,而是它是否能够通过"三步

---

① 吴汉东:《著作权合理使用制度研究》,中国政法大学出版社1996年版,第144页。
② 于玉:《著作权合理使用制度研究——应对数字网络环境挑战》,知识产权出版社2012年版,第77页。
③ 参见 Dellar v. Samuel Goldwyn, Inc., 104 F. 2d 661 (2d Cir. 1939)。

检验标准"的检验。① 从这里可以看到，究竟哪些情形属于合理使用应是一种实质的、具体的判断，不能让那些已经违反合理制度设立初衷的行为仍依据立法的列举而混迹于合理使用情形之中。不过笔者认为，形式上的判断是首先要进行的，在明确列举了合理使用情形的国家，如果某一行为从形式上看已被排除在合理使用之外，则实质的判断就没有必要再进行。

（二）私人复制分享行为方式的变迁及其影响

尽管各国著作权法中的合理使用制度规定不一，但私人使用行为一般在合理使用的规定中均有所体现。如我国《著作权法》第 22 条规定：在下列情况下使用作品，可以不经著作权人许可，不向其支付报酬，但应当指明作者姓名、作品名称，并且不得侵犯著作权人依照本法享有的其他权利：（一）为个人学习、研究或者欣赏，使用他人已经发表的作品……其中"为个人学习、研究或者欣赏，使用他人已经发表的作品"即可视为我国《著作权法》中体现私人复制的规定。②

比较私人的复制分享行为与合理使用的界定，二者都是未经著作权人的同意或授权而使用作品，如果私人复制能够完全纳入合理使用范畴，而合理使用又被认为是一种合法的抗辩事由，则余下的问题就不必展开探讨了。然而从字面上看，两者却存在差异：私人的复制分享是从作品的使用主体或使用领域方面而言的，即其是私人为了满足私人生活的学习、娱乐或者是发生在私人领域内的使用作品行为，简言之，这种复制分享与个人私生活有关，区别于"公开地、商业性地"使用作品；而合理使用是从使用行为的性质正当性上而言的。由于"私人"与"合理"的判断标准不一致，二者也不存在涵盖关系，故私人复制分享不是合理使用的代名词，两者之间的关系需要进一步明确。笔者认为，由于作品的私人使用方式随着技术的进步呈现不断变化之势，所以私人复制分享行为与合理使用的关系也并非一成不变，对此需要结合复制行为方式的变迁展开具体

---

① 王迁：《网络版权法》，中国人民大学出版社 2008 年版，第 277 页。

② 笔者在本文的研究中没有采用接近我国著作权法的"个人使用"的提法，是因为"个人使用"仅指使用人为自己目的而自行使用，而私人复制分享的"私人使用"行为除包括"为自己目的而使用"以外，还可以指称为私人空间（这种私人圈子主要包括朋友、亲属及家庭成员之间）其他成员的使用目的而在私人空间内使用（参见李扬《著作权法意义上的"个人使用"界定》，《电子知识产权》2010 年第 7 期）。后一提法显然外延更广泛，也更切合本文所探讨的主题。

分析。

1. 传统时代的私人复制分享属于合理使用

在印刷术发明之后的相当长时期内，个人为了自己阅读或与家人、朋友分享作品，一般需要从市场上购买作品。基于发行权一次用尽的原则，著作权人对作品的购买者如何使用作品是不能控制的，因此作品的购买者可以将作品供自己或家人观看，也可以出租或出借给朋友阅读、浏览。受复制技术所限，复制的形式仅限于印刷、临摹、拓印等空间性再现作品的行为，复制的成本高且程序复杂，因而私人复制的数量极为有限，所产生的复制品不具备商业复制品的替代性。故各国在当时无一例外地将私人的复制分享作品行为视为合理使用。

2. 模拟复制技术时代私人复制分享行为是否合理使用被质疑

随着录音、录像、复印设备大量投放市场并广泛使用，私人复制技术得到了突飞猛进的发展，私人可以以廉价的成本获取相应的技术支持从而对作品进行大量复制。新技术的革命一方面增加了公众利用知识产品的机会，但另一方面也削弱了无形财产权人对知识的控制，造成其财产利益的极大流失。[①] 正是在这样的困境下，私人复制的合理使用问题被提出来重新予以探讨。一些判例甚至开始考虑禁止私人通过磁带录音对唱片复制。

美国的"索尼案"是最经典一案。该案起因是20世纪70年代，日本索尼公司在美国销售名为Bebamax的录像机。该录像机既可通过电视机录制正在被观看的节目，也可以通过自带的接收器在观众观看一个频道时录制另一个频道的节目，还可以通过定时器在观众不在家时自动按预先设定的时间对某一指定频道的节目进行录制。于是美国环球电影制片公司和迪士尼制片公司于1976年向加利福尼亚州中区地区法院起诉，认为消费者未经许可使用Bebamax录像机录制其享有版权的电影构成版权侵权；而索尼公司则应作为"帮助侵权者"为消费者的版权侵权行为承担责任。这里要肯定索尼公司的间接责任的前提是个人消费者使用Bebamax录像机在家庭中录制享有版权的电视节目构成版权直接侵权，所以最终问题就归结到个人的录制行为是否构成"合理使用"的问题。由于美国针对合理使用只是在版权法中列举了供法院考虑的四个要素，且没有以穷尽式的方式详细规定构成"合理使用"的情形，所以对于本案合理使用的认定

[①] 吴汉东、胡开忠：《无形财产权制度研究》，法律出版社2001年版，第151页。

就发生了争议。部分法官在考虑为改变时间观看的私人录制行为性质时认为：录制电视节目供个人欣赏并不是一种"能够创造价值的使用"（productive use），只要版权人能够证明这种使用有对其"作品的价值和潜在市场"有损害的"可能性"，就足以认定其不构成"合理使用"。①虽然最终法院支持了纯粹为个人欣赏而用录像机"改变观看时间"构成"合理使用"这一基本结论，但其引起的争议却远未平息。在索尼案之后，合理使用规则开始有所变化，对私人复制行为和复制设备开始予以限制，主要表现为一是采用了复制控制的技术措施，另一则是采用了法定补偿金制度，但由此也表明，私人复制行为基本还没有跳脱合理使用的框架。

在德国，联邦最高法院也认为过多的私人复制会影响唱片的销售从而使著作权人利益受损，因此有了禁止私人复制的提议。但是立法者认为其禁止私人复制又是不现实的，它可能影响到公民的基本权利，所以以权衡之下立法者最终一方面继续承认"不受技术发展限制的私人复制权"的合法性，但另一方面，考虑新技术带来利益应归入著作权人可支配的权利之下，故作为对版权人的补偿，对其作品的创利占用权进行法律上的保护，引入了复制机器及媒介的生产厂家支付版权费来补偿版权人利益的做法。②显而易见，对私人复制的限制日趋严格。

3. 网络时代私人复制分享行为逐渐从合理使用中脱离

进入网络时代后，私人复制分享行为对著作权利益的影响变得更加前所未有，因此其是否仍属于合理使用的问题被进一步提出。有学者明确指出"个人使用豁免"这一概念是在学者使用纸张做记录的时代发展起来的，在现在继续使用这一概念将毫无意义。③立法和司法也多次表明，传统的为个人使用目的而复制总是合法的思维定式正在逐渐被打破，私人的复制分享似乎正由原先被视为使用者的权利转而被视为对复制传播权的限制。

首先，从立法上看，网络背景下私人复制的合法性往往与被复制原版本的合法性联系在了一起，即只允许"复制人拥有合法的原件时的复制"，芬兰、挪威等国家就在其法律中明确规定被复制作品的来源必须合

---

① Sony Corporation of America et al. v. Universal City Studios, Inc, . et al. 464 U. S. 417 at 423.
② 参见马琳《德国著作权法中的私人复制与反复制问题》，《法商研究》2004年第4期。
③ [匈]米哈依·菲彻尔：《版权法与因特网（上）》，郭寿康、万勇、相靖译，中国大百科全书出版社2009年版，第486页。

法；同样，改革后的德国著作权法也强调这一点。① 由此就对目前网络中广泛存在的下载作品行为的法律性质给出了明确的回答。网络用户下载歌曲、电影，会被认为是非法的，因为网络上几乎所有的免费歌曲和电影都是未经权利人授权的。② 此外，为个人欣赏之目的而复制的行为也被一些国家排除出合理使用。如英国《著作权法》第 20 条就只规定，为研究或私人学习之目的，可以对文字、戏剧、音乐或者艺术作品进行复制。另外，包含有临时复制行为的网络浏览行为，也曾困扰一些国家，如 20 世纪 90 年代美国在一份《知识产权和信息基础设施》的报告中就曾将这种临时复制纳入版权人控制的范围。

其次，从司法上看，私人的复制分享行为也在遭受了"合理使用"和"三步检验法"的检验之后有了被认定不属于"合理使用"范围从而构成侵权的判例。例如，前文提到的 Napster 一案中，法院就判定 P2P 软件使用用户未经作品版权人同意下载音乐的行为不属于"合理使用"的范围，构成了对复制权的侵犯。③ Grokster 案中，加州地方法院再次宣布用户下载音乐是侵犯著作权的行为，而不是"合理使用"。从 2003 年 9 月起，美国唱片业协会开始针对使用 P2P 软件交换音乐作品的个人用户进行大规模诉讼，特别注意的是，被起诉者中还包括单纯下载者。④ 司法实践中，以"为欣赏而复制"作为抗辩理由要求认定为合理使用的案件，其被告也大多没有获得法院的支持。⑤

私人复制分享行为之所以逐渐从合理使用中脱离，有如下方面的原因：第一，原先非商业性是私人复制构成合理使用的重要缘由，但在网络环境中复制的商业性与非商业性的分水岭变得模糊起来，由此为个人欣赏的目的而在网络空间进行的私人复制行为，不再被认为具有传统著作权法中私人复制的纯粹的非商业性使用的性质。因为大量的基于欣赏目的从网

---

① 王迁、[荷] Lucie Guibault：《中欧网络版权保护比较研究》，法律出版社 2008 年版，第 38—39 页。

② 张今：《版权法中私人复制问题研究——从印刷机到互联网》，中国政法大学出版社 2009 年版，第 179 页。

③ 崔立红、郝雷：《P2P 技术相关版权侵权问题研究》，《法学论坛》2006 年第 5 期，第 91 页。

④ 王迁：《网络版权法》，中国人民大学出版社 2008 年版，第 296 页。

⑤ 具体的司法统计数据可以参见张今《版权法中私人复制问题研究——从印刷机到互联网》，中国政法大学出版社 2009 年版，第 180 页。

站下载、传输中获得作品,而这些作品本来需要通过商业性购买行为才能获得,结果可能是瓜分了权利人的作品市场,从而损害其利益。① 正如 Napster 案中法官所认为的,对未被许可的资料进行大量的复制是为了节省购买正版资料的成本,这就构成了商业性使用。对商业性使用的定义也包括对侵权作品的互相交易以及对其他版权作品的接受。② 而且在全球即时传播的优势下,由于个人使用已绝非传统的个人能控制,其当初的无营利性随着网络的传播,可能就会为他人进行营利性使用提供便利。③ 第二,也是最重要的一点,网络环境下的私人复制会对版权作品的市场或价值造成巨大的影响。传统"发行权"和"首次销售原则"之所以尊重消费者对其合法购得的作品复制件的所有权,不限制其进行转售,从经济原因上看,在于二手书和唱片的存在并没有严重影响著作权人的经济利益;物质载体会随着时间的流逝不断磨损,影响他人对作品的欣赏,并会最终损坏、灭失;要销售和购买二手货也要付出交通费等成本。④ 所以二手市场并不火爆,也就是说私人复制分享对著作权人利益造成的损害微乎其微。但是数字化的作品无论被复制或在网络中传输多少次,都不会改变其质量,所以更多的人喜欢采用这种便捷的方式去获取作品。虽然有人认为,只有实际上真正需要使用的作品才可能对著作权人市场有影响,而实际上很多人是习惯性地复制,实际使用的作品数量仍有限,换句话说,除非有足够的数据或资料来证明私人不去复制就一定会去购买作品,否则很难认定对著作权人的利益有实质影响,⑤ 但是,笔者认为不能否认的是,即使一个人少买一部作品,庞大的网络用户所各自造成的轻微损害累积起来也足以形成对著作权人的实质重大损害。而且,私人复制还会影响权利人开拓新兴市场的潜在利益。实际上,版权业在当前正面临转型的关口,如音乐行业就在探索由实体音乐市场向数字音乐市场转变,但是私人复制分享的大肆泛滥已经捷足先登吸引了用户,网络共享似成为理所当然,因

---

① 冯晓青:《网络环境下私人复制著作权问题研究》,《法律科学》2012 年第 3 期,第 110 页。
② A&M Records, Inc. v. Napster, Inc., 239 F. 3d 1004, 1015 (9th, Cir. 2001).
③ 杨小兰:《网络著作权研究》,知识产权出版社 2012 年版,第 172 页。
④ 王迁:《网络环境中的著作权保护研究》,法律出版社 2011 年版,第 110 页。
⑤ 参见蔡蕙芳《著作权侵权与其刑事责任——刑法保护之迷思与反思》,新学林出版股份有限公司 2008 年版,第 105 页。

此"即便从数字统计上看文件共享对唱片销售量的影响非常有限,但如果考虑到把消费者从非法的 P2P 网络转到合法服务的难度,音乐行业受到的损失是显而易见的"。①

正是因为私人复制分享不再与"非商业性"紧密联系,且著作权人、传播人和使用人之间的利益平衡被新技术打破,如果固守合理使用认定的传统规则,著作权人将无法从网络数字技术带来作品广泛利用的过程中受益,所以为恢复利益的平衡,合理使用制度被重构,② 从而逐渐改变着人们关于私人复制分享可以与"合理使用"画等号的观念。

二 私人用户复制分享行为的刑事司法实践

(一)"以刑逼民"式针对私人用户的诉讼

一直以来,关于私人用户复制分享所引发的版权诉讼此起彼伏,截至 2005 年,全球此类诉讼总数已达一万多起,仅美国唱片业协会针对私人用户提起的个案便达 9900 起。但之后美国司法部一改原来不愿介入版权盗版犯罪调查的态度,通过启动数字网格锁这一针对 P2P 团体的联邦执法行动,对包括个人用户在内的网上共享版权的行为实施刑事搜查。③ 笔者认为,公权力介入诉讼可能是在版权人的高压之下,为破解网络环境下私人领域分享行为案件在查处中遇到的用户身份信息确认、证据搜集等方面的难题而不得已的举措,实际上从最终结果来看,真正被判处刑罚的案件为数甚少,除非网络用户从中谋取了商业利益,绝大多数私人用户在停止复制分享并赔偿了版权人的损失后就能全身而退。

德国关于网络资料私人共享的刑事司法实践也表明了这一点。自 2004 年版权人发起抵制网络资料的共享运动后,刑事诉讼就如雨后春笋般涌现。但是侦查机关并不热衷于将有限的司法资源浪费在版权人的诉讼

---

① 张今:《版权法中私人复制问题研究——从印刷机到互联网》,中国政法大学出版社 2009 年版,第 176 页。

② 如合理使用在有些国家不再包括"为个人欣赏目的"的情形。作为合理使用制度适用根基之一的"首次销售原则"也被部分国家明确不适用于网络领域的"发行"行为,因为和传统作品的发行明显不同,数字作品每传播一次,复制件就会多一份,它不像现实环境下,无论怎样转移,最后都只能有一个人持有该复制件。

③ 沈木珠:《P2P 共享的合法性——从巴黎法院裁定的一案谈起》,《电子知识产权》2006 年第 7 期,第 46 页。

案件上，他们认为侦查危害公共安全或秩序的犯罪远比私人领域使用 P2P 共享的案件更为重要，而且即使侦查机关出面让服务商根据 IP 地址找出特定时间使用网络的人，为了确认具体的身份[①]有可能还需要传唤证人、搜查房子、对电脑进行检查等，这是违反比例原则的。而版权人实际上只是希望通过侦查机关参与调查，强制服务商提供用户信息，从而通过检阅诉讼文件得到下载人员的信息并通过律师要求私人用户停止文件分享并进行民事损害赔偿。[②] 也就是说，"以刑逼民"才是版权人的真正目的，故 2008 年 7 月 7 日德国颁布了《改善知识产权执行的法案》，明确版权人可以直接从网络服务商那里得到用户的信息，服务商有相应的协助义务后，刑事案件的数量就得到了遏制。[③]

荷兰首例涉嫌网络著作权犯罪的刑事案件最终也被法院驳回了起诉。该案被告 Stefan K. 承认向盗版港网站上传了 5000 本书，他的律师坚称文件共享不是刑事问题，应在民事法庭上索赔，除非在特殊情况下，如被告是犯罪集团的成员或是以侵犯著作权为业才能作为例外起诉。该案检察官虽认为因涉案数量庞大不能仅适用民事诉讼，但法院最终彻底驳回了此案。[④]

（二）全球首例 BT 传播刑事案件

2005 年 10 月 24 日，全球首例通过 BT 点对点软件非法传播影视侵犯版权的刑事案件中，被告被判决罪名成立。该案被告陈乃明被控于当年一月于屯门家中，利用 BT 技术，将《夜魔侠》《选美俏卧底》和《宇宙深慌》三部未经版权持有人授权的电影制成 BT 种子档案在香港新闻讨论区发放，免费供网友下载，后被海关揭发追踪。香港屯门裁判法院审理了该案后以被告人在没有有关版权拥有人的特许下，并非为任何贸易或业务的目的，亦并非在任何贸易或业务的过程中，而分发版权作品的侵犯版权复制品，造成版权所有人及电影市场利益受损，构成意图使他人不诚实获

[①] 因为如果网络被家庭成员、公寓合租成员几个人同时使用的话，就还需要进一步确定具体的行为人。

[②] Kondziela, A. (2009), *Staat sanw lte als Erfüllungsgehilfen der Musik-und Pornoindustrie? Akteneinsicht in ilesharing-Verfahren*, Multimedia und Recht (MMR), p. 295.

[③] 谢焱:《游走于法律边缘的网络著作权——网络资料私人共享在德国的刑事立法和实践》,《中国版权》2012 年第 6 期，第 54 页。

[④] See http://www.escapistmagazine.com/forums/read/7.399239-Dutch-Court-Dismisses-Complaint-Against-Pirate-Bay-Uploader.

益，因此于 2005 年 11 月 7 日做出判决，裁定 3 项违反《版权条例》罪成，最终判决入监 3 个月。

这一案件在全球范围内引发了激烈的争议。部分认同者认为判决澄清了法例的灰色地带，法官清晰厘定将"种子"影音作品在网上上载是一种侵权乃至犯罪行为，对网上侵权者有阻吓作用；[①] 而反对者则认为，陈的做法的确从某种程度上应承担民事责任，但是并不构成刑事犯罪。其中有人认为，传播是一种积极的有意行为，而被告只是把电影做成文件以供他人下载，并没有传播的意图，在整个下载过程中，主动的是下载者，陈在这个过程中是被动的。[②] 有人认为，BT 下载是 IT 应用的新技术，围绕该技术产生的法律问题并未完全解决；况且，被告也未从上载影片活动中牟利，分发盗版作品的数量亦不多，判其承担刑事责任有畸重之嫌。[③] 还有的学者指出香港《版权条例》中实际上仅将未经许可的"发行"作品复制件导致版权人利益受损的行为规定为刑事犯罪，而将电影文件制成"种子"文件供他人下载的行为，并不构成版权法意义上的"发行"而应属于典型的"网络传播"，所以这一判决其实是打了法律的擦边球，是错误地将两种不同性质的行为混为一谈了。[④]

在笔者看来，香港法院的这一判决实际上在向社会昭示个人用户出于供他人免费下载的非商业目的，将电影文件做"种子"这一流行行为可能导致的严重法律后果，试图以刑事制裁所特有的震慑力改变网络用户习以为常的行为模式。这似乎意味着私人复制分享属于合理使用的终结和纳入刑法规制的开端。但既然判决饱受质疑，就说明对私人复制分享是否应动用刑事制裁有理论探讨的必要。

三 网络环境下私人复制分享行为刑事责任的再思考

（一）私人复制分享行为的社会危害性解读

传统上，版权人总是避免直接打击版权作品的最终用户，其中部分原

[①] 《全球首宗网络 BT 侵权案成罪在港引起强烈反响》，http：//news. qq. com/a/20051025/001988. htm。

[②] 《侵犯电影版权 全球首例 BT 用户侵权量刑调查》，http：//news. xinhuanet. com/newmedia/2005 - 11/02/content_ 3717638_ 1. htm。

[③] 汤显明：《网络侵权与 BT 刑事犯罪》，《法学杂志》2008 年第 2 期。

[④] 王迁：《网络环境中的著作权保护研究》，法律出版社 2011 年版，第 88—96 页。

因是因为追究最终用户的责任是高成本的和不受欢迎的。但是主要原因是终端用户并不复制版权保护的作品——即使复制，这种复制也是很少量的，也很少进行广泛的传播。① 但是网络环境下的私人复制分享却是无所不在、无时不在地大量进行着，所以刑法打击的矛头渐渐指向它。由于刑法是最为严厉的惩罚措施，只有违法行为有严重的社会危害性，动用其他法律手段无法调整时，刑法才能考虑适用，因此对私人复制分享行为的社会危害性进行现实解读，是认定相关行为是否达到了刑法所要求的社会危害性的量从而考虑是否将行为入罪的前提。对此，笔者认为私人复制分享所涉行为的不同类型在社会危害性上是有显著差异的。

其一，单纯出于学习、研究或者欣赏等目的而下载作品的行为一般本质上仅为复制，② 其本质是使本人的计算机硬盘上有了与网络上完全一样的文件复制件，更确切地讲是"永久复制"。不能否认，这一下载行为可能导致作品发行量降低，侵犯权利人的预期利益。但是这一复制属于传统意义上的版权限制范畴，因为私人复制是社会公众接近和利用作品的技术基础。如果社会公众接近和利用知识产品的权利无法得到保障，那么包括发展权在内的普遍人权就将无法保证实现。③ 尤其是为学习、研究而下载使用，这种创造性使用的私人复制行为能够使作品最大限度发挥其社会效益，而且针对同一作品的复制数量一般仅一次，对著作权的影响很小。至于为欣赏目的的下载行为则有一定分歧。有学者认为，个人欣赏在于获得精神享受和心理愉悦，属于人类需求的高层次，将其保留在著作权限制中，已对各种文化消费品造成了不同程度的消极影响，尤其是音乐行业、影视行业深受其害，从而主张将"欣赏"从合理使用中排除。④ 也有学者明确指出基于个人欣赏娱乐的目的而进行私人复制的行为不应当受到著作权人的绝对禁止。只有著作权保护体现网络文化精神——自由与开放，才能在保障著作权人合法权利和商业回报的同时，实现最大可能的社会资源

---

① 吴伟光：《数字技术环境下的版权法危机与对策》，中国社会科学院2008年博士论文。
② 利用P2P技术下载比较特殊，用户在下载的同时也在上传，后文将单独探讨。
③ 冯晓青、胡梦云：《合理使用视野下"私人复制"著作权问题研究》，《南都学刊》2011年第11期。
④ 但论者也仅认为应将个人欣赏转变为付费使用的强制许可，而并不认为使用者一夜之间就变成盗版者。参见张今《版权法中私人复制问题研究——从印刷机到互联网》，中国政法大学出版社2009年版，第182页。

共享。[1] 笔者认为，在法律态度不坚决之前，不能认为下载作品的危害性达到相当严重程度，实际上单独评价时，私人复制的分散性特点决定除非其行为数量巨大，否则很难达到严重程度的社会危害性。

其二，P2P技术的双向性特点决定用户的下载同时也是上传行为，所以这一复制行为较为特殊。如果说私人下载复制的社会危害性一般尚较轻，那么上传复制的社会危害性则不容忽视，因为成千上万的对等用户可能同时都在下载用户被动性上传的种子文件，因此P2P下载者的下载行为本身包含着网络传播的性质。其受众的广泛性和下载上传的反复性使得这种行为的社会危害性要比普通的下载更大。

其三，基于网络分享理念私人用户也可能将作品通过网络上传。上传未经合法授权作品给他人的行为，本身就侵犯版权，不能用合理使用予以抗辩。[2] 然而上传的平台不同、允许分享的对象范围不同则会对这一行为的社会危害性产生较大影响，具体可分两种情况：一是将作品上传到私人的网络空间如云盘或者直接向亲朋好友复制文件并发送。这种情况因分享的范围有限，正如传统上将纸质作品借给周围人阅读属于合理使用一样，即便对著作权利人的经济利益有一定影响，但总体说来社会危害性尚没有达到特别严重的程度；二是将作品传到公开的网站或平台中随意供人下载，包括使用BT等软件发布源文件或提供种子，这种分享已经不再局限于熟人圈，构成网络传播或发行行为。[3] 网络盗版影音作品满天飞追溯源头也可能正是因为某私人用户将其合法或非法取得的作品未经著作权人许可复制后上传到网络。由于网络扩散的倍增效应，其最终后果就是导致作品可能被无数公众下载、浏览、复制，版权作品的投资方却无法从中获取任何利益甚至无法收回投资，同时可能误导公众以为网络分享是理所当然的，甚至指责收费下载的不合理性从而侵蚀人们的法治观念。

---

[1] 冯晓青、胡梦云：《合理使用视野下"私人复制"著作权问题研究》，《南都学刊》2011年第11期。

[2] 沈木珠：《P2P共享的合法性——从巴黎法院裁定的一案谈起》，《电子知识产权》2007年第6期。

[3] 目前著作权法理论上，对此究竟为"网络传播"还是"发行"还存在争议，但目前刑法框架下纠缠于此没有太大必要，因为二者在侵犯著作权罪的客观方面是同等视之的。事实上，上载有如摆放一部汽水自动售货机在街上，让有需要的顾客自行购买，此种行为与发行版权物无异。参见汤显明《网络侵权与BT刑事犯罪》，《法学杂志》2008年第2期，第53页。

(二) 私人复制分享者的主观考量

对于前述私人复制分享行为而言，还需要考虑的就是行为者的主观方面，因为侵犯著作权罪只能由直接故意构成且需具备营利目的。

首先，就单纯下载者而言，大多数人并不关注网络作品来源的具体情况，相当一部分甚至确信网站应该确保了作品来源的合法性，[①] 故只要网站没有采取禁止措施情况下用户实施了下载行为，他们对作品来源的非法性以及对未经许可擅自复制的事实就可能缺乏明知。而即便有些下载者正确判断下载作品有可能是侵权作品，其大多数人也缺乏营利目的，他们认为，只要主观目的是为了个人学习、研究或欣赏目的就属于合理使用，进而也缺乏违法性的意识。但现实中可能存在终端客户为了在网络外进行盗版活动而下载侵权复制品的情况。如果此时行为人主观上存在对侵权作品的明知且有营利意图，则应另当别论。

其次，就利用P2P技术的下载者而言，其主观方面则不能一概而论。由于P2P技术的先进性，有些用户对利用其下载时所附带进行的上传并不明知，[②] 只是基于BT技术而不得不被动地进行上传。这种情况下，终端用户缺乏侵犯著作权的故意，往往同时也缺乏营利目的。但是随着技术的普及以及很多BT软件中对上传速率的设置选项，也有一些用户知晓下载就意味着无法避免的上传行为，若仍然进行下载，则说明其主观上对上传至少具有放任的心态。同时针对一些正在上映的热门影视剧，用户通常应当知道电影一般不会被主动上载到互联网供网民任意下载，也即是说其是明知而为。但从大多数情况看，行为人主观上并不存在营利目的。

最后，就上传者而言，情况较为复杂。对于将作品上传到私人的网络空间或直接复制发送亲朋好友的用户，其主观上往往对自己未经著作权相关权利人许可，擅自复制发行他人作品的事实缺乏明知。比如购买电子书或光碟后，很多人认为供本人或周围朋友免费分享是再自然不过的事情。但是将作品放在网上任人随时下载，在当前著作权意识已渐深入人心的情况下就不能简单否定用户主观上有侵害著作权的故意。虽然上传者对最后实际有多少用户下载了其上传的作品缺乏可控性，但是从有意、主动其将作品置于公共网络时起，就应该预见到会有大量的下载

[①] 笔者实证调研的结果也显示了这一点，具体将在下一章展开说明。
[②] 据笔者所进行的实证调查显示，65.23%的人都属于这种情况。

者。特别是在利用P2P软件上传种子文件时，要使分发的文件能够被其他网络用户毫无阻碍地连接下载，还需要用户一直让计算机在线，并使用P2P软件，由此可见，这种情形下认为上传者欠缺故意的说法难以令人信服。至于主观目的，一般而言实施上传行为的私人用户很难证明其具备营利目的要件，但是实践中也不能排除上传者通过控制下载或浏览来收取费用的可能。

（三）私人复制分享的刑事责任

基于主客观相统一的原则，通过以上分析，按照我国目前刑法，则出于营利目的将作品违法上传共享至公众平台任人随意下载的行为，由于客观危害较大，行为人主观上明显出于故意且是为了营利，符合刑法217条侵犯著作权罪的构成要件，只要达到数额情节标准就可以成立犯罪。如果从源头处限制了上传行为，可供下载的侵权作品必定会减少，通过这种方式也可以达到净化网络空间，间接让民众知晓下载亦是非法的。除此之外，如果用户为了进行线下盗版活动而先在网络上未经著作权人许可，擅自大量下载网络作品的，由于其盗版意图明显，主观上出于营利目的，客观上形成"商业规模"危害也较大，所以也应以侵犯著作权罪论处。但就目前情况来看，其他的私人上传和下载行为则一般暂时不宜追究行为人的刑事责任。

第一，从犯罪构成理论角度看，一般的私人上传下载行为很难达到成立犯罪所要求的客观严重危害程度并具备侵犯著作权罪的全部主客观要件。具体理由在于：客观上，出于学习、研究等目的的私人复制行为一直被各国纳入著作权的合理使用之中从而阻却了行为的违法性；即便是尚有争议的娱乐、欣赏目的的下载行为由于其间断性、分散性也经常难以达到相当数量规模；至于私人的周边分享则因为范围的有限性也很难对著作权人的市场造成大的影响；主观上，难以证明行为人主观上的营利目的，尤其是单纯为个人欣赏目的的下载行为。不仅如此，行为人主观上往往缺乏违法性认识。虽然对于故意的成立是否以行为人的违法性认识为必要尚存在争议，但是理论界已有越来越多的学者倾向于"违法性认识是罪责的规范要素，因而对于罪责的构成来说是必要的"的观点。[①] 尤其像侵犯著作权罪这种法定犯，早就有学者指出，在法定犯中，不知道法律上所禁止

---

① 陈兴良：《违法性认识研究》，《中国法学》2005年第2期。

的内容的人，就不能承认其反社会性格。① 而有关数据恰好显示，近85%的被访问者认为上传、文件共享和下载数字内容并不违法，即使法律将其定义为违法行为，62%以上的被访问者表示会继续这种行为，并认为"没有觉得这是违法的"。② 既然如此，就很难认定私人的复制分享者有侵犯著作权的刑法故意。基于以上理由，认定私人复制分享者构成犯罪就缺乏充分的犯罪构成依据。

第二，从刑法的谦抑性角度看，将一般的私人复制分享行为纳入刑法规制缺乏必要性。私人的复制虽然可能侵犯他人版权，但是却带来了文化的传播。刑法在此就是公众利益和版权人利益的平衡器。如果对私人的复制分享进行严厉的控制，或许这样保护了少数版权人的利益，却牺牲了整个互联网的利益。③ 版权人作为受害人其实完全可以提起民事诉讼，从前述德国的实践可以看到，其实版权人真正在意的是作品通过网络传播所应享有的收益。而且在笔者看来私人的有限分享其实和将先前已投入流通领域的作品原件或复制件免费出借给他人唯一的差别就在于前者私人用户仍享有作品的复制件，而后者原件或复制件已经发生转移。如果分享实体作品适用发行权用尽原则从而完全合法，而由于目前各国立法大都站在电子书商的立场，不允许电子书的发行权"一次用尽"，④ 则对于分享电子作品就考虑动用刑法，似乎并不公平。试想如果本身就是网络上购买并下载的电子书然后再与他人共享呢？这意味着仅仅是载体的不同就决定行为性质由合法跳跃到犯罪，其跨越鸿沟之大很难令人接受。从这一角度来讲，在著作权领域都对这一问题还在探讨之际，刑法的介入就应该分外谨慎，即便要规制私人复制分享行为，也应优先考虑民事途径。

第三，从刑法机能发挥的角度看，指望通过对私人复制分享行为适用刑罚来达到促成民众对网络资料私人共享形成正确观念是不切实际的。相当一部分学者对私人的复制分享主张适用刑事制裁的重要原因是考虑到公众著作权观念的落后和道德的离析，主张只有借助刑法对于该行为严肃、

---

① [日] 大塚仁：《刑法概说（总论）》（第三版），冯军译，中国人民大学出版社2003年版，第391页。

② 张今：《版权法中私人复制问题研究——从印刷机到互联网》，中国政法大学出版社2009年版，第183页。

③ 谭绍木：《BT软件下载的刑事责任分析》，《人民司法》2006年第10期。

④ 杨延超：《版权之争："法定许可"从何而来》，《检察日报》2014年第5版。

强烈的谴责表达来让民众伏法。然而"位于现代刑事法律科学与现代刑事政策核心的，就是以刑法干预的正当性考虑与刑法干预的谦抑性思想为基础的'道德→第一次法→第二次法'的犯罪化作业过滤原理"[①]。换言之，刑法机能的有效发挥需要以道德伦理为基础并获得其支持。但我国迄今为止即便是那些平时遵纪守法的人在对待著作权时也经常秉持中国社会从古至今的窃书不算偷的思想，网络用户更是将网络共享精神发扬光大，通过"自我催眠""自我暗示"相信自己实施的不是盗版而是共享行为。一旦作为第二次法的刑法在第一次法，包括著作权法、民法等都没有能够对网络空间的社会关系进行初步调整以建立起相对规范的网络道德体系之前就迫不及待介入，这对提高公众的著作权道德意识不仅没有帮助，反而会使公众无法承受刑法之重。正因为如此，刑法不能完全无视社会公众的情感。鉴于网络著作权是个新生事物，需要循序渐进地对民众进行引导，只有在民众接受的范围内的立法才能具有良好的法律效果和社会效果。[②]

第四，将私人的复制分享行为纳入刑法制裁的范围会违背刑法的公平理念。有学者指出，行为人可以通过 BT 等 P2P 新技术大规模地发放或分发侵权作品，给著作权人造成巨大的损失，这种网络上的传播行为和传统的"发放""分发"并无实质区别，甚至更容易实施并达到犯罪的目的，因此，将这种行为纳入刑法制裁的范围是符合刑法的公平理念的。[③] 但是我们应当注意到，由于网络私人用户端数量庞大，分布地域广，即便能够查明具体的行为者，也很难将所有构成犯罪的人一一追究刑事责任，最终结果就是一部分人被选择性地追责而大量的人逍遥法外。既然代表公权力的刑法不能做到公正无差别的处理，那么让受害的版权人基于意思自治决定起诉的私人用户，寻求民事救济更为妥当。

第五，从司法追责机制上看，将一般的私人上传下载行为入罪将面临严重的定性或定量负担。如以 BT 下载为例，BT 技术的特点就是下载者同时也扮演传播者角色，一般是同时多人在线并同时使用 BT 程序分享文件，由于下载同一内容用户间的交互式的传输，一名下载者最后获得的完整文件实际是由多人分发的部分组成。由此很难确定究竟哪些人实施了复

---

① 梁根林：《刑事法网：扩张与限缩》，法律出版社 2005 年版，第 34 页。
② 谢焱：《游走于法律边缘的网络著作权——网络资料私人共享在德国的刑事立法和实践》，《中国版权》2012 年第 6 期。
③ 汤显明：《网络侵权与 BT 刑事犯罪》，《法学杂志》2008 年第 2 期。

制分享行为。即使能够查明,程序上也将非常烦琐,司法机关需要投入大量的人力、物力,发布数份搜查令,扣留数台电脑,从中找出相关文件作为证据,而实际上,很多私人用户在下载作品予以观看或学习之后,都会遵从下载时的提示将作品从电脑中删除,此时要搜集相关证据就更难。而之后检察机关要成功起诉,法院要顺利审结案件就更加困难,譬如用户地域的广泛性决定案件可能出现管辖争议;案件的共同犯罪性质和证据的复杂性决定开庭时人数众多,环节复杂;被他人下载的数量认定等问题,都会给刑法的适用带来困难。

一言以蔽之,对最终用户的复制分享行为一律入罪,绝不是有效制止公众私人复制分享以致侵犯著作权的有效方式,刑法的过激介入势必造成公众的反感,刑法的适用应是谨慎而适度的。但刑法也不是任何时候都无所作为,在认定私人复制分享行为的性质时重点需考虑如下因素:私人使用的目的是营利性还是非营利性,复制分享作品本身的性质以及复制分享作品的数量规模以及对著作权人的市场影响。如果为著作权法所禁止的行为而又完全符合侵犯著作权罪的要件则不能排除刑法的适用。

第五章

网络环境下我国侵犯著作权犯罪刑法防控的对策

第一节 我国当前网络著作权刑事保护观念的实证调研

"现代社会权利义务双重本位和社会个人双向本位的价值体系模式，要求人们在主张自己权利和行使自己的权利时，要注意'度'的限制和约束，顾及他人利益的社会公众利益。"[①] 因此按照著作权人的意愿强化对网络著作权的刑事保护时，必须要兼顾传播者、使用者等公众的利益。如果在社会公众尚未形成对著作权刑法保护的普遍信仰之前，就急于通过泛犯罪化和重刑化的手段来实现遏制盗版犯罪发生的目的，结果只能是阻碍"纸面上的法"顺利向"行动中的法"转化。[②] 为此，笔者就当前我国普通网络用户的著作权意识及对著作权采用刑事手段保护的看法观念进行了一次实证调研。

一 实证调研的基本情况

（一）实证调研开展概况

为较深入了解当前我国网络用户对于著作权刑事保护的真实态度，笔者在问卷星平台上设计了相关问卷，并通过复制链接到 QQ、微信、微博等即时通信工具中广为发布，进行在线问卷调查，共收回问卷 1015 份，其中有效问卷 1001 份。网络受众的广泛性让笔者最初对这一调查的广泛开展信心满满，但是问卷填写数量最后却与预期有较大差异，原因可能在于：一是部分人收到问卷链接后出于担心病毒、木马入侵等原因，不敢填写；二是正如一名调查者在补充说明中所说"问卷比较专业化"，所以不

---

① [美] 博登海默：《法理学——法哲学及其方法》，邓正来等译，华夏出版社 1987 年版，第 297 页。

② 徐雁：《对我国知识产权犯罪刑罚设置的反思与重构——以 DS362 案审结为背景》，《东南司法评论》（2010 年卷），厦门大学出版社 2011 年版，第 320 页。

愿意或懒于填写；三是有些网民对这一调查不感兴趣，甚至直接在补充说明中反问："这东西和我有关吗？"进而不屑于填写。

（二）被调查对象的说明

在回收的1001份有效问卷中，首先从年龄结构上看，18岁至30岁的人共770人，占总调查人数的76.92%；18岁以下的共26人，占2.6%，30岁至40岁的142人，占14.19%；40岁至50岁的49人，占4.9%；50岁至60岁的10人，占1%；60岁以上的人仅为4人，占0.4%。从调查对象的职业来看，国家工作人员共101人，占调查人数的10.09%；企事业单位员工为243人，占24.28%；自由职业者81人，占8.09%；学生482人，占48.15%；农民4人，占0.4%；此外还有90人为其他，占比8.99%。从文化程度看，初中及以下的为16人，占1.6%；高中文化程度的30人，占3%；大中专文化程度的114人，占11.39%；本科以上学历的534人，占53.35%；研究生及以上的则有307人，占30.67%。

另外后台还自动搜集了调查对象的地理位置分布情况，具体来讲，按接受调查人数由多到少排列，处于前十位的我国省份依次是湖北、广东、河南、北京、湖南、山东、江苏、浙江、上海、天津。而新疆、黑龙江、甘肃则位于最末三位。

以上数据表明对著作权话题感兴趣愿意接受调查的人群主要是中青年网民，他们通常有正当且收入尚可的职业，文化程度普遍较高，这也与网络人群的年龄、职业、学历结构大致相吻合。全部调查对象中还有130人从事过或正在从事网络文学、音像作品制作、游戏开发、计算机软件设计等类似工作，这部分人群应该更关心网络著作权的保护。而调查对象的地缘结构则一定程度上说明，经济、文化、教育较为发达的省份，人们可能更注重精神上的愉悦，所以对网络著作权话题的关注度也就越高。

调查同时显示，这些对象中只有168人每天上网2小时以下，其他都在2小时以上，每天上网2—4小时的占了42.36%，4—8小时的占28.47%，8小时以上的占了12.39%。绝大多数人都不再只是通过传统方式，如纸质书、电影院、电视的方式去阅读书籍、看影视剧，已有67.83%的调查对象是经常网络在线或下载观看作品，甚至还有5.59%的人只通过网络观看作品。这充分说明，网络已成为人们获取作品的重要途径，而这些经常上网并通过网络来获取作品的调查对象基本上可以代表广大网民或者说公众的利益。

二 被调查对象的网络著作权意识现状

（一）对当前网络盗版形势的判断及其原因认知

关于"我国互联网上的盗版现象是否严重"这一问题，认为不严重的只有1.1%，认为一般的为7.19%，认为较为严重的占22.28%，而认为严重的占比最多，达39.06%，剩下的30.37%用户均认为网络盗版特别严重。可见绝大多数网络用户对网络盗版现象是有所感知的，这就说明广大网民并不是对网络著作权问题完全无视。

至于"造成当前我国网络盗版现象的根本原因是什么"，答案则较为分散，但大多数人认为并不是预防打击的问题，而是经济上或者网络分享传统的原因。具体可见图5–1：

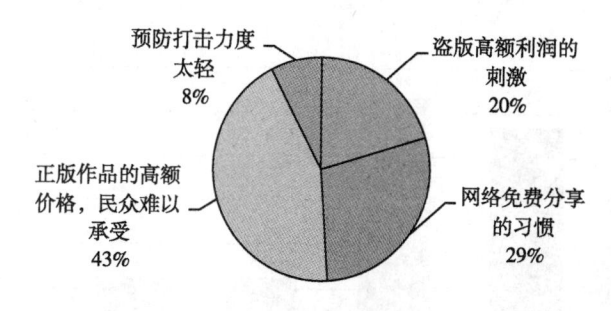

图5–1 网络盗版原因认知

预防打击力度太轻 8%
盗版高额利润的刺激 20%
网络免费分享的习惯 29%
正版作品的高额价格，民众难以承受 43%

（二）对于网络下载上传行为性质的认知

对于"是否可以随意在网上下载文字作品、音乐、电影、电视作品？"这一问题，真正明确选择"不能"的调查对象只有268人，而其他用户要么认为网络就是分享作品的平台，当然可以随意下载；要么虽然不确定或不知道，但基于有关网站应该已经确保了作品来源合法性的前提设想或者从众心理，也对随意下载持认可的态度。具体结果如图5–2所示：

与网络用户普遍对下载不以为然相比，对于上载行为，则随着近年来不断的法制宣传、一波又一波的运动式执法工作推进，以及新闻媒体间或曝光的网络盗版侵权案件，人们逐渐意识到了其可能侵犯著作权，故调查结果显示，有50.55%的人从不把自己所拥有的他人文档、音像、软件等资源在未经他人同意的情况下上传至网络与公众分享。而在余下承认有这一行为的人中，只有约1/3的人将这些作品上传至了诸如百度文库、新

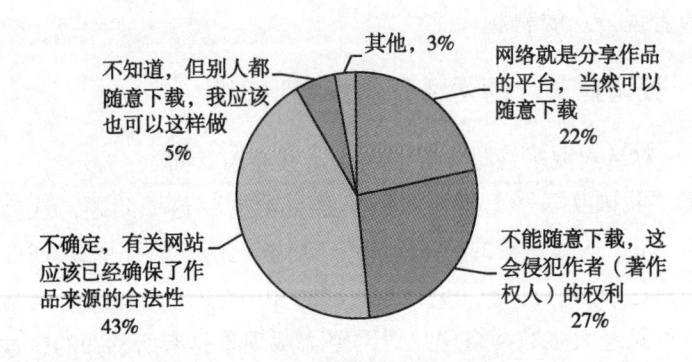

图 5-2　网络下载的观念认知

浪爱问知识人、豆丁网、道客巴巴等公共文库平台，约 2/3 的人则将作品传至了 QQ 空间、博客、个人的云盘等相对私密的空间（具体人数见图 5-3）。

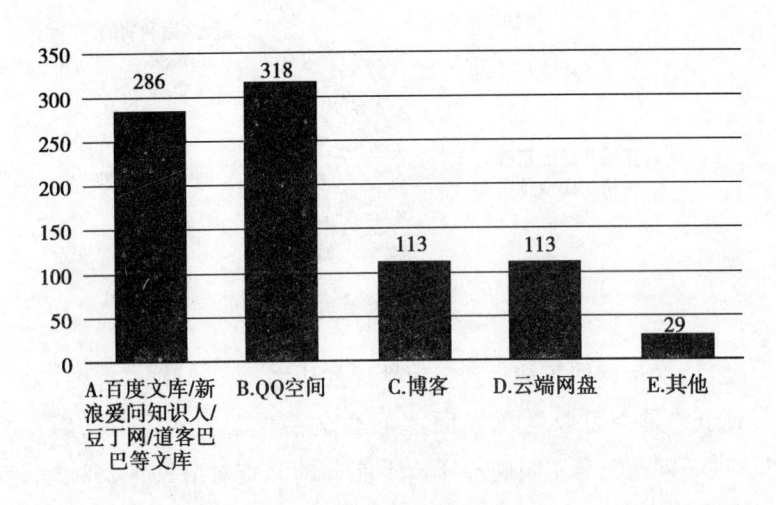

图 5-3　网络上传的观念认知

由此可见，对于上传行为的性质尽管可能人们并不十分清楚，但潜意识中也认为上传相对于下载侵犯著作权的可能性更大，所以为规避这一行为可能导致的后果，人们即便上传也尽可能限制在亲朋好友能接触的范围。

（三）对于网络作品下载或在线观看收费的态度

在不破坏网络分享传统的前提下，解决网络时代下私人使用问题的一种新的思路就是补偿著作权人因网络用户个人非营利性的复制分享行为所遭受的损失,[①] 版权补偿金制度由此应运而生。德国在1965年的著作权法第54条即明文规定录音机及录影机的补偿金制度,而后欧洲各国纷纷效仿。尽管补偿金会转嫁给消费者,但很多人认为这是适当的,毕竟消费者是主要的侵权人,没有任何理由无须为录制著作而承担最终的付款责任。[②] 这样,就既满足了消费者进行私人复制的实际需要,又使版权人获得了一定补偿;既避免了著作权人将行使权利的手伸入私人领域,同时又巧妙地绕过了消费者私人复制行为是否构成"著作财产权的限制或独立的例外规定"等复杂的法律问题。[③] 我国当前也有不少学者主张导入这一制度,并对作品的网络传播先行采取类似补偿金收费机制的必要性和可行性进行了翔实的论证。[④] 笔者也认为,在消费者可以承受的范围内,完全可以对私人复制,尤其是那些对作品的市场销售产生替代性影响的私人复制收取合理费用,从而一方面让私人用户可以正大光明地进行复制等行为,另一方面也兼顾到版权人的权利。实际上,现在网络上的"午餐"也开始并不免费了,音乐、电影的下载都已开始尝试收费制度。由此笔者在问卷中也设计了一道相关调查题,即"您对网络上的文字作品、音乐、电影、电视作品下载或在线观看要收费怎么看?"调查结果如图5-4所示。

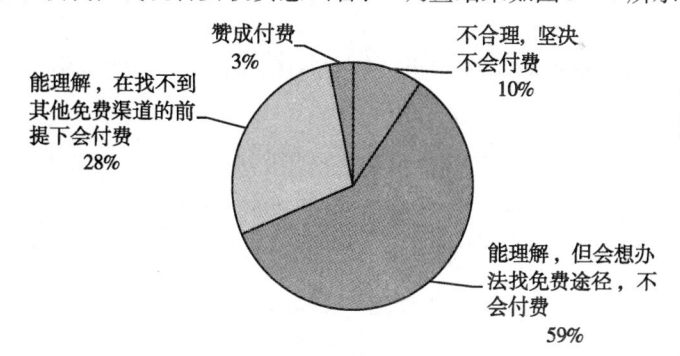

图5-4 对网络作品收费的看法

[①] 另一种重要思路则是通过对合理使用的严格限制和采用技术措施等来维护版权人的合法权益。

[②] 蔡蕙芳:《著作权侵权与其刑事责任——刑法保护之迷思与反思》,新学林出版股份有限公司2008年版,第92—96页。

[③] 曹世华:《论数字时代的版权补偿金制度及其导入》,《法律科学》2006年第6期。

[④] 张今:《版权法中私人复制问题研究——从印刷机到互联网》,中国政法大学出版社2009年版,第269—273页。

由此可见，赞成或可能考虑付费的人总共只占了调查对象31%，大部分人仍对收费持抵触态度，即便能理解，但从个人角度而言也不会去付费。不过令人欣喜的是，调查数据同时也表明网络用户的著作权意识还是有了相当程度的觉醒，对收费制度大部分人表示了理解，或许随着收费机制的完善和实际收费作品的大面积铺开、免费侵权作品来源的减少，最终公众会彻底接纳使用网络作品基本要付费的理念。

三　被调查对象对于网络著作权法律保护的态度

（一）对于当前网络著作权法律保护态势的判断

对于我国当前打击网络盗版的态势，尽管近年来一再展开大规模的运动式执法工作，但是从公众的感知上看，似乎与预期有较大的出入。只有4.1%的调查对象认为力度较大，效果明显；42.9%的人承认取得一定效果，但力度一般；42.4%的人认为力度较小，效果不明显；还有10.6%的人认为打击完全不得力。正因为如此，85.72%的人主张网络时代的著作权保护应进一步加强或至少应该继续维持当前的打击力度，只有极少数2.6%的人认为应该削弱打击，当然也有少数人对今后何去何从暂时处在观望阶段。

（二）网络著作权维权方式、希冀结果与追责对象的选择

1. 网络盗版维权方式的选择

在假定受调查对象发表在网络上的文字作品遭受他人盗版的情况下，笔者设计了包括诉讼维权（包括刑事、民事等多个途径）、私下维权、借助其他有关力量（包括有关网站、行政机关）等多个选项，要求被调查者只能从中选取一种途径，调查结果如图5-5所示：

从中不难发现，民事诉讼并非是作者权益受损时的首选维权方式，调查结果表明，有人直接基于民事诉讼成本的考虑而选择与侵权者私了，也有人觉得网络侵权想管也是有心无力故干脆不予理睬。而联系有关网站，请其帮忙删除侵权作品这一方式最被假定为作者的调查对象看重，这似乎说明，只要没有后续的继续侵权，对于之前的曾经网络侵权，相当部分人持较为宽容的态度。当然也不乏想要借助行政公权力甚至要求司法机关追究盗版者刑事责任来维权的，但总体上看，被调查对象对于国家公权力介入打击盗版的信心并不充分，也不愿意为打击盗版额外花费过多的费用，所以选择遏制进一步侵权或私了就成为必然。

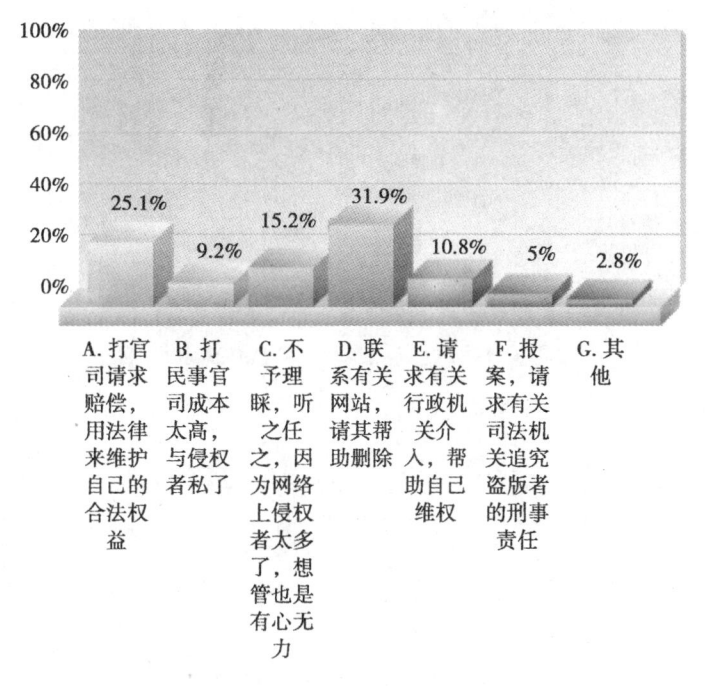

[图表:网络盗版的维权方式各选项比例]
- A. 打官司请求赔偿,用法律来维护自己的合法权益:25.1%
- B. 打民事官司成本太高,与侵权者私了:9.2%
- C. 不予理睬,听之任之,因为网络上侵权者太多了,想管也是有心无力:15.2%
- D. 联系有关网站,请其帮助删除:31.9%
- E. 请求有关行政机关介入,帮助自己维权:10.8%
- F. 报案,请求有关司法机关追究盗版者的刑事责任:5%
- G. 其他:2.8%

图 5-5　网络盗版的维权方式

2. 网络盗版寻求救济的最希冀结果

著作权人在面临网络盗版时可以从多个途径寻求救济,有些重在对自己受损寻求经济补偿,有些则更希望对盗版者的人身、行为等做出限制。调查结果显示,39.4%的人将得到满意赔偿作为首选结果,而希望对方受到严厉刑罚处罚的只占3.9%。具体情况可见下图5-6:

我们发现,这一调查结果与前述大部分人面临网络盗版更倾向于联系网站删除侵权作品有一定出入,笔者认为主要原因可能在于对于维权方式的选择,著作权人不得不同时考虑维权成本的大小、维权方式的便捷性等因素;而如果排除这些因素,则著作权人更为关心的还是自己的经济损失能不能得到补偿。由此网站及时将侵权作品删除、让对方受到行政处罚或刑事处罚这都是后话。不过值得注意的,有23.8%的人选择最希望侵权或犯罪者几种责任同时承担,这充分显示了著作权人与侵权犯罪者之间的紧张对立关系,说明单纯的民事责任有可能无法充分弥补著作权人的损失,因此形成民事、行政、刑事的三重保护格局亦不失为一种较好的选择。

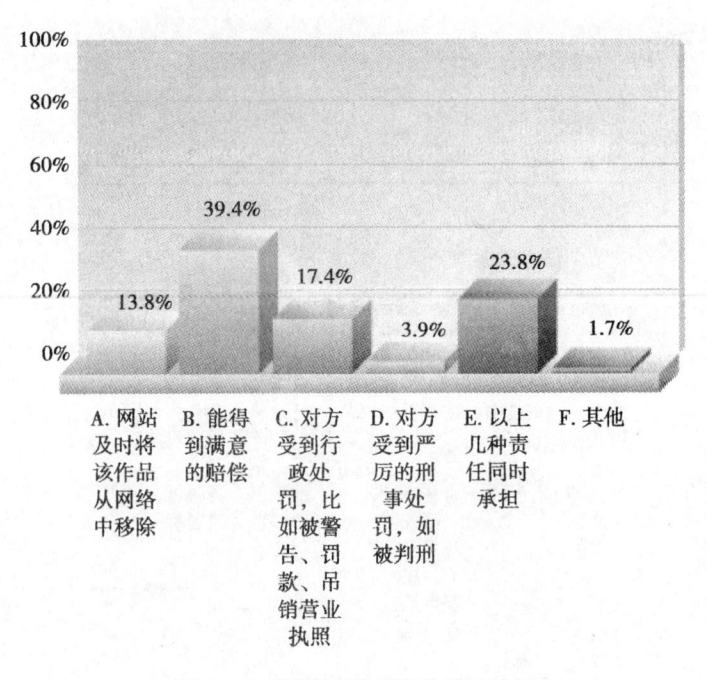

```
100%
 80%
 60%
 40%     39.4%
 20% 13.8%      17.4%      23.8%
  0%                  3.9%        1.7%
     A.网站  B.能得  C.对方  D.对方  E.以上  F.其他
     及时将  到满意  受到行  受到严  几种责
     该作品  的赔偿  政处   厉的刑  任同时
     从网络       罚,比   事处   承担
     中移除       如被警  罚,如
                 告、罚  被判刑
                 款、吊
                 销营业
                 执照
```

图 5-6 网络盗版救济的希望结果

3. 网络盗版追责对象的把握

对于作品的著作权因为网络分享被侵犯时应由谁来承担责任这一问题,分别有 77.62% 和 63.84% 的人选择了上传作品的网友和提供下载的网站;这充分说明多数人已经意识到随意将作品上传至网络公众分享是侵犯著作权的行为,由此也表明法律对此进行规制与大众的著作权意识水平是一致的;但是对于搜索引擎或链接服务提供商,则只有 48.85% 的人认同对其追责,而对于下载的用户,则只有 17.78% 的人主张可以追究其责任。详情可见下图 5-7:

这充分说明,将广泛的网络下载用户作为责任的主体似有不妥,事实上大多数人仍然认可这属于合理使用的情形,但是直接上传作品则构成了著作权法上的信息网络传播行为,也是盗版作品泛滥的根源,所以对此态度较为一致,要求其承担责任的呼声最高。而网络服务商是否应承担责任似乎需考虑其是直接的内容提供商还是其他链接、搜索等服务商,前者作为直接的侵权犯罪者难辞其咎,而后者是否要为用户的行为承担责任则尚存较大争议。

综上,网络环境下公众已经有了较为明确的循法律途径保护著作权的

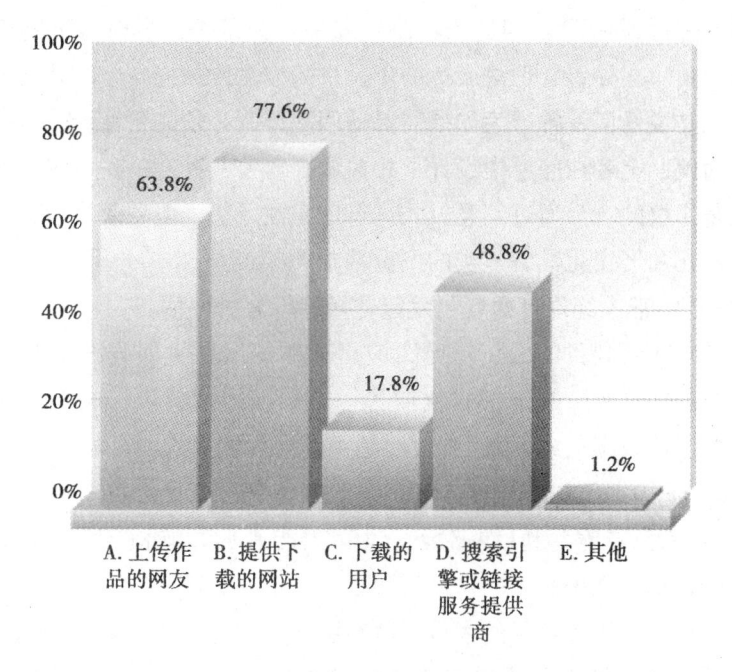

图 5-7　网络盗版的追责对象

意识，而且在自己面临著作权侵害时可能选择的维权方式、追责对象都由单一逐步走向多元。但具体如何追责，受经济成本、追责难度等因素考虑，仍然有多种不同选择需要进一步斟酌。

四　网络环境下侵犯著作权行为的社会危害性评估

"法律（特别是刑法）的创制是保护社会成员免受社会危害的理性手段"[1]。因此将网络环境下某种侵犯著作权的行为上升为犯罪的前提必然是该行为的严重社会危害性。[2] 但是正如著名犯罪学家迈克尔·戈特弗里德森和特拉维斯·赫希在"犯罪性的其他理论"中指出的："犯罪的严重性并不是一种理论上的标准。……实际上，某种现象的重要性或者严重性

---

[1] [美] 史蒂文·瓦戈：《法律与社会》，梁坤、邢朝国译，中国人民大学出版社 2011 年版，第 164 页。

[2] 注意严重的社会危害性只是某种行为入罪的基本前提条件而非充分条件，除了考虑社会危害性严重与否，还应综合考量诸如行为人自身因素，被害人因素，社会、政治、经济、文化、道德等因素，入罪后能否有效地化解相关问题、新罪名适用的可行性难度等多种因素。参见刘艳红《当下中国刑事立法应当如何谦抑？》，《外国法译评》2012 年第 2 期。

往往很难进行评估。"① 因此，在决定某一行为是否入罪时，不能仅凭立法者的专断。实际上，刑法表达的应是长期存在的、得到广泛认同的价值观，也就是说任何一种行为如果需要动用刑罚，必须具备社会公众的广泛认同。为此，笔者在问卷中设计了相关调查环节，针对一些争议较大的网络侵犯著作权的行为通过问卷方式进行危害性评估，以便使该行为将来可能的犯罪化和刑罚化具备坚实的民意基础。

（一）关于未经许可的复制发行传播等行为的评估

一是缺乏营利目的的传播行为应否入罪的问题，即假设"某一小说网站在未经许可的情况下擅自复制另一文学网站拥有版权的多部文学作品，免费供他人浏览或下载"，对此是否应当用刑法处罚，回答"是"的只占34.3%，回答"否"的占20.5%，剩余45.2%的人均回答"视情况而定"，这就意味着营利目的对于行为入罪与否的影响相当大，而对此很多人还处在犹疑之中。

二是私人出于欣赏目的大量下载盗版作品的行为，如果被判刑处罚是否适当的问题，答案则明显呈现一边倒的倾向，认为"行为性质恶劣，应当判刑"的人只占调查对象的10.09%，即便加上认为"不好说"的7.49%的人，也远远赶不上力主不应该判刑的人。不过反对判刑的82.42%对象中，对于这一行为危害性的认识又有明显分歧，20.48%的人认为这一行为完全属于合理使用，所以既不能判刑，也不能采取其他处罚措施；而61.94%的人则认为虽然不应该判刑，但可采用罚款、赔偿等其他处罚措施，这也印证了笔者在第四章分析的该行为有从合理使用中脱离的立法和理论趋势。

三是关于网络非法传播行为的危害性大小评价问题，这其实也关乎网络著作权犯罪的入刑标准问题。2011年两高和公安部在《关于办理侵犯知识产权刑事案件适用法律若干问题的意见》中就规定，通过信息网络传播侵权作品行为，若传播他人作品的实际被点击数达到5万次以上就可定罪。从这一规定看，点击量对于决定网络非法传播危害性大小似乎起决定性作用。然而对于同样将他人文档非法上传至网络供人下载，是否被下载次数越多，对行为人的处罚也就应该越重的问题回答，54.34%的人明

---

① ［美］迈克尔·哥特弗里德森、特拉维斯·赫希：《犯罪的一般理论》，吴宗宪、苏明月译，中国人民公安大学出版社2009年版，第112页。

确选择了"否",还有25.07%的人选择"不确定",这充分说明,大多数公众并不认同行为人网络非法传播行为的性质评判应取决于他人的下载行为数量,因此司法解释所确立的入刑标准值得反思。

(二)关于规避著作权技术措施行为的评估

问卷中区分规避技术措施是否牟利,设计了两种情况予以对比:一是某人破解了某加密的计算机软件,放在自己的网络空间供他人任意免费下载,致使权利人遭受严重经济损失;二是某人破解了某加密软件,然后对该软件进行修改,捆绑其他商业插件,再提供下载而从中牟取大量经济利益。对此是否需要动用刑法惩处,设置了"需要""不需要""不好说"三个选项,具体调查结果分别如图5-8、图5-9所示。

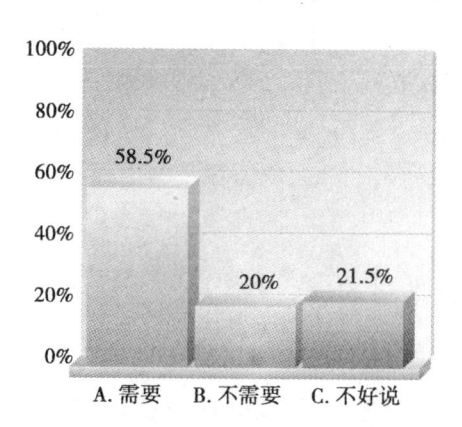

图5-8 对破解软件提供免费下载行为的认知

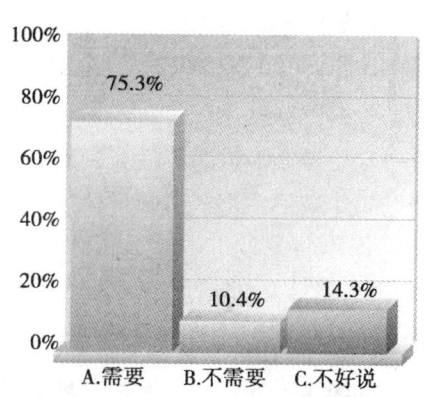

图5-9 对破解软件提供下载牟利行为的认知

显而易见,规避著作权技术措施的行为由于某种程度上是网络盗版的源头,其社会危害性已为公众所普遍认同。选择需要动用刑法的都占了大多数,而行为人的盈利目的则是加深规避行为危害性的因素,主张对破解软件并提供下载牟利的行为人动用刑法惩处的要大幅高于仅提供免费下载的行为人。

(三)关于新型网络侵犯著作权行为的评估

问卷主要结合现实发生案例调查了公众对"私服"和"外挂"等行为入罪的看法。"私服""外挂"是指"未经许可或授权,破坏合法出版、他人享有著作权的互联网游戏作品的技术保护措施、修改作品数据、私自架设服务器、制作游戏充值卡(点卡),运营或挂接运营合法出版、他人享有著作权的互联网游戏作品,从而谋取利益、侵害他人利益"的行为。① 这类行为严重损害着网络游戏运营商的经济利益及游戏玩家群体的合法权益,也扰乱了网络游戏出版经营的正常秩序,阻碍了网络游戏这一新兴产业的健康发展。然而由于这类案件的新颖性,尽管新闻例必报道,但实际上对行为性质的认定并没有达成共识,民众对行为的性质也总是存疑。② 基于此,问卷中分别设计了两道题。针对行为人未经网络游戏著作权人许可,复制网络游戏的源程序,私自架设服务器以取代网络游戏运营商而从中牟利的行为是否应该用刑法打击的问题,66.33%的人持肯定态度,15.98%持否定态度,还有17.68%的人立场不鲜明,可见,私服行为入刑大致具备了公众认同的基础。但就行为人针对某热门游戏程序设计"外挂"程序并予以推广而从中获利的行为而言,则只有43.76%的人明确持入罪态度,30.67%的人认为"不好说",还有25.57%的人则持否定态度。由此可见,在公众眼里,"外挂"行为与"私服"行为在危害性上有一定差异,不过总体上看,对两者较严重的社会危害性基本不存异议,所以问题应进一步归结到具体如何定性之上。

五 对于网络著作权刑事保护效果的预期

正如张明楷教授所说,当今社会比以往更加依赖刑罚,不同的价值观并存,非正式的社会统制力减弱,必然不可避免地产生通过扩大处罚范围以保护法益的倾向。③ 借助于作为社会保护最后一道防线的刑法来保护著作权似乎成为了大势所趋。④ 然而对于以严厉的刑罚措施打击网络盗版较之于民事、行政处罚的效果预测,有48.35%的人认为会更有效,21.18%的人认为不会更有效,还有30.47%的人认为"不好说"。也就是说,几乎有超过半数的人对刑法适用对于打击盗版所可能带来的效果缺乏信心。进一步追问哪些措施有助于更好地打击网络盗版,从受访对象的多

---

① 参见《关于开展对"私服""外挂"专项治理的通知》(新出联〔2003〕19号)。

② 如《河南法制报》2009年2月10日14版《制作游戏外挂软件出售牟利 是否构成犯罪》一文即表明公众对这一问题缺乏清晰认识。

③ 张明楷:《网络时代的刑法理念——以刑法谦抑性为中心》,《人民检察》2014年第9期。

④ 杨彩霞:《网络环境下著作权刑法保护的合理性之质疑与反思》,《政治与法律》2013年第11期。

项回答中可以看到,"提高刑法的适用率"和"加大刑法的惩治力度"分别只有36.66%和34.77%的人选择,居具体所列选项的最末两位,而更多的人倾向于选择采取"增强网民的著作权意识""实行网络实名制""完善网络著作权相关法律法规""加强相关部门监管"等其他措施,选择人数分别达到56.34%、84%、52%、78.02%,可见公众并不十分青睐刑法的运用。这充分说明,我们应当构建著作权的全方位保护机制,刑法只能是最后手段,而为了保证打击盗版的实效,首先需要引导公众形成正确的网络著作权观念。

第二节 网络环境下著作权刑事保护的原则

由于当前国家在社会转型时期治理社会失范行为的乏力,所以刑事立法者似乎患上了"刑法依赖症",一有社会问题无法解决,刑法就会闪亮登场,或主张设立新罪,或主张强化刑罚。[①] 那么在网络盗版屡禁不止的今天,对于侵害网络著作权的行为,我们是不是也只能采取一味犯罪化和重刑化这种背水一战性质的对策呢?答案是不然。基于前文实证调研的结果可以看到,我国公众的网络著作权意识较之过去有了明显改观,而随着单一民事手段保护显露出来的不足,寻求多种途径以有效打击网络盗版成为人们孜孜以求的目标,但是刑法在很多情况下并不被大众接纳为首选。前文第二章亦对网络环境下著作权刑事保护的合理性予以了质疑,联系实证调研所反映的公众对网络著作权刑事保护的态度以及对某些网络侵犯著作权行为的危害性评估,笔者认为,网络环境下对著作权进行刑事保护需要遵循若干原则,而这些原则也是划定网络著作权刑事保护范围与决定刑法处罚程度的指导思想。

一 适时性原则

网络著作权刑法所保护的著作权法益必须是已被宪法或其他法律业已承认的"清楚无疑"的利益,而当社会对某种利益的质与量有严重的认

[①] 比如恶意欠薪如洪水泛滥,立法者就设立了拒不支付劳动报酬罪;酒驾事件频频发生,立法者就设立了危险驾驶罪;而贿赂犯罪屡禁不绝,立法者就试图针对行贿犯罪设立更严厉刑罚。

同差异时，就暂时不宜纳入刑法保护的范围，此即适时性原则之要求。

由著作权的历史演进以观之，著作权是一个不断发展的概念，而信息网络对著作权的扩张可以说是前所未有的。不但传统著作权权能在网络时代被赋予了新的内涵，出现了对潜在的复制权是否承认进而对他人的临时复制行为应否处罚的争议，而且还出现了对网络传播权以及对技术措施和权利管理信息予以保护等新的权利应否纳入著作权范畴的争议。笔者认为，如果对这些问题的认识还没有统一，著作权法上没有确认这些新的权利，则将侵犯这些权利的行为纳入刑法的调整范围就为时过早。譬如信息网络传播权在国际上是通过《世界知识产权组织著作权条约》规定的，在我国直到2000年著作权法修改才得以确认，那么在此之前，擅自将他人作品上网，擅自进行数字音乐播放的行为无论对著作权人利益的损害有多大，以刑法规制也是不合适的。而只有著作权法明确了这一权利，刑法才有介入保护的契机。相反，对于临时复制是否著作权人的专有权的争论一直没有停止，早先美国曾于1995年发布了关于知识产权与信息高速公路的白皮书，主张著作权人有权实质性地控制任何复制，包括临时复制，但这一急于为著作权人抢占数字环境著作权市场的做法意味着传统著作权法上受保护的个人性质使用的权利受到了限制，使单纯的网络浏览行为也有违法可能，所以白皮书遭到了普遍反对。此后《世界知识产权组织著作权条约》经过讨论亦删除了其先前草案中有关临时复制的规定。直至今日，这一问题仍争论不休。其实临时复制在数字环境下是广泛存在的，如果临时复制属于复制权的规范范围，那么使用者在上网浏览的时候，因系统的缓存复制就已经背负着侵权的"原罪"，[①] 这在现阶段是无论如何也不能让人接受的。由此笔者认为，对于这一暧昧不明的权利，刑法暂时不宜将之纳入保护范围，即不具有经济目的，纯粹属于网络信息使用时附带的临时复制行为应排除在犯罪之外。完全不考虑公众对网络著作权的认同程度，将那些尚有争议的问题均动用刑法保护，导致刑法保护过度超前，结果只能是激起公众的反感，使立法者的设计不能获得公众发自内心的尊重和遵循。正如学者所说，网络著作权刑法立法不宜急躁冒进，立法者欲以法律型塑社会规范需循序渐进，修法的范围及幅度，均不宜过大，

[①] 参见朱理《临时复制是否属于著作权法意义上的复制》，《电子知识产权》2007年第1期。

以防止社会大众因"猛推"式之修法，而产生反效果。①

二 必要性原则

必要性原则要求网络著作权刑法不应当被视为著作权人权利保障的优先选择工具，而应当是最后不得已使用之手段，这也是刑法谦抑性原则的题中之意。因为"刑法在根本上与其说是一种特别的法律，还不如说是对其他一切法律的制裁"。②

人类社会客观存在的林林总总的规则违反行为并不都需要作为刑法上的犯罪处罚，"与侵权行为相比较，犯罪是社会认为其严重性足以导致更为严厉的惩罚即刑罚的破坏行为。从授权受害人对侵权行为加以制裁的法律秩序，到确认刑法中具有公共利益的制度，再到逐步出现的国家对刑法的垄断，这个缓慢的演变过程乃是法律史上引人注目的篇章"。③ 因此，对于网络著作权的保护，刑法的保护范围应当是"不得已"的，如果道德教育、民事或行政制裁足以预防和制止该行为，这就说明刑法不具有必要性。例如网络上行为人擅自复制他人著作的行为，如无进一步营利行为或将其在网上传播的话，客观上对于著作权人的经济利益造成的侵害是极为有限的，从前文的实证调查也可看到，著作权人最在乎的也主要是经济利益，所以有学者认为如何建立一套合理可行的付费机制，以调和著作权人之经济利益与一般社会大众之接触、使用权益，此应该才是著作权法所要关注的重点，而不是动辄以刑罚相伺候，最后造成"以刑逼民"之不当现象。④

并且在网络著作权领域，由于犯罪与侵权的界限比传统情形更加模糊，而基于罪刑法定原则的要求，刑法对相关著作权犯罪的构成要件规定应当明确而具体，这需要由其他的部门法，特别是著作权法首先来承担确定界限功能的任务，如对合理使用的情形就需要结合网络的特性加以重新界定。刑法绝不能在无所依托的情况下就充当遏制泛滥网络盗版行为的先

---

① Dan M. Kalan, Gentle Nudges vs. Hard Shoves: Solving the Sticky Norms Problem, 67 *U. Chi. L. Rev.* 641—643 (2000).

② [法]卢梭:《社会契约论》，商务印书馆1980年版，第70页。

③ [美]埃尔曼:《比较法律文化》，清华大学出版社2002年版，第66页。

④ 吴耀宗:《网络上之复制行为与侵害著作权之擅自重制罪》，《法令月刊》2001年第52卷第2期。

头兵，否则无异于用大炮打小鸟，违反必要性要求。因此，刑法只像一把高悬的"达摩克利斯之剑"，非必要而不能运用，而实现刑法调整与民事司法、行政执法以及其他非法律手段的联动和协调，则是网络著作权保护中的重要内容。

三 可行性原则

可行性原则要求网络著作权犯罪圈的划定应考虑公众的接受程度以及现实中的其他可行性因素。"法的先进性并非完全靠它规定了多少现代性的、先进的指标来衡量，还要以它对现实生活的适应性与可行性为标准"。[①] 而为了刑法被得到良好的遵守，首先就需要刑法能反映公众所普遍认同的价值观念与行为准则。如前所述，由于当前对合理使用界定模糊，因此对于网络上发生的诸多可能侵犯著作权的行为人们往往不以为意，而通过刑法禁止并制裁此类行为，不能否认一定意义上可以改变人们根深蒂固的网络作品可无偿随意使用的观念，但是达到这种效果的前提是刑法至多只能稍重于社会规范。如果刑法过度地去谴责制裁某一行为，严重超过了社会规范标准，甚至使一般人产生刑法是恶法之感，则人们对刑法的不满将动摇其权威，促使更多的人质疑著作权刑法。例如前文提到的私人用户的不法下载行为，首先在一般观念上行为人被认为欠缺了不法意识，尤其利用P2P之BT技术下载文件的用户并不明知自己同时也在附带上传文件流量供其他大量用户下载；其次利用刑法来调整，有人指出"这样的发展令人感到忧虑。一旦刑罚成为著作权法对抗个人使用行为的工具，刑罚处罚的对象即可能从违犯严重犯行之穷凶极恶之徒转向从事一般日常生活活动的人民"。[②] 也就是说，刑法的目标将会是社会中的每个人，因为网络上个人下载的行为实在过于普遍，这将必然使公众对刑法的适用产生抵触对抗情绪，这样刑法适用的结果是不仅不能发挥期望中的威慑功能，甚至还可能制造新的犯罪。

考察可行性除了要考虑是否存在刑法运行的观念、信仰支撑外，还需要进一步联系国家为此而需要投入的公共资源、执法难度等因素。如将

[①] 黄洪波：《中国知识产权刑法保护理论研究》，中国社会科学出版社2012年版，第140页。

[②] 蔡蕙芳：《著作权侵权与其刑事责任——刑法保护之迷思与反思》，新学林出版股份有限公司2008年版，第52页。

BT下载行为入罪时，则必须要关注著作权人对个人展开刑事追诉的成本会否过高？如果著作权人无法对所有的犯罪人起诉，那么选择性地究责是否是一种新的不公等问题，故一般而言，网络的个人不法下载行为在当前并不具有入罪的可行性。而相反，网络服务商明知网站上用户上传的电影为盗版仍不删除以博取点击率而牟利，在一般观念上则较容易被认为是侵权的帮凶，实证调查的结果也表明很多人都认为网络服务商对于网络上的盗版难辞其咎，应以之为追责主体，而在司法中，对于处于互联网中心地位的网络服务商在侦查取证上、在公平对待上都比自然人容易处理，所以进一步予以刑事制裁的可行性就较大。

此外，由于公众的接受程度同一国的政治、经济、文化、技术背景等息息相关，所以可行性原则还要求立法者不能无视国情。近年来西方国家均强调对知识产权的强保护，其实对知识产权法律保护的强与弱是相对而言的，其相比较的对象理应是本国的科技和经济发展状况，所以我们是否能够完全接受发达国家在著作权强保护观念下提出的降低著作权刑事门槛的要求并通盘移植借鉴国外的刑法法规，也需要立足我国的实际情况予以探讨。

四 利益平衡原则

利益平衡是整个著作权制度的价值目标和理论基石，其核心在于强调著作权法需要在保护著作权人利益、激励作品创作和维护社会公众利益、保证公众对作品的接近之间寻求平衡。而网络发展带来的权利空间的扩大使得与著作权相关各方的利益要求不断扩张，著作权法上原有的利益平衡已被打破，在版权人利益集团推动下的著作权法天平的砝码明显已倾向版权人的情形下，"用国家刑罚的暴力工具进行某种利益分配，在尚不公平的利益格局中就会加剧不公平"，[①] 因此作为社会正义终极保障的刑法，绝不能继续推波助澜，而应该重新平衡各方的利益，以此决定刑法介入著作权保护的广度，进而为网络著作权犯罪圈的划定提供指南。

对此尤其应注意的是，网络情境下，利益的主体除了著作权人与社会公众两方，还出现了网络服务商等具有相对独立利益诉求的第三方。它们代表的是一种新技术的力量，这种技术在网络发展初期，虽然对著作权人

---

① 王安异：《我国经济刑法的立法根据质疑》，《中国刑事法杂志》2011年第3期。

造成了一定冲击，但随后的事实印证它们既为著作的创新转型与出版提供了新的平台，也为公众接近作品提供了新的通道，与此同时它们也不断谋求自身更大的发展，由此传统著作权法上双方的利益平衡机制在网络环境下有必要向三方的利益平衡机制转化，亦言之，当前我们需要考虑的是如何在著作权人、网络服务商、社会公众三者之间寻求一种精妙的平衡。

鉴于网络环境下著作权的扩张，所以重建这种平衡唯有以网络科技的发展为前提，以尊重著作的利用为内涵，加强对著作权的限制，方有可能达到三赢的目的。以著作权技术措施为例，应当承认，防患于未然的技术措施使版权人控制版权，特别是从源头上制止盗版犯罪成为可能，但由于不存在绝对安全的技术措施，所以如果不在法律上对规避技术措施的行为进行有效制止，则技术措施持有者和规避者之间便会出现"军备竞赛"，这将大大提高技术措施持有人的经济成本。因此禁止规避技术措施的行为似乎是有必要的。但是技术措施的采用，同时也限制或剥夺了公众接近作品的机会，可能形成著作权人的垄断，就像美国当初在 DMCA 中规定技术措施条款时，就引起了很大争论，因为很多人担心技术保护措施会破坏版权制度中所达成的平衡，损害公众的利益。[①] 既然著作权本身都受合理使用的限制，那么即便刑法禁止规避技术措施的行为，也应允许合法规避的例外并将其视为合理使用的范畴。2003 年提交美国国会讨论的《数字媒体消费者保护法》即将"为促进有关技术措施的科学研究"以及"如果对技术措施的规避并未导致侵犯作品著作权"纳入侵权例外，显然是为了实现利益上的平衡并保障技术的进一步发展。[②] 总之，采取兼容并蓄的精神，重新界定合理使用的范围以保证公众能适当共享网络资源，同时防止对著作权人保护过度而使网络技术落入与著作权的对抗，将是著作权法乃至网络著作权刑法不懈追求的目标。

五 适度性原则

此即要求对网络著作权犯罪行为不宜单纯地通过刑罚严厉化来进行防控，而应该以实证的效果为导向，在刑法介入保护的程度上做出适度的限

[①] 吴伟光：《网络环境下的知识产权法》，高等教育出版社 2011 年版，第 185 页。
[②] 冯晓青：《网络环境下的著作权保护、限制及其利益平衡》，《社会科学》2006 年第 11 期。

制，这也是由现代各国刑法普遍秉承的谦抑性精神所决定的。

　　站在经济学角度看，"每个人能够通过成本—收益或趋利避害的原则来对其面临的一切机会和目标及实现目标的手段进行优化选择"，① 作为"理性经济人"著作权侵权主体，其行为也可谓是"成本—收益"权衡下的结果，因此不少学者指出控制的途径一是减少其经济收益，二是增加其行为的法律成本。② 由于前一途径要使侵权产品丧失市场难度较大，所以后一途径也就顺理成章被认为是遏制盗版的最有力途径，这似乎意味着对网络著作权的刑罚投入必须进一步加大，网络著作权刑罚的演进也在某种程度上契合了这一要求。然而如果我们过度推崇刑法对网络著作权的保护，甚至试图以重刑化来遏制网络著作权侵权行为的发生率，可能暂时会产生一定功效，但立法过剩的必然结果就是，不仅会浪费司法资源，而且刑法就不能培育起一种能为大多数人所接受的罪和刑相当的公正理念，这也就切断了刑法认同的最朴素来源。③ 实证调研结果亦显示，公众对于加大刑法的惩治力度和提高刑法适用率方面并不十分认同，所以在划定网络著作权犯罪圈之后，对其适用何种刑罚，救济到何种程度，也成为不容回避的问题。

　　其实即便认为要增加著作权犯罪的惩罚成本也并不等同于要一定搞"重罚主义"，因为根据经济学的边际效率原理，重刑罚的边际威慑是非常小的，甚至会适得其反。如果对犯有轻微伤害罪和谋杀罪的罪犯都处以死刑，那么刑罚对谋杀罪就没有边际威慑。如果对偷了5美元的小偷给予砍手之罚，他宁愿去偷5000美元。④ 所以笔者认为，一味增加刑罚的严厉程度并非明智之举，在网络著作权犯罪与侵权的边界还较为模糊时，立法上就刑罚总量上应保持相对的适中。当然，在刑罚种类及结构上应如何调整以使犯罪人感到经济上得不偿失就需要慎重思考。除此之外，司法上提高网络侵犯著作权犯罪的被追究率，避免立法被虚置也不失为提高其犯罪成本的重要途径。

---

　　① 张宇燕：《经济发展与制度选择》，中国人民大学出版社1992年版，第661页。
　　② 唐稽尧：《知识产权犯罪：利益背景与刑事控制》，《中国刑事法杂志》2002年第3期。
　　③ 周光权：《公众认同、诱导观念与确立忠诚——现代法治国家刑法基础观念的批判性重塑》，《法学研究》1998年第3期。
　　④ 乔治·J. 斯蒂格勒：《法律实施的最佳条件》，周仲飞译，《法学译丛》1992年第2期，第41—42页。

第三节 网络环境下我国著作权刑法保护合理化的途径

在明确我国网络著作权刑事保护原则的基础上,结合前文对面临问题的探讨和争议问题的梳理并借鉴国外先进立法经验,对于网络环境下我国著作权刑法保护的完善,笔者认为既需要从宏观上探讨立法模式的问题,也需要微观上从横向层面合理划定网络著作权犯罪圈并从纵向层面为网络著作权犯罪配置科学的刑罚。

一 网络著作权刑法立法模式的完善

(一)著作权犯罪"网络异化"下的刑法应对模式

1. 刑法典模式的形成背景

在维护法的安定性和统一性理念之下,1997年修订刑法之时,立法者秉持制定一部完备而统一的刑法典目标,将单行刑法和附属刑法的内容基本都整合到了刑法典中。自此之后,在对侵犯著作权的行为定罪处罚时我们主要依据的是刑法典,虽然兼顾著作权犯罪法定犯的特征在认定犯罪时也需要结合著作权的有关法规,但这种结合型的立法模式其实有些名不副实,因为《著作权法》除了笼统地规定"构成犯罪的,依法追究刑事责任"之外,再没有任何其他具体的罪刑规定。一旦涉及刑事犯罪时,还是只能从刑法典中寻找依据,因此实质上仍然是刑法典模式。[1]

2. 网络著作权犯罪刑法典模式的沿袭

随着实践中新情况新问题的不断涌现,刑事立法并没有因为刑法典的颁布归于沉寂而是因应时势不断做出修改。但为了维持刑法的"形式美",警惕过去单行刑法、附属刑法体系庞杂、内容混乱的弊端,立法机关独创了刑法修正案的修法方式,迄今已颁布了八个修正案,尤其是对大量经济犯罪做了增补完善。然而面对技术带来的网络环境中著作权的刑事保护严峻挑战以及侵犯著作的行为在虚拟的网络空间表现出不同于现实社会的形式和特征,刑法典对于侵犯著作权罪却没有做出相应回应,只是司法者通过扩张性的司法解释拓展了相关罪行的原有内涵,如将"信息网

---

[1] 蒋廷瑶:《数字化环境下中国著作权的刑法保护》,中国政法大学2007年博士学位论文,第109—110页。

络传播"视为刑法典中的"发行"行为,将被下载的次数作为入罪标准等,从而在既有的立法模式保持不变的情形下,在已有的刑法规范与网络犯罪之间以及频繁修改的著作权法之间架起桥梁。因此可以说刑法典模式在著作权犯罪发生网络异化的情况下仍被沿用。

(二) 网络著作权犯罪刑法典模式的弊端

1. 刑法典模式的弊端

法典型刑法立法模式的价值在于追求形式理性,崇尚法治精神,维护刑法的统一与权威。[①] 但是对网络著作权犯罪采取单一的法典型刑法立法模式存在难以克服的缺陷:首先,不能适应快速变化的网络著作权犯罪态势,实践中不断涌现的侵犯著作权或相关权利的犯罪刑法典出于稳定性考虑无一做出反应。比如对于规避著作权技术措施这种侵犯"超著作权"的行为,虽然著作权法已经做出了刑事责任规定,刑法却无动于衷,从而导致了附属刑法的虚置和实践打击的空白。而且基于著作权犯罪法定犯的特点,刑法采用了空白罪状的方式,使得认定犯罪必须援引著作权相关规范,而著作权法一旦修改,刑法却难以及时跟进,还会造成法律之间的矛盾和紧张关系。其次,网络著作权犯罪作为法定犯与著作权法密不可分,其较强的专业性要求其立法人员需要具备相应的专业知识,而这一点往往难以确保,由此会导致刑法对著作权的有关术语的采用和理解出现偏差,进而出现适用上的混乱。如刑法学界将"复制发行"一词涵盖信息网络传播行为就遭到了著作权法领域的猛烈批评。

2. 修正案修法方式的内在缺陷

虽然对于经济犯罪普遍采用的修正案修法方式目前并没有在著作权犯罪中得以体现,但是毫无疑问,在维持刑法典统一性的前提下,采用刑法修正案对刑法典进行修改将是今后一段时期内刑法立法完善的主要途径。事实上有不少人或许认为网络著作权犯罪的刑法规范今后同样能通过修正案方式完善。但是当要增加的新犯罪行为不能纳入刑法典分则已有的罪名体系时,就不宜采用刑法修正案。[②] 因为新的犯罪行为可能具有和传统犯罪的异质性,侵犯的客体无法为现有刑法包容,如果强行将其编入现行刑法的某一章节,势必造成法条关系的逻辑混乱。比如《刑法修正案九》

[①] 柳忠卫:《刑法立法模式的刑事政策考察》,《现代法学》2010年第3期。
[②] 黄京平、彭辅顺:《刑法修正案的若干思考》,《政法论丛》2004年第3期。

增加的"帮助信息网络犯罪活动罪",将其放在第287条利用计算机实施犯罪的提示性规定之下作为之二,就存在逻辑缺陷。笔者认为,如果网络服务商帮助实施的是著作权犯罪行为,那么它实际上侵犯的就是著作权,将其笼统地规定并认为是扰乱公共秩序是不妥的。而且当前修正案条文急剧膨胀,随着新的修正案不断颁布,刑法还会体积更加庞大,正如学者所说,当前刑法典已存在严重的"过载",[①] 因此通过修正案来保持著作权犯罪刑法典大一统的模式似乎已不再合时宜。

(三) 网络著作权犯罪刑法立法模式的最优选择

1. 网络著作权刑法立法模式完善的两种方案

鉴于刑法典模式及其附随的修正案修法方式的固有弊端,重新选择网络著作权犯罪的刑法立法模式势在必行。结合前述域外的有关立法可见,网络著作权犯罪的刑法立法模式主要有两种:一是附属刑法模式,比如日本专门在著作权法中辟"罚则"一章并构建了相对完整独立的著作权犯罪体系;二是单行刑法模式,比如美国的NET法,欧盟的《信息社会指令》等。

2. 附属刑法的激活与其固有不足

就附属刑法模式而言,由于附属刑法能够及时、灵便地针对新出现的犯罪予以制定、修改,可有效弥补刑法典的缺陷与不足,还可维护或保障刑法典的稳定性,早就被指出"不失为完善知识产权刑法保护体系的一种合理选择"。[②] 而在我国,重视附属刑法其实意味着刑法保护应由集中型转向结合型模式。如有学者指出,为了使涉及网络知识产权的刑事法律规定适应社会变迁的步伐,重视采用特别刑法的形式规范侵犯网络知识产权犯罪行为,可以借鉴德、法等国结合刑法典和知识产权法规对侵犯网络知识产权犯罪行为进行刑事处罚的结合型模式。[③] 但是由于我国的附属刑法规范是一种依附性散在型的规范,与日本等国独立性的附属刑法大不相同,以刑法规定为前提和基础,一旦刑法本身没有相应的条款,受罪刑

---

① 李怀胜:《论多元化刑事立法模式的构建及方向》,《山东大学法律评论》,山东大学出版社2010年版,第70页。

② 赵秉志、田宏杰:《侵犯知识产权犯罪比较研究》,法律出版社2004年版,第89页。

③ 卢臻:《网络知识产权刑法保护现行立法模式的弊端及改革》,《经济研究导刊》2009年第24期。

定原则的制约，则其就会被束之高阁，无法具体适用。① 所以要让结合型模式不再名不副实或者说真正发挥附属刑法的功能，很多学者都提出有必要"激活"这些早就存在的附属刑法规范，换言之就是要调整附属刑法规范的结构，在其中规定独立的罪状和法定刑。

但如此一来，刑事法律创制权的专属性就将被抹杀。由于刑法关乎公民的人身、自由、财产的剥夺等重大事项，所以"只有法律才能为犯罪规定刑罚。只有代表根据社会契约而联合起来的整个社会的立法者才拥有这一权威"。② 我国《立法法》也对犯罪和刑罚事项实行严格的法律保留原则，一旦允许附属刑法规范直接规定法定刑就意味着行政权有可能僭越刑罚权。为此有人提出一定要防止不适格主体假借附属刑法立法扩张自己的权力。③ 笔者亦赞同这一点。然而从著作权法规来看，如《计算机软件保护条例》就是由国务院颁布的，则根据前述观点，在这一条例中的附属刑法就不能直接设置罪刑规范，可见附属刑法模式对于网络著作权犯罪的规制并不能全面推广。此外，附属刑法规范的分散性本身与刑法集中大一统的思想完全背道而驰，这种立法模式如果运用不好，"比其他立法方式更易在罪名、罪状及法定刑问题上造成混乱和不平衡，从而影响整个刑法立法内部的和谐统一及司法的正确执行"。④

3. 网络犯罪单行刑法模式的倡导

承接上文，笔者认为具有专门性、时效性、灵活性和补充性特点的单行刑法模式才是解决网络著作权犯罪立法问题的最优选择，但是笔者并非是不主张专门就网络著作权犯罪立法，而是主张将其放在更宏大的网络犯罪之下来进行，以避免具有相当共同之处的网络犯罪立法碎片化。

首先，网络犯罪本就是一类特殊的犯罪，自有其特点，类型化处理是有先例可循的。在当前这样一个技术与法律之间矛盾的集中爆发期，犯罪活动与新式的科技手段相结合产生新型犯罪层出不穷，刑法处于必须面对但又难以应对的尴尬境地，如果每当产生一种新型的犯罪便企图以增加刑法条文或增加单独刑事立法来解决，长此以往势必会使刑法条文变得臃肿

---

① 管瑞哲：《网络环境下知识产权刑法保护问题》，《江苏警官学院学报》2008年第1期。
② [意]贝卡里亚：《论犯罪与刑罚》，黄风译，北京大学出版社2008年版，第10页。
③ 利子平：《我国附属刑法与刑法典衔接模式的反思与重构》，《法治研究》2014年第1期。
④ 黄明儒：《论刑法的修改形式》，《法学论坛》2011年第3期。

不堪。而包括网络著作权刑法规范在内的网络刑法的制定需要具备较强的专业和技术背景,若集刑法学界、网络技术界、著作权法等学界人士之合力,经过充分论证出台一部专门的刑法,比淹没在修正案若干条款中向社会征求意见后通过,其立法的质量更能确保。可以说,单独立法模式更有利于发挥技术对网络刑法的制衡作用,更全面而准确地体现网络犯罪的技术特征,并防止网络技术术语及传统概念的技术解释的偏差。[①] 而且由于其本质为专门刑法,不会出现附属刑法那样与刑法典脱节的问题,也更容易引起人们对网络著作权犯罪问题的重视。

其次,单行刑法在制定、修改和通过程序上较之刑法典及修正案更具有便捷性,能够根据网络犯罪态势的不断变化做出迅速反应,从而避免单一刑法典模式稳定性有余而灵活性不足的缺陷。

再次,若采纳单行刑法模式,则不必受刑法典的形式制约,可以集实体与程序于一身。作为信息时代的新型犯罪类型,网络犯罪具有鲜明的专业性、智能性、技术性、隐蔽性等特点,网络犯罪的侦查、网络犯罪的证据固定等方面都与传统犯罪显著不同,因此针对网络犯罪这类新型的犯罪行为,迫切需要进行整体刑事法的应对,单行刑法模式恰好能满足这方面的需要。[②]

最后,若就网络犯罪采用单行刑法,则由于其相关规定基本超出现有刑法,等于是将一系列新罪集中予以规定,这样既可以在这一特定领域严密刑事法网,又可以与原有刑法典形成良好的互补关系,避免罪名体系逻辑安排上的不周延[③]和与刑法典适用的冲突。正如美国学者梅利曼指出的那样:"将特别立法部分纳入法典本身的任何努力均会引发棘手的难题,即微观法律制度可能与法典本身的立场不相吻合。此外,特别立法篇幅巨大,将其纳入法典将使法典膨胀而成为难以掌控的鸿篇巨制。因此,可行

---

① 参见肖中华、方泉《对网络刑法的技术制衡》,《政法论丛》2001年第4期,第30页。

② 李怀胜:《论多元化刑事立法模式的构建及方向》,《山东大学法律评论》,山东大学出版社2010年版,第70页。

③ 实际上,整个知识产权犯罪的体系归属本身就有较大争议,如"侵犯知识产权罪"现规定在"破坏社会主义市场经济秩序罪"中,可见立法者的原意侧重于保护社会公共利益,这与保护集体利益的国家本位主义是符合的,但有学者主张将其归入到"侵犯财产罪"中,即认为私权利不应当过多让位于公权力。跳出刑法典模式也就意味着立法者可以暂时回避这一问题,从而罪名体系不致出现争议,当然具体的制度设计仍然存在价值抉择。

的办法是放弃编纂新法典的设想，而让法典继续保留其尊严，并援引其中有用的部分。"①

当然也许有人会质疑：单行刑法模式不是被时代所抛弃了吗？然而考究其历史原因发现，1979年刑法施行期间处在社会急剧转型时期，颁布的24部单行刑法因为时间仓促、内容粗疏，缺少通盘考虑和体系协调性，大多是冲动的经验产物，所以1997年刑法集其大成而定。但刑法典经过近20年的发展，基本构架已经完全成熟，而新生的网络犯罪很难被原有体系包容，在这种情况下，经过缜密论证后另立他法，并不是重回过去的老路，所以思想上的顾虑完全可以打消。总而言之，采取单行刑法模式，将网络著作权犯罪新设的罪名以及对刑法典中原有规定所涉的一些关键性术语的界定纳入其中，既有利于保持刑法典的稳定性，又可实现网络著作权的全面保护，还能使整个网络刑事立法具有一定的包容性、前瞻性。

二 网络著作权犯罪罪名体系的构建

域外的比较考察已经充分表明，有关侵犯著作权的犯罪已经均形成了内容丰富的罪名体系。有刑事规制必要的侵犯著作权或者相关权利的犯罪行为，基于其行为方式的不同和认定上的差异，在刑法典中分别设置不同的罪名并予以合理排列，不仅可以保证罪刑法定原则的贯彻落实，而且也有利于不同罪名的科学适用。其实对于我国现行刑法217条的规定到底规定了几个罪名理论上就有不同的观点，有学者认为其列举的四种行为方式互不包容，以一个罪名予以概括是极为不妥的。② 如当前迫切需要增设的避开或破坏著作权技术措施的犯罪，事实上与已有的侵犯著作权罪在构成要件上格格不入，既然司法解释的概括原来就有类罪名之嫌，那么在网络环境下必然要增设相关著作权犯罪行为方式的情形下，仍然以一个侵犯著作权罪笼而统之，只会使该罪也沦为口袋罪。因此，在倡导建立有关单行刑法时，我们应当改变当前罪名设置过于单薄的现状，基于对不同形式的侵犯网络著作权行为特征的把握，细化罪名以构建一个相对完善的侵犯网络著作权的罪名体系。

---

① [美]约翰·亨利·梅利曼：《大陆法系》，顾培东、禄正平译，法律出版社2004年版，第236页。

② 参见赵秉志、田宏杰《侵犯知识产权犯罪比较研究》，法律出版社2004年版，第260页。

三 网络著作权刑法保护范围的确定

(一) 客观行为方式与对象的有限拓展

1. 纳入刑法规制范畴的行为与对象

为加强网络空间内著作权的刑法保护，首先就需要扩张刑事法网，将更多的犯罪对象和行为纳入刑法规制的范围。鉴于罪刑法定原则明确性的要求以及合理限定网络著作权犯罪调控范围的思想，其立法宜采取肯定列举式方式，明确客观行为的具体种类。结合前文的分析，在坚持刑法仅为著作权法等第一次法的保障法的原则之下，综合现有著作权法等法规的规定，可以将下列行为明确入罪：

（1）未经著作权人或者与著作权有关的权利人许可，通过信息网络向公众传播他人文字作品、音乐、电影、电视、美术、摄影、录像作品、录音录像制品、网页作品、计算机软件及其他作品的，但法律、行政法规另有规定的除外。

这里重点增加的是未经许可的信息网络传播行为。擅自将他人的作品上网，实质上也是在制造侵权复制品，只不过它所产生的复制品存在于信息网络之中，与"物"的通常形态有所区别。这种行为的危害性并不亚于传统的书刊盗版等未经许可的复制发行行为，因此将其纳入刑法规制是势所必然。但当前仅通过司法解释将其包含在侵犯著作权罪的行为方式之中，而没有像著作权法中那样单独作为一种侵权行为类型加以规定，实际上是有违著作权法的，因为"复制发行"与"网络传播"在著作权法上是两个互不包容的独立行为。从严格的罪刑法定角度出发，同时也为了使刑法与著作权法保持衔接，就应当将这种未经许可的信息网络传播行为直接规定为犯罪。这一举措紧跟国际潮流，也有坚实的民意基础。

而从行为的对象上看，则增补列举了网页作品这一新类型。我国已有因由网页相类似而引发的著作权纠纷，如瑞得（集团）公司诉宜宾市翠屏区东方信息服务有限公司著作权侵权纠纷案，从其判决书中可知实践中，网页作品是受到我国著作权法保护的。[①] 虽然法律上目前对网页作品的归属行为还缺乏清晰定位，一个网页中可能汇编了多部作品甚至包含了

---

① 朱庆玉、孙益武：《网页作品的著作权保护》，《华东交通大学学报》2005 年第 3 期，第 80 页。

技术措施、权利管理信息，但毫无疑问，将网页通过另存或屏幕复制等方式保存下来和原先对作品的复制并无本质差异，进一步传播则会加剧网页侵权的后果，所以有必要明确这一对象。

（2）未经表演者许可，通过信息网络向公众传播其表演的，法律、行政法规另有规定的除外。

著作权人享有表演权，即公开表演作品，以及用各种手段公开播送作品的权利。过去著作权人向公众传播表演需要借助唱片、光盘等物质载体形式，所以立法上就通过惩治未经许可的复制发行录有其表演的录音录像制品来进行。而在全媒体时代，只需借助一部手机，任何人都可以通过信息网络向公众传播其随时随地录下的各种表演，比如一台精心筹备的话剧演出，如果任其被人摆上网，那么很多人就不会再去购买门票，这和在电影院翻拍电影传上网的盗版行为如出一辙。《著作权法》第 48 条第三项已经规定"构成犯罪的，依法追究刑事责任"，故对于未经表演者许可，通过信息网络向公众传播其表演的行为需要明确纳入刑法之中。

（3）未经著作权人或者与著作权有关的权利人许可，故意避开或者破坏权利人为其作品、计算机软件等采取的保护著作权或者与著作权有关的权利的技术措施的；或者故意向他人提供主要用于避开、破坏技术措施的装置、部件，或者故意为他人避开或者破坏技术措施提供技术服务的，法律、行政法规另有规定的除外。

这里实际包含直接规避技术措施和间接规避技术措施两类行为，由于行为对象是技术措施，侵犯的客体并非严格意义上的著作权，所以对此需要单独立法。另需注意的是，兼顾公共利益和技术进步的考虑，所允许的例外情形应做出明确规定。由于对此前文已有专节探讨，兹不赘述。

（4）未经许可或授权，破坏网络游戏的技术保护措施，复制游戏程序源代码私自架设服务器，运营他人享有著作权的互联网游戏作品的行为，或者修改网络游戏数据，挂接运营他人享有著作权的互联网游戏作品的行为。

此即所谓"私服"和"外挂"行为。[①] 对此虽早有 2003 年《关于开

[①] 这里对"私服""外挂"的界定与《通知》不完全一样，将"制作游戏充值卡（点卡）"排除，因为它与"私服"与"外挂"行为不存在关联性。参见陈辐宽主编《知识产权犯罪疑难问题解析》，中国检察出版社 2010 年版，第 199 页。

展对"私服""外挂"专项治理的通知》(以下简称《通知》)要求对此予以严厉打击,但是实践中对于其究竟构成何罪,是侵犯著作权罪,还是非法经营罪、侵犯商业秘密罪等一直均有疑问。[1] 笔者认为,即便"私服""外挂"具有复制游戏源代码或数据并传播游戏客户端等基本可归属于"复制发行"的行为,但是一则其中可能包含破坏技术措施的行为,二则网络环境下的传播和发行其实本质并不相同,所以将其单独作为一种犯罪更有利于对行为特征的把握和认定,既可以避免破坏技术措施等行为单独成罪后带来的罪数不清问题,也可以避免司法实践认定中的类推嫌疑。

2. 暂缓考虑刑法规制的行为与对象

(1) 侵犯权利管理信息的行为。在《信息网络传播权保护条例》中,与技术保护措施几乎相伴而生的权利管理信息其实已被纳入附属刑法调整范畴,即故意删除或者改变通过信息网络向公众提供的作品、表演、录音录像制品的权利管理电子信息,或者通过信息网络向公众提供明知或者应知未经权利人许可而被删除或者改变权利管理电子信息的作品、表演、录音录像制品的行为,除法律、行政法规另有规定的除外,符合其他主客观要件的则可构成犯罪。不过对此笔者认为刑法的适用应暂缓。

诚然,权利管理信息可以帮助用户了解作品的来源和真实性,同时可以作为权利人获得报酬的依据,帮助权利人追踪和证明侵权行为,所以 WCT 要求各国对权利管理信息提供适当和有效的法律救济,以禁止对权利管理信息的删除和改变,并禁止已被非法删除或改变权利管理信息的作品或其复制件的进一步传播,这是非常有必要的。但是 WCT 仅提出了最低保护标准,而是否运用刑事手段,刑法禁止的行为类型具体包括哪些却由各国自行决定。从保护范围上看,实践中各国禁止的行为类型虽不完全一样,但总的来讲,各国权利管理信息条款均只涉及权利管理信息的行为,并不涉及用以破坏权利管理信息的工具,以及提供删除或改变权利管理信息的服务。[2] 这就说明其与技术措施行为并不能完全相提并论。从保

---

[1] 参见于志刚《网络犯罪的裁判经验与学理思辨》,中国法制出版社 2013 年版,第十九章、第二十四章。

[2] Annemique M. E. de Kroon, "Protection of Copyright Management Information", Copyright and Electronic Commerce: Legal Aspects of Electronic. Ed. P. Bernt Hugenholtz (*Kluwer Law*, 2000) 229—266.

护程度上看，只有部分国家例如美国、新西兰和日本明确规定了刑事救济方式。例如日本著作权法规定，对于行为人违反权利管理信息规定行为可处以最高五年有期徒刑，或者最高五百万日元罚款。① 笔者认为，在我国人们对网络作品的真实来源并不特别关注，无论作品是否被删除或改变权利管理信息，人们都照常下载浏览，权利人从作品中获得经济利益也并不完全依赖于权利管理信息而是还有多种其他途径来证明身份。而且侵害权利管理信息的行为不能直接给权利人带来经济损失，行为人也只能从将被非法删除或改变权利管理信息的作品或其复制件的进一步传播中获得违法所得，而此行为已经可以认定为未经著作权许可的非法传播作品行为，即作品上是否标注权利管理信息并不改变传播行为的性质。既然已经可以定罪，再另行规定就没有必要。此外当前也只有少数国家对此规定了犯罪，如果我们效仿，不仅可能引发争议，使法条面临虚置的危险，而且可能导致我国对于权利管理信息的保护水平高于 WCT 和美国欧盟的规定，不符合我国目前的经济社会现实。②

（2）侵犯数据库的行为。数据库作为信息的有序汇集，其独有的价值在信息化的浪潮中高度凸显。然而数据库的独特属性又使它与著作权所保护的作品貌合神离。并非所有的数据库都被认为具有作品的独创性，有些虽然在结构编排上有一定独创性，但一旦其失去材料也就成了没有灵魂的空架，鲜有保护价值可言。③ 所以对于数据库能否构成著作权法上的作品，采用何种方式保护一直以来都大有争议。1996 年欧盟审议通过的《数据库法律保护指令》主张区分数据库类型，对独创性数据库以版权形式予以保护，对于非独创性数据库，则以特别权利进行保护。但由于独创性的判断标准不明确，④ 特别权利保护方式又存在许多令人无法消除的担忧，如可能过度保护数据库，使得利用数据库成本增加，将来数据库的开

---

① 湛茜：《因特网条约权利管理信息条款研究》，《暨南学报》（哲学社会科学版）2015 年第 2 期。

② 谢惠加：《版权权利管理信息的法律保护》，《中国出版》2013 年第 8 期。

③ 许春明：《数据库的知识产权保护》，法律出版社 2007 年版，第 139 页。

④ 美国多年来一直采用"额头出汗理论"（sweat of the brow）或称"辛勤收集原则"（industrial collecting principle）来认定是否具有独创性，但后来却认为"额头出汗理论"违背了版权法的原则，版权法不保护单纯的事实和思想。作品需要有"至少的创作"，参见 Feist Publications v. Rural Telephone Service Company, INC. http://caselaw.findlaw.com/cgi-bin/getcase.pl? navby = case&court = us&vol = 499&in。

发者可能面临侵权风险等问题,因此不正当竞争法、合同法等亦被运用于数据库的保护并对其保护模式产生重大影响。我国当前对什么样的数据库进行保护,其保护条件是什么也没有清晰的定论,所以作为保障法的刑法不宜预先介入对数据库的保障。从另一个角度而言,在数据库的背景下,生产者和使用者之间的关系由于以下事实变得复杂化了:在很多情况下,使用者本人对数据库所包含的信息的产生也做出了重要贡献;而且这些信息的产生经常受到公共资金的资助。[1] 因此使用数据库中的资料本身可能就属于合理范围从而应排除在犯罪圈之外。

(二) 数额与情节标准的重构

在重构数额与情节标准之前,首先必须树立认识:网络著作权犯罪定罪量刑门槛不能一降再降。近年来的司法解释显示,我国成立著作权犯罪所要求的数额与情节一直在持续下调。违法所得数额起点由 5 万元下调至 3 万元,非法经营额由 20 万元下调至 5 万元,复制品数量由 1000 张(份)下调至 500 张(份),无不昭示着我们在顺应国际潮流降低定罪门槛。为此有学者以 TRIPs 协议及其他国家和地区的立法为参照,建议我国进一步调整定罪标准和降低起刑点。[2] 从强化刑法的宣示和教育功能角度考量,有学者甚至主张在某些犯罪类别上确立零门槛或零容忍的观念。[3] 域外也确实有不少国家和地区对著作权犯罪起刑点不加数量限制。如我国台湾地区的著作法中擅自重制罪即是如此。但是从这些国家和地区的刑事法律实践看,它们一般采取"立法定性司法定量"的做法,而很多国家立法上又对犯罪采用纵向分层的办法,将之分为重罪、轻罪、轻微罪等多个层次,由此其犯罪的起点就非常低,甚至是零门槛。而我国刑法是既定性又定量,对于网络著作权的保护,我们有强而有力的行政保护前置,因此没有底线地降低门槛是不符合我国国情的,违反了网络著作权刑法的必要性原则。实际上 2008 年 WTO 争端解决机构在美国对中国知识产权刑事门槛太高的指控案件中并没有认定中国知识产权保护的"刑事门槛"不

---

[1] [澳] 马克·戴维森:《数据库的法律保护》,朱理译,北京大学出版社 2007 年版,第 6 页。

[2] 黄洪波:《中国知识产权刑法保护理论研究》,中国社会科学出版社 2012 年版,第 177 页。

[3] 卢建平、翁跃强主编:《全球化时代知识产权犯罪及其防治》,北京师范大学出版社 2008 年版,第 11 页。

符合《与贸易有关的知识产权协议》第61条规定,[①] 基于这一认识,在我国刑法既规定罪质要素又规定罪量要素的模式下,网络侵犯著作权行为犯罪化的关键除了前述对客观行为方式与对象等作为质的规定性的把握之外,还必须通过运用数额和情节等定量因素来限定犯罪的成立范围,从而对轻微的网络著作权侵害行为袖手旁观而只将那些达到规定量进而实质上值得刑法处罚的行为纳入刑法调控的视野。如果不切实际地进一步降低犯罪数额标准,只是人为地"制造"出更多犯罪,而在刑法执行力度不足,漏网之鱼数量巨大的情况下,反而有损于刑法的尊严。针对网络著作权犯罪定罪量刑标准上的欠缺,笔者认为还可从以下几方面完善:

1. 取消"违法所得数额"标准

取消的理由在于:第一,这一数额不能准确体现著作权相关犯罪行为的本质。犯罪的本质是侵犯法益,而将违法所得数额作为定罪量刑情节,容易使人们认为犯罪的本质就是行为人获得利益,而不在于行为侵犯了合法权益,这不符合刑法的整体精神。[②] 第二,这一数额不能充分反映侵犯著作权行为的社会危害性及其程度。以违法所得数额为标准,更多的是从行为者对社会经济秩序所造成的危害性上来考虑行为的严重程度。但违法所得数额小,并不意味着对著作权人造成的损失就小,当侵权人在大量复制、低价销售的情况下尤其如此。[③] 第三,违法所得数额的含义模糊,司法实践中难以认定。刑法中虽然多次出现"违法所得"这一术语,但究竟什么是违法所得、如何计算,理论界和实务界都存在着较大争议,甚至两高对违法所得数额的解释都不相同,如最高人民法院将它解释为获利数额,[④] 而最高人民检察院则曾将它解释为销售收入。[⑤] 解释上的混乱,会带来司法上的混乱。而如果以非法的销售收入扣除成本或者以非法的实际收入计算"违法所得",实际上等于给那些违法犯罪分子"开工资",很

[①] China-Measures Affecting the Protection and Enforcement of Intellectual Property Rights (WT/DS362), http://www.ifta-online.org/sites/default/files/58.pdf.

[②] 张明楷:《刑法第140条"销售金额"的展开》,《清华法律评论》第2辑,清华大学出版社1999年版,第188页。

[③] 廖中洪:《中美知识产权刑事保护的比较研究》,《法律科学》1997年第3期。

[④] 参见《最高人民法院关于审理非法出版物刑事案件具体应用法律若干问题的解释》第17条第2款。

[⑤] 参见《最高人民检察院关于假冒注册商标犯罪立案标准的规定》第2条。

难让人接受。第四,以"违法所得数额"作为处罚标准,会给司法实践带来困惑,限制著作权刑法保护效果的发挥,因为要证明"违法所得数额"的大小,控诉方必须查明侵权人的记账凭证等资料,而这些在实践中极难获取。① 第五,侵犯著作权罪其实在违法所得数额之外已经规定了非法经营数额,只是将其作为情节要件对待。鉴于这一数额更能反映侵犯著作权行为的社会危害性及其程度,含义也较明确,② 更具有司法操作性,所以在取消违法所得数额标准后可考虑以非法经营数额替代之。

2. 增加"造成著作权人严重损失"情节标准

如前所述,犯罪的本质就是侵犯法益,而最能体现这一点的就是著作权人受到严重损失,所以尽管有关司法解释中规定有"其他严重情节"情形的兜底条款,但在具体列举部分有必要明确增加"造成著作权人严重损失"情节标准。至于具体的计算,笔者不赞成将间接损失,比如权利人为调查和制止侵权以及进行诉讼支出的合理费用纳入,但是因犯罪行为所直接造成的权利人的损失,包括权利人现有财产可得利益的丧失则应计算在内。具体来讲包括正常使用的情况下应当支付的合理的著作权许可使用费;因侵权产品挤占市场而减少合法商品销售数量的营业利润,该损失可以按照合法商品的利润率乘以其减少销售的商品数量或者侵权人复制传播侵权商品的数量与商品单价的积来计算。

3. 增加多次传播情节标准

1998年最高人民法院《关于审理非法出版物刑事案件具体应用法律若干问题的解释》第2条规定,因侵犯著作权曾经两次以上被追究行政责任或者民事责任,两年内又实施刑法第217条所列侵犯著作权行为之一的属于"有其他严重情节"这一定罪量刑标准在信息时代的网络传播行为中仍有其意义,可以考虑在立法中增加。

4. 优化适应网络特性的情节标准

两高、公安部《关于办理侵犯知识产权刑事案件适用法律若干问题的意见》为了应对网络空间通过信息网络传播侵权作品的行为方式而引入了点击量和会员数量这两个具有网络特色的标准,同时对传播作品的数

---

① 吴荣金:《论中国著作权刑事立法的缺憾暨完善》,《浙江社会科学》2009年第7期。
② 《最高人民法院关于审理非法出版物刑事案件具体应用法律若干问题的解释》第17条将经营数额解释为"非法出版物的定价数额乘以行为人经营的非法出版物数量所得的数额"。

量、非法经营额等也做了明确。然而这毕竟是司法解释的首次创举，缺憾在所难免。首先，"点击"行为的本质就是临时复制，[①] 所以点击量标准不经意间承认了临时性复制具有著作权法上"复制"的意义，这是不妥的。而且点击数是行为人所不能预见和控制的，以此作为决定行为人能否构成犯罪的标准将带有极大的不确定性。其次，会员数量标准一定程度上能反映传播的规模，但是并不是所有的注册会员都会真正去浏览下载网络侵权作品，也有人注册打开页面稍作浏览即放弃，事后再无任何登录行为，同点击数一样，这一标准对行为人而言也是缺乏预见性的。再次，对于数量标准，这里只考虑到了传播作品的数量，但是怎样算"一部作品"？比如说网络电视剧，是一个完整的合集为一部电视剧，还是将每一集都作为一部？这就要求我们对网络传播侵权作品定罪处罚的新标准进行探索和论证。笔者认为可以考虑引入如下情节标准：

一是下载数量标准。这是对点击量标准所做的一定转化，由于下载数量与传播的作品数量某种意义上讲是一体两面，所以这里着重应将其理解为下载的次数。之所以摒弃点击量标准，一是为了避免临时复制的争议，二是考虑同一作品可能因技术等原因被多次点击，即点击数有时并不代表作品实际被侵权的次数。如在类似的某网络传播淫秽图片案中，公诉机关将每点击照片浏览一次视为一次点击，而法院则根据特定手机型号及特定互联网 IP，将为检验设备及网页性能而进行的页面点击数进行了排除，同时考虑到组成一个页面的所有图片请求是集中发送的，还将 60 秒内所有由同一设备通过同一互联网 IP 地址向服务器发送的图片请求视为一次页面点击，最后导致点击数认定差异极大。[②]

二是传播人数标准。这是对会员数的优化，即只要确实成为传播的人员对象，不管是否注册会员，都应该计算在内。这一标准与下载数量标准亦不同，因为同一人即便针对同一作品亦有可能多次下载。

三是文件大小或流量大小标准。由于互联网上的电子作品均可用同一计量单位表示占用空间大小，所以在对传播作品数量认定存在分歧情况下，不妨引入文件大小标准。这样是一整部还是一集电视剧算作一部就无须再争论。同时文件大小与流量有直接关系，所以流量大小也可以是定量

[①] 于志强：《网络空间中著作权犯罪定罪标准的反思》，《中国刑事杂志》2012 年第 5 期。
[②] 于志刚：《传统犯罪的网络异化研究》，中国检察出版社 2010 年版，第 30—31 页。

标准。

四是链接数量标准。目前网络上存在大量文学网站采用设链方式供人点击阅读作品并收取费用,而自己网站上可能根本没有作品,表面上看行为人没有复制和传播任何作品,但是其行为却具有明显的社会危害性。对此以链接的作品数量为定罪量刑标准可以较好地解决这一难题。

五是信息技术强制行为标准。即利用强制下载、访问等信息技术进行信息传播、获取等违法行为的,应当认定为情节严重,根据具体犯罪情况作为入罪、从重或者加重情节予以适用。例如利用技术手段强制传播侵权作品,达到排除一般人的反抗的程度的,应当认定为传播侵权作品,情节严重,予以定罪处罚,或者司法解释可将此种情形规定为在符合其他入罪标准的情形下的从重,甚至法定刑升格的标准。①

以上只是结合网络著作权犯罪遇到的难题对其定罪量刑标准如何优化做了粗浅思考。实际上这应该是一个体系化建构的浩大工程。对于不同行为方式的网络著作权犯罪其具体情节标准如何划分,各种不同标准之间是采取择一型模式还是复合型模式都有必要进一步探讨。② 限于篇幅,本文不再展开。

(三) 主观营利目的的保留与规范阐释

传统犯罪的网络变异,对于司法实践的最大干扰和困惑恐怕是"以营利为目的"的犯罪目的变异问题。③ 在网络常见的侵犯著作权现象中,不乏一些网站是为了提高知名度、吸引更多网民提高点击率等目的而提供侵权复制品的下载,亦有网友出于热心、炫耀或泄愤等目的而在网络上提供侵权软件、视频、音乐等。美国在 La Macchia 案之后通过 NET 法案取消了营利目的的要求也是为了更好地遏制上述行为的泛滥。为此当前我国也有相当多的学者针对著作权犯罪规定适用于网络空间的困境提出应取消这一营利的目的。

但笔者认为,这一立法设想至少在当前是不妥当的。首先它不符合可行性原则。网络在我国的起步比西方国家要晚,广大用户对于网络的资源共享性无比推崇,也对免费的资源共享习以为常,取消营利目的,

---

① 于志强:《信息时代侵权作品传播行为的定罪处罚标准》,《政法论坛》2014 年第 1 期。
② 于志刚、郭旨龙:《信息时代犯罪定量标准的体系化构建》,中国法制出版社 2013 年版,第 215 页。
③ 于志刚:《网络犯罪与中国刑法应对》,《中国社会科学》2010 年第 3 期。

所有人都会面临定罪的风险,这是人们难以接受的。事实上 NET 法案出台后就有人认为法案是对 La Macchia 案的漏洞反应过度,其当初的支持者亦担心这样做会使打击面过于宽泛;他们支持的理由只不过是版权人因类似的大量行为而受到潜在损失的严重性。[1] 其次它也不符合利益平衡原则。我国学者一般将著作权视为私权但同时承认其具有公共属性,而侵犯著作权罪从目前立法归类上看,被置于分则第三章"破坏社会主义市场经济秩序"之下,由此可以推断立法的初衷是希望偏重保护整体的经济秩序,而不是仅仅保护著作权人的财产权,故需要关注公众接近作品的权利。而网络环境下著作权人的私权本身已得到了扩张,如果通过增加犯罪行为对象和方式进一步严密刑事法网,则刑事保护绝不能再向著作权人倾斜。最后,我国对网络著作权有异于别国的严厉行政保护,所以需要凸显刑法的最后性,故营利目的宜于保留,以此与有关著作权的违法行为相区别,这也与国际公约中关于"商业规模"的要件保持一致。作为一个发展中国家,我们的网络著作权保护水平实无必要超越公约和知识产权强国持平。

当然,网络环境下营利目的的司法认定有其特殊性,按照两高、公安部《关于办理侵犯知识产权刑事案件适用法律若干问题的意见》,通过信息网络传播他人作品,或者利用他人上传的侵权作品,在网站或者网页上提供刊登收费广告服务,直接或者间接收取费用的;以会员制方式通过信息网络传播他人作品,收取会员注册费或者其他费用的都应当认定行为人具有营利目的。总之,应当根据网络营利的特有模式对"以营利为目的"进行具体的认定,不应拘泥于传统的营利方法,譬如以点对点等私下方式传播侵权作品,如果采取收费模式,也应认定为有营利目的。

四 网络著作权犯罪刑罚配置的优化

(一) 刑罚配置理念的澄清

若干年前有学者在综观各国侵犯知识产权犯罪刑罚处罚的普遍趋势后指出,绝大多数呈一种明显的轻刑化态势,因此我国对于侵犯知识产权犯

---

[1] L. Loren, Digitization, Commodification, Criminalization: The Evolution of Criminal Copyright Infringement and the Importance of the Willfulness Requirement, 77 *Wash. U. L. Q.* 863 (1999).

罪规定较为严厉的法定刑,既与世界各国和地区所倡导的刑罚轻缓化的要求不相吻合,也与刑罚适用经济性的谦抑性要求相悖。① 由此轻刑化理念在网络著作权犯罪的刑罚配置中也占据了上风,这似乎意味着我国著作权犯罪的刑罚过去存在重刑化倾向而与世界潮流相背,所以纠偏就必然要走轻刑化的道路。这里其实存在理论认识上的偏差。首先,我国目前侵犯著作权罪的刑罚并不存在明显的重刑化倾向。对此,我们可将我国与外国侵犯著作权或邻接权、信息网络传播权的犯罪法定刑相比较,不难发现,美国、日本等国对于侵害网络著作权的犯罪最高刑均规定为 10 年,高于我国的 7 年。进一步将侵犯著作权罪与盗窃罪的法定刑相比较,数额巨大的盗窃罪最高刑可处 10 年有期徒刑,而不仅侵犯了著作权人的财产权,而且扰乱出版市场正常经济秩序的盗版犯罪最高刑也只有 7 年,无论如何也不能算过重的刑罚。其次,世界多数国家对侵犯著作权犯罪的处罚呈现明显轻刑化态势的判断并不符合事实。前文详述了美国等国网络著作权刑法中著作权犯罪由轻罪向重罪转化并被逐步提高法定刑的过程,因此以国外轻刑化的态势作为调整我国网络著作权犯罪刑罚理由的观点,明显不能成立。最后,即便肯定著作权犯罪上的轻刑化态势,也并不意味着我国就一定要顺应这种潮流,因为每个国家网络著作权的观念情况不同,保护程度理应有所区别。我国作为发展中国家,尤其是作为新生的网络大国,绝不能将著作权的保护标准与西方发达国家完全看齐,基于此,笔者主张在网络著作权的刑罚配置上应当注意以下几点:

第一,不同犯罪行为方式其处罚应区别对待。由于网络著作权犯罪行为方式多样,所以对于今后可能建立的罪名体系中的各罪不能在处罚上一视同仁,而应考虑其行为性质及社会危害性程度的差异,为其分别确立适当的法定刑。

第二,对于可能新增的侵犯网络著作权犯罪,在刑罚的配置上有必要强调轻刑化的理念。以规避著作权技术措施犯罪为例,之所以做这样的选择,是因为这一行为本身只是对网络著作权的间接侵犯,是风险社会下为从源头上打击盗版不得已而规定的犯罪。它与直接的网络盗版行为危害性并不在一个层面。如若入罪则已经体现了立法者对其从严的态度,即严密

---

① 刘宪权、吴允锋:《侵犯知识产权犯罪理论与实务》,北京大学出版社 2007 年版,第 206—207 页。

了刑事法网，故在是否动用刑法还存在争议的情况下，就没有必要同时再采用严厉的刑罚，而应当济之以宽，以增加刑法的公众认同度。

第三，对于利用网络实施侵犯传统著作权或邻接权的犯罪以及当前视为侵犯著作权罪的侵犯信息网络传播权等行为，则在宽严相济理念的指导下，宜强调刑罚适当均衡的理念。轻刑化是从整个罪刑关系结构状况而言的，并不等同于不分领域、不论具体情况一律轻刑化。[①] 最高人民检察院2006年颁布的《关于在检察工作中贯彻宽严相济刑事司法政策的若干意见》中就特别提到要严惩侵犯知识产权的犯罪。对于依据现行刑法已能惩治的网络著作权犯罪，由于当前打击效果并不明显，所以通过法律制度的完善来增加行为的法律成本是目前可选的途径，也恰好体现了我国宽严相济刑事政策之"严"的一面。但是国外经验告诉我们，希望借由特别严厉的刑罚来降低网络著作权侵害，其效果也是不明显的，大规模地提高自由刑尤其让人难以接受，所以网络著作权犯罪的刑罚宜在维持总量适当的情况下调整其刑罚的内部结构。

（二）刑罚内部结构的调整

1. 弱化适用自由刑

当前我国的著作权犯罪采取了以自由刑为主，罚金刑为辅的模式。对于网络著作权犯罪这种特殊的经济犯罪，保留自由刑是非常有必要的，因为这不但与我国的刑罚体系保持一贯性，而且也能够凸显刑罚的威慑力，若一概对之仅科以罚金，则对行为人而言不过是一次投机生意的失败而非受到国家的惩罚，刑法威吓的效果也就会大为减弱。然而比较中外有关侵犯著作权罪的刑罚，可发现我国自由刑处于偏高水平：大多数国家对于较轻情形一般规定的自由刑在1年以下，我国则为3年以下；对于较重情形，规定5年以下的占绝大多数，我国则为7年以下。但是如前所述，重刑主义的威慑力是极为有限的，尤其对于网络著作权犯罪这类经济犯罪的行为人而言，其惧怕的往往并不是长期的关押而是经济上的得不偿失，因此对之应当尽可能弱化自由刑的适用，具体而言，一是可以减少自由刑的配置，降低法定最高刑；二是鉴于短期自由刑"既无改善，亦无吓之

[①] 贺志军：《知识产权犯罪控制中贯彻宽严相济刑事政策研究》，《湖南商学院学报》2007年第5期。

效果，只有打击犯罪经历之人类自尊心"①的固有弊端，必须将其与以剥夺网络著作权犯罪人再犯能力为内容的罚金刑结合起来，实际提高单处罚金刑的适用率，从而让自由刑将中心地位实际让渡给罚金刑。

2. 重视运用财产刑

尽管我国目前著作权犯罪的自由刑已经不低，实际刑罚效果却不佳。这一结果的出现主要同我们不重视罚金刑的运用有关。贝卡里亚曾经说过："刑罚应尽量符合犯罪的本性，这条原则惊人地进一步密切了犯罪与刑罚之间的重要连接，这种相似性特别有利于人们把犯罪动机同刑罚的报应进行对比，当诱人侵犯法律的观念竭力追逐某一目标时，这种相似性能改变人的心灵，并把它引向相反的目标。"② 既然追逐经济利益是网络著作权犯罪的深刻动因，那么只有以利益为轴心来配置网络著作权犯罪的刑罚才能具有直观的罪刑等价报应效果，从而使作为市场主体的行为人冷静权衡成本与收益之后抑制犯罪的冲动。从国外立法也可以看到，罚金刑在著作权相关犯罪的刑罚中占据了相当重要的地位，故强化罚金刑适用是非常必要的。这也是在弱化自由刑适用的同时为了维持必要的刑罚量以打击网络著作权犯罪的当然结论。

然而罚金刑的立法模式很大程度上制约着罚金效果的发挥。我国刑法对侵犯著作权的罚金只做了原则规定，两高则在2007年《关于办理侵犯知识产权刑事案件具体应用法律若干问题的解释（二）》（以下简称《解释（二）》）中才规定"罚金数额一般在违法所得一倍以上五倍以下，或者按照非法经营数额的50%以上一倍以下确定"。调查显示，目前著作权犯罪的罚金刑适用既偏执且随意，偏执体现在几乎全部采用并处罚金刑的方式；随意则主要体现为罚金数额，相当部分案件的罚金处罚数额甚至低于法律规定最低标准。③ 对于前一问题，我们需要尽快转变观念，尤其将来针对新增的性质较轻的网络著作权犯罪如规定"并处或单处罚金"就一定要将"单处罚金"落到实处；而对于后一问题，则有必要深入探讨。

刑法中采取的无限额罚金制固然增加了司法适用的困难，也给司法人

---

① 谢瑞智：《犯罪与刑事政策》，台湾文笙书局1996年增订版，第217—218页。

② ［意］贝卡里亚：《论犯罪与刑罚》，黄风译，中国大百科全书出版社1993年版，第57页。

③ 参见彭辉、姚颉靖《侵犯著作权罪刑罚适用的理论与实证研究——以33例判决分析为视角》，《中国刑事法杂志》2012年第2期。

员任意裁决创造了机会，有失刑法的公正性，但《解释（二）》中的比例罚金制是否就完全可取呢？依据笔者主张取消"违法所得数额"的观点，则量刑基准数额很可能应以"非法经营数额"为标准，但是并非所有的网络著作权犯罪都存在经营数额，尤其是在将情节和数额并列作为定罪量刑标准的前提下。而且对于网络著作权犯罪，其经营数额有时也存在查证困难，且一旦形成商业规模，由于非法经营数额不似违法所得数额还需扣除成本，即便只规定50%以上一倍以下罚金，也可能超过行为人承受的限度。故笔者倾向于采用限额罚金制，这也是国外大多数国家不约而同的做法。鉴于网络著作权具体行为方式危害性上的差异，可以分别不同情形，考虑对网络著作权侵害的直接程度，规定对自然人处1万元以上至100万元以下不等幅度的罚金，单位的罚金则另外翻倍。

考虑单纯的限额罚金制不能适应现实的灵活需要，比如刑法明确规定"处1万元以上100万元以下罚金"，而非法经营额上千万元的情况下，扣除有限成本后难以让行为人感受犯罪的得不偿失，所以笔者主张将限额罚金与没收财产并列规定，由法官根据具体情况选择适用。这也可以一定程度上避免罚金刑的空判。

3. 适当引入资格刑

资格刑是剥夺或限制犯罪人从事某种活动或行使一定权利资格的刑罚。在刑罚体系中，资格刑一直不像其他刑罚方式那样引人注目，甚至可以说备受冷落。但是对于侵犯网络著作权的犯罪而言，资格刑却具有剥夺或限制犯罪人的再犯能力，达到预防犯罪目的的独特功能。因为网络著作权犯罪人的犯罪心理具有一定的顽固性，对其即便经过一定时间的剥夺自由和强制性劳动改造也未必改造成守法公民，在这种情况下对其适用资格刑，在刑满释放后的一定期限内剥夺或限制其访问网络或从事网络相关营业活动的资格，客观上可以大大减少其再次实施网络著作权犯罪行为的机会，客观上巩固对其改造的效果。实际上当前依据《刑法修正案（八）》中关于禁止令的规定，对适用缓刑的网络著作权犯罪人可以禁止其从事特定活动，但是禁止令"不是一种新的刑罚，只是对管制犯、缓刑犯具体执行监管措施的完善，是附带的行刑条件"，[①] 对于不属于管制、缓刑犯

---

① 张军主编：《刑法修正案（八）条文及配套司法解释理解与适用》，人民法院出版社2011年版，第24页。

的网络著作权犯罪人无法适用,所以我们应当考虑将立足于社会防卫需要的现代资格刑适时引入刑法中,根据罪犯的恶性程度,参照剥夺政治权利的年限,对犯罪人依法剥夺或者限制其从事和网络相关的活动,从而既对已经实施犯罪的人发挥惩罚功能,也对其他潜在的网络著作权犯罪人起到警诫作用。资格刑的增补,其实也是对弱化自由刑后过于倚赖罚金刑而可能导致的刑罚量不足缺陷的弥补。而目前我国正积极推进的网络实名制则将有利于对网络侵犯著作权犯罪资格刑的适用。

第六章

网络环境下我国著作权保护刑事司法配套机制的完善

刑法只是为惩治网络著作权犯罪提供了实体法律依据，然而徒法不足以自行，保护网络著作权的罪刑规范在司法适用能否取得预期效果，关键还在于是否存在完善的司法运行机制与之协调配合。前文所述网络环境下著作权刑事保护司法运行机制的障碍，其实最终归结为两方面问题：一是网络著作权犯罪刑事诉讼程序本身的问题，也涉及网络著作权刑事司法与民事司法的衔接问题；二是网络著作权犯罪刑事司法与行政执法程序的衔接问题。唯有解决好这两方面问题，才能提高网络著作权犯罪行为的被追究率，并降低司法机关的究责成本以符合经济分析的结论，也才能将刑法遏制网络著作权犯罪的功能发挥到极致。

第一节 网络著作权犯罪诉讼程序的完善

一 网络著作权犯罪追诉方式的重构

（一）公诉为主追诉方式及其弊端

对于网络著作权犯罪在内的侵犯知识产权犯罪案件的追诉，从刑法规定看采取的是公诉方式。尽管1998年《最高人民法院关于执行〈中华人民共和国刑事诉讼法〉若干问题的解释》第一条即规定对于人民检察院没有提起公诉，被害人有证据证明的轻微侵犯知识产权刑事案件，除严重危害社会秩序和国家利益的以外可以直接向人民法院提起诉讼，且这一规定之后一直被沿袭，但是从近年侵犯网络著作权犯罪的立案数量来看，实际经由自诉进入诉讼程序的案件数量几乎为零，公诉发动基本上成为唯一的诉讼渠道，而公诉的消极懈怠又导致案件寥寥无几并与网络著作权犯罪猖獗的现实形成了鲜明对比。

自诉方式在网络著作权犯罪案件中之所以备而不用，究其原因主要有二：一是被害人究责的困难和成本的高昂。受害的著作权人首先要知道明确的被告，而网络环境下侵权犯罪人的匿名性和多元化为受害人的起诉设置起第一道障碍；尔后受害人需要提供证据证明对方确有侵犯网络著作权的行为，此时犯罪手段的隐秘性和网络电子证据的脆弱性，以及证据调查和保全所需的事先大量投入一起为受害人设置起第二道障碍；待进入诉讼中，面对理直气壮认为"网络盗版无罪"的犯罪人，分散的被害人会处于诉讼中的相对不利地位，因为网络环境之下，由于成本过高，网络经营者往往是不加选择将大量名不见经传的作品载入其网页，以"量"的优势吸引公众的浏览，[①]由此就单个被害人而言，无异于以卵击石，其提起刑事自诉可能是徒劳的，而要让原本互不认识的诸多著作权受害人集中合力进行诉讼却又可能存在协调上的难题。二是自诉规定方式的不合理。目前我国将涉及侵犯网络知识产权犯罪的自诉方式规定在司法解释中，这种规定方式既有司法权侵夺立法权之嫌，又降低了网络知识产权犯罪自诉方式规定的法律效力，[②]由此如果不对自诉案件范围的司法解释有充分了解，一般都会将其作为公诉案件对待，所以真正提起自诉的也就少之又少。

相较于自诉，由受害的著作权人之外的国家代行提起公诉，可以克服因个人诉讼能力有限等原因而造成的有罪不究现象，亦可以避免私诉陷入报复，其优势是不容否认的，然而公诉主导的诉讼机制在网络著作权犯罪打击方面存在的弊端也是明显的：首先，不利于维护网络著作权受害人的权益。网络著作权人尽管可能也有追诉犯罪的愿望，但实际上其往往更关注受损的经济利益能否得到赔偿，这和国家公诉机关的惩罚犯罪的诉讼目的并不完全一致。而目前"在公诉案件中强调社会普遍利益的维护，强调公诉机关可以代表被害人的要求，却多少忽视了社会利益的多元化和矛盾性，忽视了被害人的独特要求"[③]。进而在重刑轻民的传统观念下，那些确定会被判处刑罚的犯罪人极有可能不愿再积极赔偿，从而使网络著作权受害人得到赔偿的愿望落空。其次，若国家公诉机关在追诉与否的问题

---

① 沈仁干主编：《数字技术与著作权：观念、规范与实例》，法律出版社2004年版，第20页。
② 彭少辉：《网络游戏著作权刑法保护实证分析》，《江苏警官学院学报》2011年第4期。
③ 龙宗智：《相对合理主义》，中国政法大学出版社1999年版，第56页。

上基本上拥有绝对的决定权,而由于其对网络著作权认识不一,则公诉有可能陷入两个极端:一是公诉机关可能事无巨细地包揽追诉,徒增司法资源的负担并影响司法效率的提高,同时还可能造成公诉权的滥用,特别是在缺乏有效监督的情况下。由于网络著作权犯罪的相关问题并没有完全达成共识,在这种情况下公权力迫不及待地发动甚至可能背离网络著作权被害人以及普通公众的心理情感,进一步造成司法与民众意愿的脱节。与此相反,公诉机关也可能更多地集中火力起诉那些传统的自然犯或对国家社会安全造成严重影响的犯罪,而对网络著作权犯罪案件缺乏兴趣以至于在是否起诉问题上犹豫不定,甚至出现同案不同诉的情况。

(二) 自诉为主、公诉为辅追诉模式的提倡

鉴于公诉为主机制的严重弊端,对一些主要侵犯受害人个人利益而对国家整体利益威胁不大的案件,适当地尊重受害人自己的选择,授权受害人自身通过直接起诉的方式以实现其诉求目的不失为一种明智的选择。① 笔者认为,对于网络著作权犯罪而言,应摒弃传统以自诉作为公诉补充的做法,赋予著作权人以选择发动刑事诉讼的优先权利,直接将其纳入"告诉才处理"的犯罪。主张这一追诉模式的理由主要有:第一,告诉才处理的案件属于纯粹的自诉案件,其自诉权的"私权"性质更为明显,这与著作权扩张而形成的网络著作权本源为"私权利"不谋而合。因其中牵涉利益,受害的著作权人往往会有足够的热情去积极行使自诉权。第二,将其作为亲告罪规定,是否追究在很大程度上由被害人个人的主观愿望所决定,是对被害人权利的重视。实际上网络著作权犯罪是一种典型的有受害人的犯罪,而这种侵害究竟只是针对著作权人还是也存在对国家和社会的侵害一时还众说纷纭,公权力没有必要为此过早大动干戈。新的做法既可以避免目前将侵犯知识产权的犯罪作为第二类自诉案件范围标准不明确的弊端,将公诉机关从繁重的司法压力下解放出来,但同时又给予被害人充分的救济机会,以免因为公诉机关的懈怠作为而使得网络著作权人的合法权益得不到有效保护。第三,自诉方式适用中的困难可以通过一系列程序制度上的设计尽可能克服,比如通过网络实名制的建立可以破除第一道障碍;通过完整电子证据的调查、保全等制度可以扫清第二道障碍;而完善集团诉讼方式,自诉不以公安机关的首先侦查为前提则可方便追诉

---

① 罗智勇:《对我国公诉与自诉关系的理性思考》,《中国刑事法杂志》2006年第2期。

网络盗版犯罪，这些都为自诉创造了可行条件。第四，这种做法只是针对网络著作权犯罪这种特殊的案件类型，或者说只是适当增加了亲告罪的类型，但并不会从根本上改变长期历史演变而形成的追诉制度上私人追诉主义过渡到国家追诉主义并以后者为主导的不争事实。第五，从域外关于网络著作权犯罪的规定来看，将其规定为亲告罪或一律允许自诉的立法也不在少数。撇开像我国台湾地区那样，原则上只要有被害人、侵犯了个人权益的犯罪，不问犯罪种类如何均属自诉案件范围的不谈，其他一些国家，如日本著作权法上即将有关犯罪均规定为亲告罪。

（三）公诉对自诉必要干预机制的完善

如前所述，网络著作权犯罪中被害人遭受犯罪行为侵害后，虽可以提起自诉，但实践中自诉制度的运作却步履艰难；同时鉴于"被害人利益作为个人存在的独立性与犯罪对国家利益、社会利益的破坏性之间有着交叉性"，[①] 即这类犯罪本身具有个人法益的侵犯性和社会危害性的双重属性，所以保留自诉的国家一般都通过制度设计，通过公诉对自诉的必要干预或救济机制畅通自诉与公诉间的连接渠道，借以弥补自诉权的弱势。然而公诉权力如何对自诉进行干预呢？综观各国做法并结合刑诉理论看，存在不同的做法：一是规定亲告罪代为告诉的情形，如我国刑法第98条规定"如果被害人因受强制、威吓无法告诉的，人民检察院和被害人的近亲属也可以告诉"。但这种情形下人民检察院的告诉究竟是自诉还是公诉一直争议激烈。二是自诉担当，即由于法定原因的发生，致使自诉不能进行，由检察官接替原来的自诉，以免自诉程序无法进行。[②] 关于自诉担当的性质，我国台湾学界的共识是它并不变更案件的自诉性质，检察官也不取代原自诉人而成为当事人，[③] 即检察机关事实上只是为了协助自诉人有效进行自诉；而《刑法》第246条第三款规定"通过信息网络实施第一款规定的行为，被害人向人民法院告诉，但提供证据确有困难的，人民法院可以要求公安机关提供协助"，也可以认为类似自诉担当。三是典型的

---

① 陈兴良：《公诉案件中的被害人》，载陈兴良主编《刑事诉讼中的公诉人》，中国人民公安大学出版社1998年版，第187页。

② 自诉担当的含义其实并不统一，如德国刑诉法中德自诉担当就与我国台湾地区的明显不同。它是指由于发生特定原因，由检察官接管原来的自诉而转为公诉，笔者认为这种接管因变更了原程序的性质，称为"自诉转公诉"更贴切。

③ 林钰雄：《刑事诉讼法（下册）》，中国人民大学出版社2005年版，第31页。

自诉转公诉，即"对于法律规定被害人享有自诉权的案件，由于某种原因致使自诉机制出现障碍，自诉没有启动或者启动后无法继续推进时，公安或检察机关在一定条件下对案件提起公诉或接管诉讼，从而使案件由自诉转为公诉，按照公诉程序进行处理的一种诉讼制度"，[①] 如有关司法解释明确将"严重危害社会秩序和国家利益"的侵犯知识产权犯罪直接规定为例外的公诉情形；2012年《最高人民法院关于适用〈中华人民共和国刑事诉讼法〉的解释》亦体现了这一点，"对其中证据不足、可以由公安机关受理的，或者认为对被告人可能判处三年有期徒刑以上刑罚的，应当告知被害人向公安机关报案，或者移送公安机关立案侦查"。由此可见，在明确网络著作权犯罪为亲告罪，主要采取自诉方式的前提下，首先要解决的问题就是如果出现了特定情形可能影响自诉推进的前提下，是只需要借助公权力的力量，诉讼性质仍为自诉？还是案件应完全由自诉转为公诉？其次，如果可能存在转公诉的必要，那么什么情形下才能直接转为公诉？

对于第一个问题的回答，笔者认为主要需要考察自诉担当与自诉转公诉的本质。事实上，自诉担当是通过国家对自诉案件的一定程度的干预，以公诉权协助自诉权，以更好地保障被害人人权，而自诉转公诉是通过国家对自诉案件的深度干预，以公权力取代自诉权。[②] 由于一些网络著作权犯罪可能是著作权受害人"以刑逼民"的手段，在无涉公共利益的前提下，如果公权力一概可以被借助用于协助自诉，就会打破诉讼的均衡状态，最终被害人在私下获得满意的赔偿之后可能与犯罪人和解、撤诉，公权力就会蜕变为著作权人"逼宫"的武器，造成滥诉的现象。且从诉讼经济的角度考虑，打击犯罪的无限性与国家资源投入的有限性之间永远存在难以弥合的矛盾，所以对于较轻的网络著作权犯罪案件，国家完全没有必要去协助被害人自诉。当然这种情形转为公诉也不合适，因为毕竟案件还是特定轻罪案件，即使被害人的利益与国家追诉犯罪的整体利益表面上存在矛盾，二者也并非势不两立。此时若将该案完全等同于一般公诉案件，不考虑被害人的意志就会显失公平，特别是在被害人希望与被告人和

[①] 兰跃军：《自诉转公诉问题思考》，《中国刑事法杂志》2008年第11期。

[②] 同上。

解或撤诉时，检察机关违背被害人意志追诉到底的意义实在不大。[①] 至于代为诉讼，由于理论争议大，而就网络著作权犯罪而言，出现受害人因受强制、威吓无法告诉的概率很小，完全可以忽略，因此特定情形下的自诉转公诉制度更符合此处公诉对自诉干预的初衷。

在肯定转公诉必要的前提下，对第二个问题的回答则主要应考虑公诉的本源意义。公诉从其产生之日便与公共利益密不可分。公诉是一种具有总体利益性质的诉讼，或者说是一种公共利益性质的诉讼。[②] 因此公共利益的衡量理应成为自诉转化为公诉案件的基础。据此笔者认为，网络著作权犯罪的自诉一般应具有"排他性"，即除非网络著作权犯罪案件严重危害社会秩序和国家利益，否则不能排除自诉而转为公诉，这既是缓解现实司法压力的理性选择，同时亦保留了公权力在特殊情形下介入的余地。但是公权力干预的标准仍然不够明确。因为犯罪的本质特征就在于其严重社会危害性，而传统著作权犯罪又归入刑法分则第三章"破坏社会主义市场经济秩序罪"中，由此很难说网络著作权犯罪案件不属于严重危害社会秩序和国家利益的犯罪，故有必要细化标准，可以考虑通过司法解释明确具体情形，如被告人可能判处三年有期徒刑以上刑罚的；侵权数量巨大，受害人数众多但自诉证据不足的；严重扰乱正常的网络出版秩序，造成恶劣社会影响的等。

二　网络著作权案件三审合一模式的探索

（一）网络著作权案件三审分离模式的弊端

由于我国对著作权采取司法与行政保护的双轨制模式，所以针对同一法律事实的案件依其性质可能涉及民事、行政和刑事多个领域，由此不同性质的网络著作权案件照此应分别由对应的不同审判庭予以审理。这种三审分离模式虽然符合法院内部的职能分工，实践却表明存在诸多弊端：

首先，容易引发刑事与民事、行政判决的冲突。网络著作权的民事侵权、行政违法与犯罪往往界限并不分明，因此对同一案件事实最初难以清晰地把握其性质，而且由于对同一法律事实依据不同的法律保护途径就衍

[①] 吴卫军：《刑事诉讼中的自诉担当》，《国家检察官学院学报》2007年第4期。

[②] ［法］卡斯东·斯特法尼等：《法国刑事诉讼法精义》（上），中国政法大学出版社1998年版，第104页。

生出不同的法律关系，这些法律关系在法律事实上相互联系，在处理结果上互为前提、因果，实践中网络著作权民事、行政、刑事交叉的情形屡见不鲜，而法院不同审判庭在法律适用标准、证据规则等方面做法并不一致，由此分别审理容易出现不同审判庭对同一事实的认定尺度不同，进而导致不同性质案件判决结果相互冲突的情况。例如出现在刑案被认定为犯罪，却在民事审判中又被判决不侵权的尴尬局面，从而直接影响法律的权威和司法的公信力。

其次，容易造成诉讼机制的不顺畅。为了尽可能避免交叉案件处理上的冲突，司法实践中多采取了先刑（或行）后民的做法，但这种做法带来了新的问题：一是不同程序分别先后顺序适用导致同一事实反复审理，浪费司法资源，而且可能导致诉讼周期极为漫长，譬如因涉及公权力介入，民事案件常被中止审理而等待刑事或行政裁判结果，由此也增加了当事人的诉讼成本。二是一旦刑事案件判决被告人构成犯罪承担相应罚金并实际履行后，民事侵权案件中的被告往往再没有经济能力承担赔偿责任。现实中的被告人，一旦被判处刑罚后，主观上也往往不愿再履行民事责任。三是可能打破诉讼中双方当事人的诉讼力量的均衡导致诉讼不公，如刑事部分形成判决后，根据《最高人民法院关于民事诉讼证据的若干规定》第9条第（4）项关于"已为人民法院发生法律效力的裁判所确认的事实，当事人无须举证证明"的规定就会免除原告的举证责任，这就在无形中撬动了民事诉讼中"谁主张谁举证"的责任分配杠杆，置知识产权民事侵权的被告于不利地位。[①] 著作权人以刑逼民的戏码则将屡屡上演。四是著作权刑事案件一般由基层人民法院管辖，而《最高人民法院关于审理著作权民事纠纷案件适用法律若干问题的解释》规定著作权民事案件除少量可由高级人民法院指定的基层人民法院管辖外，原则上均由中级人民法院管辖。不同性质的网络著作权案件管辖法院的级别不同，必然会引起法院在审理网络著作权民、刑交叉案件级别管辖上的冲突。

最后，不利于发挥法官专业优势准确适用法律。网络著作权案件通常具有专业性、技术性较强的特点，网络著作权刑事案件的审理往往应以确

---

① 李瑞钦、黄金凤：《"三审合一"诉讼模式下知识产权案件审理的现状、问题及前瞻》，《海峡法学》2014年第2期。

认著作权的权属和认定侵权成立为前提,否则极易发生定性不当。[①] 而权属确认和侵权成立与否的认定均需要法官具备丰富的知识产权知识。显然知识产权庭的法官较之于刑庭法官在专业上更具有比较优势,所以如果沿用三审分离模式不能实现审判的专业化,刑事法官对知识产权相关知识的匮乏极易导致在没有妥善解决先决问题之前即做出的有罪判决被后来的诉讼彻底推翻。

(二) 知识产权案件三审合一模式的尝试

为了从根本上克服三审分离模式的弊端,各地纷纷进行改革,尝试将知识产权三审合一。早在 1996 年,上海浦东新区法院就开创了知识产权专门化审判的先河,开始探索知识产权"三合一"的审判方式,即基层法院知识产权庭统一审理辖区内知识产权民事、刑事和行政案件,上诉审则集中于中院知识产权庭,此被称为"浦东模式"。此后各地也都推陈出新,逐渐形成了另外几种有代表性的做法:[②]

一是西安模式,相较于浦东模式,西安提高了案件的管辖级别,将知识产权刑事案件集中由中级人民法院管辖,以便于其民事案件集中管辖制度协调,更好地处理知识产权民刑交叉案件,同时对知识产权刑事、行政案件,除刑事、行政审判法官外再吸收知识产权民事审判法官共同组成合议庭进行审理。

二是南海模式,即基层法院知识产权庭统一管辖本辖区内知识产权民事、刑事和行政案件,同时对合议庭成员进行适当的调整,分别从刑庭、行政庭指定一名业务骨干参与涉及"三审合一"案件的审理,并由知识产权庭与所涉及的业务庭各派一名书记员实行双人记录,旨在建立协调配合的知识产权刑事案件沟通机制。中院则尚未实现三审合一,刑事和行政

---

① 例如王某等被告人修改网络游戏数据库的数据,使游戏装备增加或产生高级装备,然后销售牟利一案,公诉机关认为被告人的行为是对计算机软件的复制,故以侵犯著作权罪起诉。但实行三审合一的上海浦东法院却认为被告人是通过修改数据库中的数据的方法复制了武器、装备,武器、装备是软件运行的结果,即本案并不是对软件程序的复制,而《计算机软件保护条例》明确规定对软件著作权的保护不延及开发软件所用的处理过程、操作方法等,故被告人不应以侵犯计算机软件著作权定罪。参见丁寿兴、陈蕙珍《"三审合一"中相关问题的探讨》,《人民司法》2010 年第 15 期。

② 参见胡淑珠《试论知识法院(法庭)的建立——对我国知识产权审判体制改革的理性思考》,《知识产权》2010 年第 4 期,第 39 页;魏小毛:《知识产权"三审合一"的六大模式》,《中国知识产权报》2010 年 7 月 9 日。

案件上诉后仍归口到刑庭和行政庭审理。

三是武汉模式。武汉市江岸区法院和该市中院共同尝试,在基层和中级两级法院实现了由知识产权审判庭统一审理知识产权相关案件,即将知识产权的民事、行政和刑事一审案件集中到江岸法院审理,并规定二审的民事、行政和刑事案件则由武汉市中级人民法院知识产权庭审理,并由中院对江岸法院的审判业务全面集中对口监督、指导的立体型三审合一模式。

四是重庆模式。由基层法院和中级人民法院知识产权审判庭统一审理全部知识产权案件,同时规定知识产权刑事或行政案件由刑事或行政、民事法官共同组成合议庭,省高院知识产权审判庭则统一指导知识产权民事、刑事、行政案件的审判工作,这实际上是在南山模式和武汉模式的基础上,建立了三级联动、三位一体的三审合一模式。

五是珠海模式。通过设立派出的独立的知识产权法庭机构,集中审理珠海市范围内的一审知识产权民事案件,以及应该由中级人民法院管辖的一审或二审知识产权刑事和行政案件,实现审判的三审合一。

由此可见,"三审合一"虽然对于知识产权刑事案件的具体审判模式有所差异,如是合于基层法院、中级人民法院还是两级法院;是合于刑事审判庭,吸收民事审判法官参与,还是合于知识产权庭等模式不一,但大部分均主张由同一法庭对民事诉讼、刑事诉讼和行政诉讼一并审理。截至2013年底,共有7个高级人民法院、79个中级人民法院和71个基层人民法院开展了试点工作。①

(三) 知识产权法院的建立

三审合一作为审判实践的产物,之所以大面积推广,源于其自身的显著优势:一则有利于保证执法尺度的统一,避免不同审判组织对相同案件事实在法律适用上产生不同认识;二则在这一模式下审判将会依照先确权、再认定侵权、最后认定犯罪的进路,从而可打破刑事优先的传统,有利于推动传统诉讼制度的重构,极大地节约司法成本,提高司法效率;此外这一模式显然更能充分发挥具有丰富知识产权知识和审判经验的法官的专长,从而提高案件审判质量。实际上,早在2008年发布的《国家知识产权战略纲要》中,即从战略高度提出要"研究设置统一受理知识产权

---

① 参见《中国法院知识产权司法保护状况(2013年)》,http://www.court.gov.cn/zscq/bhcg/201404/t20140425_195314.html。

民事、行政和刑事案件的专门知识产权法庭"。在2013年《中共中央关于全面深化改革若干重大问题的决定》中则进一步提出要"探索建立知识产权法院"。鉴于以往不同模式之间在审判组织的确定以及刑事、民事、行政案件管辖的协调和衔接方案选择上存在差异,为了实现统一司法的目标,在总结各地开展"三审合一"的经验的基础上,2014年8月31日,全国人大常委会通过了《关于在北京、上海、广州设立知识产权法院的决定》。随后为解决基层法院与知识产权法院之间、知识产权法院与同级行政区划内中级人民法院之间的管辖问题,11月3日,最高法又发布了《知识产权法院案件管辖规定》。据此,有关专利、植物新品种、集成电路布图设计、技术秘密等专业技术性较强的第一审知识产权民事和行政案件由知识产权法院作为一审法院,知识产权法院所在地的高级人民法院作为二审法院,但第一审著作权民事和行政案件仍由基层人民法院审理,知识产权法院仅作为所在市的基层人民法院第一审著作权民事和行政判决、裁定的上诉法院。

(四) 网络著作权犯罪案件三审合一的前瞻思考

从目前规定看,已设立知识产权法院的地方对知识产权案件只实行民事、行政"二合一"。采纳这种方案,据推测主要有如下原因:[①] 一是知识产权刑事案件数量比较少,民事和行政案件占我国知识产权案件的90%。二是刑事审判和民事、行政审判差距比较大,行政审判脱胎于民事审判,而国际上多数国家和地区的知识产权法院也仅审理民事和行政案件。三是刑事案件需要相应的检察院与之对应,如果纳入进来,要不要设立知识产权检察院?这也是学者担心的问题。

在知识产权法院本土化的制度设计之中,网络著作权案件显然仍由基层法院刑庭一审管辖,不能不说是一种遗憾。首先,从法理上讲,知识产权刑事案件应该比民事案件更加复杂、处理应该更慎重,但是在我国没有审判知识产权一般民事案件资质的基层法院却可以直接审判知识产权刑事案件,显得十分不严肃、不科学。[②] 其次,网络著作权案件与专利、技术

[①] 参见王逸吟、殷泓《知识产权法院启幕》,《光明日报》2014年8月26日5版;张维:《知识产权法院不审理刑事案件》,http://www.legaldaily.com.cn/index_article/content/2014-11/02/content_5828882.htm?node=5955。

[②] 秦夕雅、薛丹丹:《知识产权法院推进要结合司法体制改革》,《第一财经日报》2014年10月23日。

秘密等案件一样具有强烈的技术特点，法律问题常与复杂的技术问题交织在一起，而技术问题解决的好坏将直接决定审判质量的优劣，① 基层法院在专业技术力量上无法保证审判的质量。

需郑重指出的是，即便在知识产权法院设立后像专利案件一样，相应的著作权民事、行政案件集中到相当于中级人民法院的专门法院，但只要刑事案件管辖权却仍在基层法院就仍然不合理。因为知识产权法院的设立固然可以协调原先在知识产权案件中涉及民行交叉案件中司法不统一的情况，但是对于民刑交叉这一更为普遍的案件类型却无法避免其法律适用中的不统一，可能仍出现刑事案件已定罪，民事案件却不认为构成侵权的荒唐结果，损害司法公信力。同时最高院以公报案例形式确认了权利人可以在知识产权领域请求适用刑事附带民事诉讼保护自己的权利，② 如果权利人提起附带民事诉讼，此时是将案件分别法院审理还是由刑庭或知识产权法院统一审理就成其为问题。而按照目前"先刑后民"的做法，可能出现知识产权法院受理的民事案件在审理中，发现被告的侵权行为产生的违法所得或非法经营数额达到刑事入罪标准从而需先移送公安机关立案侦查，再由基层法院刑庭先行审理以追究刑事责任，然后再由基层法院移送回知识产权法院审理的情况，由此还会造成诉讼时间和司法资源的浪费。

鉴于目前网络著作权案件越来越多，刑行民交织的情况日益普遍，案件的专业性强、审理难度大，故对涉及知识产权保护的三种诉讼模式应当一体化，即将包括网络著作权刑事案件在内的全部知识产权案件均交由知识产权法院进行一审专门管辖。事实上，以往司法实践中的"三审合一"模式探索已经积累了不少有益的经验，借司法改革的契机，建立"三审合一"的知识产权法院应当是可行的途径。而且笔者主张著作权案件应当原则上为自诉案件，诉讼程序的选择会给权利人维权带来困惑，而统一由知识产权法院受理案件，会使得案件受理和当事人提起诉讼更加方便易行，也容易畅通刑事自诉与公诉的审判机制。

如果当事人只提起网络著作权民事诉讼而法院在发现确切犯罪线索应属公诉范畴案件时，应将有关线索和材料移交公安机关立案侦查，同时权

---

① 张广良：《知识产权法院制度设计的本土化思维》，《法学家》2014年第6期。
② 李瑞钦、黄金凤：《"三审合一"诉讼模式下知识产权案件审理的现状、问题及前瞻》，《海峡法学》2014年第2期。

利人也有权继续在民事诉讼中主张救济。笔者在此不赞成民事诉讼的司法惯例上一般遵循的"先刑后民"原则,实际上在著作权的民事侵权诉讼中,采取的是"优势证据"原则,相对于刑事诉讼,权利人更容易证明被告存在民事侵权行为,而在民事侵权事实查清的情况下,法院再继续审理刑事案件,这样法院已经进行的民事诉讼程序实际上有助于更高证明标准要求的刑事诉讼程序的进行,从而也就将民事诉讼和刑事诉讼很好地衔接起来。

至于学者担心的缺乏对应检察院问题,笔者认为因特殊情况下的转公诉案件数量少,可以不设专门的检察院,而考虑在与知识产权法院所在地对应的同级检察院中设立专门的公诉处,同时规定由该检察机关设立专门的组织并配备具有专业知识的检察人员履行对知识产权诉讼活动的法律监督职责,从而践行"知识产权法院依法接受人民检察院法律监督"的要求。

三 网络著作权犯罪管辖制度的完善

网络空间的虚拟性、无边界性决定了网络著作权犯罪对传统管辖制度的挑战既体现在对国际刑事管辖权的冲击,也体现在对国内刑事诉讼管辖的冲击。虽然两种管辖性质上有一定差异,但从管辖连结点上看,通常都涉及行为地、行为结果地、当事人的住所地、国籍地、财产所在地等,即既存的管辖权理论均是以人、物或行为的地理位置为基础的一种理论,而考量的因素"一是该因素自身有时间和空间上的相对稳定性,至少是可以确定的;二是该因素与管辖区域之间存在着一定程度的关联性",[1] 亦即管辖原理基本相通,故本文主要探讨网络著作权犯罪国内刑事诉讼管辖制度中地域管辖的完善。[2]

(一) 网络犯罪管辖新理论述评

国际上对于网络犯罪出于实际案件的需要,不断演化出各种管辖新理论。如新主权理论、管辖相对论、网址管辖基础论、原告所在地法院管辖

---

[1] 王德全:《试论 Internet 案件的司法管辖权》,《中外法学》1998 年第 2 期。
[2] 我国刑事诉讼中的管辖包括解决公检法机关在受理刑事案件的职权范围上分工的立案管辖制度和解决审判机关内部审理第一审刑事案件分工的审判管辖制度,其中审判管辖又包含级别管辖、地域管辖、专门管辖等内容。而级别管辖和专门管辖实际上在前文知识产权法院三审合一模式的探索中已经涉及,故不再重复。

论、最低限度联系理论、服务器所在地法院管辖论等种种理论。其中对新主权理论和管辖相对论的批判渐成共识，因为如果是技术而不是刑法以及由此确立的道德准则使网络犯罪得以控制，就从根本上否认了国家的司法管辖权，势必造成管辖权的落空，于实际无法施行。[①] 但其他一些理论争议迄今仍未平息，由此与确定管辖的联结因素有关的争议也正在原、被告所在地、网址、服务器、计算机终端等之间广泛展开。故理性地评析这些理论是完善管辖制度构想的前提。

1. 网址管辖基础论

这种理论以网址作为管辖基础。网址就是电脑在互联网上的地址。互联网是个虚拟的系统，所有电脑或网络的位置就用网址表示。在互联网上常用来表示网址的是 IP 地址和域名地址。由于网址在网络空间中的位置可以确定且在一定时间内具有相对稳定性，网址的产生和变更需要网络服务商通过一定的程序来进行，同时网址与现实空间存在关联，所以网址被许多人认为可以构成管辖权的基础。然而当网址活动涉及其他网络参加者时，与其他参加者所在管辖区域产生的联系却是非常微弱的。如果承认被动接触构成充分关联，则每一个网址拥有者在逻辑上就会不确定地受制于世界上任何有网络服务的国家的管辖权。因此将网址作为管辖权的根据目前仍存在许多疑问。[②]

2. 原告所在地法院管辖理论

该理论认为，对于网络案件，由于行为地难以确定，所以不宜也不能按照行为地原则决定对案件的管辖权。而以被告住所地确定管辖虽然可行却不合理，因为在网络案件中，被告往往与原告相距甚远，如果生硬地适用"原告就被告"的原则，将给受害人寻求司法救济制造障碍，不利于保护受害者的正当权益。因此应当且只能由原告所在地法院管辖。这一理论充分照顾到了原告诉讼的便利，客观上也可以绕开犯罪地认定的困难，为我们提供了全新的思路，但如何防止原告动辄滥诉进而损害被告的利益也颇值得深思。

[①] 张新平：《试论网络犯罪刑事管辖权》，《刑法问题与争鸣》第 6 卷，中国方正出版社 2002 年版。

[②] 罗艺方、赖紫宁：《网络空间司法管辖理论的比较研究》，《政治与法律》2003 年第 6 期。

3. 最低限度联系理论

"最低联系理论"是美国最高法院通过判例确立并广泛适用于网络空间的重要司法管辖理论,其核心含义在于,对不在法院地的被告行使对人管辖权时,被告人与法院地必须有某种最低联系。这种最低联系由法官自由裁量,主要取决于两点:一是被告是否在法院地从事系统的和连续性的商业活动;二是原告的诉因是否源于这些商业活动。至于被告是否在法院地实际出现,则无关紧要。可见该原则的出现使得法院管辖权的行使不再拘泥于被告人的出现、住所、居所等硬性因素,代之以灵活的"最低限度联系"为管辖权依据,表现出法院扩大其管辖权的趋势。[①] 该标准因具有较大的伸缩性,赋予法官过重的自由裁量权,也可能导致近似案件处理结果上的差异。

4. 服务器所在地法院管辖论

该观点将服务器所在地作为法院管辖的标准。服务器通常是指一个给连接的客户应用程序提供信息或其他资源的网络应用程序或计算机,服务器所在地即为该服务器所在地理位置。之所以主张将网络服务器所在地解释为侵权行为地并作为管辖依据,理由主要在于,其一,服务器位置所在地相对稳定,从而方便受害者选择法院起诉,也方便法院行使管辖权;[②] 其二,网上侵权信息的上传、下载、浏览、检索都往往须借助服务器才能实现,服务器既是侵权行为在网络空间完成的终点,也是侵权结果在网络上被感知的起点,其与网络侵权行为的关联度较高。[③] 其三,服务器类似于"居所",采纳服务器标准与传统的管辖权原则更易于融合。[④] 不过基于网络的虚拟性和专业技术性,普通人在网络侵权纠纷案件中难以确定服务器所在地,故服务器所在地法院管辖理论也不完美。

虽然目前并未就这些理论达成共识,但其对网络犯罪管辖的问题解决均或多或少产生了一定影响,从而也影响了我国目前的网络犯罪管辖的司法实践。

---

① 韦燕:《"最低限度联系"与网络管辖权》,《河北法学》2001 年第 1 期。
② 蒋志培:《人民法院对网络环境下著作权的司法保护》,《知识产权法研究》2004 年第 1 期。
③ 刘满达:《网上侵权案件管辖权确定中的特殊因素》,《法学》2007 年第 4 期。
④ 侯捷:《网络侵权案件管辖权探析》,《当代法学》2002 年第 8 期。

（二）我国网络著作权犯罪管辖制度的现状与问题

为了减少在实践中对于网络著作权犯罪案件司法管辖的争议，2011年两高和公安部《关于办理侵犯知识产权刑事案件适用法律若干问题的意见》（以下简称《意见》）中则规定侵犯知识产权犯罪案件由犯罪地公安机关立案侦查。必要时，可以由犯罪嫌疑人居住地公安机关立案侦查。其中犯罪地，包括侵权产品制造地、储存地、运输地、销售地，传播侵权作品、销售侵权产品的网站服务器所在地、网络接入地、网站建立者或者管理者所在地、侵权作品上传者所在地，权利人受到实际侵害的犯罪结果发生地。显然，我国在网络著作权犯罪案件的管辖中考虑到联结因素的稳定性和关联性，摒弃了网址管辖论和最低限度联系理论，仍然以犯罪地作为管辖的优先联结因素，同时以被告居住地为补充。

而在此之前，最高人民法院在 2000 年《关于审理涉及计算机网络著作权纠纷案件适用法律若干问题的解释》、2001 年《关于审理涉及计算机网络域名民事纠纷案件适用法律若干问题的解释》以及 2012 年《关于审理侵害信息网络传播权民事纠纷案件适用法律若干问题的规定》等司法解释中亦分别对网络侵权的司法管辖做出了规定。这三部解释均肯定网络著作权侵权纠纷案件由侵权行为地或者被告住所地人民法院管辖。侵权行为地包括实施被诉侵权行为的网络服务器、计算机终端等设备所在地。对难以确定侵权行为地和被告住所地的，原告发现侵权内容的计算机终端等设备所在地可以视为侵权行为地。

比较可见，就网络著作权的刑事案件而言，对犯罪地的理解在行为地之外还包括了结果地，而相应的民事案件中，对于侵权地的管辖只承认了侵权行为地，即实施被诉侵权行为的网络服务器、计算机终端等设备所在地，并在一定条件下将原告发现侵权内容的计算机终端等设备所在地视为侵权行为地。除此之外，对于行为地的理解二者也不完全一致。结合司法实际仔细分析，就会发现尽管《意见》一定范围内能够指导解决网络著作权犯罪案件的管辖问题，但还存在不少疑问。

1. 犯罪行为地的指向不明确

《意见》中并没有明确地采取与民事司法解释中相同的行为地的提法，而是针对网络知识产权刑事案件将"传播侵权作品、销售侵权产品的网站服务器所在地、网络接入地、网站建立者或者管理者所在地、侵权作品上传者所在地"等做了列举。由于信息网络传播行为具有明显的阶段性特征,根据网络数字传输规则,一个完整的网络侵权行为可以分解如下:首先是行为人通过终端设备进行联网、访问、远程控制或下载、上载、转发等行为;其次侵权人的操作指令以及侵权指向的目标内容以数据流的形式在终端设备、网络接入提供商、服务器、节点计算机设备以及其他网络设备之间进行传播;最后是指令及数据流到达目的服务器,完成相应操作如复制或存储等,所以《意见》中涉及的如传播侵权作品的网站服务器所在地基本可视为"向公众提供"作品的信息网络传播行为之完成地。值得注意的是,《意见》未采取民事司法解释中"实施被诉侵权行为的计算机终端等设备所在地"的提法,而是以"侵权作品上传者所在地"代之,如果按字面含义,似乎应理解为犯罪嫌疑人所在地(居住地)。但居住地本身是作为补充的管辖连结点与犯罪地并列的;如果将其理解为侵权作品上传的计算机终端所在地或其上传时的所在地,则其实为"向公众提供"行为的开始地点,[①] 对此《意见》的初衷究竟为何可谓并不明确。网站建立者或管理者所在地也存在类似理解上的疑问,至少从表述上看,人员所在地并不能和犯罪行为地等同。此外,"网络接入地"的指向也不明确,如果是指的联网之地,则需要指出的是联网并不一定意味着行为人侵犯网络著作权行为的开端,而且在当前移动网络日渐遍布,移动终端不断发展的情况下,网络接入并不具有时空上的稳定性,网络接入地对行为人而言可能具有较大的随意性和偶然性,将其作为管辖基础似乎值得重新考虑。如果将网络接入地理解为上传侵权作品至网络之地,则网络接入地与侵权作品上传者所在地又可能在地域上完全重合。

2. 犯罪结果地的界定不清晰

对于网络犯罪的结果地,理论上有一种观点认为应将能够上网浏览下载到有关电子信息的地方均视为结果地,具体而言,信息网络传播权的侵权结果发生地就是公众浏览或下载信息的计算机终端所在地。[②] 由于《意见》中将犯罪结果地限定为"权利人受到实际侵害"的地方,但这种侵害的性质并没有明确,而著作权的侵害最明显的表征就是侵权作品在网络上被传播,所以自然结果地就被理解为公众浏览或下载信息的计算机终端

[①] 郭鹏:《信息网络传播权涉外侵权的中国法院管辖权分析》,《法学评论》2011年第5期。

[②] See Mireille M. M. van Eechoud, Choice of Law in Copyright and Related Rights, *Kluwer Law International*, 2003, p. 217.

所在地。但如此一来，全世界都将会成为犯罪地，甚至于可以说存在一个国家的刑罚权竞合于所有的国家可能性。① 所以如此理解结果地还有待进一步明确。

3. 犯罪嫌疑人居住地管辖的困境

首先，犯罪嫌疑人居住地管辖的前提是在"必要时"，但何谓必要时缺乏明确说明。其次，由于网络本身是一个虚拟的系统，网络空间的行为人在上网时通常无须经过真实的身份认证，该被告居住地的确定并不容易，这就为管辖法院的确定带来了障碍。同时网络案件中，被告可能与原告在地理空间上相距甚远，从而也为诉讼带来不便。

前述《意见》的这些问题在后来 2014 年两高、公安部《关于办理网络犯罪案件适用刑事诉讼程序若干问题的意见》中基本得以了延续，后者规定"网络犯罪案件由犯罪地公安机关立案侦查。必要时，可以由犯罪嫌疑人居住地公安机关立案侦查。网络犯罪案件的犯罪地包括用于实施犯罪行为的网站服务器所在地，网络接入地，网站建立者、管理者所在地，被侵害的计算机信息系统或其管理者所在地，犯罪嫌疑人、被害人使用的计算机信息系统所在地，被害人被侵害时所在地，以及被害人财产遭受损失地等"。虽然将犯罪结果地大致明确为被侵害的计算机系统或其管理者所在地、犯罪嫌疑人、被害人使用的计算机信息系统所在地，以及被害人财产遭受损失地从而对犯罪结果地做了明确和限定，但是该规定又将"被害人被侵害时所在地"（注意非其居住地）作为管辖连结点，并解释在犯罪地中，这样不仅逻辑上不周延，也容易使得案件的管辖因原告被侵权时的所在地不一而具有极大的偶然性。

（三）网络著作权刑事案件管辖的原则

笔者认为，确定管辖的法院是打击网络著作权侵权或犯罪的前提，但基于网络的虚拟性、无便捷性和网络著作权侵权犯罪的隐蔽性，传统管辖理论已经无法适应确定管辖法院的需要。目前虽然适应网络案件的特征对传统地域管辖的联结因素做了突破性的解释，但是这些解释先后不一、民刑不一，用语显得极为随意，由此导致行为地与结果地区分不清、原告所在地和被告居住地等似有若无且适用前提不明。笔者认为，在具体确定并

---

① ［日］岩间康夫：《网络犯罪与遍在主义》，《刑法杂志》第 43 卷第 1 号，第 161—162 页。

合理解释网络著作权犯罪刑事管辖连接点之前,有必要思考网络环境下确立刑事诉讼管辖的原则。具体说来,应遵守的原则应当包括:

1. 技术融合性原则

即对于网络案件在确立管辖依据时,不能简单以犯罪地,包括犯罪行为地和犯罪结果地等一笔带过,必须适应网络行为的技术性特征对管辖连接点做出明确的诠释。因为网络空间是一个区别于现实物理空间的超时空开放性领域,发生于网络空间内的侵犯知识产权犯罪很难像传统类型那样与某一特定的物理空间形成直接的、必然的联系。因此网络知识产权犯罪很难依照传统的地域管辖原则直接指向一个确定的区域,以犯罪地构建的物理空间下的地域管辖原则,在面对网络空间内的侵犯知识产权犯罪时会不可避免地遭遇"滑铁卢"。① 因此,首先必须架设虚拟空间与现实空间的连接桥梁,即在犯罪地的认定中引入具有技术特征的管辖连结点。这并不是要否定传统的犯罪地管辖,但它意味着必须对犯罪地重新做出诠释,同时也意味前文所述的一些新的管辖理论在网络环境下需要仔细斟酌其合理性。

2. 适度限缩性原则

网络犯罪某种意义上是无边界的,但网络犯罪的管辖不能无边际。一旦允许过度的扩张管辖,最终就是管辖的激烈冲突,所以网络犯罪的管辖应当秉持适度限缩的原则。如有学者就认为,对于地域管辖,如果根据某连接点得出的管辖地是全部法域,则该连接点应该归于无效;在一般情况下,只有当某个侵权结果发生地具有"收敛性"时,它才可以作为管辖权的连接点;只有在非常特殊的情况下,如难以找到"收敛"的连接点,才可以考虑"发散性"的连接点。② 美国在网络案件管辖上强调"最低限度联系"也是基于这一思考。当然具体如何适度限缩,还可以进一步探讨,如我国就有学者提出应遵循主客观相一致的实害联系原则。③

---

① 范晓东、李慧:《试论网络知识产权犯罪中的审判管辖制度》,《知识产权》2012 年第 1 期。
② 张新宝主编:《互联网上的侵权问题研究》,中国人民大学出版社 2003 年版,第 95 页。
③ 于志刚:《"信息化跨国犯罪时代"与网络犯罪公约的中国取舍》,《法学论坛》2013 年第 2 期。

3. 公正原则

约翰·罗尔斯说："公正的法治是正义的基本要求，正当的过程主要是通过程序来实现。"[1] 而正当的过程正是从诉讼管辖开始的，因此要对双方当事人的管辖利益给予公平的关注，无所偏袒。前述关于网络纠纷案件管辖的民事司法解释中以计算机终端所在地作为管辖基础自该解释出台后招致的基本上都是负面评价，其中一个重要原因就是任何人在任何有相应技术能力的地方都能发现网络中的侵权内容，从而给予原告一个"挑选法院"的绝佳机会并造成对被告的不公平。[2] 由此也说明单纯一刀切以犯罪地为唯一管辖依据或笼统实行"原告就被告"等做法都是不妥的，管辖规则不应偏袒诉讼任何一方。

4. 方便法院审判原则

传统刑事诉讼之所以以犯罪地为主要管辖地，原因就在于犯罪地是证据最集中，最易搜集也最便于刑事诉讼顺利进行之地。刑事诉讼管辖以犯罪地管辖为主实际就是方便法院审判原则的体现。同时网络案件因其具有较强的技术性特征，在证据的调查、保全、采信等方面对法官具有较高的要求，因此网络著作权案件的管辖还需要考虑法院的负担能力。如果背离了这一原则，网络著作权案件的管辖可能加大审判资源的浪费。

5. 方便当事人进行诉讼原则

这一传统确立刑事诉讼管辖的原则在网络环境下仍有其旺盛的生命力，原因也在于诉讼不仅追求公正，也讲究效率。如果一方当事人不得不千里迢迢到被告法院地"打官司"，付出大量诉讼成本，相反另一方却充分享有地缘优势，在诉讼活动中占尽有利形势，则胜诉对当事人的意义就大打折扣。

6. 原则性与灵活性相结合原则

网络犯罪行为地和所谓结果地相距甚远，选择其中之一很可能对一方当事人有利而置另一方当事人于不利境地，此时究竟方便哪一方当事人必须做出选择，这就需要将原则性与灵活性相结合，依据具体个案，平衡原被告双方的管辖利益。

（四）网络著作权犯罪刑事管辖规则的完善

遵循上述原则并吸收有关管辖新理论中的有益观点，笔者认为网络著

---

[1] ［美］约翰·罗尔斯：《正义论》，中国社会科学出版社1988年版，第112页。
[2] 郭懿美：《电子商务法律与实务》，科学出版社2004年版，第593页。

作权犯罪的管辖问题应采取如下方式解决:

1. 肯定网络犯罪地管辖为主

(1) 对取消网络犯罪行为地管辖的理论反驳

有学者认为网络侵权案件中侵权行为地的确定性很弱。将网络中的行为直接解释进已有的规则是可以的,但势必造成司法管辖权的冲突,不利于案件的解决,故应取消侵权行为地这一识别因素,而仅应以被告的国籍或住所地及可执行的案件标的所在地来确定司法管辖权。①

笔者认为,该理论过于极端。首先,犯罪行为地是犯罪案件的重要特征,长期以来犯罪行为地就作为确定管辖权的重要因素被广泛应用。如果放弃犯罪行为地管辖,就会动摇长期以来遍在说对犯罪地的认识以及犯罪地管辖优先理论,也不利于对案件的查处和审理。其次,虽然在网络空间确定犯罪行为地比较困难,但并非确实无法确定。

(2) 对取消网络犯罪结果地管辖的理论反驳

理论上也有人主张放弃侵权结果发生地在此类案件中的适用。② 《关于审理著作权民事纠纷案件适用法律问题的解释》针对实践中对侵权结果发生地理解存在的混乱状况,似乎就选择放弃了侵权结果发生地。诚然网络犯罪结果地之"结果"不宜把握,但是结果是与行为相对的犯罪客观要素,没有理由只将行为地作为犯罪地而专门就网络犯罪取消结果地的管辖,这也与刑法典第6条第三款对犯罪地界定的宗旨相违背。从国外立法情况看,也鲜少有因噎废食直接取消结果地管辖的先例,因为这会使得权利的保护不周延。实践中大量所谓结果地国的管辖案件之所以被批评为是滥用管辖权,主要是在一般人看来该管辖国与案件联系并不紧密,所以问题的核心应当是如何附加一些限制条件来使得获得电子信息之地与案件有足够的关联度。③

(3) 网络犯罪行为地与结果地的限缩理解

既然不能取消犯罪地管辖,就必须结合网络的特性对其进行具体界定。遵循前述原则,网络著作权犯罪地应做如下限定理解:

---

① 陈钧:《网络侵权案件的管辖确定》,《法律适用》2000年第6期。

② 张旭光、刘春霖:《浅谈网络著作权侵权案件的地域管辖》,《行政与法》2007年第5期。

③ 杨彩霞:《网络背景下属地管辖原则的诠释与适用》,《武汉理工大学学报》(社会科学版) 2009年第1期。

第一，将实施犯罪行为的网络服务器作为犯罪行为地并作为管辖的标准具有合理性。实践中，行为人利用服务器实施侵权，主观上属有意利用，对自己的行为发生于服务器所在地有所预见。正如任何人在任何地点通过自己的主机来浏览和复制作品，都必须通过接触载有该作品的服务器来实现。从行为的全过程来考察，只有接触了该服务器，才能接触到服务器上的内容。从侵权行为的角度来考察，服务器当然也是发生侵权行为的必经的一段过程，在确定管辖时，服务器所在地自然也是侵权行为实施地，该所在地法院当然也有管辖权。①

第二，网络接入地不宜作为管辖的依据。因为网络接入是实施网络著作权犯罪的先决条件但并非网络犯罪实行行为本身，网络接入地与案件的联系可能微乎其微，譬如在甲地通过手机上网，中途一直未关网，坐火车经过若干省市到达乙地后才实施网络著作权犯罪行为，将甲地作为管辖地显然不合时宜，而且可能存在多次连接途经网络的情形，即网络接入地并不唯一，此时这些中间地若也作为接入地，更加具有随意性并会引发管辖冲突。

第三，计算机终端之地不宜一概作为管辖根据。事实上服务器也可以归入广义上的终端。这里所说的终端主要是指上传侵权作品所使用的终端，侵权作品被复制下载的终端以及权利人（被害人）发现侵权作品时所使用的计算机终端。

对于上传侵权作品所使用的终端，需要注意的一个变化就是当下犯罪人可以借助廉价的智能手机等移动上网终端，随时随地地实施犯罪行为，犯罪行为不再受制于固定的 IP 地址和固定的终端，② 由此来看，以之作为管辖的联结因素似乎缺乏稳定性。但是技术的发展已经为终端的认定提供了充分的根据，借助于 IP 地址的追踪、网吧的整治措施、基础站的查询等措施，无论是私人的终端还是公共 IP 地址下终端机的确定乃至移动终端所在地的确定都已经不再是问题。③ 同时正如某人流窜作案一样，不能否认其犯罪行为地是与案件联系最为密切且证据最充分之地，所以上传侵权作品的终端应视为网络著作权犯罪之行为地。

---

① 王海英：《论网络侵权纠纷的司法管辖》，《科技与法律》2001 年第 2 期。
② 于志刚：《"信息化跨国犯罪时代"与网络犯罪公约的中国取舍》，《法学论坛》2013 年第 2 期。
③ 刘满达：《网上侵权案件管辖权确定中的特殊因素》，《法学》2007 年第 4 期。

对于侵权作品被复制下载的终端,则应区分情况。一种情况是行为人将侵权作品上传至网络服务器,然后任他人从服务器中自行下载,另一种则是把侵权作品信息直接发送给他人由之复制下载的情况,有些学者将其分别称为"消极接触"与"积极接触"。[1] 对于前者此时服务器终端可视为行为人的犯罪结果之地,但下载的终端对行为人而言是不可预见的,如果承认这一终端地的管辖,结果地实际就被原告的主观意志所左右,是以他人之行为来决定行为人的管辖命运,对行为人而言是不公的,也势必会造成网络上任何联网之地都可以作为管辖地,所以应否定其可以成为管辖连结点;而对于后者,侵权作品被复制下载的结果在行为人的预见范围内,所以应将其视为最终结果之地。德国的限制结果地原则,也正是通过要求行为人的主观故意来限制犯罪结果地的泛化。[2]

而权利人发现侵权作品时所使用的计算机终端所在地一般应排除在管辖之外,除非其同时亦为权利人住所地或居住地。如果以发现侵权作品的终端之地为管辖结果地,则这一连结点就具有很大的偶然性,任何地方都可能成为这一结果地,如果权利人自诉,则必然产生趋利避害的择地行诉现象。根据适度限缩原则,这就应该排除这一终端所在地的管辖。但是侵权人通过上网可轻易侵害受害人的权利,如果不在受害人住所地为受害人提供救济的便利,就会产生司法不公。[3] 管辖原则的立法精神应当是在方便诉讼和更好地保障当事人权利等诸方面找到一个良好的平衡点,若过分给予被告管辖上的便利,很可能使弱势地位的原告一方最终不得不放弃诉讼或权利得不到有效诉讼保障,但若直接补充原告住所地管辖,则受害人会毫不犹豫地在其所在地法院诉讼,那么其他管辖连结点都将被架空,很容易发生原告动辄滥诉的情况。故笔者认为公平起见,在权利人发现侵权作品的终端所在地与其住所地或居住地发生地的重叠的情况下应认可其管辖,这一方面取得了在网络犯罪领域引进原告住所地管辖规则的效果,另一方面又不至于从根本上动摇我国长期以来并行的犯罪地和被告住所地的

---

[1] 石峰、蔡杰:《原告住所地与网络侵权案件的法院管辖》,《上海大学学报》(社会科学版) 2011年第2期。

[2] 于志刚:《"信息化跨国犯罪时代"与网络犯罪公约的中国取舍》,《法学论坛》2013年第2期。

[3] 参见何其生《互联网环境下的争议解决机制:变革与发展》,武汉大学出版社2009年版,第180页。

传统管辖原则。而且原告住所地相对明确，可以避免网络犯罪地认定和"原告就被告"适用的困境。当前有关刑事司法解释或许早有此意，但对此表述不明，"被害人使用的计算机信息系统所在地"和"被害人被侵害时所在地"均缺乏作为管辖连结点的稳定性，二者关系亦不够明确，需要予以完善。

第四，对网络著作权犯罪结果的理解如果站在传统构成要件自然事实的立场上，就应该将其解释为"财产的损失"，著作权人感触最深的结果也是其经济利益的减损。因此被害人财产遭受损失地作为传统意义上的结果地仍应当被认可。

由此可见，一个网络著作权案件可能有多个犯罪地，而这些犯罪地理论上均对案件享有管辖权。为了尽量避免管辖冲突，笔者认为如果属于自诉范畴的案件，应当充分尊重原告意思，赋予原告选择权；如果属于公诉案件，如行政机关执法中发现案件线索直接移送侦查起诉的，就应该由最先受理案件的法院管辖。

2. 以被告居住地作为管辖连结点的补充

基于被告住所地与犯罪行为关联度较低的现实，被告居住地只能作为管辖连结点的补充。虽然如前所述因网络的虚拟性被告的身份可能难以确定从而被告居住地在认定中可能遇到障碍，但随着网络实名制的改革，被告身份的确认将会越来越容易。同时相较于网络侵权行为地，被告的居住地相对稳定，特别是目前网络著作权刑事案件主要涉及的是一些视频网站而非公民个人，其服务器设置在何处一般人可能不得而知，甚至可能服务器不止一个，但其开办网站的公司具体在何处更容易查清。所以以被告居住地管辖为补充是具有可行性的。但是什么时候为"必要时"应进一步明确。多数情况下犯罪地也就是被告所在地，两者经常是重叠的。笔者认为，应包括以下情形：一是网络著作权犯罪地难以确定或者有多个犯罪地，而主要犯罪地难以确定的；二是原告认为由被告居住地法院审理更为合适的；三是被告可能判处管制或三年以下有期徒刑适用缓刑，从而需要在被告人居住地进行监督考察改造的。

第二节 网络著作权行政执法与刑事司法衔接机制的完善

自 2005 年 5 月 30 日国务院颁布《互联网著作权行政保护办法》，正式确立我国网络著作权行政保护的机制以来,我国经常性地开展打击网络盗版的专项运动。然而行政执法中的地方保护主义、执法部门间的配合不足、执法机构不健全、物质无保障、执法缺手段等问题大量存在,虽然执法也取得了一定效果,但是依靠运动式的执法,只能显一时之功,而无法收长久之效。国外学者评价,著作权行政处罚没有威慑作用,[1] 虽然言过其实,但却充分说明,净化网络著作权环境,刑事司法程序必然应与行政执法程序相互配合,有效衔接,形成合力,唯其如此才能更好地惩治网络著作权违法犯罪行为人。不过从目前情况看,虽然侵犯网络著作权的行为比比皆是,最终进入刑事司法程序的案件却凤毛麟角。过低的惩罚概率,意味着刑罚的必定性大打折扣,会让网络著作权犯罪人的预期刑罚降到最低极限,相反犯罪收益相对放大,从而促使其忽略刑事制裁的风险,而这正是网络著作权犯罪屡禁不止的根源。为此,提高查获概率、逮捕定罪率,是打击和预防此类犯罪刑事政策的首要选择。[2] 由此,如何使网络著作权的行政执法与刑事司法很好地衔接,就成为至关重要的问题。为了使网络著作权行政法规和刑事法规(以下简称"两法")两把利剑能够配合发挥作用,需要从实体和程序机制的完善等方面思考对策。

一 "两法"实体规范的衔接

(一)阻碍网络著作权犯罪两法衔接的实体原因

1. 实体标准不清是阻碍行政处罚与刑罚衔接的首要原因[3]

众所周知,网络著作权犯罪作为法定犯,其本身以违反著作权相关法规为前提,行为模式与行政违法具有高度的重合性,只是因违法程度不同,才分别被划入行政违法与刑事犯罪圈,从而承担的法律责任也大异其趣。然而对于网络著作权违法行为的行政执法标准和刑事司法标准却存在交叉重合的情况。如根据《著作权行政处罚实施办法》(以下简称《办法》)第31条,个人违法所得数额在五千元以上,或者非法经营数额在三万元以上的,构成情节严重的违法,可处以没收这种较重的行政处罚;

---

[1] See Paul Torremans, Hailing Shan, Johan Erauw, *Intellectual Property and TRIPS Compliance in China: Chinese and European Perspectives*, Edward Eglar Publishing Lt, 2007.

[2] 贺志军:《我国著作权刑法保护问题研究》,中国人民公安大学出版社2011年版,第329页。

[3] 夏雨:《论版权保护中行政处罚与刑罚衔接》,《中国出版》2014年第10期。

而刑事司法解释却是以违法所得数额在三万元以上，或者非法经营数额在五万元以上等作为入罪的标准。由于《办法》中没有关于数额上限的规定，所以到什么程度才移送司法机关处理，不得而知！实际上《办法》的数额可以完全涵盖犯罪的标准，理论上讲，个人违法所得数额即使在十万元以上，或者非法经营数额三十万元以上的，行政执法机关都可以予以行政处罚而不移送司法机关追究刑事责任，并且似乎也并不违反行政法规的规定。[①] 实践中大量存在的以罚代刑恐怕也正依据的是这一点。不仅如此，有时对于完全相同的违法行为，甚至存在行政处罚的标准高出刑事处罚的标准的情况。如根据有关规定，传播他人作品的数量合计在五百件（部）以上的即可构成犯罪，然而个人经营侵权复制品两千册（张或盒）以上，单位经营侵权复制品五千册（张或盒）以上的，才属于行政处罚中的"情节严重"。规定上的交叉混乱，必然影响到办案人员的认识从而使案件移送的大权在实际上由行政执法人员独揽。

2. 罪名规定的滞后性直接阻碍行政机关的案件移送

如果说实体标准不清给了执法人员不愿移送案件以可乘之机，那么罪名规定的滞后则让执法人员的移送根本无法落实，目前立法中存在一些网络著作权侵权行为本来已经由著作权相关法规确认其可能因情节严重转化为犯罪，但刑法中却缺少与之匹配罪名的情况。比如对非法提供规避技术保护措施工具的行为，尽管著作权法中早就明确其可以构成犯罪，但实践中基本不移送。即便移送，多半也是源于行为人有后续的网络销售行为进而以"小口袋罪"非法经营罪处理。[②]

（二）网络著作权法规与刑法实体法的对接

1. 明确移送的实体标准

针对"两法"就网络著作权侵权和犯罪实体标准混乱不利于行政执法人员在执法中直接参考适用，并做出是否涉嫌犯罪的判断的问题，解决问题的基本思路是：对行为性质和表现形式相同的违法行为，以数额或者情节来区分处罚的界限，保持划界标准的统一性，并确保行政法规的数额、情节标准低于刑事法规。同时在行政处罚的范围内明确划定应受刑事

---

① 张智辉、王锐：《行政处罚与刑事处罚的衔接——以知识产权侵权行为处罚标准为视角》，《人民检察》2010年第9期。

② 参见杨雅丽《出售游戏破解程序，不宜认定侵犯著作权罪》，《检察日报》2012年7月29日第3版。

处罚的部分,即行政处罚的规定中应当明确数额达到刑法和司法解释规定的定罪标准时即应将案件移送司法机关处理。注意这里笔者并不主张在网络著作权的行政违法与刑事犯罪之间划定明确的界限,因为法定犯的本质决定行为类型相同的网络著作权犯罪行为应该同时被包括在行政违法行为之中;而且行政处罚与刑事处罚是可以并存的,行政处罚中的"责令停产、停业、暂扣或吊销营业执照",除达到制裁目的外,更重要的是及时制止行为人违法行为的继续,[1] 这种功能是目前的刑罚措施所不具备的,如涉嫌犯罪的部分案件反而不能适用这种严厉的行政处罚措施则情理不通。

2. 罪名规定的及时跟进

针对刑事法律相对于著作权行政法规的滞后性,有必要增补网络著作权相关罪名,或者在不认为应当以犯罪处理之时,及时将著作权法规中的附属刑法规范删除。总体而言,刑法与网络著作权相关法规中关于犯罪的规定应当在行为类型上有所对应。

此外为强化对不移送行为的打击力度,还有必要在刑法中完善相应的罪名规定,如刑法第402条徇私舞弊不移交刑事案件罪将适用条件限定为徇私舞弊,这就将不存在徇私舞弊情节的怠于移送案件行为排除在规制范围外;将犯罪主体仅限定为"行政执法人员"没有涵盖"行政执法机关",[2] 而众所周知在我国是否移送案件往往不是直接查处的行政执法人员个人决定,而是执法机关集体意志的反映。[3] 故还需扩大犯罪的行为范围和主体范围,促成有关人员或机关的积极移送,使实体法真正起到震慑作用。

二 "两法"程序机制的衔接

(一) 妨碍网络著作权犯罪两法衔接的程序原因

1. 刑事案件移送程序不完备

当前专门针对或者涉及著作权执法衔接机制,特别是案件移送的规范

---

[1] 谢治东:《行政执法与刑事司法衔接机制中若干问题理论探究》,《浙江社会科学》2011年第4期。

[2] 孙春雨:《行刑衔接机制:三大类问题待破解》,《检察日报》2010年10月15日第3版。

[3] 国务院颁布的《行政执法机关移送涉嫌犯罪案件的规定》第五条规定:"行政执法机关对应当向公安机关移送的涉嫌犯罪案件,应当立即指定2名或者2名以上行政执法人员组成专案组专门负责,核实情况后提出移送涉嫌犯罪案件的书面报告,报经本机关正职负责人或者主持工作的负责人审批。"

性文件不断出台,如2000年国务院颁布的《行政执法机关移送涉嫌犯罪案件的规定》,2006年最高人民检察院会同多部门发布的《关于在行政执法中及时移送涉嫌犯罪案件的意见》,2006年公安部、国家版权局《关于在打击侵犯著作权违法犯罪工作中加强衔接配合的暂行规定》等,不一而足。这些规定法律位阶相对较低,次序杂乱无章,内容重复或互有抵触,缺乏细化的操作规定,发布主体多元化让人眼花缭乱,导致实践中许多规定形同虚设。如国务院行政法规主要约束行政机关,而最高检的规定主要约束检察机关,二者各管一段,显然难以确保两个领域衔接畅通,建立起真正协调配合的案件移送机制。又如,既有的案件移送规定往往仅抽象规定需要移送,但对于具体何时移送、负有移送职责的行政机关究竟为何以及向何公安机关移送等均缺乏明确规定。众所周知,全国范围内打击网络侵权盗版专项治理的"剑网行动"实际上是由国家版权局、工信部、公安部等联合进行的,涉及多个行政管理部门职权范围,而联合执法之后究竟由谁来负责移送案件,并没有明确的主体规定。行政执法机关本就因执法工作疲于应付,故完全可能出现相互推诿,不愿承担移送案件任务的情况。

2. 衔接协调工作机制无力度

为落实行政执法与刑事司法衔接的相关规定,实践中各地已根据有关规范性文件要求试图建立健全衔接工作机制,以促进各有关单位之间的协调配合,形成工作合力。具体而言采取了以下举措:一是建立联席会议制度,即牵头单位定期组织召开联席会议,由有关单位相互通报查处打击网络盗版有关情况,研究衔接工作中存在的问题,提出加强衔接工作的对策。如2015年7月10日,江西省版权局就牵头召开了由江西省互联网信息办公室、省公安厅、省通信管理局等单位参加的"剑网2015"专项行动四部门联席会议。[①] 二是建立案件咨询制度。对案件重大、复杂、疑难,性质难以认定的案件,行政执法机关可以就刑事案件立案追诉标准、证据的固定和保全等问题咨询公安机关、人民检察院,而公安机关、人民检察院也可以就案件办理中的专业性问题咨询行政执法机关。三是搭建衔接工作信息共享平台,建立"网上衔接,信息共享"的机制。如广东省

---

① 《我局牵头召开"剑网2015"专项行动四部门联席会议》, http://xxgk.jiangxi.gov.cn/bmgkxx/sgdj/gzdt/zwdt/201507/t20150713_1177321.htm。

"两法衔接"工作信息共享平台要求各成员单位将在规定时间内,将移送案件、办理移送案件的相关信息录入信息共享平台,实现网上移送、网上受理、网上监督,切实做到该移送的移送、该受理的受理、该立案的立案。①

然而从实践运行情况看,这些制度还没有充分发挥其应有作用。就联席会议制度而言,存在的问题包括:缺乏强有力的部门牵头协调,导致绝大多数地区主要是刑事司法机关与各行政执法机关的个别协调沟通,甚至成为权力干预的突破口;与会单位各说各事,随意性大;联席会议的过程具有封闭性,透明度不高等。② 就网络信息共享机制而言,由于某些行政执法机关之间职责划分不清,各行政执法机关对于由哪个机关来进行信息共享存在推诿扯皮的现象,一定程度上削弱了行政执法与刑事司法衔接的效果;而由于对行政机关录入信息的具体时间、内容等规定粗疏,信息录入缺乏硬性标准,部分行政执法机关对信息共享也不重视,认为不与刑事司法机关进行信息共享也不会对自己有任何影响,更谈不上配备专门的专兼职工作人员,所以信息的共享缺乏严肃性和严谨性,信息输入不及时、不规范;此外,由于我国对于"两法衔接"信息共享平台的建设采取分步走的策略,加之各地经济、社会、技术发展水平不一,信息共享平台机制本身呈现出一种不均衡的状态,很多地区的做法仍是通过纸质文书或口头通报的方式进行信息共享。即便搭建了这一平台的地方,由于平台建设主要依靠当地检察机关的推动,所以仅在当地部门与部门之间共享,还未能实现全国范围内的联网,形成一个纵横交错的立体平台,而网络是无所不在的,网络盗版经常是跨地区的,所以信息的共享渠道仍然是封闭不畅通的。

3. 证据搜集转化机制不健全

首先,涉及网络案件的证据如网络书籍从证据种类上多为电子证据,而电子证据无论是搜集还是其证明力的确定都存在一定困难,因此行政执法中的电子证据有时需要通过公证途径来保全。但实践中经常因为计算机软硬件环境、公证地点、电脑及操作人员选择等因素引起被告对证据的抗

---

① 《广东省"两法衔接"工作信息共享平台正式启动》,http://politics.people.com.cn/n/2013/1224/c1001-23933380.html。

② 参见颜飞《行政执法与刑事司法信息共享机制探析》,http://www.jcrb.com/procuratorate/theories/academic/201510/t20151012_1553064_3.html。

辩。其次，由于侵犯著作权罪以"未经著作权人许可"为前提要件，而根据《关于办理侵犯知识产权刑事案件适用法律若干问题的意见》第 11 条规定，"未经著作权人许可"一般应当依据著作权人或者其授权的代理人、著作权集体管理组织、国家著作权行政管理部门指定的著作权认证机构出具的涉案作品版权认证文书，或者证明出版者、复制发行者伪造、涂改授权许可文件或者超出授权许可范围的证据，结合其他证据综合予以认定。这样，在涉案作品众多且权利人分散的案件中，证据的取得的高难度直接影响刑事诉讼程序的启动。最后，即便行政机关搜集到了相关证据并准备移送案件，证据转化也是一个现实难题，因为以往我国刑事诉讼法对证据收集主体的合法性规定十分明确，要求证据必须由司法机关的侦查人员、检察人员和审判人员收集和认定。由此行政机关收集的证据在刑事诉讼中无法直接作为证据使用。虽然当前为解决实践中因重复取证所导致的诉讼资源的浪费问题，2012 年修订通过的《刑事诉讼法》第 52 条第 2 款规定："行政机关在行政执法和查办案件过程中收集的物证、书证、视听资料、电子数据等证据材料，在刑事诉讼中可以作为证据使用"，然而对"可以作为证据使用"的含义理解不一，如有人就认为该条规定适用的前提是行政机关收集的证据材料必须经过公安司法机关通过核实、重新收集的方式转化后，并能够证明案件事实，方可作为刑事证据材料使用[①]。按此观点，则行政证据并不能平滑地转化为刑事证据，这就为行刑衔接仍然带来了困惑。

4. "两法"衔接监督机制不到位

检察机关作为我国宪法规定的法律监督机关，在涉嫌网络著作权犯罪案件的移送、查处乃至定罪量刑的全过程中都负有不可推卸的责任。然而目前检察机关对于"两法"衔接的监督极为不到位，具体表现为：一是监督的依据不充分。虽然有关行政法规中对此做了规定，然而根据公权法定的原理，检察机关对行政机关的监督制约涉及不同国家机关的职权划分，只能由全国人大及其常委会决定。所以正如检察部门同志所说，"检察院并不是不想监督，而实在是没有监督的法律依据，不能越法行使监督权"[②] 二是监督的时间滞后。刑事诉讼法中主要强调检察机关对公安机

[①] 黄世斌：《行政执法与刑事司法衔接中的证据转化问题初探——基于修正后的〈刑事诉讼法〉第 52 条第 2 款的思考》，《中国刑事法杂志》2012 年第 5 期。

[②] 谢治东：《行政执法与刑事司法衔接机制中若干问题理论探究》，《浙江社会科学》2011 年第 4 期。

关的立案监督制度，其针对的是公安机关应当立案而未立案情况，也就是说法律赋予检察机关的监督职能的发挥一般始于公安机关的立案活动，而对此之前的行政执法活动进行监督则法律授权不明。三是在监督方式上，检察机关可采取的监督措施刚性不强，操作性十分差。因为检察机关监督的依据主要是高检院自行下发或与有关部门会签的规范性文件，效力位阶很低，权威度不够，对行政执法机关没有强制效力，并且这些规定往往还缺乏具体实施细则，因此检察机关的监督极为乏力且形式不一。如有的是发出移送涉嫌犯罪案件书面意见，有的采用检察建议的形式，有的采用移送书或通知函的形式，[①] 检察机关向行政执法机关查询案件情况，还需"经协商同意"。[②] 四是监督效果不明。由于检察机关并没有直接参与到由国家版权局、公安部、工信部主导的打击网络侵权盗版专项治理工作中，多数检察机关对当地行政执法机关打击网络盗版的执法处理情况并不十分了解，多数情况中检察院对行政机关移送涉嫌犯罪案件的监督仅仅依靠群众举报，通过查处行政执法人员职务犯罪的事后监督方式[③]，故对于哪些案件应当移送而未移送底数不清、情况不明，制约了监督工作的开展。总体而言，检察机关对"两法"衔接的监督基本流于形式，而除了检察监督，似乎其他监督的途径又暂时缺位。

（二）网络著作权犯罪"两法"衔接程序机制的完善

针对网络著作权犯罪案件"两法"衔接过程中暴露出来的上述问题，完善相关程序机制应从以下方面努力：

1. 规范案件移送机制

首先需要提高有关移送或衔接相关规范性文件的法律位阶。基于目前案件移送规定主要以行政法规、地方性法规、司法解释甚至规范性文件为制度载体，仅对参与制作发布的主体及其下属机关人员工作具有指导意义的现实，应当确立人民代表大会及其常委会为"两法衔接"的立法主体，避免不同机关为部门利益而可能出现立法"不中立"的情形。

其次需要明确网络著作权犯罪案件移送的主体和受移送的主体。由于在打击网络盗版的"剑网行动"中是由版权管理部门负责专项治理行动

---

① 元明：《行政执法与刑事司法相衔接的理论与实践》，《人民检察》2011 年第 12 期。
② 谢石飞、项勉：《行政执法与刑事司法衔接机制的完善》，《法学》2007 年第 10 期。
③ 唐光诚：《行政执法与刑事司法衔接之检察监督》，《人民检察》2010 年第 13 期。

的牵头，协调公安、工信等开展工作，所以涉嫌犯罪案件的移送工作也应当由版权管理部门负责。对于受移送的主体，鉴于公安机关内部各机构存在着案件管辖上的分工，所以亦需进一步明确。对此根据1998年《公安部刑事案件管辖分工规定》，侵犯著作权和销售侵权复制品的案件与其他侵犯知识产权的案件不同，是由治安管理局管辖而不是经济犯罪侦查局管辖，所以目前的网络侵犯著作权犯罪案件应向公安部门治安管理局移送。但是如果刑法中未来要增设新的罪名，则具体案件向谁移送仍然是个问题。笔者认为，将侵犯知识产权的犯罪分别由公安机关内部的不同部门负责侦查，理由何在并不明确，容易造成这类案件管辖的不统一并引起公安内部的推诿。实际上，破坏社会主义市场经济秩序罪，以名称而论，也应该完全都由经济侦查部门主管。[①] 所以建议这类案件今后统一由经侦部门负责受理，即被移送主体应为公安机关经侦部门。同时版权执法部门除了向公安机关移送外，还应同时向同级检察机关报送备案，以便接受检察监督。

最后要明确案件移送的具体标准和时机。如果对所有案件都坚持等到版权执法部门执法完毕，版权部门自认为案件事实已经确凿，确实涉嫌犯罪后才移送公安机关，则由于版权执法部门可采取的侦查手段和措施相对较少，有可能贻误破案良机或导致将来证据不够充分，因此对于案件移送的标准和时机，应视具体情况而定。对案情简单、影响不大的案件，由行政执法部门先行调查，待证据达到可证明犯罪的标准后决定是否移交公安机关。对案情复杂，证据可能灭失或被销毁时，版权部门只要接到线索举报，或者在执法现场查获涉案货值或者案件其他情节明显达到刑事追诉标准时就应当立即通知公安机关，由公安机关派员到场提供必要的协助，同时应当及时向公安机关通报案件线索，若公安机关自接到版权部门通报之日起3个工作日内经过依法对所通报的案件线索进行审查，认为有犯罪事实，应当追究刑事责任的，则公安机关就应正式提前介入，此时版权部门应当制作《涉嫌犯罪案件移送书》，连同版权证明材料等有关材料汇总移送公安机关。对于案情复杂、案件性质难以把握的，版权部门也可与公安机关召开案件协调会，若公安机关决定立案的，版权执法部门就应及时移

[①] 杨涛：《完善我国知识产权执法衔接机制的法律思考》，《重庆理工大学学报》（社科版）2010年第7期。

交案件材料。

2. 完善案件协调机制

为了能够让版权执法机关与刑事司法机关在打击网络著作权盗版案件中既分工负责又互相配合，必须完善以联席会议制度和信息通报、共享机制为主的案件协调机制。

就联席会议制度而言，第一，必须确立合适的牵头部门。理论上有不少人考虑到牵头部门须在执法领域具有较高权威及行使权力的积极性而主张应由检察机关充当牵头部门。笔者认为检察机关的确较为合适，因为宪法明文规定检察机关是国家的法律监督机关，检察机关对有可能涉嫌犯罪案件该不该立案的监督当属其行使立案监督权应有之义，而且作为实现法制统一的守护者，检察机关有召集会议的积极性和自觉性。不过行政执法和刑事司法分别代表行政权与司法权的行使，司法机关要独立办案，行政执法也有自身的规律特点，仅由检察机关来召集恐有行政机关不积极配合的情况，也有司法权僭越行政权，使得案件过早由司法机关定性的嫌疑。因此正如有学者提出，召集者应当是两个部门，而且行政执法部门与刑事司法部门各有一个部门。① 结合实践中许多政府牵头联席会议的事实，笔者认为由各地政府和同级检察院共同牵头较为合适。第二，应当明确规定联席会议的召开时间。依据现有规定，联席会议需"定期或不定期"召开，但这样的模糊性措辞使得联席会议的召开具有很大的随意性，因此各地必须对联席会议的召开时间做出具体设置，负责人会议至少每半年召开一次，联络员会议至少每季度召开一次，此外遇有重大、紧急情况可以临时召开联席会议。第三，应丰富联席会议的内容，包括研究解决版权行政执法与刑事司法衔接工作中的重大问题；通报近期查处、移送、办理著作权案件的有关情况，通报学习新出台的版权相关法律法规；总结、分享版权保护、文化市场执法方面的做法和经验等。第四，应增强联席会议议事的透明度，每次会议应会议记录，重大事项应形成会议纪要，并可制作有关简报通报版权联席会议相关内容。第五，确定联席会议的效力，明确规定在充分协商的基础上达成的一致意见对各与会机关具有约束力，需严格执行。

---

① 张福森：《浅析行刑衔接联席会议中的牵头部门》，《检察日报》2010年12月8日第3版。

就信息通报、共享机制而言，首先，应明确信息通报的主体既包括版权执法机关也包括司法机关，各单位应设专人专岗负责这一工作。其次，应对信息录入的具体时间、内容等做出细化规定，尤其是涉案金额、造成的损失等关键性信息，版权执法机关必须向司法机关通报。同时这种通报应是双向的，除了规定版权行政执法机关应向公安、检察机关通报查处行政违法案件情况及向公安机关移送犯罪案件的情况之外，公安、检察机关也应向行政执法机关及时通报移送案件的后续处理情况，以便行政机关落实行政处罚并接受行政机关的监督。再次，应进一步推动信息共享平台的建设，不能仅依靠检察机关来推动，政府也应从经费上、人员上对信息平台的建设提供充分的支持和保障，并最终形成全国范围内的联网。各级行政执法机关、公安机关、人民检察院应当按照信息共享的范围，在规定期限内，将相关执法信息及案件处理信息录入信息共享平台，通过平台处理和传输相关文书，以提高衔接工作效率。平台还应提供查询功能，使得案件的整个办理过程及结果能够勾连起来。此外，还应提高行政执法机关、刑事司法机关及其工作人员对"两法衔接"必要性和信息共享重要性的认识，尤其应防止其将信息共享视为追求部门利益最大化的障碍。

3. 健全相关证据机制

一是强化对电子证据的保全。实际上，中国公证协会2012年颁布的《办理保全互联网电子证据公证的指导意见》已经对网络证据保全公证的各个环节都进行了规范，并且也有详细的保全操作程序规定。因此版权执法过程中，对需要保全的证据必须严格贯彻该意见以避免日后证据缺乏证据资格或证明力低下。特别须注意的是，涉及网络影视作品的保全时，因保全的影视作品数量较大，播放耗时较多，公证机构可以逐集播放每一集的部分内容予以截屏保存，并选择部分播放画面截屏打印和选择部分内容予以录像，同时保证保全的内容能够涵盖作品的开头、中间和结尾等部分。

二是针对"未经著作权人许可"的要件，创新版权举证机制。对于以"未经著作权人许可"为前提的网络著作权犯罪，首先要证明网络涉案作品属于侵犯复制品。实践中多数司法部门要求以取得权利人的未授权证明为证据，即需要由著作权人出具版权认证。但是实际上这类案件中如某一侵权网站所侵害的权利人数量是非常庞大的，一一由著作权人处取得证明非常困难，而一旦不能证明，移送也就缺少底气。为此不妨允许相关的著作权集体管理组织出具版权认证，或者由行政机关出具版权认证。实践中在周雪斌贩卖光盘一案中已经有北京市版权局向司法机关出具鉴定结论，从而解决定罪关键的先例。① 此外亦可考虑实施举证责任倒置，如果嫌疑人不能举出已经著作权人许可的证明，则推定其未获授权。

三是明确行刑衔接中行政执法证据使用的内涵、范围。基于司法效率因素的考虑，同时鉴于版权执法中的某些证据具有不可重复收集性，如果完全不允许行政执法证据转化为刑事证据使用，将造成司法机关查明案件事实的困难，严重影响刑事诉讼的顺利进行，所以尽管行政证据与刑事证据在收集主体、程序等方面的差异性，现行《刑事诉讼法》仍肯定了部分行政证据在刑事诉讼中"可以作为证据使用"。但是正如立法机关所言，这一规定是指"这些证据具有刑事诉讼的资格，不需要刑事侦查机关再次履行取证手续"，② 也就是说实际上行政证据进入刑事诉讼中只能作为证据材料而使用，并不具备当然的证据能力和证明力，更不能直接作为定案依据。此外还应注意能够与刑事证据衔接的行政证据从立法上看仅限于物证、书证、视听资料、电子数据等证据材料。这里列举的均为实物证据，可能是考虑到实物证据的客观性较强，受人为因素影响小，一般不会因为收集主体、程序的不同而导致证据内容发生实质变化，所以现场勘验、检查笔录，现场制作的录音录像资料等实物证据也都应允许继续作为刑事诉讼中的证据使用。而当事人陈述、证人证言等易受人主观影响的言词证据则一般应重新由司法机关取证，除非确实无法重新收集。但无论如何，即便认可行政证据进入刑事诉讼程序，因行政机关收集证据的程序和证据标准都宽于或低于刑事诉讼，所以一定要以刑事诉讼法的标准对行政证据进行严格审查，非法证据排除规则该适用仍应适用。

4. 强化案件监督机制

首先需要扩大监督的主体范围。目前"两法衔接"的监督主要以检察监督为主，这是一种依赖体制内的先配合后监督的制度模式，检察机关既追诉又监督从而兼具了运动员与裁判员的双重身份，这种模糊的角色定位使得现实中的衔接制度显见的效果似乎只是扩张了检察职能，形成检察

---

① 《朝阳法院首次以侵犯著作权罪定罪贩卖盗版光盘者》，http://www.chinacourt.org/article/detail/2008/04/id/299329.shtml。

② 全国人大常委会法制工作委员会刑法室编：《关于修改中华人民共和国刑事诉讼法的决定：条文说明、立法理由及相关规定》，北京大学出版社2012年版，第49页。

机关热络、行政机关冷漠以待的奇谲景观。① 其实网络著作权犯罪案件因事关普通的网络大众、网络服务商以及受侵害的著作权人等三方利益，极易引起社会的普遍关注，因此对于涉嫌的案件建议开放社会监督，建立类似于网络反腐平台的网站，从而更好地帮助检察机关发现案件线索，同时要求检察机关对有关线索问题进行回复，以避免检察机关监督的隐秘化。此外，对于行政机关移送的案件，行政机关有权了解案件的后续处理情况，并赋予行政执法部门立案建议权，即在行政执法部门将涉嫌网络著作权犯罪案件移送公安机关后，公安机关应该立案而不立案的，可以直接向检察机关建议，符合条件的，检察机关直接要求公安机关立案。②

其次就检察监督机制而言，可以从以下方面完善：一是在法律层面，建议以全国人大或其常委会颁布的法律明文规定的形式，如通过修改刑事诉讼法或人民检察院组织法将"两法"衔接活动纳入检察监督范畴，并整合此前各种分散的行政法规、司法解释等内容，从而使检察监督权力在法律上具有"立足之地"，这也是贯彻公权法定原则的必然要求。二是在监督时间上，倡导检察机关的提前监督，即从涉嫌犯罪案件移送后向移送前拓展，从刑事立案监督向行政执法环节拓展。对于版权执法机关进行的大规模打击网络侵权盗版专项治理活动，由于查处的案件极有可能涉嫌犯罪，所以检察机关认为有必要时可以主动派员提前介入，发挥其侦查优势以引导版权执法机关的搜集、保全证据等活动。当然这并不是要使行政执法权与刑事司法权的界限模糊化，因此检察机关的提前介入是有限制的，通常它只能是一个消极的参与者、积极的执法监督者，除非发现行为人的行为可能构成犯罪。③ 三是强化监督措施的力度和可操作性，一方面应该赋予检察机关对版权行政执法结果的查询权，另一方面应明确检察机关通知移送案件权的法律效力，即经检察机关审查认为版权执法机关应当移送而不移送犯罪案件，或者被害人认为应当立案而请求检察机关监督的，检察机关有要求版权执法机关说明不移送理由的权力，行政机关必须在规定期限内说明不移送理由。如果检察机关认为不移送理由不成立的，即可向

---

① 秦前红、赵伟：《论行政执法与刑事司法衔接的若干法律问题》，《河南财经政法大学学报》2014年第5期。
② 张道许：《知识产权保护中"两法衔接"机制研究》，《行政法学研究》2012年第2期。
③ 周佑勇、刘艳红：《行政执法与刑事司法相衔接的程序机制研究》，《东南大学学报》（哲学社会科学版）2008年第1期。

执法机关发出《涉嫌犯罪案件移送通知书》，执法机关收到该通知后必须在法定期限内移送。四是为确保检察监督的效果，有必要落实行政执法机关的备案以及信息共享制度，保证检察机关信息畅通，因为如果监督者的知情权缺乏制度保障，那么来自于被监督权力外部的监督权就失去了"察看"的前提，"督促"自然也就成为一句空话。[①] 此外，转变检察人员对行政执法监督的观念，尤其是改变过去检察监督仅限于对司法活动的监督否则即是司法权僭越行政权的观念，同时，提高检察人员的网络著作权意识和在网络犯罪证据收集、著作权侵权犯罪行为的认定等方面的业务能力，对于促进网络著作权行政执法与刑事司法的衔接也是不可或缺的条件。

---

① 陈宝富、陈邦达：《行政执法与刑事司法衔接中检察监督的必要性》，《法学》2008 年第 9 期。

主要参考文献

一 著作类

1. 于志刚、郭旨龙:《网络刑法的逻辑与经验》,中国法制出版社 2015 年版。
2. 张巍:《涉网络犯罪相关行为刑法规制研究》,法律出版社 2015 年版。
3. 孔祥俊:《网络著作权保护法律理念与裁判方法》,中国法制出版社 2015 年版。
4. 于志刚:《网络空间中知识产权的刑法保护》,中国政法大学出版社 2014 年版。
5. 储国樑、叶青:《知识产权犯罪立案定罪量刑问题研究》,上海社会科学院出版社 2014 年版。
6. 戴长林主编:《网络犯罪司法实务研究及相关司法解释理解与适用》,人民法院出版社 2014 年版。
7. 于志刚:《网络犯罪的裁判经验与学理思辨》,中国法制出版社 2013 年版。
8. 于志刚、郭旨龙:《信息时代犯罪定量标准的体系化构建》,中国法制出版社 2013 年版。
9. 邹彩霞:《中国知识产权发展的困境与出路》,上海社会科学院出版社 2013 年版。
10. 黄洪波:《中国知识产权刑法保护理论研究》,中国社会科学出版社 2012 年版。
11. 吕炳斌:《网络时代版权制度的变革与创新》,中国民主法制出版社 2012 年版。
12. 杨小兰:《网络著作权研究》,知识产权出版社 2012 年版。

13. 于玉：《著作权合理使用制度研究——应对数字网络环境挑战》，知识产权出版社2012年版。

14. 聂振华：《视频分享网站著作权侵权问题成案研究》，法律出版社2012年版。

15. 贺志军：《我国著作权刑法保护问题研究》，中国人民公安大学出版社2011年版。

16. 赵赤：《知识产权刑事保护法专论》，中国检察出版社2011年版。

17. 王迁：《网络环境中的著作权保护研究》，法律出版社2011年版。

18. 曹世华：《网络知识产权保护中的利益平衡与争议解决机制研究》，合肥工业大学出版社2011年版。

19. 朱理：《著作权的边界：信息社会著作权的限制与例外研究》，北京大学出版社2011年版。

20. 于志刚：《传统犯罪的网络异化研究》，中国检察出版社2010年版。

21. 冯晓青主编：《著作权侵权专题判解与学理研究（第1分册）》，中国大百科全书出版社2010年版。

22. 陈辐宽主编：《知识产权犯罪疑难问题解析》，中国检察出版社2010年版。

23. 周翼：《挑战知识产权：自由软件运动的经济学研究》，上海人民出版社2010年版。

24. 张今：《版权法中的私人复制问题研究——印刷机到互联网》，中国政法大学出版社2009年版。

25. 李明山主编：《中国版权保护政策研究》，河南大学出版社2009年版。

26. 蔡蕙芳：《著作权侵权与其刑事责任——刑法保护之迷思与反思》，新学林出版股份有限公司2008年版。

27. 赵秉志主编：《侵犯著作权犯罪研究》，中国人民大学出版社2008年版。

28. 王世洲主编：《关于著作权刑法的世界报告》，中国人民公安大学出版社2008年版。

29. 卢建平、翁跃强主编：《全球化时代知识产权犯罪及其防治》，北京师范大学出版社2008年版。

30. 王迁：《网络版权法》，中国人民大学出版社 2008 年版。

31. 王迁、王凌红：《知识产权间接侵权研究》，中国人民大学出版社 2008 年版。

32. 王迁、[荷] Lucie Guibault：《中欧网络版权保护比较研究》，法律出版社 2008 年版。

33. 吴伟光：《数字技术环境下的版权法：危机与对策》，知识产权出版社 2008 年版。

34. 刘科、程书兵编著：《侵犯知识产权犯罪专题整理》，中国人民公安大学出版社 2008 年版。

35. 刘志刚：《电子版权的合理使用》，社会科学文献出版社 2007 年版。

36. 胡朝阳：《知识产权的正当性分析——法理和人权法的视角》，人民出版社 2007 年版。

37. 许春明：《数据库的知识产权保护》，法律出版社 2007 年版。

38. 刘宪权、吴允锋：《侵犯知识产权犯罪理论与实务》，北京大学出版社 2007 年版。

39. 冯晓青：《知识产权法利益平衡理论》，中国政法大学出版社 2006 年版。

40. 曹世华等：《后 Trips 时代知识产权前沿问题研究》，中国科学技术大学出版社 2006 年版。

41. 沈仁干主编：《数字技术与著作权：观念、规范与实例》，法律出版社 2004 年版。

42. 李扬等：《知识产权基础理论和前沿问题》，法律出版社 2004 年版。

43. 赵秉志、田宏杰：《侵犯知识产权犯罪比较研究》，法律出版社 2004 年版。

44. 冯震宇：《智慧财产权发展趋势与重要问题研究》，元照出版有限公司 2003 年版。

45. 于志刚：《虚拟空间中的刑法理论》，中国方正出版社 2003 年版。

46. 赵国玲：《侵犯知识产权犯罪调查与研究》，中国检察出版社 2002 年版。

47. 张平主编：《网络法律评论》，法律出版社（第 7 卷起由北京大学出版社）出版。

48. 吴汉东：《著作权合理使用制度研究》，中国政法大学出版社1996年版。

49. ［德］克劳斯·罗克辛：《德国刑法学总论·犯罪行为的特别表现形式》（第2卷），法律出版社2013年版。

50. ［日］田村善之：《田村善之论知识产权》，李扬等译，中国人民大学出版社2013年版。

51. ［美］安守廉：《窃书为雅罪：中华文化中的知识产权法》，李琛译，法律出版社2010年版。

52. ［德］黑格尔：《法哲学原理》，范扬、张企泰译，商务印书馆2009年版。

53. ［英］洛克：《政府论》（下篇），叶启芳、瞿菊农译，商务印书馆2009年版。

54. ［匈］米哈依·菲彻尔：《版权法与因特网》，郭寿康、万勇、相靖译，中国大百科全书出版社2009年版。

55. ［美］劳伦斯·雷席格：《谁绑架了文化创意》，刘静怡译，台湾早安财经文化出版社2008年版。

56. ［美］威廉·W.费舍尔：《说话算数——技术、法律及娱乐的未来》，李旭译，上海三联书店2008年版。

57. ［美］约翰·冈茨、杰克·罗切斯特：《数字时代盗版无罪？》，周晓琪译，法律出版社2008年版。

58. ［美］帕克：《刑事制裁的界限》，梁根林等译，法律出版社2008年版。

59. ［澳］马克·戴维森：《数据库的法律保护》，朱理译，北京大学出版社2007年版。

60. ［日］渡边卓也：《电脑空间における刑事的规制》，成文堂2006年版。

61. ［美］劳伦斯·莱斯格：《代码》，李旭、姜丽楼、王文英译，中信出版社2004年版。

62. ［德］乌尔里希·贝克：《风险社会》，何博闻译，译林出版社2004年版。

63. ［德］尤尔根·哈贝马斯：《合法性危机》，刘北成、曹卫东译，上海人民出版社 2000 年版。

64. [加] 大卫·约翰斯顿等：《在线游戏规则——网络时代的 11 个法律问题》，新华出版社 2000 年版。

65. [美] 尼葛洛庞帝：《数字化生存》，胡泳等译，海南出版社 1997 年版。

66. [日] 中山信弘：《多媒体与著作权》，张玉瑞译，专利文献出版社 1996 年版。

67. Encyclopaedia of Law, published by Pacific Books International, 2010.

68. Aplin, Tanya Frances, Copyright law in the digital society: the challenges of multimedia, Hart Publishing, 2005.

69. Lawrence Lessig, Free Culture: How Big Media Uses Technology and the Law to Lock Down Culture and Control Creativity, The Penguin Group, 2004.

70. Jessica Litman, Digital Copyright: Protection Intellectual Property on the Internet, Prometheus Books, 2000.

71. Daniel Gervais, The TRIPs Agreement: Drafting History and Analysis, Sweet & Maxwell, 1998.

72. L. Ray Patterson& Stanley W. Lindberg, The Nature of Copyright, The University of Georgia Press, 1991.

二　论文类

1. 于志刚：《网络空间中犯罪帮助行为的制裁体系与完善思路》，《中国法学》2016 年第 2 期。

2. 张明楷：《论帮助信息网络犯罪活动罪》，《政治与法律》2016 年第 2 期。

3. 刘宪权：《论信息网络技术滥用行为的刑事责任——〈刑法修正案（九）〉相关条款的理解与适用》，《政法论坛》2015 年第 6 期。

4. 俞小海：《网络游戏外挂行为刑法评价的正本清源》，《政治与法律》2015 年第 6 期。

5. 李姗：《网络语境下版权保护的刑法治理论略》，《出版发行研究》2015 年第 5 期。

6. 刘科：《帮助信息网络犯罪活动罪探析——以为网络知识产权犯罪

活动提供帮助的犯罪行为为视角》，《知识产权》2015 年第 12 期。

7. 王敏敏：《论网络著作权的刑法保护》，《中州学刊》2014 年第 6 期。

8. 张明楷：《网络时代的刑法理念——以刑法的谦抑性为中心》，《人民检察》2014 年第 9 期。

9. 吴雨豪：《聚合类网络服务商著作权侵权的刑事处罚边界》，《电子知识产权》2014 年第 9 期。

10. 于志强：《我国网络知识产权犯罪制裁体系检视与未来建构》，《中国法学》2014 年第 3 期。

11. 龙井瑢：《探析链接版权法律责任在欧盟和英国的新发展——兼评中国相关版权司法实践》，《法学杂志》2014 年第 12 期。

12. 徐松林：《视频搜索网站深度链接行为的刑法规制》，《知识产权》2014 年第 11 期。

13. 夏雨：《论版权保护中行政处罚与刑罚衔接》，《中国出版》2014 年第 10 期。

14. 张广良：《知识产权法院制度设计的本土化思维》，《法学家》2014 年第 6 期。

15. 崔国斌：《加框链接的著作权法规制》，《政治与法律》2014 年第 5 期。

16. 王宇斐：《深度链接的民刑界定》，《中国版权》2014 年第 4 期。

17. 李瑞钦、黄金凤：《"三审合一"诉讼模式下知识产权案件审理的现状、问题及前瞻》，《海峡法学》2014 年第 2 期。

18. 于志强：《信息时代侵权作品传播行为的定罪处罚标准》，《政法论坛》2014 年第 1 期。

19. 管育鹰：《美国 DMCA 后网络版权保护立法尝试》，《中国版权》2014 年第 1 期。

20. 林清红、周舟：《深度链接行为入罪应保持克制》，《法学》2013 年第 9 期。

21. 陆幸福：《论搜索引擎服务商在提供链接过程中的权利与义务——基于霍菲尔德权利理论的一种分析》，《法学评论》2013 年第 4 期。

22. 谢惠加：《版权权利管理信息的法律保护》，《中国出版》2013 年 8 月下。

23. 苏彩霞:《网络游戏私服的刑法定性》,《国家检察官学院学报》2013年第4期。

24. 于志刚:《"信息化跨国犯罪时代"与网络犯罪公约的中国取舍》,《法学论坛》2013年第2期。

25. 张鹏:《2012年日本著作权法修改中违法下载行为刑罚化规定评介》,《中国版权》2013年第2期。

26. 左玉茹:《昙花一现的SOPA》,《电子知识产权》2013年Z1期。

27. 徐铭勋:《论数字环境下著作权行政保护与刑事保护的强化》,《河北法学》2013年第1期。

28. 王杰:《美国SOPA议案评析及其对我国网络知识产权立法的启示》,《知识产权》2012年第8期。

29. 谢焱:《游走于法律边缘的网络著作权——网络资料私人共享在德国的刑事立法和实践》,《中国版权》2012年第6期。

30. [美]尼克:《SOPA提案:当知识产权碰上言论自由》,《沪港经济》2012年第6期。

31. 田扩:《法国"三振出局"法案及其对我国网络版权保护的启示》,《出版发行研究》2012年第6期。

32. 于志强:《网络空间中著作权犯罪定罪标准的反思》,《中国刑事法杂志》2012年第5期。

33. 张超:《日本通过著作权法修订案》,《法制日报》2012年7月3日11版。

34. 冯晓青:《网络环境下私人复制著作权问题研究》,《法律科学》2012年第3期。

35. 肖扬宇、何国强:《从"百度文库案"窥侵犯著作权罪的立法纠结——兼评2011年〈关于办理侵犯知识产权刑事案件适用法律若干问题的意见〉》,《河北法学》2012年第3期。

36. 张广洋:《网络环境下著作权刑事立法的反思与完善》,《江西警察学院学报》2012年第3期。

37. 刘艳红《当下中国刑事立法应当如何谦抑?》,《外国法译评》2012年第2期。

38. 彭辉、姚颉靖:《侵犯著作权罪刑罚适用的理论与实证研究——以33例判决分析为视角》,《中国刑事法杂志》2012年第2期。

39. 王燕玲:《论网络著作权犯罪之"以营利为目的"》,《法学杂志》2012年第2期。

40. 郑友德、曾旻辉:《我国知识产权刑法保护现存问题及完善建议》,《知识产权》2012年第1期。

41. 张道许:《知识产权保护中"两法衔接"机制研究》,《行政法学研究》2012年第2期。

42. 范晓东、李慧:《试论网络知识产权犯罪中的审判管辖制度》,《知识产权》2012年第1期。

43. 徐雁:《对我国知识产权犯罪刑罚设置的反思与重构——以DS362案审结为背景》,《东南司法评论》(2010年卷),厦门大学出版社2011年版。

44. 陈斌、邓立军:《网络知识产权犯罪的刑事立法完善》,《人民检察》2011年第16期。

45. 班克庆、李晓明:《版权技术措施保护模式的刑法取向》,《广西社会科学》2011年第12期。

46. 郑丽萍:《犯罪化和非犯罪化并趋——中国刑法现代化的应然趋势》,《中国刑事法杂志》2011年第11期。

47. 皮勇:《关于中国网络犯罪刑事立法的研究报告》,《刑法论丛》2011年第3卷。

48. 张伟君:《知识产权刑事保护门槛:从TRIPs到ACTA》,《电子知识产权》2011年第8期。

49. 邵小平:《著作权刑事保护理念之辨析》,《学术交流》2011年第8期。

50. 田刚:《侵害技术措施行为的入罪化思考》,《中国刑事法杂志》2011年第5期。

51. 谢治东:《行政执法与刑事司法衔接机制中若干问题理论探究》,《浙江社会科学》2011年第4期。

52. 彭少辉:《网络游戏著作权刑法保护实证分析》,《江苏警官学院学报》2011年第4期。

53. 邵小平:《对我国著作权刑事保护门槛之辨析》,《江淮论坛》2011年第4期。

54. 杨华权:《搜索引擎在比利时的法律命运——对Copiepresse

v. Google 一案的评介》,《网络法律评论》2011 年第 2 期。

55. 杨志军：《浅析网络服务商侵犯知识产权的刑事责任》,《法律适用》2011 年第 1 期。

56. 李怀胜：《技术过失行为的法理省思——基于网络背景的刑事法考察》,《刑法论丛》第 3 卷, 法律出版社 2010 年版。

57. 李怀胜：《论多元化刑事立法模式的构建及方向》,《山东大学法律评论》, 山东大学出版社 2010 年版。

58. 于志刚：《搜索引擎恶意链接行为的刑法评价》,《人民检察》2010 年第 12 期。

59. 张智辉、王锐：《行政处罚与刑事处罚的衔接——以知识产权侵权行为处罚标准为视角》,《人民检察》2010 年第 9 期。

60. 雷山漫：《网络环境下著作权刑法保护研究》,《法学评论》2010 年第 6 期。

61. 刘慧明：《竞合与全异：知识产权刑事保护新论》,《科学管理研究》2010 年第 6 期。

62. 张心向：《我国知识产权刑事保护现象反思——基于实体法规范的视野》,《南开学报》(哲学社会科学版) 2010 年第 4 期。

63. 胡淑珠：《试论知识法院(法庭)的建立——对我国知识产权审判体制改革的理性思考》,《知识产权》2010 年第 4 期。

64. 于志刚：《网络犯罪与中国刑法应对》,《中国社会科学》2010 年第 3 期。

65. 柳忠卫：《刑法立法模式的刑事政策考察》,《现代法学》2010 年第 3 期。

66. 王锐、刘磊：《P2P 网络服务中的知识产权刑事责任问题研究》,《知识产权》2010 年第 3 期。

67. 宋廷徽：《"三振出局"法案全球化路径之探讨》,《知识产权》2010 年第 2 期。

68. 刘铁光：《著作权正当性的危机与出路》,《法制与社会发展》2010 年第 2 期。

69. 肖尤丹：《发展困局：我国网络著作权制度的嬗变及转型》,《图书情报知识》2010 年第 2 期。

70. 杜芳：《论网络信息著作权的刑法保护》,《中国人民公安大学学报》(自然科学版) 2010 年第 1 期。

71. 卢臻:《网络知识产权刑法保护现行立法模式的弊端及改革》,《经济研究导刊》2009 年第 24 期。

72. 浙江省高级人民法院课题组:《关于网络著作权侵权纠纷案件法律适用的调研》,《法律适用》2009 年第 12 期。

73. 殷少平:《论互联网环境下著作权保护的基本理念》,《法律适用》2009 年第 12 期。

74. 秦天宁、张铭训:《网络服务提供者不作为犯罪要素解构——基于"技术措施"的考察》,《中国刑事法杂志》2009 年第 9 期。

75. 吴荣金:《论中国著作权刑事立法的缺憾暨完善》,《浙江社会科学》2009 年第 7 期。

76. 阴建峰、张勇:《挑战与应对:网络知识产权犯罪对传统刑法的影响》,《法学杂志》2009 年第 7 期。

77. 杨帆:《论我国知识产权刑事定罪标准——以中美知识产权争端为视角》,《知识产权》2009 年第 4 期。

78. 陈洪兵:《网络中立行为的可罚性探究——以 P2P 服务提供商的行为评价为中心》,《东北大学学报》(社会科学版) 2009 年第 3 期。

79. 贺志军:《论我国技术措施规避行为之刑法规制》,《法学论坛》2009 年第 3 期。

80. 王迁:《网络环境中版权直接侵权的认定》,《东方法学》2009 年第 2 期。

81. 温晓红:《Copyleft 思潮:对网络著作权扩张的反思》,《现代传播》2009 年第 2 期。

82. 乔生:《网络版权保护的趋势与发展——兼论合理使用的抗争与探索》,《法学杂志》2009 年第 2 期。

83. 王俊平、孙菲:《论信息网络传播权的刑法保护》2009 年第 1 期。

84. 陈锦川:《关于网络环境下著作权审判实务中几个问题的探讨》,《知识产权》2009 年第 6 期。

85. 易健雄:《版权扩张历程之透析》,《西南民族大学学报》(人文社科版) 2009 年第 6 期。

86. 颜上咏:《从 Kuro 与 ezPeer 司法争讼个案来看网络音乐产业之管

理法制分析》,《月旦法学杂志》2008 年第 163 期。

87. 萧宏宜:《P2P 业者的刑事责任问题——ezPeer 与 Kuro 案判决评析》,《法令月刊》2008 年第 9 期。

88. 赵秉志、刘科:《国际知识产权刑法保护的发展趋势》,《政治与法律》2008 年第 7 期。

89. 卢建平:《知识产权犯罪门槛的下降及其意义》,《政治与法律》2008 年第 7 期。

90. 莫洪宪、贺志军:《欧盟〈知识产权刑事措施指令(草案)〉研究》,《政治与法律》2008 年第 7 期。

91. 贺小勇:《中美知识产权"刑事门槛"争端的法律问题》,《现代法学》2008 年第 2 期。

92. 汤显明:《网络侵权与 BT 刑事犯罪》,《法学杂志》2008 年第 2 期。

93. 张耕、施鹏鹏:《法国著作权法的最新重大改革及评论》,《比较法研究》2008 年第 2 期。

94. 周佑勇、刘艳红:《行政执法与刑事司法相衔接的程序机制研究》,《东南大学学报》(哲学社会科学版) 2008 年第 1 期。

95. 管瑞哲:《网络环境下知识产权刑法保护问题》,《江苏警官学院学报》2008 年第 1 期。

96. 冯震宇、胡心兰《从间接侵权责任论著作权法 P2P 责任立法之商榷》,《月旦法学杂志》2007 年第 151 期。

97. 沈木珠:《P2P 共享的合法性——从巴黎法院裁定的一案谈起》,《电子知识产权》2007 年第 6 期。

98. 黄武双:《论搜索引擎网络服务提供商侵权责任的承担——对现行主流观点的质疑》,《知识产权》2007 年第 5 期。

99. 潘妍:《打击网络犯罪 完善知识产权刑事立法——网络与知识产权刑事法律保护研讨会侧记》,《电子知识产权》2007 年第 5 期。

100. 张勇:《网络知识产权犯罪的现状与侦控》,《决策探索》2007 年第 4 期。

101. 黄太云《知识产权与网络犯罪立法完善需认真研究的几个问题》,《中国刑事法杂志》2007 年第 3 期。

102. 青峰:《关于网络与知识产权刑事法律保护的几个基本理念》,

《中国刑事法杂志》2007 年第 3 期。

103. 陈立风：《论网络环境下期刊著作权的保护》，《法学论坛》2007 年第 3 期。

104. 赵国玲、王海涛：《公众知识产权意识对知识产权被害控制意义之评估》，《电子知识产权》2007 年第 2 期。

105. 朱理：《临时复制是否属于著作权法意义上的复制——以国际公约为核心的规范分析》，《电子知识产权》2007 年第 1 期。

106. 林三元：《向左走还是向右走？——台北地方法院 92 年度诉字第 2146 号判决（Kuro）案评析》，《月旦民商法杂志》2006 年第 11 期。

107. 冯晓青：《网络环境下的著作权保护、限制及其利益平衡》，《社会科学》2006 年第 11 期。

108. 谭绍木：《BT 软件下载的刑事责任分析》，《人民司法》2006 年第 10 期。

109. 赵秉志：《关于完善我国侵犯著作权犯罪立法的几点建言——TRIPS 协议与我国侵犯著作权犯罪立法之比较》，《深圳大学学报》（人文社会科学版）2006 年第 5 期。

110. 任军民：《法国信息网络刑事保护对我国有关立法的启示》，《知识产权》2006 年第 5 期。

111. 崔立红、郝雷：《P2P 技术相关版权侵权问题研究》，《法学论坛》2006 年第 5 期。

112. 罗明通：《P2P 之传输技术、产业价值暨美台相关判决评析》，《科技法学评论》，2006 年 4 月第 3 卷第 1 期。

113. 王宏军、穆妍：《论法国著作权法对假冒行为的严格刑事立场》，《当代法学》2006 年第 3 期。

114. ［日］関哲夫：《法益概念与多元的保护法益论》，《吉林大学社会科学学报》2006 年第 3 期。

115. 王迁：《论著作权法中"发行"行为的界定——兼评"全球首宗 BT 刑事犯罪案"》，《华东政法学院学报》2006 年第 3 期。

116. 陶月娥：《论网络著作权的刑法保护》，《社会科学辑刊》2006 年第 3 期。

117. 郭丹、高立忠：《网络知识产权的刑事法保护》，《甘肃政法学院学报》2006 年第 3 期。

118. 陈家骏:《从网络电子交易评我国首宗 P2P 著作权重制与传输之 ezPeer 案判决》,《月旦法学杂志》2006 年 3 月第 130 期。

119. 李雨峰:《版权的正当性——从洛克的财产权思想谈起》,《暨南学报》(哲学社会科学版) 2006 年第 2 期。

120. 王怡苹:《论 P2P 业者之责任——以 ezPeer 和 Kuro 为例》,《科技法律与政策论丛》2006 年第 1 期。

121. 曹世华:《网络知识产权保护中的利益平衡与争议解决机制研究》,合肥工业大学出版社 2011 年版。

122. [美]约翰·P. 巴洛:《网络独立宣言》,李旭、李小武译,载高鸿钧主编:《清华法治论衡》,清华大学出版社 2004 年版。

123. 曹新明:《知识产权法哲学理论反思——以重构知识产权制度为视角》,《法制与社会发展》2004 年第 6 期。

124. 张志勋、黄淑彬:《〈TRIPS 协定〉与我国著作权的刑法保护问题》,《南昌大学学报(人文社会科学版)》2004 年第 6 期。

125. 王迁:《"索尼案"二十年祭——回顾、反思与启示》,《科技与法律》2004 年第 4 期。

126. 费安玲:《论著作权的正当性——历史的透视与权利要素理论的思考》,《知识产权研究》2004 年第 4 期。

127. 马琳:《德国著作权法中的私人复制与反复制问题》,《法商研究》2004 年第 4 期。

128. 田宏杰:《论我国知识产权的刑事法律保护》,《中国法学》2003 年第 3 期。

129. 唐稷尧:《知识产权犯罪:利益背景与刑事控制》,《中国刑事法杂志》2002 年第 3 期。

130. 李雨峰:《版权扩张:一种合法性的反思》,《现代法学》2001 年第 5 期。

131. 肖中华、方泉:《对网络刑法的技术制衡》,《政法论丛》2001 年第 4 期。

132. 吴耀宗:《网络上之复制行为与侵害著作权之擅自重制罪》,《法令月刊》2001 年第 52 卷第 2 期。

133. 王晨:《评美国近期关于数字版权侵权的刑事制裁立法》,《法学论坛》2001 年第 1 期。

134. 张懿云：《资讯社会关于"个人非营利目的重制"之研究》，《辅仁法学》2000 年第 20 期。

135. 巫玉芳：《美国版权侵权刑事责任的评析》，《现代法学》2000 年第 3 期。

136. 孙万怀：《侵犯知识产权犯罪刑事责任基础构造比较》，《华东政法学院学报》1999 年第 2 期。

137. 曲三强：《被动立法的百年轮回——谈中国知识产权保护的发展历程》，《中外法学》1999 年第 2 期。

138. 章忠信：《网络服务业者之著作权侵害责任》，《万国法律》1998 年总第 97 期。

139. 周光权：《公众认同、诱导观念与确立忠诚——现代法治国家刑法基础观念的批判性重塑》，《法学研究》1998 年第 3 期。

140. 袁泳：《计算机网络上数字传输的版权问题研究》，《中外法学》1998 年第 1 期。

141. 廖中洪：《中美知识产权刑事保护的比较研究》，《法律科学》1997 年第 3 期。

142. 左玉茹：《SOPA：好莱坞与硅谷的战争——美国"网络反盗版法案"述评》，《电子知识产权》2012 年第 2 期。

143. 吴伟光：《数字技术环境下的版权法危机与对策》，中国社会科学院 2008 年博士学位论文。

144. 蒋廷瑶：《数字化环境下中国著作权的刑法保护》，中国政法大学 2007 年博士学位论文。

145. 廖荣宽：《著作权刑事责任之探讨——以 ezPeer 案与 Kuro 案为中心》，台湾东吴大学 2010 年硕士论文。

146. 邓詹森：《数字时代科技发展与著作权保护的难题与调和》，台湾东吴大学 2009 年硕士论文。

147. 蔡凤婷：《数字音乐市场下之著作权保护——以台湾在线音乐网站 ezPeer + 为例》，台湾东吴大学 2009 年硕士论文。

148. 许博然：《网络相关著作权刑罚妥适性研究》，台湾国立交通大学 2008 年硕士论文。

149. 王淑惠：《著作权刑罚合理性之探讨——以法律经济方法分析》，台湾铭传大学 2005 年硕士论文。

150. 吴复兴：《网际网络点对点（Peer to Peer）传输档案与著作权侵害之研究》，台湾世新大学 2005 年硕士论文。

151. 刘秋绢：《网络上著作权及其刑事责任之探讨》，台湾铭传大学 2004 年硕士论文。

152. 陈荣林：《点对点传输之著作权侵害问题——以美国法为中心》，台湾国立交通大学 2003 年硕士论文。

153. ［日］豊田兼彦：《Winny 事件と中立的行为》，《刑事法 ジャーナル》2010 年第 22 号。

154. ［日］豊田兼彦：《狭义の共犯成立条件について——"中立的行为による帮助"および"必要的共犯"の问题を素材として——》，载《立命馆法学》2006 年 6 号（310 号）。

155. ［日］豊田兼彦：《中立的行为による帮助と共犯の处罚根据——共犯论と客观的归属论の交错领域に关する一考察——》，载《神山敏雄先生古稀祝贺论文集第一卷》，成文堂 2006 年版。

156. ［日］山中敬一：《中立的行为による帮助の可罚性》，《关西大学法学论集》2006 年第 56 卷 1 号。

157. ［日］龟井源太郎：《Winny 事件最高裁决定と"中立的行为"论》，《法学研究：法律·政治·社会》2014 年第 87 卷。

158. ［日］小岛秀夫：《中立的行为による帮助の可罚性と故意归属论：客观的归属论の问题性を契机として》，《大东文化大学法学研究所报》2012 年第 32 号。

159. Elda Haber, The Criminal Copyright Gap, Stanford Technology Law Review, Vol. 18, No. 247, 2015.

160. Irina D. Manta, The Puzzle of Criminal Sanctions for Intellectual Property Infringement, Harvard Journal of Law and Technology, Vol. 24, No. 2, Spring 2011.

161. Xuan Li, The Agreement on Trade-Related Aspects of Intellectual Property Rights Flexibilities on Intellectual Property Enforcement: The World Trade Organization Panel Interpretation of China-Intellectual Property Enforcement of Criminal Measures and Its Implications, The Journal of World Intellectual Property, Vol. 13, 2010.

162. Michael A. Carrier, The Pirate Bay, Grokster, and Google, Journal

of Intellectual Property Rights, Vol. 15, 2010.

163. Charn Wing Wan, The Reform of Copyright Protection in the Networked Environment: A Hong Kong Perspective, The Journal of World Intellectual Property Vol. 11, 2009.

164. Clark, John B., Copyright Law And The Digital Millennium Copyright Act: Do The Penalties Fit The Crime?, 32 New Eng. J. on Crim. &Civ. Confinement 373 (2006).

165. Norris, Symposium Issue: The Unintended Consequences of Legislating Technology: the Digital Millennium Copyright Act, 9 N. Y. U. J. Legis. & Pub. Poly 1, 5 (2006).

166. Emily Anne Proskine, Google's Technicolor Dreamcoat: A Copyright Analysis of the Google Book Search Library Project, Berkeley Technology Law Journal, Vol. 21, 2006.

167. Niva Elkin-Koren, Making Technology Visible: Liability of Internet Service Providers for Peer-to-Peer Traffic, New York University Journal of Legislation and Public Policy, Vol. 9, 2006.

168. GeraldineSzott Moohr, Defining Over Criminalization Through Cost-Benefit Analysis: The Example of Criminal copyright Laws, 54 American University Law Review. 783 (2005).

169. Andrews, Robin, Copyright Infringement And The Internet: An Economic Analysis Of Crime, 11B. U. J. Sci. &Tech. L. 256 (2005).

170. Cohen, Julie E., The Place Of The User In Copyright Law, 74 Fordham L. Rev. 347 (2005).

171. Depooter, Ben, Norms And Enforcement: The Case Against Copy Litigation, 84 Or. L. Rev. 1127 (2005).

172. Yu, Peter K., P2P and the Future of Private Copying. University of Colorado Law Review, Vol. 76, 2005.

173. Steven Penney, Crime, Copyright, and the Digital Age, WHAT IS A CRIME? CRIMINAL CONDUCT IN CONTEMPORARY SOCIETY, Law Commission of Canada, eds., UBC Press, 2004.

174. Sang Jo JONG, Criminalization of Netizens for Their Access to On-line Music, Journal of Korean Law, Vol. 4, No. 1, 2004.

175. Bergen, Grace J., Litigation As a Tool Against Digital Piracy, 35 McGeorge L. Rev. 181 (2004).

176. Swope, Richard, Peer-to-Peer File Sharing and Copyright Infringement: Danger Ahead for Individuals Sharing Files on the Internet, 44 Santa Clara L. Rev. 861 (2004).

177. J. Cam Barker, Grossly Excessive Penalties in the Battle Against Illegal File-Sharing: The Troubling Effects of Aggregating Minimum Statutory Damages for Copyright Infringement, 83 Texas L. Rev. 525 (2004).

178. Gervais, Daniel J., The Price of Social Norms: Toward A Liability Regime For File-Sharing, 12 J. Intell. Prop. L. 39 (2004).

179. Mark A. Lemley, R. Anthony Reese, Reducing Digital Copyright Infringement Without Restricting Innovation, Stanford Law Review, Vol. 56, 2004.

180. Geraldine Szott Moohr, The Crime of Copyright Infringement: An Inquiry Based on Morality, Harm, and Criminal Theory, 83 Boston University Law Review, 731 (2003).

181. Tim F. Williams and Neil Batavia, When copying becomes criminal-The stiff criminal penalties for copyright infringement, South Carolina Lawyer, May 2003.

182. Matthew Amedeo, Shifting the Burden: the Unconstitutionality of Section 512 (h) of the Digital Millennium Copyright Act and its Impact on Internet Service Providers, 11 CommLaw Conspectus 311 (2003).

183. Katie Sykes, Towards a Public Justification of Copyright, University of Toronto Faculty of Law Review, 3 (2003).

184. David Nimmer, Appreciating Legislative History: The Sweet and Sour Spots of the DMCA's Commentary, 23 Cardozo. Rev. 909, 2002.

185. Cynthia M. Cimino, Comment, Fair Use in the Digital Age: Are We Playing Fair?, 4Tul. J. Tech. & Intel. Prop., 2002.

186. Lydia. P. Loren, Digitization, Commodification, Criminalization: The Evolution of Criminal Copyright Infringement and the Importance of the Willfulness Requirement, Washington University Quarterly, Vol. 77, 1999.

187. David Nimmer, A Riff On Fair Use In The Digital Millennium Copy-

right Act, 148 U. Pa. L. Rev. 673 (2000).

188. Note, The Criminalization Of Copyright Infringement In The Digital Era, 112 Harv. L. Rev., 1999.

189. Jessica Litman, The Exclusive Right to Read, Cardozo Arts and Entertainment Law Journal, vol. 13, 1994.

三 其他主要文献

1.《中国互联网络发展状况统计报告》, http://www.cnnic.cn/hlwfzyj/hlwxzbg/hlwtjbg/201301/P020130724346275579709.pdf。

2.《中国知识产权保护状况白皮书》, http://www.nipso.cn/bai.asp。

3. WTO. China - Measures Affecting the Protection and Enforcement of Intellectual Property Rights - Report of the Panel, WTO Document WT/DS362/R, http://www.ifta-online.org/sites/default/files/58.pdf。

4. 聂士海:《"中国版权相关产业的经济贡献"调研成果再度发布》, 参见 http://www.chinaipmagazine.com/journal-show.asp?id=1381&pn=1。

5.《2011年中国软件盗版率调查报告》, http://zt.blogchina.com/2012zt/daoban/。

6. 特集:《Winny 事件的冲击》, http://www.itmedia.co.jp/news/topics/winny.html。

7. WCT 详细文本可参见 http://www.wipo.int/wipolex/zh/details.jsp?id=12740。

8. WPPT 详细文本可参见 http://www.wipo.int/wipolex/zh/details.jsp?id=12743。

后　记

这是我十年后的第二本研究专著。

十年寒暑，白云苍狗。

十年，家中父母已在不经意间变得双鬓白发；

十年，儿子已从当时的咿呀学语长成奔跑如飞的小小少年；

十年，我也从当时刚毕业的青涩学子成为了三尺讲台写春秋的中年教师；

相应地，十年也足以让迅疾变化的网络社会更新迭代数次。

还在研究生学习阶段，我就对网络犯罪产生了浓厚的兴趣，博士毕业论文中亦曾涉及网络犯罪的刑事管辖问题。这十年，虽然因着各种各样的原因，我的学术研究进程速度并不快，但我为着兴趣的缘由对这一领域的研究保持了格外的耐心，一直专注地追随着网络空间中违法犯罪行为的繁衍变化。我始终认为，网络社会的变迁与刑法的调适，有一个相互影响的辩证关系。一方面，网络技术日新月异的发展虽然给刑法的适用带来了多方面的严峻挑战，但并不能真正动摇刑法的根基；另一方面，刑法作为社会防卫的最后一道防线，在惩治网络空间违法犯罪时又必须有所节制，尤其不应成为技术的绊脚石。如何在保护社会和保障人权、维护公私利益与兼顾技术进步之间寻找到合适的平衡点，无论是立法者和司法者都很难迅速地做出回应，因而只有深入实践调查研究并反复思索，才有可能真正解决当前刑事法领域所面临的这一棘手难题。

不过一直以来我只在断断续续发表着一些个人的学术浅见，真正促使我像最近几年这样潜下心来重新长时间地端坐电脑前，就网络著作权的犯罪问题进行专门研究则不得不说得益于教育部课题的成功申报。它给了我无形的压力和无比的动力，尽管繁重的教学任务和繁琐的家事如影随形，但我还是能够在堆积如山的学术资料中甘之如饴，在庞杂的问卷数据中挥汗如雨而乐在其中。而今三年的埋首耕耘终于结出了果实，回望来时路，内心真的是百感交集，难以言表。

在本书即将付梓之际，我要感谢所有曾经给予我指导、帮助、鼓励与关怀的师长、同事朋友与家人。

首先要感谢的是一直以来对我教诲、包容、关心我的恩师刘明祥教授，正是他在我求学阶段时对网络犯罪前瞻性的灼见让我确立了此后的努力方向；其严谨的治学态度、毫无保留的倾囊相授则成为我终身受用不尽的财富。书稿写作过程中，每每有懈怠情绪，只要一想到恩师笔耕不辍，屡屡发表着掷地有声的见解，我就惭愧万分，进而调整心态，重拾信心。

其次，我要感谢华中师范大学法学院的领导和各位同事。时常觉得自己是个幸运的人，在法学院遇到了对我诸多提携、关爱有加的各位领导，同时有为我指点迷津、和蔼可亲的前辈教授，亦有一群志趣相同、热爱生活的同龄人，我们一起努力，一起拼搏，随着法学院一起成长！

我还要感谢在我的人生和学术道路上不时指点我、鼓励我的各位朋友，他们中有亦师亦友的成名教授，也有和我师出同门、相亲相爱的一大帮兄弟姐妹，还有那些默默在我的身旁支持我的闺蜜。每晚挑灯夜战的时候，想起他们时都备感温馨与安慰，这都是支持我完成书稿的力量。

而本书得以顺利出版，则需要感谢中国社会科学出版社及责任编辑宫京蕾老师。正是宫老师不厌其烦的细致工作，大量减少了我书稿中的纰漏，在此一并致上诚挚的谢意！

我最需要感谢的还有我的家人，尤其是我的父母。为了让我能在课余抽出时间完成书稿，几年来他们几乎全部的时间都陪伴在我身边，包揽家务并接管了孩子的大部分事务，给了我一个无后顾之忧的环境，让我能心无旁骛地投入到写作中。希望本书的付梓能作为他们无怨无悔付出的一点点回报。总之，师长的教导、朋友的情谊、家人的鼓励和自我的期许所交织成的回忆，将远远超越本书作为课题成果对我所可能带来的意义。

最后不得不提的是，因书稿写作时间过长，临近完稿之日既颁布了新的刑法修正案，还因发生了轰动全国的"快播案"而涌现出新的相关理论研究成果，虽然本书已尽力充实有关内容，但最后因课题时间所限只做了小修小补的调整。故本书缺憾在所难免，诚望各位专家同仁批评指正。

杨彩霞

2016 年 1 月 1 日于桂子山上